Revue française de psychanalyse

Pourquoi la guerre ?

Chaque numéro de la *Rfp* est conçu plusieurs années avant sa parution. Ainsi, le thème « Pourquoi la guerre ? » a été choisi par le comité de rédaction il y a plus de deux ans. L'actualité de l'année 2015 lui a donné une résonance particulièrement tragique. Nous souhaitons dédier ce numéro aux victimes des attentats terroristes.

REVUE FRANÇAISE DE PSYCHANALYSE

Pourquoi la guerre ?

1

2016 TOME LXXX

MARS

puf

Sommaire

REVUES

Revue des livres

Revue des revues

RÉSUMÉS ET MOTS-CLÉS

Éditorial

« Ô lutteurs éternels, ô frères implacables[1] ! »

> « Princesse je ne vous parle pas de la guerre. Je l'ai hélas assimilée si complètement que je ne peux pas l'isoler, je ne peux pas plus parler des espérances et des craintes qu'elle m'inspire qu'on ne peut parler des sentiments qu'on éprouve si profondément qu'on ne les distingue pas de soi-même. Elle est moins pour moi un objet (au sens philosophique du mot) qu'une substance interposée entre moi-même et les objets. Comme on aimait en Dieu, je vis dans la guerre. (Vous savez ces névralgies qu'on ne cesse pas de sentir pendant qu'on parle d'autre chose, même pendant qu'on dort.) »
>
> Proust, Lettre à la Princesse Soutzo, 9 avril 1918[2].

Heureux Grecs de l'époque classique : la guerre leur était naturelle et nécessaire ; elle était consubstantielle au politique ; elle était pour le citoyen l'occasion de la « belle mort » célébrée par Périclès. Mais à condition – dit-on généralement – d'exclure de la guerre (*polemos*) la discorde interne, cette *stasis* perçue à la fois comme un fléau s'abattant sur la cité et comme un des maux attachés à la condition de l'homme.

À l'époque moderne, les guerres peuvent-elles encore être circonscrites ? De la Première Guerre mondiale, cette guerre que Proust ne cesse de sentir partout présente, même pendant le sommeil, Freud souligne, dès 1915, la profonde désillusion dont elle est cause pour la culture, ce dont elle nous dépouille, peut-être définitivement. Le découragement croissant de Freud face à la fragilité des idéaux ne l'empêche pas de chercher à comprendre « pourquoi la guerre », comme Einstein le lui demande à la fin de l'année 1932. Le moins qu'on puisse dire à l'heure où nous sommes est que son appel à une « dictature de la raison » reste un vœu bien incertain et la paix un horizon lointain.

Nous avons voulu, avec ce numéro, relancer la question freudienne, sans pouvoir y répondre bien entendu[3]. Car, sans doute, a-t-on toujours plus à dire avec les façons dont on réagit à la guerre qu'avec ses « raisons ». Face à toutes ces guerres si profondément assimilées que nous ne pouvons presque plus les isoler ou les différencier – guerre entre les états, guerres civiles, guerre entre les sexes, dans les couples ou entre les penseurs et les pensées – le pouvoir de liaison d'Éros apparaît comme bien fragile et souvent inséparable de la force de destruction. Et c'est peut-être la guerre des frères, au cœur de laquelle se retrouvent la haine de la différence et la rivalité avec le presque semblable, qui apparaît comme la guerre par excellence. Une guerre si cruciale que, précisément, Proust l'a effacée de son œuvre, lui qui parle si bien de toutes les autres guerres.

1. Baudelaire C., L'Homme et la mer, *Les Fleurs du mal*.
2. Proust M., Lettre à la Princesse Soutzo, *Correspondance*, XVII, Paris, Plon, 1989, pp. 175-176.
3. Le colloque annuel de la *Rfp* qui a eu lieu le 30 janvier 2016 au théâtre Adyar à Paris partait également de cette interrogation freudienne et reprenait un certain nombre de thèmes de ce numéro.

THÈME : POURQUOI LA GUERRE ?

Argument

Aline Cohen de Lara* et Benoît Servant**

> Il ne s'agit pas [...] d'éliminer totalement le penchant à l'agression chez l'homme ; on peut tenter de le dévier suffisamment pour qu'il n'ait pas à trouver son expression dans la guerre.
>
> Freud, *Pourquoi la guerre ?*

Avec « Pourquoi la guerre ? » Freud répond à la sollicitation d'Albert Einstein de contribuer à une démarche initiée par la Société des Nations dans l'espoir de préserver la paix face à la menace d'un nouveau conflit mondial. Le texte de 1933 témoigne de l'oscillation entre son volontarisme rationaliste, reflété par la démarche de dialogue entre intellectuels, et sa lucidité désabusée lorsqu'il s'interroge sur la pertinence même de la question ou qu'il parle à Eitington d'une « soi-disant discussion avec Einstein ennuyeuse et stérile ».

Dès 1915, dans « Actuelles sur la guerre et la mort », Freud soulignait la désillusion que ce conflit mondial provoquait sur les idéaux de la culture, tout en lui reconnaissant la vertu de perturber notre rapport à la mort, rapport qui jusqu'alors manquait de franchise du fait du déni de la mort dans l'inconscient. Dans ce texte fort, Freud évoque combien les peuples « obéissent, pour l'instant, beaucoup plus à leur passion qu'à leurs intérêts. Tout au plus se servent-ils des intérêts pour rationaliser leur passion » (1915*b*, p. 143). Si la « rage aveugle », la haine « entre les peuples même les plus civilisés » reste une énigme, il tente de saisir les mécanismes individuels et groupaux à l'œuvre ; il place au cœur des processus en jeu les motions pulsionnelles « en soi ni bonnes ni mauvaises » et leur transformation sous l'influence de facteurs externes,

* Aline Cohen de Lara est professeur de psychologie de l'enfant et de l'adolescent à l'université de Paris 13 et psychanalyste. Elle est membre de la SPP.

** Benoît Servant est psychiatre et psychanalyste. Il est membre de la SPP.

à travers la culture et l'éducation, et de facteurs internes, par la liaison entre pulsion érotique et pulsion de destruction.

Freud, qui érige le meurtre aux origines de l'humanité, source de la culpabilité inconsciente, n'est jamais dupe ni optimiste sur l'homme et les acquis de la civilisation. « En réalité, il n'y a aucune extirpation du mal », écrit-il, allant jusqu'à affirmer que la culture de l'époque est édifiée sur l'hypocrisie : « Il y a ainsi incomparablement plus d'hypocrites de la culture que d'hommes effectivement culturels. » À la désillusion face aux progrès de la culture, Freud associe le poids de la force pulsionnelle jamais totalement transformée. La pulsion cherche la voie de la satisfaction malgré les répressions liées aux exigences morales, accentuant les tensions sources de conflits intrapsychiques. Le déroulement de la première guerre mondiale et l'ampleur finale de ses destructions contribueront au tournant de 1920 et à l'élaboration de la pulsion de mort. Les névroses de guerre et les échecs de la cure conduiront aux développements autour de la compulsion de répétition, du sentiment de culpabilité inconscient et de la réaction thérapeutique négative.

Force est de souligner combien la terminologie freudienne est empreinte de métaphores guerrières : « conflit », « investissement », « résistance ». Pourtant, le sens même du conflit en psychanalyse s'oppose à l'usage courant du terme souvent considéré comme synonyme de guerre. Pour la psychanalyse, la guerre serait le signe d'une conflictualité non élaborée, de pulsions débridées et fort peu liées, alors que le conflit serait plus proche d'une forme de compromis, et son absence, sur un plan intrapsychique, une source d'inquiétude. L'état de repos n'est pensable qu'en théorie, écrit Freud en 1933, faisant du conflit entre des puissances antagonistes la force vive nécessaire à la vie. Cette tension peut d'ailleurs être perceptible entre les deux textes de Freud, celui de 1933 semblant répondre sous une forme pleine de compromis à celui plus combatif et chargé pulsionnellement de 1915.

La Seconde Guerre mondiale, dépassant sans doute en destructions et en destructivité tout ce que Freud avait pu imaginer, a définitivement marqué la culture et la conscience européenne, et, de fait, la réflexion psychanalytique. Qu'en est-il aujourd'hui où les guerres ont changé de nature, où elles sont parfois des guerres « froides », mais où guerres civiles, terrorisme, destructions, viols et attaques systématiques des populations n'en font pas moins des milliers, voire des millions de victimes ?

Les incidences psychiques des guerres ont revalorisé la notion de traumatismes, individuels et/ou collectifs, voire transgénérationnels. Pour autant, certaines acceptions du traumatisme ne s'éloignent-elles pas considérablement de celle proposée par Freud où l'après-coup est central et le conflit toujours présent, comme il le défendra à propos de la névrose de guerre ?

Pour Freud, l'expression du conflit est nécessaire, les sources de désordre étant aussi des sources de progrès. Il rejoint pourtant Einstein dans son souhait de voir attribuer à une instance internationale un pouvoir et une puissance de régulation, sans quoi ses idéaux de droits seraient compromis. Que dire aujourd'hui d'une instance tiercéisante, d'un surmoi collectif ou culturel, en regard du surmoi individuel et de l'idéal du moi ?

La psychanalyse de l'après-guerre, en particulier aux États-Unis, a pu être associée à une « culture du narcissisme » dénoncée par Christopher Lasch, en raison de sa promotion de l'émancipation individuelle. Serions-nous alors témoins, avec l'effondrement des repères sociaux et moraux traditionnels, de ses conséquences dissolvantes sur le lien social : les revendications identitaires exacerbées aboutissant à la guerre de tous contre tous, guerre des sexes, des classes, des communautés et des religions, entre écoles de pensées comme entre différents courants de la psychanalyse ?

Inversement ne connaissons-nous pas une contrepartie de cette libération débridée avec le renouveau de la préoccupation éthique : en philosophie, souvent référée à Emmanuel Lévinas (Marc Crépon, Frédéric Worms), mais aussi en psychanalyse (Monique Schneider, Viviane Chétrit-Vatine) ? Nous pouvons certes nous souvenir de la défiance de Freud à propos des théoriciens de l'éthique, lorsqu'il évoque leur refus de reconnaître les motions pulsionnelles qualifiées de « mauvaises », mais aussi de Lacan dans son séminaire sur l'Éthique. Notons pourtant que la législation internationale tente d'introduire des règles et des distinctions pour humaniser un processus dont le propre est de s'en affranchir, à partir des travaux actuels sur la notion de « guerre juste ». Cette notion discutée peut-elle être la métaphore de ce que les professionnels du soin psychique sont parfois amenés à faire avec certains patients (soins sans consentement, mesures de contention) ? Dans le domaine de la santé mentale en effet, la réflexion nécessitée par les cas difficiles, autour de la place de la haine, des mécanismes de rejet, de projection, de déni, a revivifié la pensée psychanalytique après l'avoir confrontée à une relative impuissance. Qu'en est-il du rôle de la destructivité à l'œuvre dans le fonctionnement psychique, mais aussi de la dimension libidinale qui s'y trouve mise en jeu et se manifeste par exemple à travers la place des fantasmes guerriers dans la vie psychique ? Et la notion de « crise » (René Kaës) peut-elle éclairer la question de la guerre en tant que processus « naturel » de transformation d'un ordre ancien et dépassé en un ordre nouveau « mieux » adapté : moment intermédiaire risqué, en raison du « désordre » nécessaire, mais riche de potentialités ?

« Pourquoi les pulsions de destruction ou de mort ? », s'interroge André Green faisant écho à « La haine dans le contre-transfert ». Ce dernier texte de Winnicott (1947) ouvrait déjà en filigrane sur les limites que ces vécus contre-transférentiels imposent à nos modalités thérapeutiques, sur les écueils de la simple compréhension, de l'empathie et de la bienveillance jusqu'à l'idée soutenue par certains auteurs d'une haine nécessaire ou des aspects positifs de la destructivité.

Le défi que la guerre, dans un sens élargi ou métaphorique, pose à la psychanalyse concerne les modalités de traitement des forces pulsionnelles, au-delà de la seule opposition pulsion de vie-pulsion de mort. La transformation des comportements humains quand la guerre lève les interdits, la brutale libération du sadisme, ne s'expliqueraient pas seulement comme une réaction à l'angoisse de mort mais engageraient aussi le narcissisme des petites différences (Gilbert Diatkine). La réalité de la guerre peut-elle nous éclairer sur la contagiosité de motions pulsionnelles archaïques dans des situations quotidiennes ?

Ainsi, bien que nos sociétés cherchent inlassablement les moyens de les prévenir et d'en contenir la destructivité, les guerres continuent d'infliger aux idéaux pacifiques des démentis cinglants. Ce numéro invite donc à soulever à nouveau la question de 1933 : « Pourquoi la guerre ? »

Aline Cohen de Lara
8 rue Abel Hovelacque
75013 Paris
aline.cohendelara@orange.fr

Benoît Servant
53 bd Henri Sellier
92150 Suresnes
benoit.y.servant@wanadoo.fr

RÉFÉRENCES BIBLIOGRAPHIQUES

Freud S. (1915*b*), Actuelles sur la guerre et la mort, *OCF.P*, XIII, Paris, Puf, 1988.
Freud S. (1933*b*), Pourquoi la guerre ?, *OCF.P*, XIX, Paris, Puf, 1995.

La guerre, une fatalité ?

Pourquoi la paix ?

Denys RIBAS*

« La pulsion de mort devient pulsion de destruction en étant retournée, avec l'aide d'organes particuliers, vers l'extérieur, sur les objets. L'être vivant préserve pour ainsi dire sa propre vie en détruisant une vie étrangère » (Freud, 1933*b* [1932], p. 77).

La relecture de « Pourquoi la guerre ? » impressionne par la hauteur de vue freudienne et les quelques années qui séparent le texte de la Seconde Guerre mondiale – et de la nouvelle dimension qu'y a prise alors la destructivité humaine. Mais un effet d'après-coup surdétermine le lien de ce texte avec la montée du nazisme dont il est contemporain. Freud y réfléchit sur la guerre en elle-même, présente de tout temps. Il est parfaitement lucide sur les rapports de force en articulant le droit à la violence dont il découle. Le charme suranné de la Société des Nations, arrière-plan de *Belle du Seigneur* (Albert Cohen, 1968), a depuis laissé la place à l'Organisation des Nations Unies, capable de mener des actions militaires, mais son Conseil de sécurité a pour membres permanents les vainqueurs de 1945 – auxquels la Chine s'est ajoutée – avec leur droit de veto qui a prolongé la guerre froide, et bloque encore souvent une forme d'autorité planétaire. Le propos est actuel.

Le risque d'un trop de civilisation, son coût en répression de l'agressivité posé dans le *Malaise dans la culture* et que Freud rappelle à la fin de son texte n'est donc pas une menace trop proche. C'est une autre inquiétude qui semble présente dernièrement, si l'on accorde de l'attention à la situation actuelle. Le 11 septembre 2001 a fait basculer le monde dans une autre forme de conflit que le conflit armé entre deux états et leurs alliés. Le terrorisme s'est depuis installé durablement, attaquant efficacement les droits de l'individu dans les pays

* Membre titulaire formateur de la SPP, Président de la SPP.

démocratiques au nom de la sécurité. Les pays d'Europe sont plus récemment touchés à leur tour, et Al Qaïda semble laisser la vedette à un « État islamique » qui, à la faveur des guerres d'Irak et de la guerre civile en Syrie, renoue d'une part avec la revendication d'un territoire, et d'autre part convoque le spectre du fanatisme religieux. La médiatisation de décapitations filmées d'otages, l'écho trouvé chez quelques jeunes gens des pays occidentaux suscitent le sentiment du retour de la barbarie et la hantise d'une nouvelle guerre de religion.

UNE NOUVELLE DÉSILLUSION

Comme le Freud de 1915, nous ne pouvons que constater la fragilité des acquis culturels et du contre-investissement de nos pulsions meurtrières : « C'est précisément l'accent mis sur le commandement : Tu ne tueras point, qui nous donne la certitude que nous descendons d'une lignée infiniment longue de meurtriers qui avaient dans le sang le plaisir du meurtre, comme peut-être nous-mêmes encore » (Freud, 1915*b*, pp.150-151).

À l'automne 2014, j'avais été choqué et accablé comme beaucoup par l'assassinat par décapitation d'Hervé Gourdel, et nous nous identifiions bien sûr plus à ce concitoyen en vacances qu'à des victimes moins proches. Puis, le monde découvrit avec horreur que des otages anglo-saxons avaient été exécutés par un bourreau anglais. Enfin, on apprit qu'un enfant avait été associé à une exécution…

C'est le moment où des amis me proposèrent de regarder une série télévisée au succès mondial : *Game of Thrones*[1]. L'action est située dans un Moyen Âge de fiction. Voici le thème du premier épisode : un roi nordique, rude et noble, condamne à mort un déserteur. Celui-ci accepte la mort, puisqu'il a déserté, mais aimerait bien qu'on le croit quand il affirme avoir vu des êtres surnaturels. Contre l'avis de la reine, le roi emmène son fils d'une dizaine d'années assister à l'exécution de la sentence. Il tient à lui enseigner qu'un souverain se doit d'exercer lui-même le châtiment qu'il décrète, et coupe la tête du condamné avec une épée gigantesque. Dans le même épisode, le petit prince qui aime escalader les murailles, surprend l'inceste de la reine du royaume voisin faisant l'amour avec son frère en haut d'une tour. Le frère précipite alors l'enfant dans le vide.

Au menu de ce premier épisode : meurtre, décapitation, exécution auxquels on initie l'enfant, m'ont rappelé les réalités d'alors, auxquelles s'ajoutent

1. Série télévisée créée pour HBO par David Benioff et D. B. Weiss. Adaptation de *A Song of Ice and Fire*, de George R. R. Martin's. Récompensée par les 2015 Emmy Award, for Best Drama Series.

l'inceste et l'infanticide. Apparemment les clés d'un grand succès... qui nous rappelle à notre réalité pulsionnelle. Deux éléments me sont apparus instructifs, malgré la banalité du succès des romans policier auprès de ceux qui se retiennent de tuer leurs proches : l'autorisation par la fiction de toutes les transgressions – le frère pervers – s'accompagne ici d'une subversion du surmoi avec la prescription par l'autorité de la satisfaction du ça : « Tu dois tuer toi-même » dit le royal surmoi paternel.

Nous nous laissons donc terroriser, et c'est logique, par ce qui nous renvoie du dehors notre cruauté et notre sadisme de toujours, comme si l'on nous tendait un miroir grossissant de nos pulsions refoulées. Pourtant, la France avait fait l'admiration pour son humanité en décapitant proprement avec la machine du docteur Guillotin, épargnant au condamné l'horreur qu'un bourreau maladroit s'y reprenne à plusieurs fois. Le billot médiéval et la terreur révolutionnaire, spectacle public, nous semblent bien loin, mais nous oublions alors que les deux dernières exécutions[2] en France se firent en novembre 1972.

Les effets éducatifs sur le condamné n'ont jamais été évidents, et ce qui est plus intéressant est qu'il ne semble pas que la peine de mort ait un effet dissuasif sur les assassins. N'est-ce pas aux névrosés et à leur angoisse de castration que ce spectacle s'adresse avec efficacité ?

La guerre œdipienne

Si la guerre est un prototype des rivalités fraternelles, la révolte contre le tyran ou le régicide une figuration du conflit œdipien, et la défense d'une terre-mère contre l'envahisseur une motivation profonde, le renversement de ce lien est moins fréquent. Jacques Brill (2000) avait en son temps proposé que le moteur de la guerre était contre-œdipien : de vieux généraux s'accordant pour envoyer leurs jeunes rivaux s'entretuer, s'en débarrassant ainsi mutuellement...

LA PULSION DE MORT

Freud semblait en 1933 avoir retrouvé la force de l'agression de 1915, et ne rien renier de la responsabilité des pulsions de destructions des hommes dans la guerre : « une pulsion à haïr et anéantir » (Freud, 1933*b* [1932], p. 75). Mais il ne renonce nullement à son dualisme pulsionnel, qu'il affirme au contraire

2. De Claude Buffet et Roger Bontemps.

fortement en cohérence avec les *Nouvelles conférences*, contemporaines, qui développent la nouvelle métapsychologie nécessitée par la seconde théorie des pulsions et la seconde topique, et en donne la forme la plus aboutie de l'œuvre.

Il avance dans un premier temps l'opposition entre les deux espèces de pulsions : l'Éros qui veut « conserver et réunir » et « d'autres qui veulent détruire et mettre à mort », épargnant pendant quelques lignes à Einstein la confrontation à la visée interne de la pulsion de mort, mais soulignant le nécessaire alliage des deux pulsions, tant pour l'autoconservation que pour l'amour, refusant de faire de l'une le bien et de l'autre le mal. Mais il lui faut, en s'excusant – « J'ai scrupule à abuser de votre intérêt, qui porte évidemment sur la prévention de la guerre et non pas sur nos théories » – présenter la pulsion de destruction, « [...] qui travaille à l'intérieur de tout être vivant, et a donc pour tendance de provoquer sa désagrégation, de ramener de la vie à l'état de matière non vivante. Elle mériterait en toute rigueur le nom de pulsion de mort, tandis que les pulsions érotiques représentent les aspirations à la vie ». Il mentionne lucidement le peu de vogue rencontré par ce concept.

Freud propose que le retournement de la pulsion de mort vers l'extérieur « avec l'aide d'organes particuliers » la fait devenir pulsion de destruction. De ce fait, « L'être vivant préserve pour ainsi dire sa propre vie en détruisant une vie étrangère » (*Ibid.*, p.77). À partir de l'autodestruction, et avec l'efficacité de cette logique projective, la guerre devient nécessaire à l'autoconservation aussi pour des raisons internes, et non plus seulement du fait de la violence des rapports de force avec les autres humains et de la loi du plus fort. On peut dire que l'histoire des hommes en est la meilleure illustration, et si en plus la civilisation ne progresse qu'en retournant l'agression vers l'individu, et ainsi le menace, on ne peut que se demander « Pourquoi la paix ? »

TERREUR ET FANATISME

L'équilibre de la terreur atomique

On l'oublie aujourd'hui, mais ceux qui ont vécu l'après-guerre se souviennent de cet état d'équilibre de la terreur, chaque camp pouvant anéantir l'autre à coup sûr, avec l'évidence d'une absolue rétorsion. La probabilité qu'un hiver nucléaire s'ensuive avec une nouvelle glaciation était connue. L'humanité tenait les moyens de s'autodétruire. La crise de Cuba en 1962 et son bras de fer entre Kennedy et Kroutchev faillit y parvenir. Contre toute attente, la raison et la vie triomphèrent...

Angoisse du réel et angoisse interne

Je me souviens au début de ma carrière – je remplaçais un généraliste – d'avoir rencontré un état d'angoisse aiguë chez un jeune homme qui faisait son service militaire. Lors d'une longue consultation unique, il m'apprit qu'il était chargé d'évaluer dans un état-major souterrain les destructions en vie humaines opérées en URSS par une attaque atomique française. Un matin c'était telle ville avec x centaines de milliers de morts, le lendemain une autre et les victimes se comptaient en millions. On aurait pu comprendre qu'il ait une perception particulièrement aiguë du risque de la catastrophe générale, mais les humains ne sont pas ainsi faits. Sa responsabilité fantasmatique personnelle de mettre en œuvre fictivement la mort de millions d'êtres humains semblait présente. Dans les associations que je sollicitais, apparu le souvenir d'enfance d'avoir exterminé avec succès et un grand plaisir… une colonie de fourmis ! Son sadisme s'était autrefois satisfait dans la réalité.

Un monde fini

Avec la guerre froide qui déchargeait cependant ses tensions dans des conflits secondaires bien réels entre alliés des deux blocs, en interaction avec les guerres de décolonisation, le monde avait cependant découvert qu'il était un espace fini. Est-ce pour cela que s'imposa la conquête de l'espace et une nouvelle frontière offrant un espace de projection potentielle ? En tout cas, nous avons été confrontés humblement à nos limites dans cette conquête devant les distances entre les corps célestes et, faute d'extraterrestre consentant, l'humanité n'a plus un extérieur où projeter la destructivité. D'une autre manière, l'écologie en tire les conséquences et dénonce une très efficace autodestruction potentielle des humains dans l'exploitation sans limite des ressources naturelles. Y voir une forme de satisfaction de l'autodestruction me semble très optimiste – si l'on peut dire –, et je penche plutôt pour l'illustration de l'inconscience des hommes et de leur déni de la réalité.

La séduction de l'attentat suicide

La séduction de l'attentat suicide pose au contraire un vrai défi. Que nous nous étonnions que des jeunes gens sans avenir soient séduits par un idéal guerrier et qui plus est en s'attaquant à des dictatures meurtrières est surprenant. Alors que nos sociétés privilégient une sécurité obligatoire qui n'a évidemment rien d'excitant, l'adolescent a besoin de se mettre en danger, comme dans une appropriation ordalique de sa vie – qui dénie la scène primitive, remarquons-le. Nos rues portent les noms de combattants des Brigades internationales morts en combattant le franquisme, et le résistant était un terroriste dans la France occupée. Nos présidents occidentaux eux-mêmes ont voulu combattre un régime syrien meurtrier de sa population, avant de reculer.

Mais comment l'idéologie et l'endoctrinement obtiennent-ils le choix du sacrifice de sa propre vie ? Que d'extrêmes pressions bien réelles s'exercent sur le sacrifié dans des groupes ou des sociétés fanatiques ne fait aucun doute[3]. Mais que de l'endoctrinement à distance par liaison internet y parvienne est stupéfiant. La pulsion de mort comme autodestruction doit là être interrogée. Nous avons vu qu'un surmoi qui ordonne la transgression et le meurtre est fascinant. Mais cela n'explique pas le suicide. Remarquons que c'est au nom d'un idéal qu'a lieu la subversion du surmoi. Mais un idéal du moi est au contraire un garant de force du moi, pas de sa disparition. C'est un Moi-Idéal[4] qui prend la place non seulement du surmoi, mais aussi du moi. Je rejoins là les propositions de Louis Brunet (2015) sur cette question : « Il ne s'agit nettement pas d'une organisation psychique sans surmoi mais plutôt d'une organisation où un idéal a "déclassé" ce surmoi, l'a dévalué. » Il décrit un clivage véritable, convoque un Moi-Idéal désignant les fantasmes de la toute-puissance du moi et considère que « Dans la radicalisation dont nous sommes témoins depuis quelques années, l'effet d'endoctrinement du groupe "réel" semble beaucoup moins important que la nécessité de l'adepte d'adhérer corps et âme à une idéologie qui constitue pour lui la solution grandiose à son errance identitaire » (p. 49).

J'ai proposé (1999) de comprendre cette transformation de la topique psychique envahie par un Moi-Idéal comme découlant d'une désintrication pulsionnelle majeure, en soulignant que le corollaire de la désintrication pulsionnelle est l'adhésivité, devenir selon moi de la pulsion de vie désintriquée : le collage en tout ou rien, fusion dans l'Un, avec le leader et le groupe fanatique. La pulsion de mort aura alors satisfaction, non seulement par les destructions

3. Pas seulement dans ces groupes : leurs chefs envoyaient à la mort nos soldats de la Grande Guerre, pour un nouvel assaut perdu d'avance de la même colline. Pour les aider à ce sacrifice, des croix avaient été cousues dans le dos de leurs uniformes, cibles destinées à faciliter l'exécution de ceux qui choisissaient la fuite et la désertion…

4. Si je l'écris avec des majuscules, les deux mots accolés, ce n'est pas pour nous ramener à la première théorie des pulsions, dont les instances étaient substantivées et écrites en français avec des majuscules. C'est pour figurer qu'à l'opposé de l'idéal du moi, avec ses modestes minuscules, et un mouvement vectorisé par le temps qui donne un projet, un but secondarisé, le Moi-Idéal efface les limites topiques – collage – dans une mégalomanie et une identification grandiose immédiate.

des vies d'autrui, mais par celle de l'individu... Je ferai donc l'hypothèse que la victime potentielle se trouve déjà dans une relative désobjectalisation et désintrication quand l'issue adhésive dans le fanatisme s'impose. Nos services secrets de renseignement vont probablement peiner à discerner cet état dépressif particulier, probablement peu objectal, et ce qui en spécifierait l'issue fanatique, au lieu d'une désorganisation psychosomatique, d'un état psychotique ou d'un mouvement dépressif uniquement suicidaire.

Ceci convoque le narcissisme pathologique et il est bien regrettable que l'attentat suicide réussi donne effectivement à son auteur son entrée dans l'histoire. Il faudrait interdire de montrer sa photo et de le nommer pour priver à coup sûr sa folie meurtrière de gloire posthume. La même question se pose pour les auteurs de fusillades. Cela serait-il décourageant ?

Ma réaction spontanée a un inconvénient dont la perception me vient d'une remarque affreusement lucide de Nathalie Zaltzman (2007) : le progrès de civilisation qu'a représenté la reconnaissance du crime contre l'humanité et le fait de le définir comme imprescriptible aboutit à priver son auteur d'un droit de tous les humains. Donc de fait de le retrancher de l'humanité. Et donc pour l'humanité de s'exonérer de l'inhumain.

Je remarque donc que je viens de souhaiter la néantisation complète du criminel : que disparaisse de notre histoire son identité, son nom et son visage. Ça n'empêche pas d'en avoir envie, mais me montre ma contamination immédiate par la destruction...

Les religions

Je doute de la pertinence de juger une religion particulière comme spécifiquement meurtrière, même si les textes sacrés le sont plus ou moins selon les cas. Il est indéniablement des différences entre les religions comme en témoignent les formes que prend la culpabilité dans le psychisme et qui me semblent différer dans les cultures juive, catholique ou protestante. Mais l'appel sacré au meurtre au nom du Dieu leur est commun, et particulièrement dans la guerre de religion. La Saint Barthélemy n'est pas si loin, où l'on égorgea ses voisins, avec des mutilations sexuelles des femmes (le diable...). Et Freud rappelle l'Inquisition dans *Pourquoi la guerre ?...*

En revanche, il ne fait pas de doute que si les religions ont en commun d'unir les hommes dans leur illusion partagée, dans une sorte de délire transitionnel, leur pouvoir revendiqué sur la vie et la mort s'est nettement plus affirmé dans l'histoire en faisant passer nombre d'hommes et de femmes de vie à trépas qu'en ressuscitant les morts – malgré un cas souvent cité...

L'ingrédient religieux s'ajoute souvent au narcissisme des petites différences[5] pour cliver le groupe des semblables et déchaîner la projection du mauvais, et son efficacité en fait effectivement un danger.

La terreur des populations

Bien sûr, les populations civiles ont toujours payé le prix fort de mort et de douleur à la guerre. Et la domination du vainqueur faisait régner la terreur. Mais une évolution dans le lien avec le conflit est que les populations sont devenues une arme de choix pour les protagonistes. C'est en tout cas présent dans les guerres de décolonisation. Une thèse qui m'a intéressé relie la terreur exercée par l'armée française sur les populations lors de la bataille d'Alger, gagnée à ce prix, à la cuisante défaite vécue en Indochine par les militaires, battus par une rébellion qui avait engagé la population – de gré ou de force – dans l'affrontement avec le colonisateur. La bataille d'Alger fut gagnée, mais la guerre qui ne disait pas son nom perdue. L'information que j'ignorais est que ce savoir-faire français fut enseigné dans des centres américains aux militaires des dictatures sud-américaines par ceux qui l'avaient mis en œuvre en Algérie ; ainsi par exemple les exécutions en jetant depuis des hélicoptères des opposants dans la mer, pour que celle-ci ramène les corps sur le rivage afin de terroriser les populations.

Les terreurs et massacres exercés par les deux camps sur la population dans la guerre civile algérienne des décennies précédentes anticipaient-elles une guérilla islamiste d'actualité ? Ou répétaient-elles les violences de la guerre d'Algérie chez ceux qui l'avaient gagnée ? J'ai souligné (2008) combien la mémoire française, fracturée, a peu reconnue la trace et les effets de la guerre d'Algérie dont nous retrouvons certains échos dans nos cures. Et les psychanalystes de cette génération : qu'en ont-ils dit[6] ?

LES SÉQUELLES TRAUMATIQUES DE L'HORREUR

La paix revenue, certains hurlent chaque nuit. Bien que la névrose traumatique soit une des origines de la seconde théorie des pulsions et de la découverte

5. Comme Gilbert Diatkine (1993) l'avait convoqué quand la guerre était revenue en Europe.

6. Le catalogue de la Bibliothèque Sigmund Freud ne donne que douze références sous le mot-clé « Guerre d'Algérie », toutes postérieures à 1988.

d'un au-delà du principe de plaisir, Freud ne dit pas un mot en 1933 des séquelles traumatiques des guerres. Frayages de coexcitations masochiques qui ne se referment pas, contaminations sadiques et destructives de l'Éros, ces instruments de survie peuvent interdire le retour à la vie normale des victimes, civiles ou militaires, des bourreaux, de ceux qui ont vu leurs frères d'armes tués ou mutilés, ou qui n'ont survécus qu'en passant des mois dans l'effroi, ou en tuant. Sans parler de ceux – dont les enfants-soldats – que leurs bourreaux ont contraint à le devenir eux-mêmes, parfois envers ceux qu'ils aimaient… Les cauchemars les hantent pour des années ou leurs vies en sont parfois détruites après le retour de la paix. Est-il sûr que nous savons les aider ? Que *dire* soit toujours salvateur, comme s'interroge Rachel Rosenblum (2000) ? Que veut alors la répétition – ne plus jamais subir l'horreur par surprise – en la déclenchant elle-même ? Ou qu'elle trouve à se relier avec le temps ? Ou ne veut-elle rien et n'est-elle que le témoignage hors temps de l'actualité du trauma ?

DES GUERRES RESTENT LOGIQUES

Ne soyons pas naïfs, ce monde fini a des richesses et des ressources vitales qu'il faudra partager. Les hommes seront donc à nouveau en compétition bien réelle avec l'enjeu de leur survie. La prochaine guerre sera-t-elle pour l'eau, et non plus le pétrole comme il y a peu au Moyen Orient ?

COMMENT LA PAIX ?

La question, plus pertinente que le pourquoi, est bien celle qui importe.

La pulsion de vie : l'union

La première réponse est dans les vues de Freud (et d'Empédocle…). L'union entre les hommes est une véritable issue, s'opposant aux pulsions de destruction. Alors que la France et l'Allemagne revenaient sur le même champ de bataille à chaque génération par trois fois de suite venger la défaite précédente, la réconciliation franco-allemande se scella dans la construction d'une union économique de six pays, adoptant un « marché commun » en 1958, treize ans après la fin de la guerre. Attaquée aujourd'hui par les populismes et facile bouc émissaire de nos impuissances politiques, les « Communautés européennes » instaurées par le Traité de Rome en 1957 ont amené soixante-dix ans de paix… Si après la guerre de Sécession – la Guerre civile disent les Américains –, les États ne s'étaient pas « unis », quels seraient la force et le poids des USA aujourd'hui ?

La guerre économique

Mais l'union économique n'est pas le seul facteur de paix, en particulier par les échanges qui s'instaurent. Une guerre économique ne s'est-elle pas substituée au niveau mondial, aux guerres classiques ? Elle aussi fait des ravages et détruit des pans entiers de certaines économies, brisant les conditions de vie de ceux qui perdent leur travail. Mais le plus souvent pas directement leur vie. Elle aussi, et c'est essentiel, crée des échanges et des interdépendances. Elle redistribue violemment les richesses dans le monde, parfois au profit des pays autrefois sous-développés, comme aucune idéologie égalitaire n'aurait pu le faire, comme un affrontement mondial ne l'aurait fait qu'au prix de destructions effrayantes… Mais les pays les plus favorisés, comme les nôtres, sont-ils prêts à reconnaître cette réalité et à en tirer les conséquences ?

Histoire et vérité ?

La vérité et l'histoire œuvrent-elles au service de la paix ? Dans notre compréhension de l'âme humaine, se remémorer permet d'échapper à la répétition. En est-il de même pour les peuples ? Dans les suites de la tragédie des dictatures et des guerres civiles, la paix n'est souvent revenue qu'au prix d'une amnistie. Le mouvement qui tend à restaurer la vérité et la mémoire doit-il se faire au prix de l'impunité ? Parfois les nations hésitent alors remettant en cause dans un second temps les privilèges consentis…

Faut-il au contraire une part de déni pour que la paix se fasse ? En 1945, c'est une France résistante et victorieuse – deux mensonges ! – qu'incarne le Général de Gaulle. Les accords de Yalta – où elle n'est pas représentée – accorderont à la France des zones d'occupation à Berlin et dans le reste de l'Allemagne, prises sur les zones anglaise et américaine.

On a souligné la responsabilité de l'humiliation et l'écrasement de l'Allemagne en 1918, avec des dommages de guerre impossibles à solder, dans le succès ultérieur du nazisme. Les peuples ne peuvent-ils faire la paix que dans des dénis qui préservent leurs narcissismes, et c'est dans un second temps seulement qu'une historicisation prenant en compte la mémoire dans l'identité est – parfois – envisageable. On dirait des hommes !

La pulsion de mort au service de la paix

Lâcher prise, le renoncement à la vengeance

Revenons à notre champ, la métapsychologie, et suivons Freud dans son refus d'identifier l'une et l'autre des pulsions au bien et au mal, mais son parti d'étudier les effets de leurs alliages et rapports économiques. Benno Rosenberg aimait à le souligner, la pulsion de mort peut être mise au service de la lutte contre la pulsion de mort. Les pompiers savent lutter contre les feux de forêt par des contre-feux. Comment a-il été possible que s'arrête une guerre civile et la spirale infernale de la vengeance en rétorsion – en Irlande du Nord par exemple ? Comment l'apartheid a pu cesser en Afrique du Sud sans un effroyable bain de sang ? Comment la paix ? La vraie question est là, tragiquement présente dans les conflits ou chaque attentat ou massacre crée une dette sacrée de sang pour les générations qui suivent. Il faut lâcher un jour prise, renoncer à l'objet de sa haine, à la vengeance. Pour ce renoncement, parfois permis par la lassitude, c'est à la pulsion de mort qu'il faut savoir faire appel, qui seule permet de désinvestir l'objet. Comme est indispensable dans le deuil de désinvestir l'objet perdu. Désobjectalisation au service du réinvestissement ultérieur d'un nouvel objet, donc de l'amour. Après la guerre, désinvestir l'objet de la haine permettra de renouer des liens avec l'autre camp.

Dans l'exemple sud-africain, je ne sais si c'est une donnée générale, le sacrifice consenti et non violent de sa liberté par Nelson Mandela pendant sa longue incarcération en fait-il un instrument christique du renoncement à la violence qui incarne et favorise l'intériorisation de cette dimension par la foule ? La paix aurait-elle aussi besoin – non pas de martyrs comme la guerre, qui subissent et qu'il faut venger –, mais du sacrifice volontaire de sa violence et de sa vie par un homme ?

L'élimination choisie de la plus grande part de sa descendance : le renoncement à l'arme de la sexualité au service de la reproduction

Enfin, nous trouverons aussi dans la métapsychologie freudienne une résonance avec une donnée biologique indiscutable. Depuis peu, les hommes savent contrôler les naissances au détriment de l'impératif biologique de toujours privilégier l'expansion de son patrimoine génétique. Les hommes et les femmes modernes des pays développés savent éliminer eux-mêmes la majeure partie de leur descendance potentielle[7] – autodestruction – ce qui favorise considérablement qu'ils vivent en paix, n'ayant plus la nécessité vitale d'éliminer des rivaux. Le meurtre des gamètes rend inutile le *Meurtre du fils* décrit par Jacques Bril.

Cet élément est confirmé tristement *a contrario* par les régions du monde où se disputant un minuscule territoire, les intégristes des deux camps prônent la fécondité comme arme. C'est alors Éros et la sexualité qui est fauteur de guerre. Et la pulsion de mort – maîtrisée et permettant des conceptions choisies – qui préserve la paix.

L'imposition de l'enfant unique par le communisme chinois, au prix d'une violence implacable exercée sur l'individu, sans aucun respect du choix personnel, a certainement joué un rôle dans la – très – relative paix du monde…

Denys Ribas
33 rue Traversière
75012 Paris
denysribas@free.fr

RÉFÉRENCES BIBLIOGRAPHIQUES

Bril J., *Le Meurtre du fils : violence et génération*, Paris, In Press, 2000.

Brunet L., Terrorisme, violence de masse et radicalisation. Du Moi idéal au désengagement identificatoire, *Carnet Psy*, n° 191, juillet/août 2015, pp. 48-51.

Cohen A., *Belle du seigneur*, Paris, Gallimard, 1968.

Diatkine G., La cravate croate : narcissisme des petites différences et processus de civilisation, *Revue française de psychanalyse*, vol. 57, n° 4, 1993.

Freud S. (1915*b*), Actuelles sur la guerre et la mort, OCF.P, XIII, Paris, Puf, 1988.

Freud S. (1933*b* [1932]), Pourquoi la guerre ?, OCF.P, XIX, Paris, Puf, 1995.

Ribas D., Un sectaire mortifère, *Sectes*, Paris, Puf, « Monographie de la Rfp », 1999.

Ribas D., Destins de la fracture algérienne dans la mémoire française, *Revue française de psychanalyse,* t. LXXII, n° 4, 2008.

Rosenblum R., Peut-on mourir de dire ? : Sarah Kofman, Primo Levi, *Revue française de psychanalyse,* t. LXIV, n° 1, 2000, pp. 113-137.

Zaltzman N., *L'Esprit du mal*, Paris, Éditions de l'Olivier, 2007.

7. L'enfant unique ou les quelques enfants choisis en seront alors surinvestis narcissiquement d'une manière un peu pesante pour eux…

La Guerre des frères.
Une lecture des Disparus *de Daniel Mendelsohn*

Catherine CHABERT*

Je veux dire rapidement la grande difficulté dans laquelle je me trouvais depuis longtemps, peut-être depuis toujours, à pouvoir terminer les livres consacrés à la Shoah, chacun commencé, jamais fini. Je ne sais plus si c'est moi qui ai acheté le livre de Daniel Mendelsohn ou si quelqu'un me l'a offert, dès sa parution. Ce que je sais très précisément, c'est que je l'ai emporté au printemps 2007, pendant une courte semaine de vacances à Chypre, et que, pour ces vacances, c'est le seul livre que j'ai pris avec moi, avec l'idée fermement établie que ce livre-là, je le lirai jusqu'au bout, celui-là et aucun autre pendant cette semaine... Si je l'ai terminé, en cinq jours, ce n'est pas seulement parce que je n'avais rien d'autre à lire, c'est aussi que, en dépit de la connaissance consciente du destin des disparus, restent, sans cesse animés, parfois haletants, le suspense, le suspens et comme l'espoir insensé d'un autre dénouement. C'est aussi que le livre de Daniel Mendelsohn offre une magnifique expérience d'appropriation d'une histoire collective terrible, imposée, subie, impossible à admettre, et que cette appropriation passe par la construction simultanée d'une catastrophe humaine et d'une tragédie familiale.

Et voilà comment je me retrouve face à ce texte, à la fois émue et embarrassée, car cette entreprise s'est avérée à nulle autre pareille. Je n'ai pas pu, en effet, écrire un article au sens véritable du terme ; j'ai choisi une autre forme, difficile à définir, qui tente d'articuler les effets du livre, la lecture de certains fragments – une lecture qui devrait se faire à voix haute si on veut s'approcher de l'auteur –, et enfin, quelques motifs qui m'ont paru se dégager

* Psychanalyste , Membre de l'Association Psychanalytique de France (APF), Professeur émérite de l'Université Paris-Descartes, auteur notamment de *Féminin mélancolique* (Puf, 2003), *L'Amour de la différence* (Puf, 2011), *La Jeune Fille et le Psychanalyste* (Dunod, 2015).

particulièrement, en tout cas, prendre sens pour moi, au fil de mes lectures et relectures de l'ouvrage.

Bien sûr, j'ai lu Les Disparus dans leur traduction français qui me semble de grande qualité, en particulier parce que j'y retrouve les douces intonations du yiddish. Et cette forme extraordinaire du rythme, comme un balancement, parfois presque comme une berceuse ou une histoire racontée aux enfants, le soir. Il fut un temps où j'entendais au coin d'une rue, dans un café, autour de chez moi, cet accent particulier. Hélas, ces voix se sont tues et j'ai perdu ces résonances délicieuses de mon enfance.

Le livre de Daniel Mendelsohn, *Les Disparus*, a ceci de particulier qu'il touche une double fibre, constamment : l'une, individuelle, subjective, intime ; l'autre tout aussi personnelle, sans doute, mais en même temps paradoxalement commune, partageable.

Il m'est impossible de parler des *Disparus* et de la lecture que je vais en proposer sans évoquer J.-B. Pontalis : il a toujours été convaincu, à partir de son histoire personnelle mais aussi de son expérience analytique et littéraire, de l'importance fondamentale, peut-être même fondatrice des liens fraternels qui les tissent, de la jalousie et de l'emprise qui sous-tendent cette passion. *Frère du précédent*, disait-il, a été son livre le plus fort de sens, le plus investi et surtout le plus attendu. La preuve, pour lui, en était qu'il avait voulu l'écrire depuis très longtemps sans y parvenir : il a pu s'y décider, le commencer et l'achever seulement après la mort de son frère. C'est que la jalousie est un piège qui broie, dit-il : « Quel est l'objet de la jalousie ? Les deux frères sont jaloux l'un de l'autre comme pourraient être jalouses les deux faces de la pièce d'or. La jalousie peut bien changer d'objet, se fixer sur celui-ci, sur celui-là [...] elle diffuse, s'étend à tout ce qui s'offre à elle, elle est une passion mais une passion à la fois fixe et errante, ravageante, destructrice, autodestructrice, une passion criminelle qui n'épargne rien » (*Frère du précédent,* J.-B. Pontalis, 2015, p. 733).

La guerre, c'est peut-être chaque fois, toujours, une guerre entre des frères. La démarche de Daniel Mendelsohn, sa conviction, sa croyance même, partent de l'individu, de ce qui se passe pour chacun, dans chaque histoire comme si les évènements collectifs trouvaient leurs origines à cette source-là, depuis la nuit des temps. C'est bien à partir de son expérience personnelle – sa jalousie vis-à-vis d'un de ses frères, celui-là et pas un autre – qu'il revient aux textes bibliques et que l'entrelacement de ces deux histoires (la personnelle et la biblique) est utilisé pour construire les causes et les conséquences effroyables de la Shoah sur sa famille.

Je ne reviendrai pas sur la part majeure du cheminement de l'auteur pour tenter d'approcher la cruauté destructrice des hommes et leurs capacités d'amour à partir de la Shoah. Même si la recherche acharnée de Daniel Mendelsohn pour retrouver les traces de la vie de ses disparus m'a bouleversée, même si je considère ce livre comme une réalisation extraordinaire au regard des croisements de l'individuel et du collectif, je ne prends en compte que les éléments qui m'ont retenue par leur étroite et étonnante association : l'intimité et la jalousie d'une part, le danger du mélange d'autre part, les deux thèmes s'accordant en quelque sorte par leurs implications mutuelles. Le deux s'étayent sur des récits bibliques, respectivement l'histoire d'Abel et de Caïn – pour les liens entre l'intimité et la jalousie – et l'histoire du Déluge – pour le mélange.

LES COMMENCEMENTS (1967-2000)

Daniel Mendelsohn, comme J.-B. Pontalis, a besoin de revenir aux tout débuts, il cite Proust en exergue :

> « Quand nous avons passé un certain âge, l'âme de l'enfant que nous fûmes et l'âme des morts dont nous sommes sortis viennent nous jeter à poignée leurs richesses et leurs mauvais sorts » (*À la Recherche du temps perdu*).

Cette assertion sert de fil rouge pour saisir l'entreprise de Daniel Mendelsohn : son âme d'enfant est convoquée d'emblée, pas seulement comme mémoire ponctuelle, mais comme élément constructeur de l'édifice, participant du sens et de sa dynamique, un élément moteur, l'âme d'enfant dont l'innocence et la cruauté sont sans cesse affirmées et déjouées. Voici deux passages qui illustrent la pertinence de la référence très précise à Proust annonçant l'ancrage de la liaison des débuts et de la fin, de la création et de la destruction.

L'âme d'enfant :

> « Jadis, quand j'avais six ou sept ou huit ans, il m'arrivait d'entrer dans une pièce et que certaines personnes se mettent à pleurer. Les pièces où cela avait lieu se trouvaient, le plus souvent, à Miami Beach en Floride, et les personnes auxquelles je faisais cet étrange effet étaient, comme à peu près tout le monde à Miami Beach au milieu des années 1960, vieilles. Comme à peu près tout le monde à Miami Beach à l'époque, ces vieilles personnes étaient juives – des Juifs qui avaient tendance, lorsqu'ils échangeaient de précieux potins ou parvenaient à la fin longuement différée d'une histoire ou à la chute d'une plaisanterie, à parler en yiddish ; ce qui, bien entendu, avait pour effet de rendre de rendre le point culminant ou la chute de ces histoires incompréhensibles à tous ceux d'entre nous qui étions jeunes » (p. 13).

L'âme des morts :

> *« Prends ça et garde le pour Marlène jusqu'à ce que je sorte* avait ordonné la mère de ma mère, que nous appelions Nana à mon autre grand-mère en lui tendant un petit sac

en cuir rouge contenant un billet de vingt dollars tout fripé, un jour de février 1965 juste avant qu'ils la poussent dans une salle d'opération [...]. Elle venait d'avoir 59 ans et elle ne se sentait pas bien. Ma grand-mère Kay avait obéi et pris le sac avec le billet froissé, et fidèle à sa parole, elle l'avait donné à ma mère, qui le tenait encore dans ses mains un certain nombre de jours plus tard, quand Nana avait été enterrée au cimetière Mount Judah dans le Queens, au milieu d'une section qui appartient à la FIRST BOLECHOWER SICK BENEVOLENT ASSOCIATION. Pour être enterré là, il fallait appartenir à cette association, ce qui signifiait que vous deviez être né dans une petite ville de quelques milliers d'habitants, située de l'autre côté du monde dans une contrée qui avait autrefois appartenu à l'Autriche, puis à la Pologne et à bien d'autres ensuite, et appelée Bolechow » (p. 14).

Et voilà, ensemble convoquées la naissance ou plutôt la terre natale et la mort... la mort de Nana est une mort « normale » même si elle est accidentelle et un peu prématurée, mais son évocation permet justement de planter le décor majeur du livre, Bolechow, et son cimetière « américain » lourd de significations, lesté d'histoire, car les morts sans sépulture et l'exil ont présidé à sa création : un lopin de terre dont l'accès, exclusif, est conditionné par l'origine...

Mais l'âme d'enfant, c'est aussi l'enfance et les souvenirs sensoriels, sensuels, qui lient le petit garçon et sa grand-mère :

« Maintenant, il est vrai que la mère de ma mère – je jouais avec les lobes si doux de ses oreilles chargées de grosses boucles en cristal jaune et bleu, quand j'étais assis sur ses genoux dans le fauteuil à grand dossier de la véranda chez mes parents, et à un moment donné, (la mère de ma mère) je l'ai aimée plus que n'importe qui d'autre, ce qui explique sans doute pourquoi sa mort a été le premier souvenir dont je garde le souvenir précis » (p.15).

Cette grand-mère n'était pas née là-bas, elle était même la seule des quatre grands-parents à être née aux USA. Mais elle était la femme de *Grandpa,* personnage central du livre et de la vie de l'auteur. Il arrive immédiatement flanqué de sa famille dont tous les membres sont identifiés et localisés. Sauf un :

« Le frère aîné qui était aussi le plus beau des sept frères et sœurs, le plus adoré et le plus adulé, le *prince* de la famille, était venu jeune homme à New York en 1913. Mais après une année maigre passée là-bas chez une tante et un oncle, il avait décidé qu'il préférait Bolechow. Et donc après une année aux USA, il était rentré – un choix qu'il savait, puisqu'il avait fini par trouver le bonheur et la prospérité, être le bon. Il n'a pas de tombe du tout » (p.15).

Le passé-présent comme l'appelle J.-B. Pontalis, ce temps conjugué de l'analyse et de l'écriture est celui régulièrement utilisé par Mendelsohn :

« Parmi ces gens, il y en avait certains qui pleuraient lorsqu'ils me voyaient (des femmes pour la plupart), et elles portaient leurs mains tordues, avec ces bagues et ces nœuds déformés, gonflés et durs comme ceux d'un arbre qu'étaient leurs phalanges, elles portaient ces mains sur leurs joues desséchées et disaient, d'une voix essoufflée et dramatique, *Oy, er ztt ays zeyer eynlikh tzu Shmiel !*
Oh, comme il ressemble à Shmiel !
Et les voilà qui se mettaient à pleurer, qui poussaient des cris étouffés, tout en se balançant d'avant en arrière... [...]

De ce Shmiel, bien entendu, je savais quelque chose : le frère aîné de mon grand-père qui, avec sa femme et ses quatre filles *superbes*, avait été tué par les nazis pendant la guerre. *Shmiel. Tué par les nazis.*
Pendant longtemps, il n'y a eu que les photos muettes, et de temps en temps, une vibration désagréable dans l'air lorsque le nom de Shmiel était prononcé. Cela n'arrivait pas souvent, du temps où mon grand-père était encore vivant, parce que nous savions que c'était la grande tragédie de sa vie, le fait que son frère et sa belle-sœur, et ses quatre nièces, avaient été tués par les nazis [...] et donc je n'en parlais pas.
Mon grand-père me racontait toutes ces histoires, toutes ces choses, mais il ne parlait jamais de son frère et de sa belle-sœur et de ses quatre filles qui, pour moi, ne semblaient pas tant morts qu'égarés, disparus non seulement du monde, mais – de façon plus terrible pour moi – des histoires mêmes de mon grand-père » (pp. 17-18).

Plus tard, Daniel Mendelsohn cherche éperdument le sens du suicide de son grand-père : une exécution ? Pour quel crime ?

« Mon grand-père est mort en 1980. Au milieu de la nuit, en dépit du fait qu'il était très faible – à une ou deux semaines au plus de mourir du cancer qui le dévorait – il s'était levé, dans un pyjama immaculé, et avait eu la force de sortir sans réveiller sa femmes endormie, celle qui détestait les plumes, celle qui avait été à Auschwitz, et de quitter l'appartement, d'appuyer sur le bouton « R » de l'ascenseur ; il avait trouvé la force de traverser le hall d'entrée en marbre du Forte Tower et de se diriger, par la porte du fond, vers la piscine dans laquelle il avait trouvé la force de sauter, sachant pourtant qu'il ne savait pas nager. C'est dire à quel point la douleur était forte. Je me demande aujourd'hui : quelle douleur ? » (p. 82).

Parmi les objets rapportés par sa mère, Daniel Mendelsohn trouve « ce portefeuille bizarre, long et mince, avec ce cuir boutonneux, qu'il avait si souvent glissé dans la poche intérieure d'une des vestes qu'il aimait porter. Je l'ai reconnu, bien sûr, mais jamais je n'aurais deviné ce qu'il contenait » (p. 83)... de nombreuses feuilles pliées, des lettres en fait, dans lesquelles Daniel Mendelsohn a pu déchiffrer :

« Cher frère chéri et chère belle-sœur adorée », « Chère Jeanette et cher Sam », et sur trois lettres distinctes, *« Cher Aby »,* Aby, son grand-père.

« Voilà ce que mon grand-père avait porté sur lui pendant toutes ces années. Ces lettres que Shmiel avait écrites, au cours de la dernière année désespérée où il pouvait encore écrire, quand il pensait pouvoir trouver une issue. Elles avaient été là, devant mes yeux, tout le temps, pendant tous ces étés où j'avais contemplé paresseusement le bizarre portefeuille, impatient de sortir et d'entendre les histoires de mon grand-père, sans jamais rêver de l'histoire qu'il portait dans sa poche intérieure gauche. C'était là, juste devant moi, et je n'avais rien vu » (p. 85).

Et pourtant ces phrases écrites par Shmiel (Sam) découvertes par Daniel Mendelsohn lorsqu'il a vingt ans, laissent en lui une trace profonde, indélébile, une sorte de blessure *tourmentante :*

« Je t'ai maintenant écrit tant de fois, cher Aby ! Pendant quelques mois, j'ai vécu dans l'espoir de pouvoir vous voir en personne, mes très chers, mais l'espoir s'est évanoui » (p. 84).

N'est-ce pas le même espoir, incandescent, qui excite la lecture du livre, « les voir en personne » ?

> « Pourquoi Shmiel s'était-il permis de faire ce rêve et pourquoi s'était-il évanoui ? Qui lui avait donné ce faux espoir ? Je pense énormément à cela, sachant bien moi-même que les frères [...] peuvent manquer à leurs engagements les uns envers les autres » (p. 84).

QUELQUES RÉFLEXIONS PSYCHANALYTIQUES

Revenons à Freud, un peu comme Mendelsohn revient à l'exégèse des textes bibliques, quand les représentations, quand les images surtout et les mots qui le disent, frôlent l'insupportable. Pour ce faire, il me faut commencer par le suicide du grand-père et par le questionnement de Daniel Mendelsohn qui, à mon avis, ressemble à une forme de construction mélancolique. En se suicidant, le grand-père se serait laissé emporter par ses objets morts, son frère et sa famille, sa femme et ses quatre filles superbes, *tuées par les nazis ?*

Le mouvement mélancolique convoque une logique narcissique, engagée dans des modalités d'investissement de l'objet peu résistantes, on s'en souvient, répétées par la force du même, voire de l'identique, et par la recherche constante de points de reconnaissance, d'images impérativement spéculaires. Que celles-ci soient tragiquement marquées par le négatif, l'auto-accusation et l'excès de douleur ne doit pas nous détourner, par une illusion romantique, de sa valence hautement destructrice : visant le moi, certes, mais tout autant l'objet auquel il s'identifie. À cet égard, la question reste ouverte : lorsque le moi mélancolique se confond ou se laisse emporter par son objet mort, il est bien difficile de se saisir de l'actif et du passif, du criminel ou de la victime. Qui est l'agent du meurtre ?

L'énigme reste entière et Freud lui-même nous entraîne dans des voies divergentes : le moi est écrasé par l'objet et, en même temps, il est susceptible de triompher de lui par la vivacité potentielle des soubassements maniaques de la mélancolie. La construction mélancolique de la mort du grand-père emporté par une possible identification à son frère mort, celui dont il ne fallait jamais parler, peut-être parce qu'il était interdit de le représenter, est la construction de Mendelsohn bien sûr : elle est cependant la pièce maitresse du livre. Livré dès le début, le suicide du grand-père est la source latente de toute l'organisation de l'écriture autour du frère, aimé et haï, mort et omniprésent... « L'œil était dans la tombe et regardait Caïn... »

Dans l'étude de la mélancolie telle que Freud la construit dans ses deux temps – en 1915 (*Deuil et Mélancolie*) et comme après-coup en 1923 (*Le Moi et le Ça*) –, on peut souligner le refus de la passivité que le processus condense : l'abandon de l'objet se substitue à sa perte ; une action, celle du désinvestissement, détourne ou retourne la situation où le moi perd son objet et devrait se soumettre à sa disparition. La perte devrait affecter le moi qui se trouvera transformé par le travail du deuil, mais elle peut être traitée autrement. Si le deuil implique acceptation, soumission, et donc impuissance relative face à sa nécessité, la mélancolie en offre une tentative de maîtrise : « abandonner » plutôt que perdre, afin que se maintienne la croyance dans la puissance du moi sur l'objet, reflet de la puissance de l'objet sur le moi. C'est là que perdure la violence du même, le déni de l'écart, de la dissymétrie et de la différence.

La logique de la mélancolie est une logique de mélange : elle se situe, lorsqu'elle s'emporte, au-delà des stratégies narcissiques qui s'efforcent, autant que possible, de protéger les frontières du moi. Dans cette perspective, le renversement de la passivité en activité constitue une ultime tentative de rétablissement narcissique puisqu'il permute les places respectives de celui qui part et de celui qui perd.

Mais le meurtre de soi comprend le meurtre de l'autre et cette construction, consolante pour les survivants parce qu'elle dénonce l'agressivité destructrice du suicide mélancolique, contient une dimension supplémentaire qui complique l'affaire : dans la stratégie mélancolique, la masse portée par l'identification narcissique devient envahissante et pousse à la dédifférenciation, si bien qu'il devient bien difficile de savoir lequel des deux emporte l'autre dans la mort, lequel des deux s'identifie, activement, à l'objet mort. C'est bien l'énigme du suicide du grand-père : il se tue parce qu'il ne veut pas être emporté par la maladie, il se tue pour se punir de sa faute envers son frère, pour annuler, pour payer tragiquement son crime ?

C'est que ce commencement-là contient le noyau de la démarche, car du crime familial partent tous les faisceaux, tous les réseaux qui très vite relient les faits aux événements, le drame familial et la tragédie humaine, dans un emboîtement étonnant, sans cesse renouvelé, par vagues successives qui reviennent et repartent, indéfiniment.

> « Je pense à mon grand-père et à Shmiel et je me demande encore une fois ce qui a pu se passer entre eux, quelle bouffée d'émotion méconnue et méconnaissable, qui m'a poussé, un jour, à casser le bras de mon frère, a conduit mon grand-père à quelque chose de bien pire, quelque chose dont j'ai commencé à me préoccuper seulement après avoir découvert les lettres de Shmiel. »

DEUXIÈME PARTIE : CAÏN ET ABEL OU FRÈRES ET SŒURS (1939-2001)

La lecture du livre de Mendelsohn est déroutante parce qu'elle est poussée par une autre logique de la différence que celle portée par le mouvement mélancolique, c'est-à-dire par la logique de la jalousie dont Freud déclare d'emblée : « La jalousie appartient aux états d'affects que l'on est en droit, tout comme le deuil, de qualifier de normaux » (Freud, 1922*b* [1921] p. 87). Il y a peut-être des analogies entre le deuil et la mélancolie, entre la jalousie normale et délirante, entre le « ce n'est pas lui qui me quitte, c'est moi qui l'abandonne » du mélancolique et le « ce n'est pas moi qui l'aime, lui, c'est elle qui l'aime » du jaloux. Analogie seulement dans la scansion de la négation car s'immisce dans la formulation jalouse, tout le courant sexuel de la différence. L'inquiétude taraudante, le tourment de Mendelsohn portent davantage, au niveau manifeste, sur ce qui s'est passé entre son grand-père et le frère de son grand-père, avec en sourdine d'abord, la rivalité, puis la haine entre les frères.

> « Pourquoi, compte tenu de la fréquence et de l'intensité des lettres de Schmiel à ses frères et sœurs à New York, se plaint-il toujours de n'obtenir de réponse de personne ?

Encore une lettre de Shmiel, à l'automne 1939 :

> *« Puisqu'il y a si longtemps que je n'ai pas eu de lettre de vous [...]. Écris-moi plus souvent, c'est comme si on me donnait une vie nouvelle et je ne me sentirai pas aussi seul. [...]*
> *Tu reproches à ma chère femme de ne pas s'être tournée vers ses frères et sœurs. Et donc je t'écris pour te dire que tu as perdu la tête. Elle leur a déjà écrit et n'a jamais obtenu de réponse. »*

Il n'y a aucun moyen de savoir ce qui s'est passé exactement ici entre les frères, et Mendelsohn se laisse emporter par une construction au sens le plus analytique du terme : il devine, il invente les parties manquantes. Peut-être, dit-il, si on pouvait retrouver les milliers de lettres échangées à cette période, la réponse d'Abraham (Aby, le grand-père) à Shmiel aurait pu être découverte, il aurait pu écrire à son frère :

> *« Cher frère, nous avons épuisé toutes les possibilités ici, mais nous ne pouvons pas réunir la somme à laquelle tu faisais référence. Ester a-t-elle essayé d'écrire à ses frères et sœurs aux États-Unis ? »*

Dans le chapitre intitulé « Le son du sang de ton frère », Daniel Mendelsohn avance une réflexion magnifique sur l'intimité de la proximité familiale et ses effets. Ceux qui ont grandi au-dedans d'une famille se sentiront, parce qu'ils ont partagé le même espace, le même intérieur, plus proches, plus intimes. Mais en même temps – et l'expérience le prouve – ils chercheront toujours plus d'espace :

> « Je pense à la façon dont les tensions naturelles entre frères et sœurs, entre ceux qui grandissent très près les uns des autres et qui se connaissent trop bien, peuvent être exacerbées par des ressentiments et des envies d'ordre économique. Je pense à certains frères qui ne bougent pas, qui essaient de gagner leur vie sur une terre qui n'est pas généreuse, et à d'autres frères qui vont tenter leur chance ailleurs. Je pense aussi à des frères et sœurs d'un autre genre, ceux qui ont grandi trop près les uns des autres et qui se connaissent trop bien, certains forcés de travailler la terre, d'autres, apparemment plus chanceux, capables d'aller ici ou là… » (pp. 142-143).

C'est d'abord la rivalité entre Ukrainiens et Juifs dans la ville polonaise dont sa famille est originaire que Daniel Mendelsohn construit et analyse méticuleusement, et très vite à la suite, presque associativement pour un lecteur analyste, il évoque sa jalousie féroce contre son puîné, pour sa blondeur et ses yeux bleus, son goût du sport et ses copains d'école, son second prénom et le fait qu'il soit venu si vite après lui. Et comment (il n'en est toujours pas vraiment remis) il lui a cassé le bras au cours d'une simple bagarre.

Il se demande, dans le même processus, pourquoi son grand-père n'a pas vraiment aidé son propre frère à quitter la Pologne, à venir aux États-Unis au moment où cela était encore possible : ce qu'il cherche dans son parcours étonnant pour retrouver les traces de ce grand-oncle et de sa famille disparus, c'est aussi la trace de la haine fraternelle et de ses excès. Mais ce qu'il montre tout autant, c'est comment, fondamentalement, quelque chose de l'amour qui gît dans les profondeurs de la haine, reste vivant sous son ensevelissement.

Au début de l'enquête qu'il entreprend avec ses frères et sa sœur, les premiers témoignages sur la qualité des relations entre les Juifs et les Ukrainiens sont unanimes :

> « Tout le monde s'entendait bien, pour la plupart [...] les enfants jouaient souvent ensemble sur la place, les Ukrainiens et les juifs ensemble [...]. Tout le monde se connaissait... C'était comme une grande famille. »

À nouveau le passé-présent s'impose :

> « C'est le sens soudain et vertigineux de leur proximité, à cet instant-là, qui a fait que ma sœur et moi nous sommes mis à pleurer. Voilà jusqu'où vous pouvez vous rapprocher des morts : vous pouvez être assis dans une salle de séjour par un bel après-midi d'été, soixante ans après que ces morts sont morts, et parler à une vieille dame ronde qui gesticule vigoureusement, qui a exactement le même âge qu'aurait la fille aînée de Shmiel, et cette vieille dame peut être aussi éloignée de vous que ça, à un mètre de distance [...]. À cet instant-là, les soixante ans et les millions de morts ne paraissent pas plus grands que le mètre qui me séparait du bras gras de la vieille femme. Je pleurais aussi parce que cet instant me rapprochait d'autres de mes morts. Je ressentais intensément la présence de mon grand-père, qui avait été, à cet instant précis, la dernière personne à qui j'avais parlé à les avoir connus. [...]
> Elle a dit qu'ils étaient très gentils, des gens très cultivés, des gens très gentils.
> Olga nous a raconté que les Juifs avaient été rassemblés dans la maison de la communauté catholique ... et que les Allemand avaient forcé les Juifs captifs à monter sur les épaules les uns des autres et avaient placé le vieux rabbin au sommet. Puis, ils l'avaient fait tomber. Apparemment cela avait duré plusieurs heures.
> Olga nous a raconté que le bruit de la mitrailleuse en provenance du cimetière était tellement horrible que sa mère... avait sorti une vieille machine à coudre et s'était mise à piquer, afin que le grincement de la machine déglinguée pût couvrir les coups de feu » (p. 163).

Ce qui m'a frappée dans le livre de Daniel Mendelsohn, c'est que la sexualité et l'amour, au sens banal des relations amoureuses, sont rarement associés au début. En tout cas, il n'y pas de romance, pas d'histoire d'amour alors que la sexualité, au sens le plus freudien du terme, surgit avec une très grande violence : lorsqu'elle apparaît, et c'est un motif important, vital, à travers les amours des filles superbes de Shmiel (chacune, on l'apprend au fil du récit, était amoureuse sauf la plus jeune), lorsque la sexualité et l'amour apparaissent donc, ils sont saisis chaque fois par l'horreur et la mort, inéluctablement enchevêtrés : l'histoire de Jack Greene et de l'une des quatre filles de Shmiel est totalement bouleversante parce que se côtoient dans le même chapitre et dans l'entrelacement des mots, l'histoire d'un jeune homme (Jack, un survivant) et d'une jeune fille (Ruchele) qui « sortaient ensemble ».

« Une belle fille », une belle fille placide, elle a péri le 29 Octobre 1941. Le récit de l'arrestation et de la mort de Ruchele est insupportable et je préfère livrer une des coïncidences qui obsèdent Daniel Mendelsohn et donnent sens à sa recherche : Ruchele a dû naître le 3 septembre 1923, affirme-il.

> « Je le sais parce que c'est le jour où une autre jeune femme nommée Rachel, Ruchele, est morte. [...] Je sais parfaitement que Ruchele Jäger, née en 1923, la fille de Shmiel, a dû naître après la mort de la sœur de son père et de mon grand-père : la première Rachel Jäger, née en 1896, la future épouse dont la mort tragique et inattendue, terriblement prématurée, allait devenir par la suite, après des années, la plus grande histoire de ma famille, un récit mythique au cœur duquel se retrouve une légende plus ancienne encore sur la proximité et la distance, l'intimité et la violence, l'amour et la mort, cette légende première entre toutes, ce mythe premier entre tous, sur la facilité avec laquelle nous tuons ceux qui nous sont le plus proches » (p. 195).

C'est finalement une forme de répétition tragique – destinale – qui retient et fascine Daniel Mendelsohn : le même prénom pour les deux femmes, le même destin de fille sacrifiée, la première par sa famille (sa mère et ses frères), l'autre par les dégénérescences de la guerre.

La mère du grand-père s'était trouvée veuve avec sept enfants très tôt. Elle avait donc accepté de donner sa fille, la première Rachel Jäger à un cousin riche, horrible tyran : la jeune fille était morte une semaine avant le mariage. Et la question obsédante revient ; quel frère est capable de donner sa sœur, de la vendre à pareille engeance ? Le péché entre les frères, le crime entre les frères et sœurs, étaient déjà là dans la famille, thème récurrent du passé, greffé désormais sur le futur.

En contraste, des notations beaucoup plus vivantes et libidinales montrent comment Daniel Mendelsohn comprend les coïncidences qui peuvent s'entendre comme des complots de l'inconscient, comme celle-ci repérée dans un détail presque anecdotique et tendrement ironique :

> « Le 11 Août 2002, presque un an jour pour jour après notre arrivée à Bolechow, et précisément 60 ans après la mise en marche du mécanisme qui allaient détruire le frère de mon grand-père et sa famille, ma sœur Jennifer s'est mariée. [...] Elle est la seule de nous cinq à avoir épousé un Juif. C'est, bien entendu, une pure coïncidence – poétique, néanmoins, qui n'aurait pas pu être plus artistique, si on l'avait inventée, créée

comme un symbole pour la fiction qu'on est en train d'écrire – que le nom de famille de l'homme qu'elle a épousé soit *Abel.* »

Si l'amour et la sexualité existent, si l'un et l'autre sont régulièrement présents dans le récit, ils passent toujours au second plan comme si le plus important, le plus décisif de la condition humaine, revenait à la jalousie fraternelle qui constitue tout autant le socle de la jalousie amoureuse dans la mesure où son objet est un objet d'amour même s'il est massivement investi narcissiquement. Et je me demande, alors, quelle part narcissique, quelle proximité extrême, quelle intimité dérangeante, concourent à la fomentation et à l'éclosion de cette jalousie, lorsqu'elle se répète par l'effacement de la différence de ce que l'autre pourrait avoir et que je n'ai pas, de ce qu'il est et que je ne suis pas, tout ce que je n'ai pas, que je ne suis pas et qui fait, de lui, le préféré.

Le mélange d'un côté, le différent de l'autre, les configurations qu'ils sont susceptibles de construire traduisent – c'est mon hypothèse – deux positions psychiques à la fois antagonistes et complémentaires : le mélange et la disparition incarnent le mouvement mélancolique ; la jalousie et la passion, celui de la projection. L'un vise la dé-différenciation et le rabattement narcissique, l'autre la séparation et la distinction moi/objet, conformément à l'idée freudienne selon laquelle l'objet naît dans la haine. Lorsque celle-ci se déchaîne et bascule dans la destructivité, alors l'autre devient l'ennemi, le persécuteur, celui qu'il faut supprimer à tout prix.

La menace de la dépression, de la perte et de son refus, que le mouvement mélancolique traite par intériorisation et renversement de la passivité en activité, se déplace (ou se change ?) en menace d'intrusion : l'objet retrouve sa qualité d'étranger, et les incertitudes de son amour et de sa haine reviennent au-devant de la scène. En 1921, Freud distingue trois formes de jalousie : la forme normale, œdipienne et amoureuse, la forme projetée et peut-être, discrètement, la forme délirante. Il ajoute que les rivaux antérieurs deviennent les premiers objets d'amour homosexuels : l'homosexualité est le « parfait pendant au développement de la *paranoïa persecutoria* dans laquelle des personnes initialement aimées deviennent les persécuteurs haïs alors qu'ici, les rivaux haïs se muent en objets d'amour » (Freud, 1922*b* [1921], p. 96). Ce qui nous intéresse tout autant, c'est le lien que Freud noue entre l'émergence des tendances homosexuelles et l'éloge de la mère à l'égard d'un autre enfant, un autre garçon, dit-il. De la déception au choix d'objet narcissique se dessine le classique trajet du mouvement mélancolique.

Si le voyage à Bolechow a été à la fois fructueux et décevant, il n'en a pas moins permis de repérer un certain nombre d'événements traçant à grands traits deux histoires, la grande et la petite. La manière dont Daniel Mendelsohn les tisse est subtile : il a le sens et le goût des détails. Ils surgissent parfois comme des incidentes dans le texte, et ce sont eux qui font voir, ce sont eux qui animent. Le génie de Mendelsohn est de combiner des phrases immenses et ces détails qui occupent une place majeure, souvent au service de la vie, à l'instar de petites émergences libidinales, parfois aussi pour dire la mort, lueurs éteintes.

Sans m'attarder sur la troisième partie du livre consacrée au Déluge et à l'annihilation totale, il me faut souligner deux éléments significatifs au regard de la haine fraternelle : l'un concerne les dangers du mélange – on entend la menace de l'inceste, bien sûr –, l'autre les excès inimaginables de la haine lorsqu'elle bascule dans la destructivité. Il s'agit alors d'un au-delà de la haine, puisque l'objet disparaît et que la rivalité sombre dans le massacre des frères. À travers ces représentations extrêmes se découvrent les fondements nécessairement fratricides de la guerre, étrangement et étroitement liés au mélange et à l'inceste. Serait-ce au nom de ce tabou que la destruction des frères peut être argumentée, sinon justifiée ?

> « Le Déluge est la première tentative dans la littérature pour représenter l'image de ce à quoi peut ressembler l'annihilation totale du monde » (p. 201).

Il y a par conséquent une liaison complexe entre les actes de la création, les actes de la destruction et les actes de rétablissement. Cette interconnexion suggère que si Noach était simplement le récit d'une annihilation totale – destruction sans survivants, sans une nouvelle création – nous y perdrions tout intérêt :

> « C'est l'existence de quelques survivants qui nous aide, ironiquement, à apprécier l'étendue de la destruction. Inversement, pour apprécier le caractère précieux des vies qui ont été sauvées, il est nécessaire d'avoir une compréhension approfondie de l'horreur à laquelle ils ont si miraculeusement échappé » (p. 203).

La colère de Dieu a été déclenchée par une corruption envahissante, une « grossière immoralité sexuelle », par le mélange incontrôlable des catégories qui sont censées être distinctes : lorsque Dieu donne ses instructions à Noach pour la construction de l'Arche, il lui rappelle que les paires d'animaux doivent se faire « selon son genre » afin que la création nouvelle puisse s'engager grâce à des espèces « pures ». La punition colle parfaitement au crime : le Déluge, cette formidable métaphore du mélange, a pour effet d'effacer les différences, les eaux et les terres se confondent et la destruction, l'extermination, en sont les produits. La volonté divine est de sauver l'humanité et la nature en préservant la spécificité et la séparation : la différence doit être respectée, impérativement pour sauvegarder la vie. C'est cet ordre qui préside à l'organisation de l'Arche de Noé.

> « Et pourtant, sans doute en raison de l'insistance subtile avec laquelle *parashat Noach* connecte telle chose à son opposé, la création avec la destruction, la destruction à la

renaissance, les figurines d'argile au chaos boueux, les eaux sulfureuses au cèdre puant, les boîtes dans lesquelles les quarante-huit Juifs de Bolechow ont en définitive été sauvés (pour ne rien dire de tous les autres contenants dont les occupants n'ont pas eu autant de chance, chiffre impossible à connaître puisqu'il n'y a personne pour raconter ces histoires) font évidemment penser à certaines autres structures en forme de boîtes qui, dans le récit des Temps Modernes du décret selon lequel le peuple d'Israël doit mourir, étaient non des instruments de salut mais d'annihilation. Oui, il y avait des endroits cachés, des compartiments sombres et scellés dans lesquels les occupants ne pouvaient qu'écouter et espérer ; mais il y avait aussi des fourgons à bestiaux, avec leur cargaison d'êtres humains ballottés par la tempête ; il y avait aussi les chambres à gaz. C'était aussi des boîtes. C'était aussi des arches » (p. 311).

Catherine Chabert
76 rue Charlot
75003 Paris
catherine@chabert.org

RÉFÉRENCES BIBLIOGRAPHIQUES

Freud S. (1916-1917*g* [1915]), Deuil et mélancolie, *OCF.P*, XIII, Paris, Puf, 1988.
Freud S. (1922*b* [1921]), De quelques mécanismes névrotiques dans la jalousie, la paranoïa et l'homosexualité, *OCF.P*, XVI, Paris, Puf, 2003.
Freud S. (1923*b*), Le Moi et le ça, *OCF.P*, XVI, Paris, Puf, 1991.
Mendelsohn D., *Les Disparus*, Paris, Flammarion, 2007.
Pontalis J.-B., *Œuvres littéraires*, Paris, Gallimard, « Quarto », 2015.

Guerre et paix en territoires psychotiques

Vassilis Kapsambelis*

À la mémoire de Marie-Lise Roux

Que savons-nous des rapports entre pathologies psychotiques d'un côté, agressivité, destructivité et pulsion de mort, de l'autre ?

Certaines de nos connaissances semblent bien établies, et acquises presque dès l'introduction de la pulsion de mort en psychanalyse. La première fois que la locution « pulsion de mort » apparaît comme telle dans l'œuvre de Freud, elle se trouve associée d'emblée aux pulsions du moi, c'est-à-dire en définitive au narcissisme : « opposition entre pulsions du moi (de mort) et pulsions sexuelles (de vie) », écrit-il dans *Au-delà* (Freud, 1920*g*, p. 316). Elle fait écho à une autre idée, formulée, elle, quelques années plus tôt : « l'externe, l'objet, le haï seraient, au tout début, identiques » (Freud, 1915*a*, p. 181). Quelle que soit l'idée que l'on se fait de la pertinence de la notion de narcissisme primaire, et de sa valeur d'étape évolutive ou de reconstruction mythique, qu'on y inclue ou pas l'objet (dont la bienheureuse union avec le moi naissant fait de toute façon que cet objet n'en est pas encore vraiment un), la pulsion de mort nous introduit dès le départ à la fois dans la problématique psychotique et dans celle de toutes les guerres, avec leurs deux versants : d'une part, le narcissisme en tant qu'héritier des « pulsions du moi » à but d'autoconservation de la première théorie des pulsions ; d'autre part l'autre, vécu comme menace, comme intolérable altérité, ou comme enjeu d'une convoitise réciproque, envieuse et prédatrice. Les guerres, comme les psychoses, ont toujours été affaire de territoires et de rapports entre territoires : empiétement ou respect de la distance, porosité ou solidité des frontières, envahissement et appropriation violente ou

* Psychiatre, praticien hospitalier, et psychanalyste, membre de la SPP, directeur du Centre de psychanalyse Evelyne et Jean Kestemberg de l'ASM 13.

échanges mutuellement bénéfiques. Et puis les guerres nous parlent toutes, comme les psychoses, d'une rencontre ratée, celle du mouvement d'expansion d'un conquérant – d'un moi naissant, d'un sujet adolescent… – avec ceux qu'il croise dans son avancée. Enfin, les guerres – un certain nombre de guerres – ont une dimension de guerre civile, en ceci qu'on se dispute souvent ce qu'on a en commun : les innombrables Alsace et Lorraine de toute guerre, ou la transformation d'une aire transitionnelle en champ de bataille et de ruines.

Une deuxième ligne d'élaboration relative à la question de la destructivité et de la pulsion de mort, tout aussi bien établie, concerne une autre forme de guerre civile, plus fondamentale, et provient du repositionnement de la problématique du masochisme à partir du texte de l'*Au-delà* (« le masochisme pourrait être aussi un masochisme primaire… », Freud, 1920*g*, p. 328), qui se prolonge dans celui que Freud lui consacre en 1924 (qui est aussi l'année de l'élaboration d'un certain nombre d'écrits sur les rapports entre psychose et réalité). Deuxième ou première ligne, à vrai dire, car les manifestations de la pulsion de mort en tant qu'agressivité ou destructivité visant autrui ne constituent pas le thème principal du tournant de 1920, et ce n'est qu'après 1930, comme Strachey le fait remarquer dans sa traduction, que Freud explore cette thématique, essentiellement avec le *Malaise*. Toujours est-il que ce texte sur *Le Problème économique du masochisme* (Freud, 1924*c*) entend exploiter ce qu'implique la vaste spéculation sur une « pulsion de mort » au niveau de l'organisation du psychisme humain et des forces qui œuvrent contre sa propre construction et son propre développement.

Or, autant la problématique de l'agressivité et de la destructivité se laissent facilement déduire de la difficulté notoire des états psychotiques à organiser une vie psychique avec l'objet – un objet séparé, qui ne soit ni leur double, ni leur appendice, qui ne soit pas vécu comme menaçant pour l'organisation narcissique de leur moi, et qui soit conçu comme possédant une pulsionnalité analogue à celle du sujet, ce qui implique l'acceptation d'être soi-même l'« objet de l'objet » (Kapsambelis, 2009) –, autant la problématique du masochisme (qui plus est, « primaire ») demeure plus énigmatique dans ses rapports avec les états psychotiques. Certes, il y a cette notion que Freud fait déduire du masochisme primaire, le sentiment de culpabilité inconscient, qui nous renvoie à l'autre crime « fondateur », celui de la toute première séparation, à savoir le matricide ; au moins aussi « originaire » que le parricide (qui a bien davantage attiré l'attention de Freud), et que des auteurs comme Marie-Lise Roux (2014) ont constamment souligné dans les problématiques psychotiques. Au niveau du fonctionnement psychique, encore un autre aspect se rattacherait à cette destructivité primaire : on pourrait dire que ses deux aspects, sentiment de culpabilité inconscient et déliaison, correspondent bien à ces deux perspectives, dont l'une renvoie au matricide et aux opérations autopunitives d'anéantissement de soi qui en découlent (notamment lorsque ce matricide originaire ne parvient pas à se relier à la castration, grâce à la série de déplacements et équivalents symboliques qui s'ensuivent, après le temps premier de la séparation d'avec l'objet primaire), l'autre à une force de déliaison plus diffuse et généralisée, telle que Bion l'a mise en évidence en généralisant les élaborations kleiniennes concernant la phase schizo-paranoïde, mais qui traduit elle aussi les effets pernicieux, pour le moi lui-même, de toute section du lien primaire, lorsque cette section se traduit par une rupture à l'intérieur du moi.

On est alors confrontés à un problème que nous rencontrons pour la première fois dans l'œuvre de Freud, ou en tout cas dans la façon dont souvent nous le comprenons dans notre pratique clinique quotidienne, et dans notre pratique de la théorie. En effet, du point de vue de certaines de ses lectures, la deuxième théorie des pulsions apparaît parfois sous un jour manichéiste au sens théologique du terme, c'est-à-dire avec toutes les connotations morales qu'implique cette lecture : Éros et Thanatos en lieu et place du bien et du mal ; ceux qui s'intéressent à ces questions trouveraient sans doute plus d'une analogie entre la doctrine du manichéisme et certaines lectures de la deuxième théorie des pulsions. Le Guen (1989) avait déjà repéré cette dérive, en commentant l'usage de la « pulsion de mort » chez les auteurs kleiniens. Mais le rattachement trop systématique de la « pulsion de mort » à la violence et à la destructivité en général dépasse de loin tel ou tel courant psychanalytique et pose la question de la méconnaissance de l'éventuelle valeur économique, pour le fonctionnement psychique, d'une telle « pulsion de mort ». En d'autres termes : si « la libido a pour tâche de rendre inoffensive cette pulsion destructrice » (Freud, 1924*c*, p. 15), quelle serait la « tâche » de la pulsion de mort ?

DEUX SITUATIONS CLINIQUES

Agnès est une patiente de quarante-neuf ans au moment où je fais sa connaissance, il y a dix ans ; elle vient d'intégrer une unité hospitalière pour patients psychotiques au long cours située à l'intérieur de l'hôpital. Elle avait passé les dix années précédentes dans une unité psychiatrique résidentielle à proximité de l'hôpital psychiatrique où elle vient de revenir. Aînée d'une fratrie de quatre, élève studieuse ayant le goût de la littérature, elle verra la fin de son enfance et toute son adolescence marquées par le conflit parental autour des absences et des infidélités du père. Après la séparation du couple elle vivra avec sa mère dont elle dit avoir été depuis l'enfance la confidente et la consolatrice. Après son baccalauréat, elle s'installe seule à Paris dans un studio mis à sa disposition par son père, studio qui aurait été, selon la légende familiale, sa garçonnière pendant de nombreuses années. C'est alors qu'elle est en première année d'études universitaires de lettres qu'elle présente une décompensation paranoïde, persécutive et hallucinatoire, qui conduit à une première hospitalisation, puis à une deuxième quelque mois plus tard. La mère et le reste de la famille vivant en province, elle est accueillie chez son père, qui est alors à son troisième mariage et a trois enfants de plus, mais la mésentente d'Agnès avec cette belle-mère tardive qui a presque son âge est totale. S'ensuivent des tentatives de suicide et des hospitalisations, ainsi que plusieurs essais infructueux pour qu'elle puisse vivre à nouveau seule, ou en foyer, avec l'aide de ses parents.

Finalement, vers l'âge de vingt-huit ans, Agnès entre à l'hôpital pour pratiquement ne plus ressortir : le moindre projet de sortie, même aménagé et très accompagné, déclenche dans les suites immédiates de sa réalisation un état de désorganisation psychique avec idées persécutives, hallucinations acousticoverbales et craintes de passage à l'acte suicidaire, nécessitant une intervention en urgence à domicile pour la ramener à l'hôpital. Ces échecs sont d'autant plus déconcertants et décevants pour l'équipe soignante qu'Agnès semble investir ces projets, parle avec nostalgie de ses quelques mois de vie estudiantine, affirme que son désir le plus cher serait de reprendre ses études et de devenir enseignante ; d'ailleurs, elle passe beaucoup de temps à lire, essentiellement de la littérature française du XIXe siècle, et elle entretient avec certains autres jeunes patients qui partagent les mêmes goûts littéraires qu'elle des amours tendres et chastes. Seul élément positif de cette période, une relation psychothérapique avec une analyste rompue aux problématiques psychotiques, qu'elle va poursuivre pendant deux ou trois ans, entre vingt-deux et vingt-cinq ans, et qu'elle évoque toujours comme une expérience importante dans sa vie, étant elle-même nourrie de lectures psychanalytiques.

Le renoncement aux études, à ce que l'on appelle en psychiatrie la réinsertion, et même à la sortie de l'hôpital, apportent un apaisement considérable de la clinique d'Agnès. Tout élément de désorganisation et toute symptomatologie paranoïde progressivement disparaissent, même si elle refuse toute baisse du traitement neuroleptique et même si les soignants remarquent des signes évidents d'une certaine « chronicisation » : la lecture de romans se concentre progressivement à un seul volume de Balzac, puis à un seul chapitre, puis à une seule page… ; une incurie en décalage avec son milieu socioculturel s'installe insidieusement. Au bout de plusieurs années, elle accepte d'intégrer une unité psychiatrique résidentielle à la proximité immédiate de l'hôpital, et présente une dernière décompensation au moment où l'équipe de ce foyer, encouragée par sa culture, son aspect d'enfant sage et son accalmie symptomatique durable, lui propose d'intégrer un appartement associatif, dépendant certes de ce foyer, mais dans lequel elle aurait néanmoins besoin d'assurer une certaine indépendance (faire ses courses et son ménage, prendre seule ses médicaments, se rendre à ses consultations). Quelques années plus tard, cette unité résidentielle va fermer ses portes, les autres patients seront orientés vers différentes solutions d'hébergement (foyers, appartements associatifs...), et Agnès fera partie de cette minorité qui sera transférée dans une unité hospitalière pour patients psychotiques au long cours située à l'intérieur de l'hôpital. Aucun projet d'évolution de sa situation n'est plus envisagé, si ce n'est la maison de retraite, dans quelques années.

Catherine est une patiente de quarante-huit ans au moment où elle est admise dans cette même unité, destinée aux patients pour lesquels toute tentative de sortie a échoué (ainsi que, en grande partie, tout traitement médicamenteux visant à une amélioration symptomatique). À l'époque, elle est depuis longtemps plus qu'une patiente « difficile » : elle est le « symptôme de l'hôpital ». Connue depuis l'âge de treize ans, elle a été hospitalisée à répétition jusqu'à trente-cinq ans, et n'a plus quitté l'hôpital depuis cet âge. Elle a longtemps associé une clinique d'allure psychopathique (fugues, vols, rixes, agressivité explosive à la moindre frustration, conduites de prostitution...) à une clinique typiquement schizophrénique. Cette dernière combinait une désorganisation idéo-verbale continue (rendant la communication avec elle très malaisée) et un syndrome hallucinatoire polymorphe, où dominait la sensation tenace d'une « bête » lui dévorant les entrailles, la conduisant tantôt à attaquer les infirmières (considérées comme responsables de la bête dans son ventre), tantôt à s'infliger des griffures et automutilations avec toutes sortes d'objets contondants, dans le but de faire sortir la bête. De ce fait, elle faisait l'objet d'une surveillance quasi continue, d'autant plus que le traitement neuroleptique s'avérait particulièrement inefficace, et elle passait de longs mois en unité hospitalière fermée. Le tout se compliquait d'une relation très médiocre avec la famille : Catherine était orpheline de père depuis l'enfance, doublement même pourrait-on dire, puisqu'au moment du décès d'un ami de la famille, lorsqu'elle avait onze ans, la mère lui révélera que celui-ci était son père biologique. L'attachement à sa mère était puissant et réciproque, et la mère a longtemps dénié la gravité de la pathologie de sa fille, réclamant des permissions de sortie pour elle, qui se terminaient invariablement par des crises clastiques à domicile, des rixes et autres conduites transgressives dans leur quartier.

Lorsque Catherine arrive dans cette unité spécialisée pour patients psychotiques au long cours, elle sort depuis peu d'un séjour en UMD*, où elle avait été envoyée après une nouvelle attaque contre les soignants. Malgré cette proximité dans le temps, nous avons décidé, devant l'impasse du traitement hospitalier classique, de tenter l'expérience d'une admission en unité résidentielle, espérant que l'ambiance de psychothérapie institutionnelle de ce lieu et l'expérience de l'équipe soignante avec les patients psychotiques dits « insortables » pourrait apporter une amélioration de l'évolution. Le travail avec cette patiente s'est étendu sur plusieurs années et a été longuement relaté ailleurs (Berlin *et col.*, 2011). Il faut reconnaître que plusieurs notions issues de travaux de Winnicott (1971, 1984) ont été d'une aide précieuse pour soutenir la réflexion théorique tout au long de l'accompagnement thérapeutique ; en particulier la distinction entre la relation d'objet et l'utilisation de l'objet (nous avons longtemps eu le sentiment que les soignants devaient accepter d'être « utilisés » en évitant d'entendre le rapport ainsi établi en termes d'objectalité, fût-elle « prégénitale »), ou encore et surtout l'idée que la destructivité se situe du côté de l'objet lorsque précisément il exerce des représailles, ou même lorsqu'il cesse d'exister, à la suite des attaques du sujet (étant entendu que ce « cesser d'exister » prendrait en l'occurrence la forme très concrète d'un renvoi de l'unité vers un service d'hospitalisation classique ; les voix dans l'équipe n'ayant pas manqué pour souligner que cette patiente était trop difficile pour demeurer dans cette unité spécialisée, basée sur le consentement et les techniques d'accompagnement psychothérapique au long cours). Toujours est-il que, au terme de deux ans d'un parcours institutionnel orageux et constamment émaillé de passages à l'acte, Catherine a réussi à établir un lien un peu plus personnalisé avec un membre de l'équipe, avec lequel elle a commencé – pour la première fois dans son parcours hospitalier – à avoir des échanges suivis, différenciés, attendus semaine après semaine avec un certain plaisir bourru, relativement à l'abri de la violence, et pouvant servir de pont afin que, progressivement, l'ensemble de l'équipe soignante se trouve admise dans une ambiance relationnelle plus ambivalente. Moyennant quoi, les attaques que Catherine éprouvait en provenance de son corps se sont atténuées et espacées, ses violences auto- et hétéroagressives se sont raréfiées, et même l'incohérence idéo-verbale s'est améliorée au point que de brefs dialogues compréhensibles pouvaient avoir lieu avec elle.

* Une dizaine d'Unités pour Malades Difficiles (UMD) disposées sur l'ensemble du territoire accueillent, pour des séjours temporaires de quelques mois, des patients considérés comme particulièrement difficiles et dangereux.

GUERRE ET PAIX À FRONTS RENVERSÉS

Nous sommes confrontés à deux formes d'évolution, et aussi à deux formes de résistance dans le vaste polymorphisme des états psychotiques. Si les deux patientes ont en commun la gravité de leur pathologie – sans quoi elles n'auraient pas séjourné pendant des décennies sans interruption en milieu psychiatrique – tout les sépare. Dans une vie d'unité hospitalière, elles incarnent à elles deux la différence entre la guerre et la paix.

Agnès est le prototype du patient « sans problèmes ». Elle a rallié à sa cause même les soignants les plus intransigeants et engagés dans l'effort thérapeutique : « pourquoi l'embêter » ? Elle mène sa vie tranquille, elle est même facteur de stabilité et d'apaisement pour le groupe de patients de cette unité de soins. Bien sûr, elle ne fait strictement rien, elle ne participe à aucune activité (tout en en disant le plus grand bien), et il faut batailler régulièrement pour qu'elle se lave de temps en temps, ou qu'elle change de vêtements, ou même qu'elle s'en achète. Mais en dehors de ces moments – et elle n'est pas la seule, après tout – elle est polie, serviable, prend son traitement, gère son pécule hebdomadaire, ne se dispute avec personne. Des réflexions et théories spontanées apparaissent au sein de l'équipe, ignorantes de leur profondeur historique de plus de deux siècles d'asile : est-il vraiment nécessaire de continuer à essayer de la faire participer à des activités, à des sorties, aux vacances organisées ? N'est-elle pas bien là où elle est ? Ne faut-il pas la « laisser en paix » ? Un « laisser en paix » qui serait outré de découvrir ses parentés avec une logique de soins palliatifs appliquée en psychiatrie.

On voit ici que, si l'on pense la violence et la destructivité en termes de comportement (qui plus est, essentiellement dirigé vers l'extérieur), on court le risque de les attacher trop rapidement aux mouvements relatifs à l'hypothèse de la pulsion de mort, dont on ne prend en considération qu'une seule expression, la destructivité, elle aussi conçue en termes comportementaux. Mais en même temps, la solution n'est pas tout à fait de faire la part entre « comportement » et « vie psychique », réalité extérieure et réalité psychique, même si l'application de cette distinction nous évite déjà un certain nombre de malentendus. Plus encore que cette distinction, c'est la conflictualité inhérente à toute manifestation humaine, psychoses comprises, qui nous permet de distinguer les forces qui sont en jeu.

Ainsi, chez Catherine, la violence à l'égard des autres va de pair avec des sensations corporelles internes terrifiantes, ce qui indique ce que la vie pulsionnelle, et donc aussi l'objectalité, lui coûtent en termes de déplaisir et de douleur, et nous ramène à des images relatives à l'idée que nous nous faisons, à la suite des travaux d'Abraham et de Klein, des toutes premières étapes de la relation d'objet : incorporations toxiques, destructrices, inélaborables, et expulsions massives ; intrusions incontrôlables et contacts corporels violents pour à la fois éliminer l'envahisseur et éprouver, par la rencontre avec la fermeté de la limite corporelle, l'efficience de ses propres limites et celles de l'autre. C'est évidemment la guerre ; mais on dirait que cette guerre présuppose, comporte en elle, la préscience de l'objectalité comme une nécessité pour le psychisme humain ; elle indique que cette objectalité est, sinon « assumée », tout au moins « présupposée », qu'il y a donc à la fois acceptation de l'objectalité et lutte contre elle ; en quelque sorte, la lutte contre l'objectalité devient à la fois l'attestation de sa présence et la façon dont Catherine peut la vivre : il s'agirait, en somme, de la seule objectalité qui semble lui être accessible. Et c'est bien parce qu'elle est malgré tout dans cette objectalité, qu'elle parvient, avec la patience infinie du travail soignant, à en acquérir des formes progressivement plus paisibles.

Chez Agnès en revanche, l'absence de toute évolution sur de nombreuses années, le défaut de toute forme d'émergence psychique, psychotique comprise, la morne répétitivité des entretiens – là où ceux de Catherine sont fureur et tempête – semblent indiquer un tarissement de la pulsionnalité, une progressive désertification de la vie psychique, alors même que le moi – comme un automate déconnecté de ses forces vives – reste apparemment indemne et continue de produire un semblant d'activité. À l'entendre proférer sans cesse un discours plus ou moins répétitif, bien qu'assez riche dans son contenu, on s'en prend à rêver, à laisser ses bagages théoriques dériver vers la rêverie métapsychologique. Mais d'où tire-t-elle cet inépuisable verbiage sans aucun accès à l'action, à la réalisation (au sens du réel), au passage à l'acte ? Comment fait-elle pour passer du passé au présent, d'un souvenir d'école primaire à une scène de la veille dans l'unité de soins, de son père à son interlocuteur, avec une certaine fluidité associative et parfois des remarques pertinentes – bien qu'issues, on le devine, de longues années de psychothérapie – sans qu'aucun mouvement affectif, ne serait-ce qu'« abréactif », ne vienne connoter un début de mobilisation psychique ? Non pas qu'elle soit froide ou opératoire – bien qu'elle ne soit pas étrangère, toutes proportions gardées, aux anti-analysants décrits par Joyce McDougall. Elle parle aussi souvent d'émotions, elle décrit des mouvements affectifs, des moments de peur, de désarroi, de désespoir, ou même de plaisir. Mais même lorsqu'elle utilise ces mots, ceux-ci restent désespérément des mots, rien que des mots, et on aimerait savoir de quelle résistance singulière, mais extraordinairement efficace, relève ce discours si prolixe qui s'associe à l'immobilité la plus parfaite. Pourtant elle tient à ses entretiens hebdomadaires, immuables eux aussi depuis dix ans, et sait d'un sourire charmant montrer son index désapprobateur dans un geste de reproche lorsque son interlocuteur se voit dans l'obligation d'annuler ou d'abréger une séance. Mais pour ajouter aussitôt qu'elle « comprend » – elle comprend toujours –, qu'elle a bien vu qu'il y avait tel ou tel problème dans l'unité – de façon générale, elle voit tout, rien n'échappe à son regard, véritable instrument de maîtrise –, et que donc, « ce n'est pas grave, nous reprendrons la prochaine fois ».

Quoi qu'il en soit, Agnès et Catherine montrent assez clairement la difficulté à manier des concepts aussi abstraits que l'opposition Éros-Thanatos, pulsions de vie et pulsion de mort, en matière de psychoses, alors même que ne sont pas rares les psychanalystes qui pensent que ces pathologies constituent des terrains cliniques privilégiés pour les étudier.

DE LA « TÂCHE » DE LA PULSION DE MORT

Une chose est certaine : aussi bien Agnès que Catherine illustrent au moins un élément, à savoir les liens particuliers entre répétition et pulsion de mort. Mais quel est le ressort le plus fréquent de la répétition en pratique analytique, bien loin des états psychotiques décrits ici ? On se souvient de l'exemple inaugural du texte sur *La Négation* (Freud, 1925*h*). Le patient dit, « cette personne dans le rêve, ce n'est pas ma mère », et Freud déduit : « donc, c'est sa mère ». Freud considère qu'une partie du refoulement a été levée, puisque la représentation de la mère finit par faire son apparition, même sous forme dénégative, et que le refoulement ne porte plus « que » sur la part affective et émotionnelle qui l'accompagne. Mais cette opération, qui montre comment « la fonction intellectuelle se démarque du processus affectif », ne laisse pas moins en dehors « ce qui est essentiel dans le refoulement » (p. 168), et donc ne suffit pas à apporter l'élaboration décisive et porteuse de changement. Du point de vue de la répétition, c'est la participation affective (dans la terminologie utilisée ici par Freud) qui fait la différence : sans elle, les mots resteront des mots, et notre pratique nous fournit maints exemples où le patient a pu s'approprier, chemin faisant, le « donc, c'est ma mère », sans que rien ne change. Le patient dit alors, et nous ne sommes pas loin de le constater, désolés avec lui, qu' « il a tout compris, et que rien n'a changé ».

On aimerait comprendre par quels mécanismes une telle opération défensive contre le changement, qui pourtant utilise son vecteur privilégié en traitement analytique, à savoir les représentations de mot, parvient à ses fins. Par leur caractère extrême, les états psychotiques pourraient ici voler au secours de la théorie générale. Car on se souvient que dans le *Complément métapsychologique à la doctrine du rêve*, Freud (1915*c*) avait montré une manifestation de la désobjectalisation et du retrait narcissique dans la schizophrénie relative à l'utilisation des mots : il peut se produire, écrit-il, un investissement des représentations de mot par les processus primaires eux-mêmes, de façon à ce que l'accès aux représentations de chose soit « barré » : une forme de court-circuit, en quelque sorte, qui permet une certaine activité de pensée (comme dans le cas d'Agnès), mais à la condition que l'investissement des représentations de chose, et donc aussi de la réalité (puisque, selon Freud, l'investissement de la réalité est véhiculé de façon privilégiée par les représentations de chose, qui en sont plus proches) soit absent ou très faible. Freud avait supposé que, lorsqu'un tel phénomène se produit, le langage devient « langage d'organe », c'est-à-dire que la « relation à l'organe » « s'arroge la vicariance du contenu tout entier » (Freud, 1915*b*, p. 236) ; autrement dit, qu'elle absorbe non seulement l'investissement « auto-érotique » qui est destiné à l'organe et lui sert à son fonctionnement, mais aussi l'investissement qui, à travers l'organe, devrait servir à établir une relation avec le monde extérieur, c'est-à-dire avec l'objet.

Il se peut que ces mécanismes, sur des bases évidemment très différentes d'un point de vue dynamique (mais pas forcément topique), soient potentiellement opérants chez tout être humain, et pas seulement chez les patients psychotiques. Toutes proportions gardées, on pourrait considérer que *tout* investissement de mot comporte, en germe, un (relatif) désinvestissement de la chose, et donc le risque d'un « langage d'organe » particulier, celui d'une activité mentale qui se déploie aux seules fins de s'entendre se déployer, forme particulière de « plaisir d'organe » évitant tout objet. Les mots, bien plus que le rapport aux choses et aux objets, contiennent en eux un extraordinaire potentiel de répétition sans risque de contradiction, de déviance du schéma préétabli, ou de surprise. N'est-ce pas ce dont on se plaint parfois du discours qu'on entend en provenance du divan ? Car on ne dit pas seulement pour faire, ou pour préparer le faire, ou même pour taire ce qu'on ne dit pas ; on dit aussi pour *ne pas* faire, il s'agit même sans doute d'une des principales fonctions de la pensée, à savoir de prévenir le caractère définitif et irrévocable de l'acte, de protéger contre certaines motions pulsionnelles dont la réalisation serait trop dangereuse pour le moi, et qui donc doivent se contenter dans cette réalisation substitutive que sont la pensée et la parole, le fantasme et le rêve. La pensée n'est-elle pas le « succédané de l'acte » ? En revanche, s'exposer au risque de l'action dans la réalité de l'acte – même en prenant la « précaution » de répéter les situations réelles elles-mêmes, et donc aussi les échecs – contient toujours un potentiel de nouveauté : on a beau répéter les mêmes chemins, l'objet, aussi soigneusement choisi soit-il pour que rien ne change, comporte toujours en lui une dimension d'aléatoire, et la nouveauté, la brisure du cercle de la répétition peuvent survenir à tout moment. « On n'est jamais assez prudent », comme disait, non sans autodérision, l'un de mes patients, « un bonheur est vite arrivé… ».

Ainsi, d'une certaine façon, *les mots, c'est la mort de l'objet*. Ou plutôt : les mots semblent remplir *aussi* la fonction de détourner de l'objet ; ils semblent comporter en eux un potentiel de désobjectalisation et de pulsion de mort qui en définitive vient atténuer la dynamique des pulsions de vie. Conséquence inattendue d'un développement théorique poussé jusqu'à ses limites et dont les fondements soulignent, au contraire, l'importance du développement d'une réalité psychique, source d'un plaisir propre à l'être humain… Comment la comprendre autrement qu'en admettant que les pulsions de vie, laissées sans la discrète atténuation que leur apporte la pulsion de mort, peuvent elles aussi s'avérer violentes, et même dévastatrices et finalement destructrices ? Il n'y a sans doute pas que le surmoi, ses principes et ses valeurs, pour s'opposer à la pulsion, et la « libido d'objet », comme la nomme Freud, peut être dangereuse pour l'organisme lui-même ; le cas de Catherine nous le montre de façon dramatique. Car on peut mourir d'amour de mille façons, de la passion érotique au sacrifice pour les idéaux (et on peut tuer, pareillement, pour les mêmes raisons), et si la pulsion de mort semble dès son introduction avoir partie liée avec les pulsions du moi, comme on l'indiquait au début de ce texte, c'est aussi parce qu'elle n'est pas sans rapport, aussi étrange que cela puisse paraître, avec l'autoconservation qui, dans certaines conditions, peut justement se trouver menacée par les pulsions de vie.

La « tâche » de la pulsion de mort, sa fonction, son utilité au sein du fonctionnement mental, serait donc destinée à cette potentielle dangerosité : venir atténuer la violence inhérente à l'Éros, mettre une certaine distance, par le truchement du mot, entre le mouvement pulsionnel et l'objet qu'elle vise, conduire à des mouvements énergétiques de plus faible ampleur. On peut supposer, par exemple, que la pulsion de mort (et pas seulement le « principe de réalité ») serait partie prenante dans le passage du processus primaire au processus secondaire, cette transformation discrète et progressive qui vient réduire l'impétuosité avec laquelle la pulsion se rue vers son objet à travers sa représentation de chose. Conception qui pourrait être suggérée par la pensée de Freud lorsqu'il note que « les pulsions de mort sont pour l'essentiel muettes et le bruit de la vie provient surtout de l'Éros » (Freud, 1923*b*, p. 289) : opération d'un nécessaire désinvestissement, plus ou moins partiel ou complet, donc d'une certaine désobjectalisation, d'une certaine « indifférence » (Roux, 2014), mais sans aucun élément d'agressivité – laquelle n'entre pas en ligne de compte, du moins à ce niveau de formalisation des évènements psychiques.

Mais les mots sont aussi la mort pour une raison supplémentaire, de la plus grande importance pour l'être humain : ils troquent un peu de mort contre un espoir de permanence (et donc potentiellement d'éternité) ; ils remplacent la décharge par un plaisir qu'ils promettent plus durable ; ils accompagnent l'instant d'une marque qui lui survit. Le « je t'aime » se détache définitivement de l'union momentanée des corps, et de leur jouissance éphémère, et devient « pour toujours » ; encore des mots, bien sûr, ils ne remplacent que pauvrement la « quantité » de l'instant, et puis, comme on dit, les promesses n'engagent que ceux qui y croient. Mais on y croit... Tout comme, à l'aube de la vie, la séparation des corps – ce matricide inévitable – va finir par inventer et se servir des mots pour atténuer la perte, acceptant de ce fait le remplacement de la concrétude des sensations par cette mobilisation aléatoire des affects que promettent les paroles : ce masochisme nécessaire, qui nous fait « lâcher la proie pour l'ombre », une ombre créatrice de vie psychique, car promesse d'un maintien de l'objet au-delà de l'objet. Ce sont peut-être les mots ou plutôt leur invention qui réalise la solution de cette contradiction propre à l'être humain, entre un corps qui envoie, jour après jour, les messages silencieux de sa propre finitude, et un inconscient qui ignore la mort. Y aurait-il un rapport, dans le processus d'hominisation, entre l'apparition des premières sépultures, premiers indices d'une préoccupation d'une vie au-delà de la mort, d'une éternité possible, et le développement du langage ? Des questions qui dépassent les limites du présent texte.

Toujours est-il que l'hypothèse d'un lien particulier entre pulsion de mort et production de représentations de mot (dans leur opposition aux représentations de chose), illustrée de façon extrême dans l'usage de la parole chez certains patients psychotiques, pourrait donner un certain aperçu de ce qui fait résistance dans la cure de tout patient, et dans tout travail de changement qui se heurte à la contrainte de la répétition. Nous pensons souvent, non sans raison, que cette résistance est en rapport avec le sentiment de culpabilité inconscient ; la clinique le confirme. Nous supposons aussi que nous nous heurtons à des expériences traumatiques dont les traces mnésiques ne peuvent être verbalement élaborées, car survenues à des moments antérieurs à toute constitution d'un système de représentation suffisant ; là encore, les arguments cliniques sont probants. Mais il faut sans doute tenir compte également du fait que cette résistance peut venir s'insinuer dans la façon même dont procède le travail d'élaboration, dans les propriétés intrinsèques de ses propres matériaux de travail, à savoir les mots et la pensée. Évidemment, en tant qu'analystes, nous sommes entraînés à faire confiance en la parole humaine : dans ce qu'elle dit, et dans ce qu'en disant, elle cache, et dans ce qu'elle dit lorsqu'elle s'interrompt et qu'elle se tait. Que pouvons-nous faire d'autre ? Nous avons confiance en notre « cure de parole », elle a fondé notre discipline et sa thérapeutique, et écouter, c'est ce que nous savons faire de mieux. Mais la « cure de parole » inventée par Freud nécessite le passage par les représentations verbales, et ce passage implique lui-même une utilisation raisonnée d'une pulsion « négative », pour ainsi dire, à savoir d'un mouvement qui pousse au désinvestissement, régulateur de l'investissement et de ses excès : après tout, notre propre dispositif ne prescrit-il pas une réduction certaine de l'acte et de la dramatisation, une obligation de faire passer les mouvements pulsionnels par la parole ? Or, le maniement de cette « pulsion négative », pour nécessaire qu'elle soit, non seulement à la cure, mais à la vie humaine elle-même, ne va pas sans risques – ceux que la violence de Catherine évite résolument, et dans lesquels la parole d'Agnès s'enlise de la façon la plus radicale.

En difficulté chronique et constitutive avec les représentations de mot, les patients psychotiques nous montrent donc ce qui est potentiellement présent chez tout patient, et chez tout être humain. Une utilisation défaillante de ce désinvestissement nécessaire qui permet de passer de la chose au mot, et c'est la guerre permanente, plus précisément une guerre de l'Éros, cet Éros qui tue et qui se tue, cette guerre dont Freud écrit, à la fin de son texte sur le masochisme : « même l'autodestruction de la personne ne peut se produire sans satisfaction libidinale » (Freud, 1924*c*, p. 23). À l'opposé – et en cela, nos patients psychotiques sont certainement plus proches du névrosé ordinaire, dont ils peuvent, à l'occasion, représenter la caricature –, une utilisation trop étendue de ce même désinvestissement, et c'est la paix, mais plus précisément la paix éternelle, celle de la mort : la paix des mots sans les choses.

Vassilis Kapsambelis
40 bd du Montparnasse
75015 Paris
Kapsambelis@wanadoo.fr

RÉFÉRENCES BIBLIOGRAPHIQUES

Berlin M.-M., Demarchi N., Laugier F., Toliou A., « Bon, pour en finir… ». Une patiente psychotique institutionnalisée au long cours, *Le Besoin d'asile. Des lieux pour les psychoses* (dir. V. Kapsambelis), Paris, Doin Éditeur, 2011, pp. 79-101.

Freud S. (1915*a*), Pulsions et destins des pulsions, *OCF.P*, XIII, Paris, Puf, 1988, pp. 161-185.

Freud S. (1915*b*), L'inconscient, *OCF.P*, XIII, Paris, Puf, 1988, pp. 203-242.

Freud S. (1915*c*), Complément métapsychologique à la doctrine du rêve, *OCF.P*, XIII, Paris, Puf, 1988, pp. 243-258.

Freud S. (1920*g*), Au-delà du principe de plaisir, *OCF.P*, XV, Paris, Puf, 1996, pp. 273-338.

Freud S. (1923*b*), Le Moi et le ça, *OCF.P*, XVI, Paris, Puf, 1991, pp. 255-301.

Freud S. (1924*c*), Le problème économique du masochisme, *OCF.P*, XVII, Paris, Puf, 1992, pp. 9-23.

Freud S. (1925*h*), La négation, *OCF.P*, XVII, Paris, Puf, 1992, pp. 165-171.
Kapsambelis V., La séduction de réalité et le traitement des schizophrènes, *Psychanalyse et psychose*, n° 9, 2009, pp. 31-52.
Le Guen C., Du bon usage de la pulsion de mort, *Revue française de psychanalyse*, t. LIII, n° 2, 1989, pp. 535-555.
Roux M.-L., Culpabilité inconsciente et fantasme de matricide, *Fantasme de matricide et culpabilité inconsciente* (dir. J. Guillaumin), Paris, Dunod, 2014, pp. 1-33.
Winnicott D.W. (1971), *Jeu et Réalité. L'espace potentiel*, Paris, Gallimard, 1975.
Winnicott D.W. (1988), *La Nature humaine*, Paris, Gallimard, 1990.

Résister à la guerre ?

La dictature de la raison

Gilbert DIATKINE*

Quand Einstein demande à Freud : « Existe-t-il un moyen d'affranchir les hommes de la menace de la guerre ? » (Einstein, 1989 [1932], p. 275), Freud n'envisage qu'une seule solution : la « Dictature de la Raison ».

Einstein lui écrit que l'Institut International de Coopération Intellectuelle de la Société des Nations a « manifesté le désir, issu d'un certain sentiment d'impuissance, de solliciter sur ce point l'avis de personnes que le commerce habituel des sciences a placé à une heureuse distance de tous les problèmes de la vie » (*Ibid.*). Freud pourrait-il « [...] indiquer des moyens éducatifs qui, par une voie, dans une certaine mesure étrangère à la politique, seraient de nature à écarter des obstacles psychologiques, que le profane en la matière peut bien soupçonner, mais dont il n'est pas capable de jauger les correspondances et les variations ? » (Einstein, *Ibid.*, p. 276) Si les obstacles psychologiques à la paix pouvaient être levés, il serait simple, pense Einstein, pour les États de « créer une autorité législative et judiciaire pour l'apaisement de tous les conflits pouvant surgir entre eux » (*Ibid.*). Cette autorité devrait « réunir les forces nécessaires pour faire respecter son idéal de justice » (*Ibid.*), forces qui manquent à la Société des nations. Einstein énumère quelques-uns de ces obstacles psychologiques à la paix : l'appétit de pouvoir des puissants, le besoin de haine et de destruction des masses, et aussi des intellectuels, et la haine contre les minorités nationales. Freud est d'autant mieux placé pour répondre qu'au printemps 1932 il a presque achevé la biographie du Président Wilson qu'il a écrite avec l'ambassadeur William Bullitt. Les deux auteurs ne sont pas parvenus à se mettre d'accord sur une version définitive du texte (Bullitt, 1967 [1966],

* Gilbert Diatkine est psychiatre et psychanalyste. Il est membre titulaire formateur de la SPP.

p. 10), mais Freud a eu l'occasion de réfléchir à ce qu'était le grand projet de Wilson, le premier traité de paix perpétuelle réalisé, sous la forme de la Société des nations (Freud, 1930*a* [1929], p. 196).

Dans sa réponse, Freud reformule la question, en la rendant légèrement plus abstraite. « Comment affranchir les hommes de la menace de la guerre ? » devient « Que peut-on faire pour détourner les hommes de la fatalité de la guerre ? » La « menace de la guerre », ce pourrait être la guerre mondiale qui menace. Freud traite de la « fatalité de la guerre » en général. Il donne les raisons qui le rendent pessimiste quant à l'avenir de la civilisation et sceptique quant aux chances de réussite d'un traité de paix perpétuelle tel que la Société des nations a cherché à le faire respecter. On ne peut pas « éliminer totalement le penchant humain à l'agression ; on peut tenter de le détourner suffisamment pour qu'il n'ait pas à trouver son expression dans la guerre » (Freud, 1933*b* [1932], p. 212). Seule la création de communautés humaines peut mener de la violence au droit, mais ces communautés humaines ne sont maintenues que par des lois et que par les liens affectifs qui se créent entre ses membres (*Ibid.*, p. 206). Or il est « universellement connu et reconnu » que le droit s'est fondé sur la violence (*Ibid.*, p. 204). Quant aux liens affectifs, ils ne valent guère mieux. L'amour des sujets pour leur souverain est inévitablement exploité par ce dernier : « les lois seront faites par et pour les gouvernants et ménageront peu de droits aux sujets » (*Ibid.*, p. 206). Le processus de civilisation « porte atteinte à la fonction sexuelle à plus d'un égard » et pousse à « l'intériorisation de la tendance à l'agression avec tout son cortège de conséquences avantageuses et dangereuses » (*Ibid.*, p. 215). Aucun idéal, ni le panhellénisme, ni le christianisme ni, de nos jours, le communisme, n'a pu s'opposer à la guerre. Il est donc « vain de vouloir supprimer les penchants agressifs des hommes » (*Ibid.*, p. 212). Seule une dictature, celle de la raison, serait à même d'obliger les hommes à renoncer à la violence. En effet :

> « La division des hommes en éléments dirigeants et dépendants fait partie intégrante de leur inégalité congénitale et inéluctable. Ces derniers éléments sont l'écrasante majorité ; ils ont besoin d'une autorité qui tranche pour eux, à laquelle ils se soumettent le plus souvent sans conditions. Il y aurait lieu d'ajouter ici qu'il faudrait se soucier plus amplement que jusqu'alors de former une couche dirigeante d'hommes capables d'une pensée autonome, inaccessibles à l'intimidation et acharnés à poursuivre la vérité, auxquels reviendrait de gouverner les foules sans autonomie. Que les ingérences des pouvoirs publics et l'interdit de penser édicté par l'Église ne soient pas favorables à une telle démonstration, se passe de toute démonstration. L'état idéal serait naturellement une communauté d'hommes qui auraient soumis leur vie pulsionnelle à la dictature de la raison. Rien d'autre ne saurait susciter une union si parfaite et robuste des hommes, même s'il leur fallait renoncer à leurs liens affectifs mutuels. Mais selon toute vraisemblance, c'est là une espérance utopique. Les autres voies propres à empêcher indirectement la guerre sont certainement praticables, mais elles ne promettent pas un succès rapide. On répugne à l'idée de moulins qui moulent si lentement qu'on aurait le temps de mourir de faim avant d'obtenir la farine » (Freud, *Ibid.*, p. 213).

Freud emploie la même expression de « dictature de la raison » dans *Sur une* Weltanschauung, dont un premier brouillon est rédigé une semaine avant la lettre à Einstein : « C'est notre meilleur espoir pour l'avenir que l'intellect – l'esprit scientifique, la raison – parvienne avec le temps à la dictature dans la vie psychique de l'homme » (Freud, 1933*a* [1932], p. 229). Il s'agit à la fois d'une dictature « dans la vie psychique » et d'une véritable dictature dans la société, car Freud poursuit : « La contrainte commune d'une telle domination de la raison s'avérera comme le lien unificateur le plus fort entre les hommes et ouvrira la voie à de nouvelles unifications » (*Ibid.*).

La seule prévention de la guerre serait donc une dictature ! L'idée paraît particulièrement malencontreuse au moment où Freud la propose. On est en juillet 1932. Hitler, pour la seconde fois de l'année, a été battu de justesse aux élections qui viennent d'avoir lieu en Allemagne. Le programme de son parti, le parti national socialiste des travailleurs allemands (« N.S.D.A.P. », le parti nazi), prévoit, en son deuxième point, l'abrogation des traités de Versailles et de Saint-Germain, c'est-à-dire la vengeance de l'Allemagne sur sa défaite de 1918. Comment comprendre que Freud ait eu recours à une pareille formulation ?

UNE SOUMISSION DE LA VIE PULSIONNELLE

La première réponse qui se présente à l'esprit est que Freud n'a nullement l'idée que les dirigeants idéaux seraient des dictateurs comme Mussolini, Staline ou Hitler. Freud imagine au contraire « une communauté d'hommes qui auraient soumis leur vie pulsionnelle à la dictature de la raison ». À quoi pourraient ressembler ces dirigeants ? Comment leur moi auraient-ils obtenu cette victoire si totale sur leur ça ? On a parfois dit qu'il y aurait lieu de s'inquiéter pour leur santé psychosomatique. Mais Freud a souvent exprimé l'idée qu'une analyse pourrait être complète, achevée, par exemple dans *Perspectives d'avenir de la thérapeutique analytique* (Freud, 1910*d*, p. 26), ou dans *L'Homme aux loups* (Freud, 1918*b* [1914], p. 360), ou encore dans *Un enfant est battu* (Freud, 1919*e*, p. 223) et bien sûr, il reprendra cette discussion dans *L'Analyse avec fin et l'analyse sans fin* (Freud, 1937*c*, p. 234).

Cependant, dans *Pourquoi la guerre ?*, Freud ne traite pas principalement du processus analytique individuel, mais bel et bien de la guerre et de la paix, c'est-à-dire de la société. Une seconde hypothèse pourrait donc être qu'en parlant de « dictature », Freud a sous-estimé la gravité de la situation politique qui l'entoure, et la menace que les dictatures font peser sur la pensée.

« NOTRE ROYAUME N'EST PAS DE CE MONDE »

En effet, coupé du monde extérieur par la lutte sans fin qu'il mène contre le cancer et par une succession de deuils, à commencer par celui de sa mère, Freud ne suit l'actualité politique que de loin. Quand il reçoit la lettre d'Einstein, il écrit à Max Eitingon le 18 août 1932 :

> « Après ce travail [Les *Nouvelles Conférences*], je m'attaquerai à la discussion avec Einstein dans le cadre des publications de la Société des Nations. Ce débat porte hélas sur la manière dont on peut éviter ce malheur que sont les guerres. Je ne crois pas que ma contribution me vaudra le prix Nobel. Mais il est bon d'avoir toujours un projet afin de pouvoir être interrompu dans quelque chose. Ma mère aurait eu quatre-vingt-dix-sept ans aujourd'hui » (Freud-Eitingon, 725F, p. 758).

En réalité, l'attitude de repli de Freud devant l'actualité politique n'est pas nouvelle. Déjà, juste à la fin de la Première Guerre mondiale, le 17 novembre 1918, après avoir déploré la situation en Autriche, la mort de Victor Adler et « la sauvagerie et l'immaturité des Hongrois, ce peuple sans éducation », il a écrit à Ferenczi : « Mais la malchance est une des constantes de la vie. Notre royaume n'est tout de même pas de ce monde » (Freud-Ferenczi, 17 novembre 1918, p. 342). Il prône le même retrait à Karl Abraham après que ce dernier lui a décrit, d'ailleurs assez allusivement lui-même, l'écrasement de la révolution spartakiste à Berlin en janvier 1919 (Freud-Abraham, 349A, p. 482) : « Nous sommes vraiment contents de pouvoir travailler dans notre *jardin secret*, tandis qu'au dehors la tempête dévaste tout » (Freud-Abraham, 350F, p. 483). À Eitingon, qui a été beaucoup plus explicite qu'Abraham sur la révolution et la guerre civile en Allemagne en 1919 (Freud-Eitingon, 134E, p. 174 ; Freud-Eitingon, 136E, p. 177), Freud répond seulement :

> « Bien entendu nos pensées étaient très souvent auprès de vous, tant que votre ville a inspiré des soucis, et à présent auprès de nos amis de Budapest, dont nous sommes apparemment totalement coupés... Nous ne savons pas encore dans quelle mesure nous avons été atteints ou lésés » (Freud-Eitingon, 137F, p. 178).

En effet, la révolution communiste vient d'éclater à Budapest. Le 25 mars 1919, Ferenczi décrit longuement tous ses aspects négatifs mais aussi positifs (Freud-Ferenczi, II, 798Fer, p. 374). Freud lui répond le 28 mars 1919 : « Il n'y a qu'une chose pour me satisfaire et me tranquilliser : savoir qu'à présent vous êtes avec votre femme. Pour le reste – je regrette de ne pouvoir tout dire de ce que j'aimerais discuter avec vous » (Freud-Ferenczi, II, 799F, p. 376).

La contre-révolution commence en août 1919. Ferenczi décrit les combats qui ont lieu à Budapest et les persécutions antisémites qui se déroulent en Hongrie (Freud-Ferenczi, II, 819Fer, p. 403). Freud commente seulement le 5 septembre 1919 : « Une année qui se termine de façon cuisante pour vous, en vous dérobant une patrie ; cependant, vous devez lui être reconnaissant, car elle vous a apporté l'épouse sans laquelle vous ne supporteriez pas la vie aujourd'hui... » (Freud-Ferenczi, II, 820F, p. 404).

Quand l'amiral Horthy prend le pouvoir le 1er mars 1920, ni Ferenczi ni Freud n'y font allusion. Même quand de graves évènements surviennent à Vienne, Freud semble n'y prêter attention que de loin. Le 15 juillet 1927, les ouvriers viennois manifestent contre l'acquittement d'assassins nationalistes. Ils mettent le feu au Palais de justice de Vienne. La police tire. Il y a quatre-vingt-dix morts. Le chancelier Dollfuss prend des mesures dictatoriales. Elias Canetti, qui participe à la manifestation, est bouleversé et voit rétrospectivement dans cette émeute le tournant qui conduira l'Autriche à l'*Anschluss* (Canetti, 1982, pp. 258-261). Le lendemain, Freud écrit simplement à Ferenczi :

« A vrai dire, cet été est catastrophique, comme s'il y avait une grosse comète dans le ciel. Nous venons d'entendre parler d'émeute à Vienne, nous sommes pratiquement coupés du monde et sans savoir avec certitude ce qui s'y passe et ce que cela donnera. C'est une affaire pourrie » (Freud-Ferenczi, 1099F, p. 351).

À partir de septembre 1929, nous disposons d'un document qui nous donne des indications sur ce qui intéressait Freud dans l'actualité de son temps. Il s'agit de la « *Très courte chronique* », (*Kürzeste Chronik*), un ensemble de feuilles volantes sur lesquelles Freud a noté en quelques mots chaque événement qu'il a jugé important entre 1929 et 1939, qu'il s'agisse de la psychanalyse, de sa famille, de sa santé, de ses achats d'œuvres d'art, ou de l'actualité (Freud, 1992*i* [1929-1939]). Nous savons grâce à elle que Freud a reçu la demande de la SDN le 21 juin 1932, puis la lettre d'Einstein le 1er août, et qu'il a fini d'écrire *Pourquoi la guerre ?* le 6 septembre. Cette année-là, sur environ quatre-vingt-dix faits notés, deux évènements politiques seulement ont retenu son attention : les élections en Allemagne, qui ont vu la victoire de Hindenburg, et celles qui ont eu lieu aux États-Unis, où Roosevelt a été élu en novembre 1932. En novembre et décembre 1929, Freud n'avait noté qu'un incident politique sur vingt-six faits retenus, des émeutes antisémites à l'Université de Vienne. En 1930, sur cent-trente notations, aucune ne concerne la politique. En 1931, sur cent-six notes, deux incidents politiques seulement ont retenu son attention.

Freud aurait-il employé l'expression « dictature de la raison » s'il avait écrit *Pourquoi la guerre ?* un an plus tard ? Tout change en effet à partir de l'arrivée d'Hitler au pouvoir en janvier 1933. Dans sa correspondance avec Eitingon, Freud suit alors de semaine en semaine l'évolution de la situation à Berlin. Dans ses lettres à Jeanne Lampl de Groot, il commente l'élection d'Hitler (Freud, 1992*i* [1929-1939], p. 141 et p. 143), et l'instauration d'un gouvernement encore plus autoritaire par Dollfuss en Autriche.

Le 14 juillet 1933, dans une lettre à Jeanne Lampl de Groot, il prétend encore que ses chiens comptent plus pour lui que la politique, mais il ne peut s'empêcher de commenter la situation :

> « La politique seulement après les chiens. Pour l'instant, tout est calme. On peut penser que nous avons affaire à une variété indigène de fascisme qui ne sera pas aussi brutal que l'allemand. Mais sera-t-il agréable de vivre à Vienne ? » (Freud, 1992*i* [1929-1939], Lettre à Jeanne Lampl de Groot, 14 juillet 1933, p. 159).

Après la « nuit des longs couteaux », le 30 juin 1934, où les nazis se massacrent entre eux dans toute l'Allemagne, Freud note dans la *Kürzeste Chronik* : « révolte des S.A. en Allemagne ».

Mais il commente à Arnold Zweig : « [...] après les évènements du 30 juin, je n'ai plus qu'un sentiment – eh bien, je suis censé quitter la table après les hors-d'œuvre ! N'y-a-t-il plus rien après ? J'ai encore faim » (Freud, 1992*i* [1929-1939], lettre à Arnold Zweig, 30 juin 1934, p. 172). Le 25 juillet 1934, après l'assassinat de Dollfuss par un nazi, et la rencontre Hitler-Mussolini à Venise, il note laconiquement dans la *Kürzeste Chronik* : « mort de Dollfuss. Putsch à la salle de bal ». Mais il écrit à Jones : « Peut-être qu'en ce moment même le comploteur M. nous a vendus au chef voleur H. à Venise » (Freud, 1992*i* [1929-1939], lettre à Jones du 16 juin 1934, p. 173).

Le 12 février 1934, après l'écrasement de la grève générale à coups de canon dans Vienne par Dollfuss, il note « grève générale », et le 5 avril, il écrit à Hilda Doolittle :

> « Nous avons vécu une semaine de guerre civile. Peu de souffrance personnelle, juste un jour sans électricité, mais l'impression (*Stimmung*) était affreuse et la sensation d'un tremblement de terre. Il ne fait pas de doutes que les rebelles appartenaient à la meilleure partie de la population, mais leur succès aurait été de courte durée et aurait entraîné l'invasion militaire du pays. En outre, c'étaient des Bolchevistes, et je n'attends pas le salut du Communisme. Donc nous ne pouvons donner notre sympathie à aucun des deux camps » (Freud, 1992*i* [1929-1939], lettre à H. Doolittle, 5 avril 1934, p. 167).

Ce passage de la lettre à Hilda Doolittle résume bien l'ambiguïté de la position politique de Freud : d'un côté, il sait maintenant que le nazisme est le danger le plus grand ; de l'autre, il conserve la plus grande méfiance à l'endroit des masses.

« LA MISÈRE PSYCHOLOGIQUE DE LA MASSE »

Cette méfiance, qui justifie l'idée d'une « dictature de la raison », a des antécédents anciens dans la pensée de Freud. Dès 1921, dans *Psychologie collective et analyse du moi*, il a expliqué les paniques créées dans les foules par la perte du leader. Celle-ci lève collectivement un refoulement et libère « [...] cet inconscient, dans lequel assurément tout le mal de l'âme humaine est contenu de façon constitutive » (Freud, 1921*c*, p. 129).

La nécessité d'un « meneur exemplaire » est aussi soulignée dans *L'Avenir d'une illusion* en 1927 :

> « Pas plus que de la contrainte au travail culturel, on ne peut se dispenser de la domination de la masse par une minorité, car les masses sont inertes et dépourvues de discernement, elles n'aiment pas le renoncement pulsionnel, ne peuvent pas être convaincues par des arguments que celui-ci est inévitable, et les individus qui les composent se confortent mutuellement en donnant libre cours à leur dérèglement. Seule l'influence d'individus exemplaires, qu'ils reconnaissent comme leurs meneurs, peut les amener à des prestations de travail et à des renonciations dont dépend l'existence de la culture » (Freud, 1927*c*, p. 8).

Les masses sont hostiles à la culture car elle leur impose un renoncement injuste. Elles n'intériorisent pas l'interdit et sont prêtes à détruire la culture. Mais, reconnaît Freud, avec déjà la même ambivalence politique qui sera la sienne en 1933, une civilisation si injuste ne mérite pas de survivre (Freud, 1927*c*, p. 12).

On retrouve la même description dans *Malaise dans la civilisation* à propos de la « Misère psychologique de la masse » :

> « Ce danger devient des plus menaçants quand le lien social est créé principalement par l'identification des membres d'une société les uns aux autres, alors que certaines personnalités à tempérament de chefs ne parviennent pas, d'autre part, à jouer ce rôle important qui doit leur revenir dans la formation d'une masse. L'état actuel de l'Amérique fournirait une bonne occasion d'étudier ce redoutable préjudice porté à la civilisation » (Freud, 1930*a* [1929], p. 54).

Cependant, idéal psychanalytique, méconnaissance de la situation politique et méfiance à l'endroit des masses n'auraient peut-être pas suffi à pousser Freud à employer l'expression « dictature de la raison », si Freud n'avait pas eu une visée bien plus ambitieuse, et venant d'encore plus loin que les précédentes : il voulait établir la dictature de la raison contre l'interdit de penser promulgué par la religion et dévoiler la vérité historique contenue dans le « délire » de la religion.

LA DICTATURE DE LA RAISON CONTRE L'INTERDIT DE PENSER DE LA RELIGION

Ce sens du mot « dictature de la raison » est exprimé plus clairement dans *Sur une* Weltanschauung, écrit exactement en même temps que *Pourquoi la guerre ?* :

> « Il est évident que la vérité ne peut être tolérante, qu'elle n'admet ni compromis ni restriction, que la recherche considère tous les domaines de l'activité humaine comme les siens

propres et qu'il lui faut devenir inexorablement critique lorsqu'une autre puissance veut en confisquer une part pour elle-même » (Freud, 1933*a* [1932], p. 214).

Dans l'*Avenir d'une illusion*, Freud a déjà dénoncé avec force l'impact négatif de la religion sur la pensée. La religion interdit de penser à ce qui fonde les croyances religieuses (Freud, 1927*c*, p. 25). L'argument *Credo quia absurdum* lui semble exemplaire de cet abus : « Serait-ce une obligation pour moi de croire toute absurdité ? Et sinon, pourquoi précisément celle-là ? Il n'y a aucune instance au-dessus de la raison » (Freud, 1927*c*, p. 29). La religion crée une néo-réalité là où elle interdit de penser à ses origines : « [...] les religions de l'humanité doivent être considérées comme des délires collectifs de cet ordre » (Freud, 1930*a* [1929], p. 25).

En effet :

> « La religion porte préjudice à ce jeu d'adaptation et de sélection en imposant uniformément à tous ses propres voies pour parvenir au bonheur et à l'immunité contre la souffrance. Sa technique consiste à rabaisser la valeur de la vie et à déformer de façon délirante l'image du monde réel, démarches qui ont pour postulat l'intimidation de l'intelligence » (Freud, 1930*a* [1929], p. 27).

Dans *Sur une* Weltanschauung, Freud ajoute : « L'interdit de penser édicté par la religion en vue de son autoconservation n'est d'ailleurs dépourvu de danger ni pour l'individu, ni pour la communauté humaine. » Surtout « dans le sexe féminin» (Freud, 1933*a* [1932], p. 228).

D'une part, les prêtres exploitent les désirs inconscients de leurs ouailles, ce qui explique l'étonnante résistance de la religion au progrès de la science. Mais d'autre part, le secret de la résilience de la religion, c'est « la force de ces désirs » des hommes (Freud, 1927*c*, p. 30). L'argument de Dimitri Karamazov en faveur de la religion dans *Les frères Karamazov*, « si Dieu n'existe pas, alors tout est permis » signifie qu'il faut « ou bien tenir dans la plus stricte sujétion ces masses dangereuses, leur barrer avec le plus grand soin l'accès à toutes les occasions d'éveil de l'esprit, ou bien réviser fondamentalement la relation entre culture et religion » (Freud, 1927*c*, p. 40).

La « dictature de la raison » au sens où l'entend Freud est donc une alternative à la dictature au sens politique. C'est une révision du rapport entre culture et religion qui consiste à retrouver par la psychanalyse les racines de la religion, telles que Freud les a mises à jour dès *Totem et Tabou* (Freud, 1927*c*, p. 43). On peut retrouver ainsi celles du commandement « Tu ne tueras point » dans le sentiment de culpabilité lié au meurtre du père primitif. « La doctrine religieuse nous fait donc part de la vérité historique en la transformant et en la travestissant quelque peu, il est vrai ; notre présentation rationnelle la dénie » (Freud, 1927*c*, p. 43).

VÉRITÉ HISTORIQUE ET SURMOI CULTUREL

La *Kürzeste Chronik* nous permet de suivre comment, tout en luttant contre la maladie et contre la destruction de la psychanalyse en Allemagne puis en Autriche, Freud lutte contre l'interdit de pensée religieux en rédigeant *Moïse et le monothéisme*. Toutefois, une considération politique nouvelle le freine. Le 5 avril 1934, après l'écrasement de la grève générale, Dollfuss a fait adopter une nouvelle constitution dont l'article I remplace « le pouvoir vient du peuple » par « le pouvoir vient de Dieu ». L'alliance de l'Église et de l'État devient la meilleure protection de l'Autriche contre l'invasion allemande (Freud, 1992*i* [1929-1939], p. 171). Freud écrit à Lou Andreas-Salomé le 6 janvier 1935 : « [...] c'est seulement le Catholicisme qui nous protège des Nazis » (Freud, 1992*i* [1929-1939], p. 176). Freud devra retarder la publication de la troisième partie de *Moïse et le monothéisme* jusqu'à l'effondrement de cette protection avec l'*Anschluss* (Freud, 1939*a*, p. 132). Dans la *Kürzeste Chronik,* la première partie, commencée le 9 août 1934, est proclamée « achevée » à plusieurs reprises : le 9 août de la même année, puis à nouveau le 24 septembre 1934, et enfin le 3 février 1937. « Mais l'essentiel reste à dire », écrit Freud à Eitingon (Freud, 1992*i* [1929-1939], p. 215). La deuxième partie, *Si Moïse était un Égyptien*, est commencée en juillet 1937, et achevée le 8 août 1937. La troisième partie, commencée à Vienne, est reprise à Londres le 21 juin 1938, et achevée le 17 juillet. L'ensemble est imprimé le 2 février 1939.

Le 11 juin 1938, Freud reçoit la visite d'un voisin de Londres, Abraham Yahuda, un spécialiste de la Bible, qui essaye de le dissuader, en vain, de se fier à la thèse d'Ernst Sellin, sur laquelle se fonde *Moïse et le monothéisme*. Sellin, selon Yahuda, est bien le seul spécialiste de la Bible à avoir jamais cru que Moïse avait été assassiné par les juifs. Au demeurant, il a renoncé à sa thèse (Freud, 1992*i* [1929-1939], p. 240).

La vérité historique que Freud supposait contenue dans le délire religieux repose, outre sur l'hypothèse de Sellin, sur d'autres « découvertes » extra-psychanalytiques non moins controuvées :

- Les primates vivraient en hordes dominées par un mâle qui monopolise toutes les femelles, jusqu'à ce que les jeunes de la horde se liguent contre lui pour le tuer.
- *Homo erectus* aurait vécu en hordes de ce type, dont le père primitif aurait subi le même sort.
- Le souvenir de cet événement se serait transmis de génération en génération, ou d'une manière génétique.
- Il serait commémoré dans des repas totémiques.

La culpabilité inconsciente du meurtre de Moïse par les juifs expliquerait leur grande intelligence et leur grande honnêteté. *Moïse et le monothéisme* illustre d'une façon éloquente ce que Freud appelle dans *Malaise dans la civilisation*, le « surmoi culturel » (Freud, 1930*a* [1929], pp.76-77). Comme les juifs à Moïse, tous les peuples s'identifient collectivement aux grands hommes qu'ils ont maltraités de leur vivant et parfois mis à mort, et ils adoptent les idéaux que ces grands hommes leur avaient proposés et qu'ils avaient rejetés. Des exemples semblables à celui que Freud a cru avoir été celui de Moïse existent dans l'histoire, mais ils sont peu nombreux. Chaque crise aboutissant à un progrès dans la vie de l'esprit laisse subsister des identifications inconscientes, non seulement à ceux qui ont promu ce progrès, mais aussi à ceux qui s'y sont opposés, et qui ont été victimes de la crise ou de la révolution. Le premier effet de ces identifications inconscientes est la promulgation d'un interdit de penser aux circonstances tragiques qui ont accompagné ce progrès de la civilisation. Et il faut bien quelque chose comme une « dictature de la raison » pour vaincre cet interdit et explorer ces tragédies.

Pourquoi Freud était-il si intolérant à l'égard de « l'incroyable besoin de croire » (Kristeva) des pauvres humains ? Freud ne fait, à la fin de sa vie que poursuivre le programme matérialiste qu'il avait donné à sa métapsychologie au début de son œuvre : ramener sur terre les croyances religieuses, et transformer la métaphysique en métapsychologie (Freud, 1985*c*, lettre à Fliess du 12 décembre 1897, p. 286).

Gilbert Diatkine
48 bd Beaumarchais
75011 Paris
gilbert.diatkine@wanadoo.fr

RÉFÉRENCES BIBLIOGRAPHIQUES

Bullitt W. (1966), Préface, *in* S. Freud et W.C. Bullitt (1930), *Le Président Thomas Woodrow Wilson. Portrait psychologique*, trad. franç. M. Tadié, Paris, Albin Michel, 1967, 329 p.

Canetti E. (1980), *L'Histoire d'une vie. Le flambeau dans l'oreille*, trad. franç. M.-F. Demet, Paris, Albin Michel, 1982.

Einstein A. (1932), Lettre à Freud, *HERMÈS*, n°s 5-6, Paris, Éditions du CNRS, 1989, pp. 275-279.

Freud S. (1910*d*), Perspectives d'avenir de la thérapeutique analytique, trad. franç. A. Berman, *De la technique psychanalytique*, Paris, Puf, 1953.

Freud S. (1918*b* [1914]), Extrait de l'histoire d'une névrose infantile. L'homme aux loups, *Cinq psychanalyses,* trad. franç. M. Bonaparte et R. Loewenstein, Paris, Puf, 1954.

Freud S. (1919*e*), Un enfant est battu : contribution à la connaissance de la genèse des perversions sexuelles. Tr. fr. D. Guérineau, *Névrose, psychose et perversion*, Paris, Puf, 1973.

Freud S. (1921*c*), Psychologie des foules et analyse du moi, trad. franç. P. Cotet, A. Bourguignon, J. Altounian, O. Bourguignon et A. Rauzy, *Essais de Psychanalyse,* Paris, Payot, 1981.

Freud S. (1927*c*), *L'Avenir d'une illusion*, trad. franç. M. Bonaparte revue par l'auteur, 1932, Paris, Puf ; 1973, 3e édition.

Freud (1930*a* [1929]), Malaise dans la civilisation, trad. franç. Ch. et I. Odier, *Revue française de psychanalyse,* t. XXXIV, nº 1, 1970, pp. 9-80.

Freud S. (1933*a* [1932]), Sur une *Weltanschauung*, trad. franç. R.M. Zeitlin, *Nouvelles Conférences d'introduction à la psychanalyse*, Paris, Gallimard, 1984.

Freud S. (1933*b* [1932]), Pourquoi la guerre ?, trad. franç. J.-C. Delarbre et A. Rauzy, *Résultats, idées, problèmes*, II, Paris, Puf, 1985.

Freud S. (1937*c*), L'analyse avec fin et l'analyse sans fin, trad. franç. J. Altounian, A. Bourguignon, P. Cotet, et A. Rauzy, *Résultats, idées, problèmes*, II, Paris, Puf, 1985.

Freud S. (1939*a*), *L'Homme Moïse et la religion monothéiste*, trad. franç. Cornelius Heim, Paris, Gallimard, 1986.

Freud S. et Abraham K. (1965*a* [1907-1926]), *Correspondance complète.* 1907-1926, Paris, Gallimard, 2006, 790 p.

Freud S. et Bullitt W.C. (1966*b* [1938]), *Le président Thomas Woodrow Wilson. Portrait psychologique*, trad. franç. M. Tadié, Paris, Albin Michel, 1967, 329 p.

Freud S. (1985*c* [1887-1904]), *The Complete Letters of Sigmund Freud to Wilhelm Fliess 1887-1904*, transl. and ed. by Jeffrey Moussaieff Masson, Londres, The Belknap Press of Harvard University Press Cambridge, Massachussets, 1985, 505 p.

Freud S. et Ferenczi S. (1992*g* [1908-1933]), *Correspondance*, II, trad. franç. par le groupe du Coq héron, Paris, Calmann-Lévy, 1996.

Freud S. et Ferenczi S. (1992*g* [1908-1933]), *Correspondance*, III, *Les années douloureuses*, édité par Éva Brabant et Ernst Falzeder, avec la collaboration de Patrizia Giamperi-Deutsch sous la direction d'André Haynal, trad. franç. par le groupe du Coq héron, Paris, Calmann-Lévy, 2000.

Freud S. (1992*i* [1929-1939]), *The Diary of Sigmund Freud. 1929-1939. A Record of the Final Decade*, transl. and ed. by Michael Molnar, New York, The Freud Museum London, Macmillan, 1992, 350 p. ; *Chronique la plus brève : carnets intimes*, 1929-1939, Paris, Albin Michel, 1993.

Freud S. et Eitingon M. (2004 [1906-1939]), *Correspondance. 1906-1939*, Michael Schröter (dir.), trad. franç. Olivier Mannoni, Paris, Hachette littératures, 2009, 977p.

La lutte à mort. Weltanschauung *scientifique, réalité et psychologie du moi par sombres temps*[1]

Laurence Kahn*

Le débat sur la scientificité de la psychanalyse a un passé qui n'est pas que scientifique. Les différends qui secouent le mouvement analytique de 1927 à 1939 indiquent qu'à cette époque l'un des enjeux fut la relation entretenue par la psychanalyse avec les différentes « conceptions du monde » alors à l'œuvre. Cette controverse incluait évidemment la religion et sa critique, largement reprise par Freud dans la *xxxv*e *Conférence*, mais elle impliquait d'autres *Weltanschauungen* allant des positions socialistes et marxistes jusqu'à la « conception nouvelle » engagée dès 1924 par le national-socialisme. Que le terrain de cette controverse semble être la science, on pourrait ne voir là que le retour sous d'autres habits du double geste de rupture qui inaugure la découverte psychanalytique. Abandonnant l'« énergie » telle que la concevait la *Naturphilosophie* au profit de la thermodynamique des physicalistes, mais accordant néanmoins à la « magie des mots » le pouvoir d'agir sur le corps, la position scientifique de la psychanalyse s'est toujours tenue sur une ligne de crête entre la menace d'un retour à des croyances supranaturelles et le risque d'un matérialisme simpliste impliqué par le déterminisme « naturaliste ». Entre les deux, la « crédibilité objective de la science » demeure le pilier auquel s'adossent les psychanalystes. Dans les quelques pages de méthode qui ouvrent « Psychanalyse et télépathie », Freud insiste : « Les psychanalystes sont au fond d'incorrigibles mécanistes et matérialistes, même s'ils se gardent

1. Ce texte fait suite à la communication présentée dans le cadre du colloque de la SPP « Le meurtre fondateur » (22 et 23 novembre 2014) : « "La bête humaine a quand même besoin d'être domptée" ; à propos d'un silence et d'un effroi » (Kahn, 2015).

* Psychanalyste (APF), auteur notamment de *L'Écoute de l'analyste* et de *Le Psychanalyste apathique et le Patient postmoderne*.

bien de dépouiller le psychique et le spirituel de ses particularités encore non connues » (Freud, 1941*d* [1921], p. 103).

Pourtant, le débat qui occupe les esprits dans les années trente, s'il prend les dehors de la question scientifique, est marqué au plus profond par la violence politique de la période. Paul Valéry, Ortega y Gasset, Thomas Mann, tous les penseurs de l'époque sont aux prises avec « l'entrée au pas de charge de l'humanité dans l'inhumanité » (Adorno, 2011, p. 26). Et tous devinent que le statut du rationalisme est là, sur la sellette, entre destructivité du positivisme et retour de l'obscurantisme. La conclusion de *La Crise de l'humanité européenne*, conférence prononcée en 1935 à Vienne par Edmund Husserl, en témoigne :

> « La "crise" pourrait alors être interprétée comme *l'échec apparent du rationalisme.* Le motif de l'insuccès d'une culture rationnelle réside cependant, comme nous le disions, non dans l'essence du rationalisme lui-même, mais uniquement dans son *extériorisation,* dans son engloutissement dans le "naturalisme" et "l'objectivisme" » (Husserl, 1976, p. 78).

Ce à quoi Husserl ne voit que deux issues : soit la chute dans l'hostilité à l'esprit et dans la barbarie ; soit la renaissance de l'Europe à partir de l'esprit de la philosophie, « grâce à un héroïsme de la raison qui surmonte définitivement le naturalisme ». Cet « héroïsme de la raison » résonne étrangement avec la « dictature de la raison » à laquelle en appelle Freud en 1932 (Husserl, 1976 ; Freud 1933*a* [1932], p. 256 ; Freud 1933*b* [1932], p. 79).

Dictature ou héroïsme : l'arrivée au pouvoir d'Adolf Hitler a bouleversé toutes les données en enténébrant le monde. Car, au-delà des faits, ce sont les repères et les systèmes de partage ou de référence dans la pensée qui soudain volent en éclat. Et ils volent en éclat en particulier sous l'effet d'un brouillage complet de ce que l'on doit désormais confier à la science. De quelle science s'agit-il ? De quelle nature se réclame-t-on ? Et à quel déterminisme en appelle-t-on ? Opposer la science à l'obscurantisme de la religion ne semble plus suffire quand le territoire des mots, parcelle par parcelle, est contaminé par le détournement qu'inflige systématiquement l'ordre nouveau d'un état qui fait entrer, d'un coup et sans aucune médiation, la nature dans le champ politique. La nature, c'est-à-dire ce que nous, lecteurs tardifs de la traduction de *Mein Kampf* en français, regroupons sous la répétition lancinante du terme « instinct » ; mais que, eux, là-bas, en leur temps, entendaient bien comme cela leur était dit : c'était de « pulsion », de *Trieb,* que leur parlaient Hitler et Alfred Rosenberg. Et c'était bien le « démonique », celui dont Freud fait usage depuis la première heure, son énergétique, qui étaient invoqués.

C'est à ce paradoxe que sont confrontés les analystes d'alors. Mais « paradoxe » n'est assurément pas le mot juste, tant la chausse-trappe revêt très tôt la forme d'un abîme. Un abîme dont on ne parvient pas à saisir les bords, précisément parce que la confusion décrite par Victor Klemperer fait son œuvre :

> « Le nazisme s'insinua dans la chair et le sang du grand nombre à travers des expressions isolées, des tournures, des formes syntaxiques qui s'imposaient à des millions d'exemplaires et qui furent adoptées de façon mécanique et inconsciente. [...] Les mots peuvent être comme de minuscules doses d'arsenic : on les avale sans y prendre garde, ils semblent ne faire aucun effet, et voilà qu'après quelque temps l'effet toxique se fait sentir » (Klemperer, 2002, p. 40)[2].

L'effet toxique va bientôt prendre le visage d'une lutte à mort. De sorte que sous le masque convenable de son nom officiel, « psychanalyse et *Weltanschauung* », on assiste sans doute à l'un des épisodes les plus redoutables de ce que le nazisme a réussi à faire à la psychanalyse. Non sous la seule forme de la destruction des instituts psychanalytiques des empires centraux. Non du fait de l'exil – ce qui en soi allait représenter une bascule du monde analytique vers l'Ouest, États-Unis inclus, déterminante dans le devenir de l'analyse et de ses appuis conceptuels. Mais parce qu'on s'aperçoit que, pour lutter, il fallut à certains renoncer à des pans théoriques et en courber d'autres, afin de trouver ou de retrouver les axes théoriques selon lesquels la digue de la conscience était en état de contrecarrer la pulsionnalité. La résistance du moi, son autonomie libidinale, le surplomb d'une éthique réintroduite par le biais d'un surmoi capable de récuser l'assujettissement identificatoire massifié, apparaissent en filigrane dans les textes de Heinz Hartmann publiés dès avant son émigration – textes à certains égards fondateurs de l'*ego-psychology*. Ils sont l'un des jalons du débat dont je vais essayer de restituer quelques voies de passage.

LA *WELTANSCHAUUNG* SELON CARL MÜLLER-BRAUNSCHWEIG

Entre 1930 et 1933, ce ne sont pas moins de quatre textes qui paraissent sous le titre « Psychanalyse et *Weltanschauung* » : une conférence de Carl Müller-Braunschweig prononcée à l'occasion du congrès de la Société psychanalytique allemande et publié dans l'*Almanach der Psychoanalyse* de 1931[3] ; en 1933 la *XXXV*[e] *Conférence* de Freud ; à la même date, un second texte de

2. LTI est l'abréviation de *Lingua tertii imperii,* c'est-à-dire « langue du troisième empire » (ou *Reich*), titre de l'ouvrage de Victor Klemperer, *LTI, la langue du III*[e] Reich (2002).

3. Cette conférence fut prononcée le 29 septembre 1930, deux semaines après les élections qui donnèrent cent sept sièges au parti national-socialiste.

Müller-Braunschweig, publié sous le même titre dans le *Reichswart, Organe de l'alliance raciste européenne*[4] (1933, p. 97) ; enfin, toujours en 1933, un texte de Hartmann également intitulé « Psychoanalyse und Weltanschauung » (Hartmann, 1936 [1933]). Pourquoi une telle multiplication et quels peuvent en être les enjeux ?

La conférence de Müller-Braunschweig de 1930 pose d'emblée la question : quels rapports existent entre la notion de *Weltanschauung* et la position scientifique ? La science, écrit-il, explore la réalité, découvre des faits et, à partir de ces données, « abstrait » un certain nombre de relations récurrentes et logiques. La *Weltanschauung* est d'une tout autre nature : elle ne fait pas que reconnaître la réalité comme elle est. Il s'agit pour elle de la transformer, de manière intentionnelle et raisonnable, selon les représentations de ce qu'elle devrait être. En d'autres termes, elle n'est pas une « vision du monde », ce que donne à penser la teneur du mot. Ce que, sans exception, *Weltanschauung* désigne sont des décisions concernant la manière dont on veut agir sur le monde et dans la vie, autrement dit un façonnage de la réalité extérieure. Tout au long de ce texte, Müller-Braunschweig poursuit donc la comparaison entre science et conception du monde pour les opposer de la manière la plus nette. Tandis que la première ne retient que la valeur d'exactitude du « savoir sur ce qui est », la seconde prend en compte tout un ensemble de valeurs et de normes en fonction desquelles elle cherche à modeler le donné – tels l'éducation, la « culture de la personnalité », les conceptions artistiques, l'ordre moral et juridique, et l'ordre politique et économique. Or, pour pouvoir œuvrer en tenant compte de la réalité, la *Weltanschauung* a besoin de la connaissance fournie par la science empirique ; et elle ne peut pourtant attendre que soit délivré un savoir scientifique complet pour transformer cette réalité. Elle s'aide par conséquent d'autres moyens pour mener son action, et en particulier du fait que le matériau sur lequel elle agit participe de la détermination même du façonnage. Il en est ici comme de la statuaire où le matériau s'avère un facteur de la mise en forme. Ses qualités propres, ajoute Müller-Braunschweig, déterminent pour partie l'usage qu'on peut en faire, c'est-à-dire le « ton » de l'œuvre. Il n'y a donc rien de commun entre l'influence du matériau sur la conformation du modelage et les buts scientifiques de l'analyse chimique de ce matériau.

4. Ce texte fut exhumé par Helmut Dahmer (1983) ; voir également son article de 1984 ; ce document a donné lieu à un conflit très violent dans le contexte du premier congrès de l'IPA qui, en 1985, revenait en Allemagne (Hambourg) ; voir aussi Fallend et Nitzschke (2002). Par ailleurs, les documents historiques concernant cette période furent mis à la disposition du public français grâce à l'édition bilingue éditée par Alain de Mijolla et son équipe : K. Brecht, V. Friedrich, L. Hermanns, I. Kaminer, D. Jülich (1987) [désormais cité : *Ici la vie...* ; les références dans ce volume sont données selon la pagination des originaux allemands].

Au sein de cette opposition, de quel côté se situe la psychanalyse ? Peut-elle être considérée comme une *Weltanschauung* ? Son orientation est-elle déterminée par des normes et des valeurs ? Si la question se pose, poursuit Müller-Braunschweig, c'est que la psychanalyse a considéré certaines formes de la vie pulsionnelle et du caractère comme des dérapages, comme des déviations pathologiques par rapport à un développement conçu comme normal. De l'auto-érotisme diffus jusqu'à la subordination des pulsions partielles sous le primat du génital, du narcissisme précoce jusqu'au plein amour d'objet des adultes, de la prédominance enfantine des tendances destructrices jusqu'à un état dans lequel ces tendances sont rendues inoffensives grâce à leurs liaisons érotiques, grâce aux formations réactionnelles ou grâce à une compétition fructueuse dans le travail – ce qui en permet la sublimation –, dans tous les cas la conquête par le moi des territoires du ça implique un développement de l'homme qui va de la soumission aux pulsions à la maîtrise pulsionnelle. De telles lignes de développement, écrit Müller-Braunschweig, semblent avoir « un caractère normatif ». Mais cette norme correspond en fait à un « idéal-type » (*Idealtypus*) que l'on ne trouve dans la réalité que de manière infinitésimale. Autrement dit, elle résulte d'un processus d'abstraction et ne se rapporte en rien à la normativité. Et de fait, les psychanalystes n'indiquent pas de direction au patient. Grande est donc la différence entre leur savoir théorique concernant la normalité de la vie pulsionnelle, avec sa coloration idéale, et l'érection de celle-ci sous forme de buts à atteindre. Pourtant, il faut bien admettre, poursuit Müller-Braunschweig, que la psychanalyse en tant que pratique peut sembler poser la norme comme une exigence : le primat du génital, l'accès à des relations objectales matures, le surmontement des tendances destructives primitives, bref ces « buts » thérapeutiques pourraient être mobilisés très directement et très activement par l'analyste. Mais telle est précisément la « spécificité de la psychanalyse », que tout à la fois elle établit des normes qui pourraient relever d'une *Weltanschauung*, mais qu'elle évite de traiter le résultat de ces recherches comme des idéaux pratiques de développement. Lorsque Freud écrit : « Le patient doit [...] être éduqué afin de libérer et parfaire son être propre[5] », cette formulation n'est pas orientée dans le sens d'une perfection utopique. Nous sommes juste heureux lorsque nous parvenons à redonner à un patient ses forces de travail et à faire qu'il s'affranchisse de la contrainte pulsionnelle inconsciente, du sentiment de culpabilité, de ses symptômes, bref qu'il accepte le monde tel qu'il est et qu'ait lieu une modification de l'économie pulsionnelle en faveur du moi. Et Müller-Braunschweig

5. Müller-Braunschweig ne donne pas la référence : S. Freud (1919*a* [1918]), pp. 105-106.

de conclure : le savoir et les normes ne sont que comme les constellations qui guident le promeneur ; essentiels pratiquement et théoriquement, ils ne sont jamais des buts à atteindre.

Müller-Braunschweig calque ici pour partie la conférence de Freud présentée en septembre 1918 lors du Congrès de Budapest et publiée sous le titre « Les voies de la thérapie psychanalytique ». Ce que l'on remarque aisément quand il se réfère à l'analogie entre psychanalyse et analyse chimique ; ou bien lorsqu'il s'appuie implicitement sur la remarque de Freud au sujet de Putnam, « l'ami vénéré [...] qui nous pardonnera de ne pouvoir accepter son exigence : que la psychanalyse veuille bien se mettre au service d'une *Weltanschauung* déterminée et imposer celle-ci au patient avec pour fin son ennoblissement » (Freud, 1919*a* [1918], pp. 105). Il calque le Freud de 1918 mais omet ce que Freud dit de sa position quant à la « conception du monde » : « J'ai pu aider des gens auxquels ne me liait pas la moindre communauté de race, d'éducation, de position sociale et de *Weltanschauung*, sans les troubler dans ce qu'ils ont de spécifique » (*Ibid.*) En outre, si Putnam est mentionné dans ce texte, c'est que, dans *Sur l'histoire du mouvement analytique*, Freud s'était déjà alerté de ce que cet homme, protégeant si courageusement la psychanalyse des dénonciations dont elle était la cible en Amérique, avait ce faisant « trop cédé au grand besoin éthique et philosophique de sa nature », posant à la psychanalyse une « exigence impossible à remplir » : celle de « se mettre au service d'une conception du monde éthico-philosophique déterminée[6] » (Freud, 1914*d*, p. 58). En d'autres termes, si la *Weltanschauung* éthique a permis à Putnam de tenir bon face aux attaques de ses collègues, toute intervention d'une *Weltanschauung* dans la conduite des cures déroge, aux yeux de Freud, à la méthode même. En 1918, Freud est encore plus ferme : « Laissez-moi dire qu'il n'y a là que violence, même si elle est couverte par les intentions les plus nobles » (Freud, 1919*a* [1918], p. 106).

Est-ce la raison pour laquelle Müller-Braunschweig, après avoir démarqué la position freudienne, n'hésite pas en 1930 à mettre sur la sellette « la conception du monde matérialiste » à laquelle certains analystes pensent que la psychanalyse pourrait se référer ? Et d'ailleurs de quel matérialisme s'agit-il ? Le propos de Müller-Braunschweig devient soudain prodigieusement contourné quand il s'en prend à ceux qui considéreraient que la psychanalyse légitime avant tout la puissance de « l'économie » sur l'esprit. Dans le rapport réciproque des forces pulsionnelles et de l'action de l'esprit, la force de ce dernier joue sa partie. C'est pourquoi, selon lui, il est tout de même permis d'envisager

6. Ce que Freud avait d'ailleurs écrit à Putnam lui-même : lettre du 8 juillet 1915 (Jones, 1988, pp. 440-442).

une conception du monde prônée par la psychanalyse, en appui sur des idéaux, « à condition qu'elle se cantonne à un idéalisme pratique et s'abstienne de toute conception métaphysique ». Ce que, précise Müller-Braunschweig, Freud avance dans *Le Moi et le Ça* quand il s'insurge contre le reproche injustifié fait à la psychanalyse de négliger ce qu'il y a d'élevé dans l'homme. Que le surmoi et les idéaux prennent leur source dans les conflits pulsionnels et les processus infantiles ne retire rien à la « valeur » de ces formations. De même que, inversement, la psychanalyse démasque certaines allégations prétendument idéales comme de fallacieuses couvertures pour des motions fort peu idéales. En se tenant dans la sphère de la recherche strictement empirique, la psychanalyse offre en réalité le meilleur de ce qu'elle peut offrir, conclut Müller-Braunschweig : une *Weltanschauung* qui ne s'épouvante pas devant de nouvelles vues sur la réalité, qui ne tremble pas face aux abîmes inconnus et qui permet de conquérir « un amour sincère de la réalité ». Pourquoi faudrait-il que pour « le tout du monde et de la vie » il en aille différemment de ce qui se passe avec les individus, nos prochains ? La reconnaissance de leurs défauts et de leurs bassesses ne nous conduit-elle pas à leur porter davantage d'amour et de confiance, à sentir plus profondément quelque chose comme un « destin », « une communauté de culpabilité » qui nous rapproche d'eux ? Ainsi peut-on espérer que l'on manifeste pour « le tout du monde et de la vie une nouvelle confiance et un nouvel amour ».

RÉALITÉ, SCIENTIFICITÉ, RELIGION

Que l'on doive pour partie l'efflorescence de textes portant sur la relation entre psychanalyse et conception du monde à la publication par Pfister en 1928 de « L'illusion d'un avenir » (Pfister, 1928), c'est probable. Le débat entre Pfister et Freud, aussi amical en soit le ton, ne laisse aucun doute. Freud ne lâche rien à Pfister concernant la scientificité de la psychanalyse et ne lui cache pas que le « pasteur d'âme » qu'il est a inspiré la figure du contradicteur qui apparaît dans *L'Avenir d'une illusion*. Il espère seulement que l'ami « pourr[a] encore accorder de la compréhension et de la tolérance à l'hérétique et à l'impie » qu'il est, lui[7]. Impie puisque, pour lui, la religion, tributaire d'illusions créées par le désir, avec négation de la réalité, s'apparente en tous points à la névrose obsessionnelle – l'acceptation de la névrose religieuse univer-

7. Lettre de Freud à Pfister du 16 octobre 1927.

selle dispensant l'individu de se créer une névrose personnelle (Freud, 1927*c*, p. 183). C'est donc au nom d'une « éducation à la réalité[8] » (*Ibid.*, p. 190) que le travail scientifique se doit de lutter contre cette *Weltanschauung* qui refuse toute base rationnelle aux prescriptions culturelles et morales.

À l'inverse, Pfister ne lâche rien non plus : « Si je ne puis bien discuter de religion avec vous, cela tient à ce que vous récusez complètement la philosophie, que vous jugez l'art tout autrement que moi et que vous considérez la morale comme allant de soi » (Lettre de Pfister à Freud du 24 novembre 1927, 1966, pp. 167-169). Et de poursuivre : « Votre substitut de religion, c'est en substance la pensée des lumières du XVIIIe siècle, orgueilleusement revue et modernisée ». Un « scientisme », un « positivisme » que Pfister dénonce au motif qu'« il n'y a pas de science sans métaphysique, il n'y en a jamais eu et il n'y en aura jamais », que « les catégories de notre entendement, au sens kantien ou non, sont toujours opérantes », qu'il « nous faut donc élaborer une critique de la connaissance ». Et il ne se prive pas d'interroger Freud sur les fondements métaphysiques de ce que ce dernier nomme « expérience » : « Chaque expérience contient une métaphysique élémentaire, enfantine » – des expressions comme « force », « cause », « loi » outrepassant l'empiricité des sciences naturelles, au même titre que les concepts de la physique tels que « matière », « substance », « énergie » (Pfister, 1928, p. 534). Ne serait-ce que l'opposition entre *Sein* und *Schein*, entre être et apparence, implique une référence à la philosophie et sa réflexion métaphysique. Quant à l'évaluation des valeurs, elle ne dépend pas du « pouvoir de la raison », et c'est sur ce point, celui de l'éthique et de la moralité, que l'attaque de Pfister – aussi affable soit-elle – veut porter atteinte à l'analyse : la science ne semble guère en mesure de rendre l'humanité plus heureuse ; « ne soyez donc pas surpris que je plaide pour le maintien de l'enseignement religieux comme base de l'éducation et de la vie en commun des hommes. C'est là un problème d'ordre pratique et non une question de valeur de réalité » (Freud, 1927*c*, p. 193 ; GW, XIV, p. 375).

Mais en matière de réalité, si le débat est aussi intense, c'est que, à la critique de la *Weltanschauung* chrétienne selon Pfister, est venue s'ajouter la discussion initiée par ce que l'on nommera plus tard les « freudiens de gauche », en particulier la publication par Wilhelm Reich en 1929 de « Matérialisme dialectique et psychanalyse » et de « La situation de la psychanalyse en Union soviétique », suivi en 1931 du texte de Fromm, « Politik und Psychoanalyse ».

De ce courant, outre Reich et Fromm, l'un et l'autre par la suite exclus de l'Association psychanalytique internationale, retenons les noms d'Ernst

8. Freud place l'expression entre guillemets.

Simmel, Otto Fenichel, Siegfried Bernfeld, Edith Jakobson et Paul Federn. Des personnes qui sont au départ formées dans le cercle freudien le plus rapproché, soit à Vienne, soit à Berlin, qui appartiennent tous à la mouvance socialiste, mais qui, pour certains, sont très proches des mouvements communistes. Un certain nombre d'entre eux, liés à l'École de Francfort, se réuniront à San Francisco lors du *symposium* consacré à l'antisémitisme organisé par Max Horkheimer et Georg Simmel en 1944. Disons que ces noms scandent les publications de la période 1928-1934, lesquelles ne cessent de poser la question de la réalité, sous la forme de la jonction entre le devenir social – dimension idéologique comprise – et les apports analytiques.

Ainsi du texte de Fenichel, « Psychoanalyse der Politik » qui, en 1932, revient sur le problème de la « valeur » au plan de l'économie capitaliste et au plan libidinal. Et, de même, de Bernfeld, psychanalyste et pédagogue, ami de Aichhorn, qui a publié quatre ans plus tôt « Ist Psychoanalyse eine Weltanschauung ? ». Pour lui, la psychanalyse est une découverte scientifique qui a des effets touchant aux conceptions du monde, au même titre que Darwin ou la physique de l'atome en ont eus. Cela tient à l'hypothèse même de Freud, selon laquelle les processus psychiques dérivent de sources physiologiques – hypothèse qui a aidé au développement du « matérialisme », même si ce matérialisme n'a plus guère de poids dans les cercles « modernes » de la philosophie. En revanche, il continue d'être important en tant que fait social dans les cercles prolétaires. De surcroît, des hypothèses, des théories, des faits qui sont en eux-mêmes d'une grande importance demeurent sans importance, tandis que des faits de peu d'importance peuvent acquérir une signification sociale considérable. Et Bernfeld de donner, en 1928, l'exemple de la différenciation entre brachycéphales et dolichocéphales, théorie anodine en tant que telle mais qui, en tant que « conception du monde » bâtie sur les mesures crâniennes, se révèle essentielle dans le nationalisme allemand antisémite et racial. La relation entre valeur scientifique et impact en matière de *Weltanschauung* n'est donc jamais directe. Que l'on envisage par exemple les découvertes de Freud concernant la sexualité, on pourrait y trouver, continue Bernfeld, un argument contre la morale sexuelle bourgeoise et une réhabilitation de la sexualité comme une puissante force naturelle contre l'ascétisme chrétien. Mais les conséquences pratiques que l'on peut tirer des découvertes analytiques peuvent être fort diverses, au point que l'on s'aperçoit que la psychanalyse est considérée comme destructrice par tous les camps. La seule contribution que sa *Weltanschauung* scientifique peut apporter à une conception du monde plus vaste serait donc de n'être plus cantonnée dans l'espace réservé aux « gens cultivés » et de participer à l'éducation, en œuvrant dans le sens de la liberté.

LA PSYCHANALYSE ÉPURÉE

Qu'est-il advenu de « l'amour nouveau » selon Müller-Braunschweig lorsque retentirent les bruits de bottes de l'ordre nouveau ? Je ne veux pas ici revenir sur le détail des terribles tractations qui se déroulèrent au sein de la Société psychanalytique berlinoise lors de l'arrivée de Hitler à la Chancellerie, ni sur la destruction de la Société psychanalytique viennoise et du *Verlag* lors de l'annexion de l'Autriche. Les psychanalystes et les chercheurs de langue allemande ont beaucoup travaillé sur cette question. Tant les articles publiés par Bernd Nitzschke que le volume édité par Thomas Aichhorn sur la relation entre Anna Freud et August Aichhorn, commenté et assorti d'innombrables lettres et documents officiels, permettent de compléter le recueil de documents « *Ici, la vie continue de manière fort surprenante*[9]. » À quoi il faut ajouter le livre de Regine Lockot, *L'Épuration de la psychanalyse*, les travaux de Geoffrey Coks ainsi que les recherches de Volker Friedrich. Outre le rôle des psychanalystes dans l'aryanisation de l'Institut de Berlin, les polémiques qui traversent ces textes impliquent non seulement la position de Jones, mais également celle de Freud, qui fut déterminante dans l'expulsion de Reich. Expulsion qu'il souhaitait pour des « motifs scientifiques » – en particulier le réductionnisme sexuel et la conception sociale psychique du caractère autoritaire – mais aussi pour des motifs « politiques », la notoriété de Reich en tant que militant communiste risquant de porter préjudice à la Deutsche Psychoanalytische Gesellschaft [DPG]. De même, c'est Freud qui pose comme condition à l'acceptation de Müller-Braunschweig et de Böhm comme présidents de la DPG l'éloignement de Schultz-Hencke, vigoureux critique de la théorie de la libido freudienne. Comme l'a fort bien montré Thomas Aichhorn, la position de Freud en 1933, était : « Pas de provocations, et encore moins de concessions[10] » – l'idée d'une possible survie de la psychanalyse dominant envers et contre tout l'impuissante diplomatie de la période, y compris la rencontre de Freud et de Böhm à Vienne en avril 1933.

Dans cette masse de faits désormais assez bien établis – la publication en 1998 des *Rundbriefe* confidentielles rédigées par Fenichel entre 1934 et 1945 ayant permis de préciser grandement le tableau historique –, c'est sur la position de Müller-Braunschweig que je veux me pencher. Et, là encore, non à cause du terrifiant tour de passe-passe qui lui permit, aux yeux d'Anna Freud, de Jones et des participants aux Congrès de l'IPA de 1949 et de 1951,

9. Voir Aichorn Th. (2007) et Freud A. et Aichhorn A. (2012) ; je renvoie également à B. Nitzschke (2003), R. Lockot, G. Cocks et V. Friedrich.

10. Freud, lettre à Eitingon, du 17 avril 1933 ; voir Th. Aichhorn.

d'apparaître pour la seconde fois comme le « sauveur de la psychanalyse », à la tête de la Deutsche Psychoanalytische Vereinigung nouvellement fondée, tandis que la DPG était exclue parce qu'ayant été intégrée dans l'Institut Göring[11]. Mais à cause de sa participation active à la « mise au pas » tout à la fois administrative et théorique de la psychanalyse durant la période.

Car en octobre 1933, Müller-Braunschweig fit à nouveau paraître un texte, cette fois dans le *Reichswart, Organe de l'Alliance Raciste Européenne*, dont le titre « Psychanalyse et Weltanschauung » (*« Ici, la vie... »*, p. 97) voulait dire la volonté de s'inscrire dans la lignée des débats précédents. À ceci près que l'amour du nouveau avait effectivement pris un tour tout à fait renouvelé. Tout donne à penser, à la lecture de la première partie du texte, qu'il s'agit vraiment d'une défense et illustration de la psychanalyse freudienne, déchirée entre l'admiration enthousiaste des uns et le rejet acharné des autres. Dégageant la psychanalyse des « malentendus primaires » tel le pansexualisme, insistant sur l'accent placé par Freud sur le conflit entre le moi et la vie pulsionnelle notamment du fait des tendances destructrices, Müller-Braunschweig explique comment le névrosé est un être « qui a échoué dans la résolution de tels conflits, qui n'a pas réussi à soumettre ses motions internes au pouvoir ordonnateur et dominant de son moi spirituel ». Expliquant que le « refoulement » de cette vie pulsionnelle et sa prolifération dans une zone désormais inaccessible au moi sont la cause des symptômes, arguant de ce que le psychanalyste aide le patient à résoudre de façon pleinement responsable ce qu'il a antérieurement évité, il cite Freud : « On peut dire [...] que l'analyse libère le névrosé des chaînes de sa sexualité[12]. » À quoi il s'empresse d'ajouter que le reproche fait à l'analyse de partir « de suppositions matérialistes, non spirituelles » est injustifié : le moi synthétise, régule, équilibre l'économie psychique et, en particulier, tend à maîtriser le ça, aidé en cela par les exigences et les valeurs idéales du surmoi. Un combat difficile, où le moi, prompt à se laisser corrompre ou séduire, semble toujours prêt « aux compromis paresseux ». Un « combat dramatique » mené entre forces spirituelles et pulsionnelles, où Müller-Braunschweig voit une « image héroïque qui ne peut qu'honorer [l'homme] ».

C'est là, avec l'héroïsme, que survient le premier tour de spire. Car par ce biais, il réhabilite la psychanalyse contre l'accusation « d'être désagrégeante et non allemande ». Tout à l'inverse, elle œuvre, selon lui, dans le sens de la

11. Schultz-Hencke fut exclu en même temps que la DPG : Regine Lockot, témoin des faits, souligne fortement le caractère aberrant de ces décisions, Müller-Braunschweig ayant collaboré avec les nazis de manière infiniment plus active que Schultz-Hencke ; mais la critique émise par Freud avant-guerre fut après-guerre déterminante, semble-t-il. La littérature sur ce point est très abondante.

12. La phrase est extraite de Freud « Psychanalyse et théorie de la libido », publié en 1928 dans les *Gesammelte Schriften*.

restauration d'un « vouloir intact, constructif et créateur ». Son effet est par conséquent salvateur, libérateur et édifiant. Et survient alors le second tour de spire. Certes, il faut admettre que la psychanalyse est un instrument dangereux entre les mains d'un esprit destructeur et qu'il est, par conséquent, d'une importance capitale d'être sûr de la main qui l'utilise. Mais dans son fond, en « s'efforç[ant] de transformer les sans-entrain incapables en êtres capables et forts, les inhibés dans leurs instincts en êtres instinctuellement affirmés, les fantasques étrangers à la vie en êtres humains aptes à regarder la réalité en face, ceux qui sont livrés à leurs pulsions en personnes aptes à les dominer, les êtres égoïstes et incapables d'aimer en êtres capables d'amour et de sacrifice, ceux qui se désintéressent de tout en êtres aptes à servir une cause commune » (*« Ici, la vie... »*, p. 97), elle peut participer au premier chef au formidable travail d'éducation, et servir « une conception héroïque de la vie tournée vers la réalité, constructive, dont les lignes viennent d'être nouvellement établies. » Entendons bien : la psychanalyse peut être allemande, allemande dans le sens de la *Weltanschauung* nazie à laquelle elle est, oui, tout à fait en mesure de collaborer.

Comment ne pas penser que, dès 1931, lorsque Müller-Braunschweig défendait le rôle de la *Weltanschauung* dans l'action, l'amour de la réalité et le possible façonnage humain selon la structure du matériau, comment ne pas penser que dès cette date l'héroïsme du nationalisme allemand rôdait déjà, y compris sous la forme des tendances sublimées et de l'ordre politique et moral ? Comment ne pas le penser, si l'on ajoute qu'en 1935 le même Müller-Braunschweig rédigeait un nouveau texte, intitulé cette fois « Psychanalyse et germanité[13] » (*«Ici, la vie...»*, p. 167), où il proclamait sans ambiguïté le fait que, le corps enseignant de l'Institut de Berlin étant de composition internationale, il avait été « très difficile pour les membres allemands de donner à [cette] Société un caractère spécifiquement allemand ». D'où son souhait qu'il soit permis à la psychanalyse de contribuer maintenant à la « psychothérapie allemande ». D'où, plus étrangement peut-être, le changement apparent de cap puisque, outre le caractère pionnier des découvertes psychanalytiques, Müller-Braunschweig valorise cette fois la psychanalyse en tant que science : « une recherche sans concessions de la vérité et rien d'autre », l'obligation morale de la fermeté inébranlable et du désintéressement, cela seul pourra rendre au peuple allemand « des services authentiques et valables » (Müller-Braunschweig, *«Ici, la vie...»*, *Ibid.*).

13. C. Müller-Braunschweig, « Psychoanalyse und Deutschtum » est extrait de *Nationalsozialistische Idee und Psychoanalyse*.

Je dis étrangement, mais le terme est inexact, car en vérité, ce à quoi l'on assiste est le fait que la *Weltanschauung* scientifique se révèle au fil du temps être la base arrière du supposé « sauvetage » de l'Institut de Berlin au sein du Göring Institut. Et c'est bien pourquoi il faut ici parler d'une lutte à mort, de surcroît invisible. Ainsi, lors de la réunion qui se tint le 30 novembre 1935 en présence de Jones – son urgence tenant en particulier à la situation de crise créée par l'arrestation et l'emprisonnement d'Édith Jakobson –, on s'aperçoit que Böhm ne cesse d'insister sur le fait que la psychanalyse n'est pas une *Weltanschauung* et que, pour cette raison même, la démission de la Société psychanalytique allemande de l'IPA serait comme un aveu de culpabilité : elle prouverait que la psychanalyse pourrait avoir des accointances avec quelque « conception du monde ». D'où l'issue : le vœu que les membres « *nicht-Reichdeutsche* » (non-allemands-du-Reich, euphémisme pour parler des membres juifs sans nommer leur « juiverie ») « démissionnent volontairement ».

De cette réunion, on possède deux comptes rendus. Le premier est une lettre de Jones à Anna Freud, qui écrit à propos de Müller-Braunschweig : « Il flirte avec l'idée de combiner une philosophie de la psychanalyse avec une pensée quasi théologique de l'idéologie national-socialiste, et comme vous pouvez bien l'imaginer, cela l'occupe vraiment beaucoup. » (« *Ici, la vie...* », p. 114-115) Mais l'occupation de l'homme n'est pas simplement un passe-temps de collaborateur du régime nazi. Que l'on examine le compte-rendu de la même réunion rédigé par Böhm le 4 décembre 1935 (*Ibid.*, pp. 116-117), on voit celui-ci préoccupé par un souci identique : dans une conversation avec Werner Achelis et Kurt Gauger, psychothérapeutes membres de la SA, il écrit avoir soutenu que la psychanalyse n'est pas antagoniste de la *Weltanschauung* nazie ; et lorsque ses interlocuteurs lui rappellent la « *weltanschaulische Reinigungsaktion* », l'« action de nettoyage idéologique » menée par la Gestapo, il voit dans l'avertissement une vraie chance pour éviter la dissolution. Or l'argument ne vaut que si l'on comprend que l'orientation strictement scientifique de la psychanalyse, son autonomie par rapport à toute *Weltanschauung* garantit surtout qu'elle n'a rien à voir avec le marxisme : preuve immédiatement apportée par Böhm lorsqu'il évoque l'exclusion de Wilhelm Reich en 1933. Au même Gauger, il précise qu'« il n'a jamais fait l'expérience d'une influence destructrice de la psychanalyse sur l'amour de la patrie ».

De la même manière, dans les entretiens confidentiels avec le Professeur von K., dignitaire nazi, Gauleiter de l'Union de Lutte pour la culture allemande[14], il fait valoir les positions antimarxistes de Freud, ce que Müller-Braunschweig

14. dont Böhm fait état dans son compte rendu des « événements 1933-1934 » : voir *« Ici, la vie... »*, pp. 99-109.

met également en avant à l'insu d'Eitingon dans le mémoire rédigé à l'intention des autorités nazies. De sorte que le Gauleiter von K. soutient la démarche de Müller-Braunschweig auprès du Pr. Achelis. Sans doute n'eut-il pas à regretter son geste si l'on considère l'organisation du cursus théorique proposé en 1939 par Müller-Braunschweig : en matière d'amour du grand tout, on y trouve l'étude de l'unité « âme-corps », la théorie de l'hérédité et de la race, un cours sur la biologie et l'endocrinologie, un autre sur le diagnostic différentiel entre troubles organiques et troubles psychiques, et quelques conférences sur « l'entretien du patrimoine héréditaire » et « la psychologie des races » (*« Ici, la vie... »*, p. 149).

Les chercheurs le soulignent unanimement : la séparation de la « psychothérapie allemande » de la « psychologie juive », laquelle inclut évidemment les théories culturelles « juives-bolcheviques », est essentielle. Gauger l'avait précisé en mai 1934, dans son ouverture du Congrès de Nauheim, discours qu'il prononça dans son uniforme de membre de la SA (Gauger, cité par Nitzschke, 2003). Le matérialisme de la psychanalyse freudienne est extrêmement proche du matérialisme économique de Marx ; il n'est pas pour autant nécessaire de discuter la valeur des formulations « quasi-scientifiques » de Freud ; il suffit de veiller à ce qu'elles ne soient pas une arme dans les mains des organisations communistes antireligieuses. S'impose par conséquent la recommandation que les membres de l'Institut aient fait une « étude scientifique approfondie » du livre d'Adolf Hitler, *Mein Kampf*.

Quelle autre voie s'offre ? Une seule, celle qui fait fond sur la culture allemande la plus profonde, dans laquelle s'est précisément inscrit Freud et dont il faut réussir à l'arracher. Ce que M. H. Göring, au nom de l'Institut, explicite on ne peut plus clairement dans les colonnes du *Völkische Beobachter* en mai 1939 :

> « Un Freud en tant que juif ne pouvait pas saisir l'inconscient comme tel ; il devait par conséquent tenter de l'expliquer d'une quelconque manière par le strict biais des sciences naturelles. L'allemand n'en a pas du tout besoin. Le refus purement instinctif de la doctrine de Freud, construite à partir de l'histoire du développement de l'appareil sexuel, a commencé il y a plusieurs décennies. Nous devons la connaissance des forces qui sommeillent dans l'inconscient à notre Leibniz, au médecin Carus, l'ami de Goethe, et à Feuchtersleben qui, il y a cent ans, dans son petit texte *Pour la diététique de l'âme* écrit : "L'inconscient, les forces créatrices du sentiment et de la fantaisie sont la base de la vie." » (*«Ici, la vie... »*, p. 141).

Et sous quel chapitre parle Göring ? « *Weltanschauung* et psychothérapie ».

Ainsi peut-on voir dans la stratégie du maintien de l'Institut Göring au sein de l'IPA le souhait des nazis d'obtenir une reconnaissance internationale, même si cette association était pure « cochonnerie juive-marxiste » (Nitzschke,

2003). Jung devenu directeur du *Zentralblatt für Psychotherapie* en 1933, tous les courants précédemment exclus une fois rassemblés, tous les juifs exclus, l'Institut trouvait son unité dans le soin apporté à la santé mentale du *Volk*, fer de lance de la politique de guerre et de conquête. Il suffisait par conséquent d'intégrer le travail de l'institut au titre d'une des disciplines combatives du Reich. Or, dans cette « nouvelle » discipline, les « valeurs » de la culture allemande pèsent d'un poids égal à celui des valeurs de la « science ».

LA MACHINE À VRILLER LA PENSÉE

Il faut mesurer le goulot d'étranglement dans lequel furent happés les analystes allemands et autrichiens. La dose d'arsenic tenait à ce que les psychothérapeutes nazis (mais ceci dépasse largement le cercle de l'Institut Göring) se référaient à ce qui avait été l'entre-deux dans lequel était née la psychanalyse – pensons tout à la fois au rôle du poème « *Natur* » pour Freud et au serment scientifique des physicalistes qu'il fit sien –, mais en faisant basculer la « libération des forces vives » vers l'énergie de l'individu. Et dans le même sillage, la lutte contre le « matérialisme » déboutait toute forme d' « économie », le statut de la « valeur » étant purement et simplement rapporté aux valeurs idéales.

La discussion autour de la valeur fut d'autant plus virulente qu'elle impliquait ce que Freud entendait par valeur au sens de la « transvaluation de toutes les valeurs psychiques » (où joue à plein le caractère indifférencié de l'énergie psychique et les mécanismes de déguisement des accentuations). Mais elle impliquait également ce que les marxistes tentaient d'élaborer à la jonction entre valeur psychique et valeur dans une économie capitaliste. Et elle impliquait enfin la relation entre « valeur » et « norme » qui, de glissement en glissement, finissaient par ne faire plus qu'un – la référence aux normes morales et sociales du peuple au combat permettant de jeter le discrédit sur les « matérialistes ».

À charge pour la « relation à la réalité » de légitimer cet entrelacs de torsions. Or, on sait depuis *Psychologie des masses et analyse du moi* ce qu'il advient de la confiscation de l'épreuve de réalité quand la masse a cédé au Führer la place de l'instance critique, en donnant la préférence à l'irréel sur le réel. Mais l'arsenic est coulé là et l'effet toxique agit là, quand l'irréel est proclamé comme la réalité même et que la psychanalyse est convoquée comme l'un de ses gardiens. Que Müller-Braunschweig achève le texte du *Reichswart* par la défense de l'analyse au nom d'une conception héroïque de la vie tournée vers la réalité et qu'il la place au service de la cause « commune », voilà qui sans doute espérait se faire l'écho des pages consacrées par Freud au principe de réalité dans *Au-delà du principe de plaisir* – et en particulier au fait que l'effort thérapeutique en appelle au principe de réalité pour permettre l'entrée du déplaisir dans le champ de la conscience, ce à quoi s'oppose la résistance du moi contre la libération du refoulé (Freud, 1920*g*, p. 290). À moins que Müller-Braunschweig ne cherche à se référer à la *xxxi*e *Conférence* selon laquelle la visée de la psychanalyse est « de fortifier le moi, de le rendre plus indépendant du surmoi, d'élargir son champ de perception et d'étendre son organisation, de sorte qu'il puisse s'approprier de nouveaux morceaux du ça » (Freud, 1933*a*, pp. 162-163). À ceci près que, dans la version altérée de l'assèchement du Zuiderzee, l'accent est porté par Müller-Braunschweig moins sur la relation entre le ça et le moi que sur la contribution du moi au renforcement de la tâche commune de la *Volksgemeinschaft*, si son énergie naturelle est organiquement canalisée grâce à la nouvelle *Weltanschauung*.

Göring avait raison : Leibniz, Carus, d'autres encore, nombreux, sont embauchés dans la machine à vriller les mots et les pensées, tandis que – ultime paradoxe – l'adaptation à la réalité a finalement pour fond les ressorts « créateurs » et « combatifs » de l'irrationnel. Ce que Heine avait vu venir dès 1835 quand, dans *De l'Allemagne* (p. 180), il écrivait :

> « Pourtant, n'ayez, mes chers compatriotes, aucune inquiétude, la révolution allemande ne sera ni plus débonnaire ni plus douce parce que la critique de Kant, l'idéalisme transcendantal de Fichte et la philosophie de la nature l'auront précédée. Ces doctrines ont développé des forces révolutionnaires qui n'attendent que le moment pour faire explosion et remplir le monde d'effroi et d'admiration. »

Les plus effrayants seront les philosophes de la nature, poursuivait-il, qui, se mettant en communication avec les pouvoirs originels de la terre, évoquant les forces de tout le panthéisme germanique,

> « exécuter[ont] en Allemagne un drame auprès duquel la révolution française ne sera qu'une innocente idylle. Il est vrai qu'aujourd'hui tout est calme, et si vous voyez çà et là quelques hommes gesticuler un peu vivement, ne croyez pas que ce soient les acteurs qui seront un jour chargés de la représentation. Ce ne sont que des roquets qui courent dans l'arène vide, aboyant et échangeant quelques coups de dent, avant l'heure où doit entrer la troupe des gladiateurs qui combattront à mort » (Heine, pp. 182-183).

Cela même que Thomas Mann affirmait quand il dénonçait la volonté nazie « de briser la primauté de la raison et de rétablir en triomphe, dans leur droit vital primitif, les forces des ténèbres et des profondeurs abyssales, l'instinctif et l'irrationnel » (Mann, 1970, p. 127). Si, entre les fondements irrationnels de notre être et le traitement rationnel de ce dynamisme pulsionnel, la psychanalyse était à ses yeux en mesure de s'opposer au prosternement contemporain devant les forces démoniques dans le psychisme, c'est que l'humanisme dont elle est porteuse repose, selon lui, sur « une connaissance exacte », sur « une sérénité froide » (Mann, 1960, pp. 210-211).

Mais quelle connaissance exacte en 1933, en 1936 ? Considérons qu'Achelis participa non seulement à l'Institut Göring mais également à l'enseignement de la polyclinique de Berlin. Ajoutons que, parmi ses objectifs, la prise en compte de l'instinct sain, le combat contre le « fantôme » de la raison en tant que principe unique, « la recherche et le développement des forces de la nature en nous à travers la psychologie des profondeurs », bref l'alliance entre nature et culture intégrée dans « l'organisation » et la « conduite psychique » devaient être les armes puissantes dans le combat contre les dommages de la civilisation (Roelcke 1996, pp. 6-8). On voit alors de quelle manière l'appel hitlérien au pulsionnel, absolument constant, place les psychanalystes face à un détournement d'autant plus vertigineux que la pureté de la race, l'intrication des valeurs civilisatrices dans le matériau biologique sont adossées à un discours scientifique qui se présente avec les atours de l'académisme allemand de l'époque. L'entretissage du pangermanisme et de l'antisémitisme, le nouage de la raciologie et de l'archéologie en quête des « indo-germains » (la race nordique), la convocation de la linguistique sous la férule des anthropologues et des « généticiens », l'identification pure et simple de la race et de la culture à l'aune de « l'identité » des Aryens débouchent sous la plume d'Alfred Rosenberg sur le vœu de la constitution d'un état racial organique[15]. Leibniz, Herder, Nietzsche, mais Kant aussi bien sont appelés par celui-là, tandis que Hitler, lui, argue de la « pulsion de vie étatique et culturelle », c'est-à-dire la « pulsion naturelle en vue de l'unité raciale ». La race, est-il constamment précisé, ne réside pas dans la langue mais dans le sang, tandis que la masse est une partie de la nature, et ses sentiments sa force pulsionnelle. Mais le sentiment ne suffit pas, ni la volonté intérieure. Ce n'est que quand la poussée idéale vers l'indépendance et l'aspiration à la liberté reçoivent la forme d'une « organisation » que peuvent se réaliser les idéaux de la *Weltanschauung*. Organisation et organique sont donc nécessairement confondus, dès lors que la *Weltanschauung* raciale exprime le vouloir le plus intime de la nature en restaurant le jeu libre des forces qui aboutit à la sélection[16]. Ainsi l'État n'est-il que l'incarnation de la « pulsion de conservation » du peuple, celle-ci ayant pour assise la participation de l'homme

15. Hitler, *Mein Kampf,* vol. I, chap. XI, « Peuple et race », notamment p. 371 ; A. Rosenberg, *Le Mythe du XXe siècle,* pp. 595-648 ; le terme « organique » est omniprésent tout au long du volume, en particulier dans le chap. III, « État et peuple », pp. 522-625 de l'édition originale allemande. Sur tous ces points, voir également J.-P. Demoule (2014).

16. Hitler, *Mein Kampf*, vol II, chap.1, « Weltanschauung und Partei », notamment pp. 422-428, 440, puis p. 371, ainsi que chap. 5 « Weltanschauung und Organisation », en particulier p. 422 et p. 440.

« au grand tout du vivant » : agir implique donc de respecter les lois de la vie (Graupner, cité par Chapoutot, p. 37).

Curieuse résonnance avec « le tout du monde et de la vie » selon Müller-Braunschweig, si l'on pense que pour tous, et Himmler en particulier, « le peuple est une unité vivante, organique » dont le développement domine le champ et les décisions politiques. Le droit et son corrélat, « le sentiment du juste », ne font donc que servir cette dimension organique, car l'« unité biologique du tout » exige que l'on renonce à séparer la culture et les lois de la vie (*Ibid.*, p. 66 et pp. 118-121). Ensemble, elles procèdent d'une pensée consciente de la « communauté » – universalisme revisité et que l'on prétend légitimé par Kant lui-même, selon la formulation d'Otto Dietrich.

HARTMANN : LOGOS CONTRE BIOS

Adorno se trompait-il quand, en 1927, il voyait dans la psychanalyse « une arme acérée [...] contre toute métaphysique de l'instinct et toute divination de la vie organique brute » (J. Le Rider, p. 84) ? Non, si l'on considère la bataille menée par les analystes de l'époque pour que le *logos* résiste contre les assauts du *bios* ; et oui, si l'on en juge par le prix payé pour tirer la psychanalyse hors du guet-apens théorique que représente le nouage du vivant avec la question des valeurs. Le vivant, c'est-à-dire l'énergétique, c'est-à-dire l'énergie pulsionnelle dont Hartmann soulignera dans l'immédiat après-guerre combien elle n'a rien à voir avec « l'élan vital » et comment il ne s'agit sous la plume de Freud que d'un « concept opérationnel » (Hartmann, 1948, p. 373). Il regrette alors ouvertement que la traduction anglaise ne fasse aucune différence entre *Instinkt*, utilisé en biologie, et *Trieb*, avec les corrélats que sont la réserve pulsionnelle du ça, les systèmes d'auto-régulation de l'appareil psychique, le rôle de l'auto-préservation et la diversification des pulsions liée à la différenciation des instances.

En vérité, en 1933, dans « Psychoanalyse und Weltanschauung », Hartmann repartant de la XXXVe *Conférence* de Freud, bataillait sur deux fronts : d'une part, le refus de toute « *Weltanschauung* psychanalytique » est un refus d'inscrire l'analyse dans quelque orientation politique que ce soit ; et, d'autre part, si l'on s'aventure à parler de « normes », celles-ci doivent être rigoureusement restreintes au scientifiquement démontrable dans la mesure où la notion même de *Weltanschauung* engage l'irrationalité des positions et des jugements personnels. Il est donc plus que jamais nécessaire de s'interroger sur la formation des systèmes de valeur : non seulement d'un point de vue global, tel que Nietzsche l'a antérieurement abordé dans *La Généalogie de la morale*, mais du point de vue de l'ontogenèse individuelle de la morale, avec le jeu complexe du refoulement, des formations réactionnelles, de l'identification et du surmoi.

C'est précisément là que le bât blesse. Dans le « combat des opinions » qui fait alors rage, au milieu de ce que Hartmann nomme pudiquement « les revers transitoires actuels » de la psychanalyse, la question est de savoir quelle place peut être faite à l'élucidation rationnelle de la vie psychique. Certes, concède-t-il, tout homme s'avance au-devant de la recherche des faits avec une « image préscientifique du monde », la position empirique étant initialement imprégnée des conceptions du moment, des attentes préconçues, des positions subjectives qui alimentent la recherche proprement scientifique. Ainsi le problème soulevé par une telle interférence est-il d'autant plus aigu que le *logos*, c'est-à-dire le fondement même de la psychanalyse, peut s'avérer tributaire des systèmes idéologiques. Raison pour laquelle on taxe de tous côtés la psychanalyse de n'avoir qu'un dessein : dévaloriser par vengeance les choses de l'esprit, au motif qu'elle serait le produit de *Weltanschauungen* tout à tour conservatrices ou révolutionnaires. Pourtant, décrire la « genèse » des déterminations d'une position morale, c'est-à-dire leurs modes d'édification, ne peut en rien être assimilé à l'évaluation négative ou positive des valeurs qu'elle met en œuvre. La psychanalyse ne donne que des outils et non un diagramme des valeurs. Des outils qui par ailleurs permettent de poser les questions concernant, par exemple, l'éthique pratique dans la pédagogie, ou celles portant sur les problèmes sociaux. Mais ce qui *doit* être fait ne relève pas de sa compétence.

Tout ce passe comme si Hartmann répondait point par point aux suspectes ambiguïtés de Müller-Braunschweig. Réponse qui se durcit encore quand Hartmann fait retour sur le dernier Nietzsche et sa référence à « l'éthique des valeurs vitales ». En considérant que la vérité ou la fausseté d'un jugement est déterminée par son effet biologiquement inhibant ou facilitateur, le penseur donne la suprématie aux lois du *bios* sur les lois du *logos.* « Freud, insiste Hartmann, s'oppose de la manière la plus tranchée à cet aspect de la philosophie nietzschéenne – de telles pensées, tels le mépris de la raison et l'idolâtrie de l'instinct étant devenues de nos jours très courantes. Il n'approuve pas tout bonnement la vie, mais une certaine orientation dans le développement du vivant », c'est-à-dire ce qui est énoncé dans le « là où était le ça, le moi doit advenir ». Le moi, c'est-à-dire précisément ce qui dans l'humain est le siège des impératifs du *logos*, et non simplement l'organe d'une énergétique de l'action. Thomas Mann a donc raison, ajoute Hartmann, d'évoquer le « naturalisme » de Freud, qui ne lâche rien sur la conception scientifique de la vérité : celle-ci est définie comme la concordance avec le monde extérieur réel. Pas de place ni pour l'intuition, ni pour les solutions métaphysiques, ni pour le relativisme, ni pour le scepticisme. Un seul système de valeur, celui de la *ratio*, l'éthique se rapportant aux valeurs de la connaissance et la position idéale étant celle du primat de l'intelligence. En défendant le *logos* contre les forces vitales, Hartmann attaque alors frontalement les aberrations dont le fondement biologique de la pulsion est l'objet : soit qu'on le fasse dériver vers l'instinct avec sa composante biologico-raciale, soit qu'on lui applique le mot de « scientisme » destiné à renvoyer la *Weltanschauung* scientifique de Freud aux « vues étroites » d'un XIXe siècle périmé.

Il faut préciser que dès 1928, dans « La psychanalyse et le problème des valeurs » (Hartmann, 1928), Hartmann posait le problème des voies par lesquelles la subjectivité peut dérouter l'évaluation juste des données de la réalité. Le front de la lutte portait déjà sur la distinction entre position scientifique et évaluation des buts éthiques. Mais en 1933, le front est comme dédoublé, comme si, s'adressant à Müller-Braunschweig, il lui faut déjà répondre à la critique de Husserl contre le naturalisme et l'objectivisme du rationalisme. Cette question, il l'avait pourtant antérieurement démêlée dans *Les Fondements de la psychanalyse* (Hartmann, 1927), quand il se faisait lecteur averti de la phénoménologie et qu'il défendait la distinction entre la connaissance immédiate, acquise au moyen du vécu et de l'expérience, et la connaissance construite grâce à l'extraction de lois causales, déduites de récurrences. Il approfondissait alors le débat avec Weber et Dilthey autour de la « compréhension psychologique » par opposition à la « connaissance psychanalytique », en y incluant la complication inhérente à la notion d'explication quand la compréhension de l'autre est rapportée à l'empathie. Mais en 1933 le ton a changé face à ceux qui ne s'épouvantent pas devant de nouvelles vues sur la réalité, qui ne tremblent pas face aux abîmes inconnus et qui prônent une *Weltanschauung* ouvrant à « un amour sincère de la réalité ».

Une chose est sûre : c'est dans ce contexte de lutte que Hartmann avance « l'adaptation du moi à la réalité », présentée non comme une valeur en soi, mais comme « un moyen en vue d'une fin ». Quelle fin ? Celle qui devrait permettre d'extraire le moi d'un système strictement homéostasique qui le rend totalement dépendant du jeu pulsionnel. Celle qui lui assure, une fois le développement de l'enfant achevé, les moyens de sa lutte contre la puissante attraction fantasmatique et ses bénéfices narcissiques – cela même que Freud décrit à propos de la puissance exercée par le Führer sur la masse. Celle qui, malgré la menace constante de la réalisation hallucinatoire et malgré la propension au déni, soutient les capacités de l'épreuve de réalité. « La psychologie du Moi et le problème de l'adaptation » (Hartmann, 1937), conférence prononcée par Hartmann devant la Société psychanalytique de Vienne quatre ans plus tard, c'est-à-dire très peu avant son exil, explicite parfaitement le dilemme. Si Freud a commencé à bâtir sa théorie de l'appareil psychique sur des concepts « biologiques » (*Ibid.*, p. 77)[17], les conséquences de cet usage ne peuvent être assimilées à une adaptation à la réalité telle que la conçoit par exemple Darwin : la psychanalyse ne nous parle pas de « sélection » naturelle (ce dont ne cesse de parler la biologie raciale du moment), elle nous parle de transformations *alloplastiques* ou *autoplastiques* qui permettent à l'humain de modifier ou bien son environnement ou bien lui-même dans son adaptation à cet environnement. De plus, le modèle freudien souligne le réel danger que sont les pulsions en provenance du ça, tout particulièrement si l'on inclut le rôle de la pulsion de mort dans l'économie intrapsychique – ce que fait Hartmann (*Ibid.*, pp. 87-101). Que la compulsion de répétition participe de l'adaptation dans le cas des névroses traumatiques, que le développement du surmoi permette de surmonter le danger interne ne nous dit pas grâce à quel mécanisme, dans la lutte pour le maintien de l'équilibre intérieur, le moi et la pensée parviennent à admettre le déplaisir. Aux yeux de Hartmann, l'hypothèse du report du plaisir dans le temps et son obtention par d'autres moyens, de même que l'hypothèse ferenczienne du masochisme sont insuffisants pour expliquer l'acceptation de la réalité et la cohorte des privations et déceptions qu'elle inflige.

La question qui hante alors Hartmann est que la différenciation ça/moi-surmoi, du fait même de l'enracinement infantile du surmoi – et la référence à Freud est, là, solide – peut à tout moment déboucher sur des phénomènes de « dédifférenciation ». On assiste alors à des formes d'adaptation à la réalité parfaitement « régressives », conduites par des affects et des jugements de réalité qui se placent au service de la destruction – Hartmann renvoyant à l' « agression libre » reliée à la pulsion de mort par Freud. Le statut de la conscience et la stabilité du moi, conditions de la pensée, doivent donc être reconsidérés à l'aune de la relation entre pulsion de mort et libido désexualisée dont on découvre que, d'adversaire du ça, elle peut devenir son allié.

NAZISME TRIOMPHANT, DICTATURE DE LA RAISON

Quelles que soient les critiques que l'on émet à l'égard de ce que devint la psychologie du moi, il est clair que l'orientation d'un de ses fondateurs fut déterminée par une question cruciale dans la tourmente des sombres

17. Les guillemets sont de Hartmann.

temps : comment faire en sorte que la raison, la logique, une pensée apte à tenir ferme les liens de causalité, une réflexion cherchant la voie de l'objectivité, bref « le primat de l'intelligence » retrouvent leur dignité et, surtout, leurs étais dans la vie psychique des individus. Au moment où « la dictature de la raison » pousse à l'infléchissement théorique vers le renforcement du moi et son autonomie pulsionnelle, le désastre politique d'un nazisme triomphant pèse d'un poids que je n'avais pas auparavant soupçonné. C'est en ce sens que j'y vois l'un des épisodes les plus redoutables de ce que le nazisme parvint à faire à la psychanalyse.

D'autant que les psychanalystes, et les intellectuels plus généralement, tentent sur le moment de penser la ruine culturelle en terme de « psychose de masse ». Ainsi en est-il de Einstein (Freud, 1933*b*, p. 67) dans sa lettre à Freud l'invitant à réfléchir sur « Pourquoi la guerre ? » dans le cadre de la Société des nations – ce que Freud reprend lui-même dans la *XXXVe Conférence* (Freud, 1933*a*, p. 244). Mais aussi de Robert Wälder qui, dans le même cadre international, écrit à l'automne 1934 « Étiologie et évolution des psychoses de masse » avec un appendice « Sur la situation historique du présent » (Waelder, 1935). La défection du rôle joué par le moi et le surmoi dans l'épreuve de réalité, la démixtion [*Entmischung*] d'Éros et de la pulsion de mort, le « clivage total » de l'amour et de l'agression avec disparition de l'ambivalence, le rôle de la projection et du délire, la satisfaction libidinale de la haine sans inhibition : autant d'éléments pris en compte par Wälder qui s'appuie tout à la fois sur *Psychologie des masses et analyse du moi* et sur une attentive étude de la crise du capitalisme dans les années trente. Après avoir étudié l'irruption et le développement de positions psychotiques chez des individus sains, et en particulier le fait que la psychose de masse les protège de la folie, sa conclusion porte sur l'orientation de la civilisation occidentale, laquelle, par le biais des progrès techniques et de toutes les formes de mécanisation, se serait systématiquement orientée vers des programmes d'adaptation « alloplastique ». Reste donc en suspens ce qu'il advient des ressources autoplastiques du moi de ces citoyens.

Hartmann cite Wälder, tout comme il cite Karl Mannheim à propos du conflit entre la rationalité des mécanismes de production et la rationalité individuelle, pour souligner combien la massification de l'industrialisation a contribué à l'expansion de l'irrationalité massifiée des masses. Dans l'immédiat après-guerre, Simmel reprendra encore la notion de psychose de masse dans sa contribution au colloque sur l'antisémitisme qui se tint à San Francisco. La destructivité sans limite, dans le droit fil d'un délire qui dénie totalement la réalité, est un syndrome qui en psychiatrie est connu comme forme paranoïde de la schizophrénie – la différence résidant dans le fait que, dans ce cas, l'antisémite ne se sent pas malade. Son antisémitisme lui procure au contraire un gain considérable : son moi « gonflé » se sent « surclassé » par l'appartenance à la communauté des non-juifs (Simmel, p. 58 et suiv).

Certes, ils ne se sentent pas malades. Mais la perte de la réalité indique que la pathologie relève bien d'une rupture avec le monde extérieur, celui-ci se restreignant au groupe des « mêmes », qui se sont ensemble créés « autocratiquement un nouveau monde, extérieur et intérieur à la fois », un monde « bâti suivant les désirs du ça ». Comment ne pas songer à l'impact des textes de 1924, « Névrose et psychose » et « La perte de la réalité dans la névrose et la psychose » (Freud, 1924*b* et 1924*e*), écrits par Freud dans la suite immédiate de *Le Moi et le Ça* ? Textes fort peu cités, mais qui sont présents quand il est question de la création d'une « néo-réalité ». L'expression de la rébellion du ça contre le monde extérieur – ou, ajoute Freud, « si l'on veut, de son incapacité à s'adapter à la nécessité réelle, à l'*Ananké* » – n'apparaît que dans la différenciation entre modification autoplastique et modification alloplastique. Ce qui, de ces textes inspirés par Freud, semble rester dans l'ombre est la tâche psychotique de créer de nouvelles perceptions aptes à correspondre à la nouvelle réalité : le monde fantasmatique n'est-il pas le magasin où sont pris la matière ou les modèles pour la construction de la nouvelle réalité, engendrant illusions mnésiques et hallucinations ?

Dans l'ombre peut-être. Mais tout donne à penser que, face à la muraille délirante de l'époque, la pente qui a poussé vers une théorie donnant la préséance au moi et à ses facultés de juger le réel s'enracine dans la lutte à mort dont *Weltanschauung*, le mot même de *Weltanschauung*, est devenu *de facto* le théâtre.

Mein Kampf fut publié en 1925 et 1926. Tout y était dit sans détour de ce que le mouvement national-socialiste entendait par pulsion, biologie, sélection, valeur. Dès cette date, écrit Victor Klemperer, « la langue [du parti nazi] fut littéralement fixée dans toutes ses composantes fondamentales » (Klemperer, p. 45). En outre, l'intuition, l'évidence de l'affect, fondue dans le « sentiment du vrai » de la masse, bref tout ce qui justifiait « organiquement » l'unité de la *Volksgemeinschaft* plaçait en première ligne la « croissance organique » héritée du romantisme. C'est cet ensemble, fait du mélange constant de trois courants – la biologisation, la technicisation et la mythisation –, qui est entré dans les vies psychiques individuelles par le chemin de la langue commune. Et c'est dans ce contexte que *Weltanschauung* a revêtu une « couleur quotidienne », familière, intime et publique tout à la fois (*Ibid.*, p. 139). Qu'elle s'est substituée à la philosophie, désormais passée sous silence. Qu'« intelligence » est devenue haïssable. Et que « système » a été remplacé par « organisation » – les fondements de celle-ci étant la « vérité organique » qui s'oppose à la vérité logique. Une vérité contenue dans le premier mythe religieux, centre mystérieux de l'âme du peuple. La notion même de *Reich*, écrit Klemperer, est devenue une *Weltanschauungsgedanke* [une pensée d'ordre idéologique], qui en tant que telle « élev[ait] au-dessus de la réalité » (*Ibid.*, p. 141, 161 et 194).

Ainsi, avec la LTI, la *Weltanschauung* a-t-elle vraiment changé de sens en même temps que la réalité devenait le produit de mots anciens, soudain dotés de sens nouveaux. La psychanalyse, confrontée à la métamorphose de son propre outil de travail, n'a pas échappé à cet effet délétère. Quant à ce qu'il advint de la défense et illustration des valeurs scientifiques de la psychanalyse, une fois les analystes juifs exilés vers les États-Unis, on l'apprend quand on découvre le sort qu'il leur fut fait par les logiciens et les philosophes positivistes. Tout donne à penser que Ernst Nagel et Arthur Danto n'ont pas aperçu la lutte à mort à laquelle ces psychanalystes freudiens avaient survécu.

Laurence Kahn
70 bd Richard Lenoir
75011 Paris

RÉFÉRENCES BIBLIOGRAPHIQUES

Adorno Th., « Société I », *Société : intégration, désintégration*, Paris, Payot, 2011.

Aichhorn Th. (2007), « No Provocations And Even Fewer Concessions » (panel at the 45th International IPA Congress in Berlin, 25-28 July 2007 on the theme "Remembering, repeating and working through in Psychoanalysis and Culture today"), consulté en ligne http://internationalpsychoanalysis.net/wp-content/uploads/2008/02/aichhornpaper.pdf

Bernfeld S., Ist Psychoanalyse eine Weltanschauung?, *Almanach für Psychoanalyse* de 1929, pp. 28-37 (Première publication : *Zeitschrift für psychoanalytische Pädagogik*, II, 1927/1928) [consultable sur archiv.org].

Chapoutot J., *La Loi du sang. Penser et agir en nazi*, Paris, Gallimard, 2014.

Cocks G., Repressing, Remembering, Working Through: German Psychiatry, Psychotherapy, Psychoanalysis, and the «Missed Resistance» in the Third Reich, *The Journal of Modern History*, vol. 64, 1992, pp. 204-216 [en ligne : http://www.jstor.org/stable/2124978?seq=1#page_scan_tab_contents].

Dahmer H., Kapitulation vor der 'Weltanschauung'. Zu einem Aufsatz von Carl Müller-Braunschweig aus dem Herbst 1933, *Psyche,* n° 37, 1983, pp. 1116-1135.

Dahmer H., Psychoanalyse unter Hitler ; Rückblick auf eine Kontroverse, *Psyche*, vol. 38, 1984, pp. 927-942.

Demoule J.-P., *Mais où sont passés les Indo-européens ? Le mythe d'origine de l'occident,* Paris, Le Seuil, 2014.

Fallend K. et Nitzschke B., Vorwort zur Neuausgabe, *Der 'Fall' Wilhelm Reich. Beiträge zum Verhältnis von Psychoanalyse und Politik*, Psychosozial-Verlag, Giessen, 2002, pp. 13-28 (consulté en ligne : http://www.werkblatt.at/nitzschke/text/11reichvorwort.htm)

Fenichel O., Psychoanalyse der Politik, *Psychoanalytische Bewegung*, vol. IV, nº 3, 1932, pp. 255-268 [consultable sur archiv.org].

Fenichel O., *119 Rundbriefe (1934-1945)*, Francfort, Strömfeld, 1998.

Freud A., Aichhorn A., *Die Psychoanalyse kann nur dort gedeihen, wo Freiheit der Gedanken herrscht, Briefwechsel 1921-1949*, édité et commenté par Th. Aichhorn, Francfort, Brandes & Apsel, 2012.

Freud S. (1914*d*), *Sur l'histoire du mouvement analytique*, Paris, Gallimard, 1991.

Freud S. (1919*a*), Les voies de la thérapie psychanalytique, OCF.P, XV, Paris, Puf, pp. 99-108.

Freud S. (1920*g*), Au-delà du principe de plaisir, OCF.P, XV, Paris, Puf, pp. 277-338.

Freud S. (1924*b*), Névrose et psychose, OCF.P, XVII, Paris, Puf, pp. 3-7.

Freud S. (1924*e*), La perte de la réalité dans la névrose et la psychose, OCF.P, XVII, Paris, Puf, pp. 37-41.

Freud S. (1927*c*), L'avenir d'une illusion, OCF.P, XVIII, Paris, Puf, pp. 145-197.

Freud S. (1933*a*), *Nouvelle suite des leçons d'introduction à la psychanalyse*, OCF.P, XIX, Paris, Puf, pp. 85-268.

Freud S. (1933*b* [1932]), Pourquoi la guerre ?, OCF.P, XIX, Paris, Puf, pp. 69-81.

Freud S. (1941*d* [1921]), Psychanalyse et télépathie, OCF.P, XVI, Paris, Puf, pp. 101-118.

Friedrich V., From Psychoanalysis to the "Great Treatment": Psychoanalysts under National Socialism, *Political Psychology,* vol. 10, nº 1, 1989, pp. 3-26. [consulté en ligne : http://www.jstor.org/stable/3791584]

Fromm E., Politik und Psychoanalyse, *Psychoanalytische Bewegung*, vol. III, nº 5, cahier spécial consacré à la *Psychanalyse de la politique*, 1931. [consultable sur archiv.org]

Gauger K., Psychotherapie und politisches Weltbild, *Zeitschrift für Psychotherapie*, nº 7, 1934, pp. 158-168, cité par B. Nitzschke, Psychoanalysis and National Socialism; Banned or Brought into Conformity? Break or Continuity?, *op. cit.*.

Hartmann H., *Die Grundlagen der Psychoanalyse*, Leipzig, Thieme, 1927, en particulier chapitre I [La psychanalyse comme science de la nature] et chapitre III [Comprendre et Expliquer].

Hartmann H., Psychoanalyse und Wertproblem, *Imago*, XIV, 1928, pp. 421-440 [consulté en ligne].

Hartmann H. (1933), Psychoanalyse und Weltanschauung, *Almanach für Psychoanalyse*, Wien, 1936, pp. 96-113 ; initialement publié dans *Psychoanalytische Bewegung,* V, 1933 [consultable sur archiv.org].

Hartmann H. (1937), Ichpsychologie und Anpassungsproblem, *Internationale Zeitschrift für Psychoanalyse und Imago,* XXIV, nºˢ 1-2, 1939, pp. 62-135 (conférence prononcée en 1937) [consulté en ligne].

Hartmann H., Comments on the Psychoanalytic Theory of Instinctual Drives, *Psychoanalytic Quarterly*, nº 17, 1948, pp. 368-388.

Heine H., *De l'Allemagne,* Œuvres V, Paris, Eugène Renduel, 1835/1853 [consulté en ligne].

Hitler A., *Mein Kampf,* 1924-1925 [édition complète, consultée en ligne : http://www.harrold.org/rfhextra/download/adolf%20hitler%20-%20mein%20kampf%20-%20german.pdf]

Husserl E., La crise de l'humanité européenne et la philosophie, *La Crise des sciences européennes et la phénoménologie transcendantale*, Paris, Gallimard, 1976.

Jones E., *La Vie et l'Œuvre de Sigmund Freud II (1901-1919)*, Paris, Puf, 1988.

Kahn L., La bête humaine a quand même besoin d'être domptée, *in* B. Chervet (dir.), *Le Meurtre fondateur, l'acte psychique par excellence*, Paris, Puf, 2015.

Klemperer V., *LTI, la langue du III*[e] Reich, Paris, Albin Michel/Pocket, 2002.

Le Rider J., L'Allié incommode, postface à Th. Adorno, *La Psychanalyse révisée*, Paris, L'Olivier, 2007.

Lockot R., *Die Reinigung der Psychoanalyse. Die Deutsche Psychoanalytische Gesellschaft im Spiegel von Dokumenten und Zeitzeugen (1933–1951)*, Psychosozial Verlag, Giessen, Nouvelle édition 2003 [consulté en ligne en février 2015 : http://www.psychosozial-verlag.de/pdfs/leseprobe/9783837922400.pdf]

Mann Th. (1929), Freud dans l'histoire de la pensée moderne, *Sur le mariage, Lessing, Freud et la pensée moderne, Mon temps*, Paris, Aubier, 1970.

Mann Th. (1936), Freud et l'avenir, *Noblesse de l'esprit*, Paris, Albin Michel, 1960.

Mijolla A. (de) *et al.* (éd.), *« Ici, la vie continue de manière fort surprenante... », Contribution à l'histoire de la psychanalyse en Allemagne*, Paris, Association internationale d'histoire de la psychanalyse, 1987 [cité *Ici...* (traduction française de K. Brecht, V. Friedrich, L. Hermanns, I. Kaminer, D. Jülich (éd.), *« Hier geht das Leben auf eine sehr merkwurdige Weise weiter... », Zur Geschichte der Psychoanalyse in Deutschland,* Hambourg, Kellner, 1985)].

Müller-Braunschweig C. (1931), Psychoanalyse und Weltanschauung, *Almanach für Psychoanalyse*, Vienne, 1931, pp. 102-116.

Müller-Braunschweig C. (1933), Psychoanalyse und Weltanschauung, *Reichswart, Organe de l'Alliance Raciste Européenne* en date du 22 octobre 1933, publié dans « *Ici, la vie...* ».

Müller-Braunschweig C. (1935), Psychoanalyse und Deutschtum, extrait de *Nationalsozialistische Idee und Psychoanalyse,* publié dans « *Ici, la vie...* ».

Nitzschke B., Otto Fenichel und Wilhelm Reich. Das Schicksal zweier Linksfreudianer, *Das Ich als Experiment,* Göttingen, Vandenhoeck & Ruprecht, 2000 [consulté en ligne : http://digi20.digitale-sammlungen.de/de/fs1/object/display/bsb00050645_00001.html?leftTab=LOC_ent].

Nitzschke B., Psychoanalysis and National Socialism. Banned or Brought into Conformity? Break or Continuity?, *International Forum of Psychoanalysis*, n° 12, 2003, pp. 98-108 [consulté en ligne le 22 février 2015 : http://www.werkblatt.at/nitzschke/text/nationalsocialism.html]

Pfister O. (1928), L'illusion d'un avenir, *Revue française de psychanalyse*, t. XLI, n° 3, 1977, pp. 504-546 ; trad. franç. de « Die Illusion einer Zukunft. Eine freundschaftliche Auseinandersetzung mit Prof. Sigm. Freud », *Imago.*, vol. XIV, n°s 2-3, 1928, pp. 150-184.

Reich W., Matérialisme dialectique et psychanalyse, *Pod Znaméniem Marxisma* (*Sous la bannière du marxisme*), III, 1929*a*.

Reich W., La situation de la psychanalyse en Union soviétique, *Psychoanalitische Bewegung,* vol. I, n° 4, 1929*b*, pp. 358-368 [consultable sur archiv.org].

Roelcke V., 'Zivilisationsschäden am Menschen' und ihre Behandlung: Das Projekt einer 'seelischen Gesundheitsfuhrung' im Nationalsozialismus, *Medizinhistorisches Journal*, vol. 31, 1996, pp. 3-48 [consulté en ligne : http://www.jstor.org/stable/25805148].

Roelcke V., Psychiatrie im Nationalsozialismus. Historische Kenntnisse, Implikationen für aktuelle ethische Debatten, *Nervenarzt*, n° 81, 2010, pp. 1317-1325 [consulté en ligne : https://www.uni-giessen.de/cms/fbz/fb11/institute/histor/mitarbeiter/Roelcke/Roelcke2010].

Rosenberg A., *Le Mythe du* XX*e siècle,* réédition Avalon, 1986, pp. 595-648 [consulté en ligne : http://www.thuleitalia.net/Storia/LibriTedesco/Rosenberg%20Alfred.%20Der%20Mythus%20im%2020.%20Jahrhundert.pdf]

Simmel E. (1944), Antisemitismus und Massen-Psychopathologie, *Antisémitismus* (E. Simmel éd.), Francfort sur le Main, 1993 (édition allemande).

Waelder R., Ätiologie und Verlauf des Massenpsychosen, *Imago*, vol. XXI, n° 1, 1935, pp. 67-90 [consulté en ligne].

« Pourquoi nous n'aimons plus la guerre. » *Entretien avec* Laurence Bertrand Dorléac*

Françoise Coblence**

Laurence Bertrand Dorléac a consacré ses premières recherches à L'Art de la défaite, 1940-1944 *(Bertrand Dorléac, 1993), un livre qui est devenu la référence à la vie artistique en France durant cette période. Se penchant sur cette part sombre de la mémoire française et brassant un matériel impressionnant, elle montre, à l'écart des oppositions tranchées et des repères convenus, que « rien ni personne n'échappa ici non plus au chaos, à l'exaspération des tensions, aux illusions du temps ». Elle rappelle des événements qu'on préfère souvent oublier : en novembre 1941, le voyage officiel en Allemagne de peintres et sculpteurs bien connus pour certains d'entre eux, l'exposition d'Arno Breker à l'Orangerie en mai 1942 dont les statues géantes sont saluées par Cocteau, l'ouverture du Musée national d'art moderne en été 1942. Avec toujours le souci de donner les repères temporels, de défaire les amalgames, de montrer la complexité incroyable des situations et le poids du non-dit, elle analyse à la fois la vie artistique à Paris sous l'Occupation, l'entrecroisement parfois surprenant des choix artistiques et des choix politiques pour les artistes, pour les marchands et le public, les tentatives de caporalisation des artistes et d'organisation des corporations, les compromissions des uns et des autres, les petites et grandes lâchetés, les spoliations et les pillages, les ruptures, les exils.*

Par la suite, la guerre et les violences dans l'art du monde de l'après-guerre restent des axes dominants de son travail : L'Ordre sauvage *(Bertrand Dorléac, 2004) se penche sur toutes les guerres – et sur les peurs – qui*

* Laurence Bertrand Dorléac est historienne et historienne de l'art, professeur à Sciences Po où elle dirige le séminaire *Arts & Sociétés* et la *Lettre du séminaire* (électronique).

** Françoise Coblence est psychanalyste, membre de la SPP, auteur notamment de *Les Attraits du visible. Freud et l'esthétique*, Paris, Puf, 2005.

traversent l'art des années 1950-1960 : guerre froide, guerres coloniales, mais aussi guerre des sexes, dérèglements écologiques, etc. Dans Après la guerre *(Bertrand Dorléac, 2010), elle étudie à la loupe la période 1946-1956 en France : expositions, ateliers, état de la critique. On voit à la fois comment les années de l'Occupation continuent de peser sur la vie artistique et quelles sont les différentes réactions possibles à ce passé, quelles figures inédites émergent à la fois chez les artistes et dans les formes elles-mêmes.*

Françoise Coblence : Préparant un numéro de la Rfp autour du thème « Pourquoi la guerre ? », j'ai souhaité évoquer avec vous qui êtes historienne et historienne de l'art certains points : savoir comment une historienne réagit aux formulations de Freud sur la guerre, et savoir comment à ses yeux, l'art présente ou représente la guerre, qu'il la glorifie ou la combatte. Si j'ai souhaité m'adresser tout spécialement à vous, c'est parce que vous connaissez bien ces textes de Freud, mais surtout parce que le thème de la guerre est omniprésent dans votre travail.

Lorsqu'on considère l'ensemble de votre œuvre depuis L'Art de la défaite, *on aurait envie de savoir si, au départ, c'était déjà l'exploration de l'importance de la guerre dans la société et dans l'art qui vous importait, ou cette période précise de l'Occupation ?*

Laurence Bertrand Dorléac : On aimerait trouver une cohérence parfaite à toutes ces recherches, mais il faut avouer une démarche empirique. Non, « la guerre » en général, ou « l'art en guerre », tels que j'essaie de penser aujourd'hui ces phénomènes, n'étaient pas mon propos lorsque j'ai commencé à m'intéresser, à partir de 1980, à la période de Vichy et de l'Occupation nazie. Pour ma génération, cette période demeurait un point aveugle de l'histoire, même et pas moins lorsque l'on venait d'un milieu de résistants. J'avais une passion pour l'art et pour l'histoire politique, rien n'avait encore été fait en croisant les deux. Malgré les mises en garde de tous côtés, je me suis jetée dans la bataille. Cela dit, cet empirisme recouvre ce qui devait dès cette époque m'habiter. Les bribes de récit de ma famille ont fonctionné comme des aiguillons. Il me semble que je pressentais déjà confusément l'énormité de la question de la violence de guerre et de son impact sur les individus.

FC : Votre travail se présente donc inséparablement comme celui d'une historienne et d'une historienne de l'art. Pour une part, il semble qu'on puisse, par exemple, étudier les projets de corporation et la tentative de création d'un Ordre des artistes graphiques et plastiques comme celui des médecins ou des avocats. Mais, à côté des manifestes, des écrits, il y a aussi les œuvres, leurs modèles et les écarts, les innovations qu'elles instaurent – ou n'instaurent pas. La violence traverse la peinture, au premier chef celle de Picasso, un artiste sur lequel vous avez beaucoup travaillé (Bertrand Dorléac, 2005), mais aussi bien sûr celle de tous les artistes que vous étudiez dans L'Ordre sauvage *: actionnistes viennois, nouveaux réalistes français, groupe japonais Gutaï, etc. L'historienne traite-t-elle les œuvres comme un matériel historique, un document comme les autres ?*

LBD : Oui, les œuvres d'art sont un matériau historique même si elles ont leur singularité, irréductible. Mais chaque source a ses spécificités. On n'étudie pas de la même façon un manuscrit et une peinture du XVIe siècle, même si elles appartiennent à la même époque. J'ai toujours essayé d'éviter l'internalisme si bien cultivé en histoire de l'art, souvent faute de références historiennes. C'est la raison pour laquelle, dès *L'Art de la défaite*, je mélangeais des sources de nature différente, mais aussi des œuvres de nature différente, de qualité différente. C'est l'une des raisons qui m'a valu d'être considérée comme en rupture avec ce qui se pratiquait généralement. Au fond, j'ai divergé non pas en voulant révolutionner quoi que ce soit, mais tout simplement parce que ma double formation scientifique en histoire de l'art et en histoire, plus ma pratique de la peinture et du dessin se mélangeaient. Penser la période de Vichy et de l'Occupation obligeait forcément à étudier les œuvres qui allaient, de la production soumise aux pouvoirs français et allemands, des œuvres de propagande, aux œuvres qui résistaient à l'état des choses, comme celles de Picasso, en effet, interdit d'accrochage mais suractif pendant cette période, multipliant les chefs-d'œuvre en utilisant tous les matériaux de fortune qu'il avait sous la main, en temps de pénurie.

Puis, il fallait comprendre le fonctionnement du système des Beaux-Arts auquel vous faites allusion, avec le projet vichyste de corporation, assorti à l'exclusion par les organismes d'État des indésirables : les Juifs, les communistes, les maçons. Il fallait établir les modalités de la critique, du marché, des écoles d'art, des musées, des galeries, des expositions. Il fallait essayer d'identifier au plus près le « goût » dominant pendant ce moment de crise aigüe des valeurs démocratiques. À cette époque déjà, j'essayais de comprendre la fonction de l'art en société, quel rôle jouait l'art à cette époque pour les différentes catégories des contemporains, qu'ils soient pétainistes, collaborateurs, résistants ou non.

FC : Tout en poursuivant votre travail d'historienne et votre étude des discours sur l'art (Bertrand Dorléac, 2012a), vous avez été successivement commissaire de deux expositions aussi importantes que passionnantes : L'Art en guerre. France 1938-1947, *au musée d'Art moderne de la ville de Paris (octobre 2012-*

février 2013) et Les Désastres de la guerre, 1800-2014*, au Louvre Lens (mai-octobre 2014). Ce passage au commissariat d'exposition vous donne-t-il un nouveau regard sur la guerre ? Vous avez dit de l'exposition qu'elle constituait un laboratoire de recherche. Peut-on dire qu'il s'agit non plus seulement de penser la guerre mais de la montrer, ou plutôt d'en montrer de multiples faces ?*

LBD : J'avais toujours refusé tout « commissariat » – peut-être à cause du nom... mais surtout au prétexte que ce n'était pas mon « métier ». Or, quand Fabrice Hergott, directeur du musée d'Art moderne de la ville de Paris, m'a demandé d'être « commissaire » d'une exposition sur la période 1938-1947, il m'était difficile de refuser car j'étais la seule à connaître aussi bien la question. J'avais quand même l'intention de refuser quand un jeune ami m'a fait remarquer que ce n'était pas très *fairplay* ni « républicain », il m'a convaincue et j'ai finalement accepté. J'ai presque immédiatement compris que ce travail de laboratoire-là était une autre façon de faire de l'histoire de l'art, avec ses caractéristiques, son savoir-faire, son intérêt fondamental. Pour faire une exposition, il s'agit toujours de penser la guerre et d'offrir une méditation mais dans l'espace, de faire comprendre ce que l'on essaie de faire habituellement dans un livre, mais avec les moyens qu'offrent l'espace et les œuvres dans l'espace, le dialogue de ces œuvres entre elles dans un lieu donné, scénographié en fonction d'un propos. Le rôle de notre excellente scénographe, Cécile Degos, fut important.

FC : Revenons sur L'Art en guerre. France 1938-1947 *(Bertrand Dorléac, 2012b). L'exposition s'est tenue au musée d'Art moderne de la ville de Paris, à deux pas du palais de Tokyo où se trouvait, en 1942, le musée national d'Art moderne dont vous avez largement contribué à rappeler l'histoire : inauguré en août 1942 pour montrer que « dans un monde cassé, la peinture française restait sans fêlure » (Bernard Dorival), il est à nouveau « inauguré » en 1947 par Jean Cassou comme si la première ouverture n'avait jamais eu lieu. Un effacement assez représentatif de beaucoup d'autres. Mais comment votre exposition* L'Art en guerre *se retrouve-t-elle dans ces lieux ? S'agit-il d'un hasard heureux ?*

LBD : Je me réjouis que vous rappeliez ces événements majeurs, sachant que l'on continue parfois à dire que le musée national d'Art moderne a ouvert ses portes seulement en 1947. Et bien non, il a ouvert en pleine occupation nazie, en présence des officiels allemands et français. En effet, dans le territoire où nous avons monté l'exposition et d'entrée de jeu, avec Jacqueline Munck, nous voulions montrer un échantillon représentatif des collections présentées en 1942 comme le diapason de l'époque, la *doxa* de l'époque. C'est cela qui permettait de comprendre, par opposition, tout le reste des œuvres qui semblaient s'opposer en tous points ou presque à ce que l'on voyait présenté au musée en 1942, expurgé de ses indésirables, des artistes juifs, des communistes, des surréalistes. Je pense que Fabrice Hergott, qui a décidé de cette exposition, a songé à l'identité du lieu… et c'était en cela davantage qu'un « hasard heureux », plutôt une aubaine pour raconter l'histoire autrement.

FC : Dans cette exposition, vous entendez rendre visible ce qui ne l'était pas, faire voir la face immergée de l'iceberg. Un programme ambitieux qui – au même titre que votre livre L'Art de la défaite *– montre et éclaire la complexité de la réalité qui couvre ici la période des accords de Munich aux débuts de la guerre froide. Commençant par les prémonitions surréalistes de 1938, vous vous attachez à l'art à la fois si riche et si improbable, pratiqué dans les camps d'internement, mais aussi aux expositions qui ont lieu dans la France occupée, au musée d'Art moderne dont nous avons parlé, ou, aux antipodes, à la galerie Jeanne Bucher qui, avec courage, expose les artistes interdits, exilés et les aide. On découvre grâce à vous les extraordinaires peintures du fonctionnaire alsacien Joseph Steib tournant le nazisme en ridicule, mais aussi les peintures des asiles, et tout ce que l'on a retrouvé de peintures, de dessins ou d'objets bouleversants dans les camps d'internement, en particulier au camp des Milles. Les choix ont dû être bien difficiles. Quel fut votre fil conducteur ? Et comment comprendre ce titre* L'Art en guerre, *dont la condensation est si grande ? L'art en guerre contre la guerre, sans doute, mais encore ?*

LBD : Le titre résume le contenu de l'exposition qui n'aurait certainement pas été la même si on l'avait organisée trente ans plus tôt. Mais trente ans plus tôt, aucun musée n'a voulu prendre le risque d'une telle manifestation : elle aurait dérangé les consciences en rappelant ce qu'avaient été Vichy et l'Occupation nazie que le gouvernement français assista en bien des points. *L'Art en guerre. France 1938-1947* : il ne pouvait pas y avoir d'autre titre à une telle exposition. Nous avons mis neuf mois à l'imposer faute sans doute d'avoir expliqué suffisamment bien notre propos. Il s'agissait en effet de montrer tout un art qui « résistait » à sa façon à l'état des choses, non pas de la même façon que dans un réseau de Résistance, où l'on se battait les armes à la main, mais avec des armes de peintre, de professionnel ou d'amateur. Vous faites référence à Joseph Steib, qui est à la limite de l'artiste naïf, qui peint dans sa cuisine pour ne pas devenir fou, au grand dam de son épouse qui craint pour leur sécurité puisque vit dans leur immeuble en Alsace un représentant nazi. Son « salon des rêves » est la meilleure des catharsis, ses rêves de retour à la République, son portrait à charge contre Hitler représenté en artiste raté (qu'il était), ses images républicaines naïves sont probablement comme un onguent pour lui. Rien de tout cela n'a été vu à l'époque, par quelques proches, c'est tout, mais à présent, quelle découverte ! Les gens étaient très émus de voir cela, comme si cela participait d'une vengeance posthume contre l'absurdité de l'histoire. Je ne parle pas de « réparation » car je ne crois pas à « la réparation ». Dans le même esprit, les artistes modernes qui pratiquaient un art dit « dégénéré » en Allemagne nazie et « décadent » en France vichyste, faisaient à leur façon la guerre à la guerre. C'est en cela que le titre engageait une dynamique au plus près de ce que nous voulions montrer.

FC : Dans cette exposition, à côté des œuvres (tableaux, dessins, sculptures), vous avez exposé de nombreux documents, souvent frappants et émouvants, qui donnent le contexte et les repères historiques (affiches, photographies, lettres, citations édifiantes). L'art en guerre est un art toujours situé. Mais le partage entre ce qui serait document et ce qui serait artistique n'est ni facile à faire, ni forcément pertinent.

LBD : Vous avez raison, ce n'est pas toujours évident, surtout pour l'exposition plus générale sur *Les Désastres de la guerre 1800-2014*, où la photographie de presse, en particulier, a tendance à se confondre avec une œuvre d'art. Je fais d'ailleurs partie de ceux qui peuvent être aussi bouleversés par certaines photographies d'anonymes, trouvées au fond d'un carton d'archives des Affaires étrangères, que par certains chefs-d'œuvre reconnus.

Pour *L'Art en guerre*, il fallait camper le contexte historique ; nous l'avons fait dans une « rotonde de l'histoire », où nous présentions des documents triés sur le volet, très puissants, qui suffisaient à donner l'atmosphère de l'époque. Exemple : cette image de l'Institut d'étude des questions juives, où l'on voit déballer un grand portrait du maréchal Pétain, suffisait à montrer la connivence du Vichy pétainiste avec le Vichy ultraciste et ouvertement pro-nazi. Ou cette pancarte à l'entrée d'un parc de jeu pour les enfants : « interdit aux Juifs… » Les regardeurs n'en croyaient pas leurs yeux. Même moi qui connais trop bien ces documents, je les regardais toujours avec la stupéfaction de mes vingt ans quand je les ai découverts.

FC : Quant aux « œuvres » proprement dites, elles sont à la fois la part visible à l'époque, celle des maîtres dont les destins furent très divers (que l'on songe à Matisse, Rouault, ou Derain par exemple), celle goûtée par les institutions et l'art officiel (ou sa fantasmatique) : Maillol et les artistes exposés au musée national d'Art moderne en 1942, et la part de tous les autres : exil, retrait, clandestinité. On se dit, en voyant l'art censé magnifier « l'esprit français » ou « la tradition française » sous Vichy, que bien peu sont passés à la postérité et que la création, l'innovation se trouvent du côté de la résistance, quelle qu'en soit la forme – et même si cette dichotomie est assez simpliste…

LBD : Il est vrai que pour la majeure partie de l'art qui nous intéresse encore, il vient d'artistes qui n'ont pas collaboré. Sauf que parmi ceux qui ont fait le voyage en Allemagne en 1941, il y a des artistes comme Derain, Vlaminck, Van Dongen, qui avaient participé à la révolution expressionniste fauve dans les années du début du XXe siècle. Ils avaient non seulement depuis pris une autre voie mais ils affirmaient une volonté de « retour à l'ordre » en lien avec l'époque. Il y a aussi Bazaine, Manessier, les jeunes peintres se proclamant « de tradition française » qui s'acheminaient alors vers une abstraction violemment colorée (contre les principes à la mode de l'époque) : ils ont frayé avec Jeune France – qui était un organisme culturel chargé de la diffusion de la culture auprès du plus grand nombre dans le droit fil du Front populaire – sauf que cette fois, c'était sous l'égide de Vichy. Puis, ces peintres entrent en résistance, au moins par leur peinture – Jeune France se fera d'ailleurs dissoudre pour incompatibilité avec Vichy et le régime de collaboration.

FC : Picasso aurait, selon vous, une place un peu à part : il incarnerait par excellence la résistance de « l'art en guerre », de la guerre à la guerre par l'art : résistance politique, mais aussi résistance artistique par l'éclatement des formes, le génie plastique, la multiplication des styles ?

LDB : Picasso n'a pas fait partie d'un réseau de Résistance proclamé et il attend la fin de la guerre pour entrer au parti communiste français mais il est certain que tout chez lui incarne la liberté contre la tyrannie nazie et vichyste : de ses œuvres aux écrits à la Jarry comme *Le Désir attrapé par la queue*, en passant par les dessins érotiques. Depuis le XIXe siècle, les artistes ont pensé et tenté un art en relation avec la révolution, les anarchistes en particulier, mais il faut attendre son *Guernica*, en 1937, pour voir éclater une bombe : la possibilité de dénoncer la barbarie dans l'art même, par les formes modernes mêmes. Au fond, c'est l'idée que la révolution se fait dans et par les formes et non par l'illustration littérale d'un discours révolutionnaire. Position que défendra André Breton contre le Parti communiste qui prônera le réalisme socialiste.

FC : Votre exposition, après Paris, a été montrée au musée Guggenheim de Bilbao. En Espagne, les réactions du public ont-elles été différentes ?

LBD : Oui, les publics sont très différents, beaucoup plus internationaux à Bilbao, où l'exposition a connu un succès bien plus considérable qu'à Paris, où le succès est demeuré « d'estime ». Puis, les Espagnols et les Basques sont sensibles à cette époque puisque nombre d'entre eux ont quitté l'Espagne gagnée par le franquisme pour se retrouver en France, internés dans les camps pour étrangers dans le cadre de la Retirada. Dans ces camps, qui ne furent pas moins de deux cents entre 1938 et 1946, cela n'a pas manqué d'étonner nos contemporains qui n'avaient pas conscience de cette cartographie-là.

FC : L'année suivante, avec Les Désastres de la guerre, 1800-2014*, vous abordez une période beaucoup plus longue (des guerres napoléoniennes à celles de nos jours) et affichez un parti pris qui se marque dans le titre, choisi en référence au titre donné au cycle des extraordinaires gravures de Goya sur les* Circonstances fatales de la guerre menée par l'Espagne contre Bonaparte (1805-1810). *Vous donnez à cette exposition un sous-titre un peu énigmatique : « Pourquoi nous n'aimons plus la guerre. » L'aurions-nous jadis aimée ?*

LBD : Non, je ne crois pas que l'on ait jamais aimé la guerre et l'on trouve déjà dans l'Antiquité des récits qui prouvent que l'on déplorait ses conséquences mais dès cette Antiquité aussi, jusqu'au tournant des guerres napoléoniennes, il n'y a pas de représentations visuelles consacrées aux désastres. À l'exception des *Malheurs de la guerre* de Callot, mais il est complètement isolé dans son XVIIe siècle. Ce que l'on montrait avant tout était l'héroïsme, le caractère inéluctable, voire souhaitable de la guerre, de la « belle mort ».

Dire « Pourquoi nous n'aimons plus la guerre » était une façon de provoquer le visiteur en réclamant qu'il se pose la question de sa relation avec la guerre. Ce qui est sûr, c'est que même si l'on a un jour aimé la guerre, à partir des années 1800, on va préférer la paix à la guerre, on le proclame, on l'écrit et on le représente, et cette représentation est radicalement neuve. L'exposition montre qu'à un moment de l'histoire, pendant les guerres napoléoniennes, où « Napoléon tue la guerre en l'exagérant » – comme l'écrit si bien Chateaubriand dans les *Mémoires d'outre-tombe* –, des artistes arrivent à donner une forme pionnière au changement de mentalités en cours. Avec pour pionniers Goya qui impose les images des populations civiles martyrisées, et avec Géricault qui donne une forme à la souffrance du soldat anonyme dans la bataille. Le fait de donner une forme aux désastres a sans doute contribué à aggraver le sentiment de dangerosité de la guerre. De même, l'étude des traumatismes psychiques post-guerre, depuis la Seconde Guerre mondiale surtout, a permis de prendre conscience de la postérité du conflit après le conflit. Toutes les familles sans exception ont connu la guerre directement ou indirectement, par l'histoire familiale. Grâce à l'information en direct, nous vivons potentiellement tous les conflits, par procuration.

FC : L'exposition du Louvre-Lens (Bertrand Dorléac, 2014) proposait un parcours divisé en douze sections, chacune d'entre elle étant consacrée à une guerre en particulier. Vous y montrez avec une force extraordinaire à la fois la constance de l'horreur et les modifications des guerres et de leurs représentations depuis 1800, modifications liées autant à la nature des conflits qu'aux techniques utilisées par les artistes, à l'apparition de la photographie par exemple.

LBD : Il était important de montrer des cas de figure moins connus comme toutes ces guerres du XIXe siècle, dont certaines sont dites « périphériques », où s'inventent des techniques de combat mais aussi de représentation. La Crimée, par exemple, avec les premiers reportages photographiques qui ne montrent ni mort ni blessé, comme le veut la censure des gouvernements britannique et français. Avec le nouveau télégraphe, qui permet d'envoyer des informations rapidement, les dessins de Constantin Guys à la presse londonienne, en particulier, mais lui ne se prive pas de représenter la réalité crue telle qu'elle est, galopant sur le terrain au plus près de la bataille. Pour la guerre de Sécession, la mort en photo se répand et s'expose en faisant scandale à New York, lorsque Brady présente ses clichés dans son studio en invitant à venir voir « les morts d'Antietam ». Même si toute prise de vue est une affaire de point de vue, les regardeurs voient ce nouveau medium photographique comme plus « objectif » et donc plus « vrai » que la peinture. Dans cette compétition des médias, cette exposition montrait qu'aucun medium ne tue en fait les autres en émergeant car la force d'une image ne dépend pas de sa technique mais du point de vue de son auteur. Point de vue qui n'a jamais été neutre. Dès la guerre de Crimée, Fenton « arrange » le terrain, avec ou sans boulet, pour « composer » sa prise de vue. Exactement comme s'il avait peint dans son atelier. Il y a donc des permanences en termes d'anthropologie de l'image, disons. Puis, les scènes d'atrocités forgées par Goya se retrouvent dans presque toutes les guerres : carnages, pillages, viols des femmes, populations persécutées, terrorisées. Les techniques changent mais le fond de violence semble d'une stabilité redoutable.

FC : Le spectateur (comme le lecteur du catalogue) est ainsi invité à une réflexion sur le statut de l'image et sur ses limites. L'image horrifie et fascine à la fois. Dans certaines circonstances, elle est considérée comme obscène. Avez-vous rencontré cette nature de l'image, et sa polyvocité, comme un problème, un obstacle ? Vous êtes-vous fixé des limites à ce que vous pouviez montrer ?

LBD : Vous abordez un point central de notre réflexion. L'horreur est fascinante et les soldats lucides et sincères ont tous raconté le vertige de la mort, la beauté d'un champ de cadavres, d'un obus au soleil, la pulsion scopique qui fait qu'un combattant veut voir et que souvent, il prend même des risques pour « voir » encore plus. Tout cela nous est insupportable mais il faudrait être niais pour ne pas saisir l'ambivalence, le mouvement de fascination-répulsion. Il n'empêche, puis-je me permettre d'espérer que cette exposition fait plus de bien que de mal en ce qu'elle présente une histoire à méditer ? Je n'ai pas eu l'impression que l'on en sortait en état de jouissance.

Pour ce qui des limites, le problème s'est posé dès l'origine et nous avons répondu par la façon de montrer. Pour ce qui est de la Shoah, j'estime beaucoup Claude Lanzmann mais je ne suis pas de son avis ; je pense que, s'il existe des images des camps de la mort, il faut les montrer, mais selon certaines conditions de présentation. Dans notre exposition, les images de reportage étaient toujours présentées en vitrine de façon différente des œuvres élaborées par des artistes. J'ai décidé que nous montrerions le film de Stevens qui est passé au procès de Nuremberg pour « authentifier » en quelque sorte la Shoah. Le film était projeté avec le son dans une salle quasi-fermée, que l'on pouvait (ou non) éviter. Le gardien changeait très régulièrement, les gens sortaient bouleversés. Il est de bon ton de parler de l'inflation des images de l'horreur et donc de la passivité des regardeurs. Je n'y crois pas dans ces termes. Je crois que nous sommes tous attendus par une image qui nous touchera plus particulièrement et qui rendra tangibles l'histoire et la violence de la guerre. J'étais très frappée par le fait que chaque visiteur avait « son » image qui l'avait particulièrement marqué. D'une certaine façon, je crois qu'elle ne se référait pas forcément à une guerre en particulier mais qu'elle « incarnait » la guerre.

FC : Ce parcours n'était pas uniquement chronologique : d'une part, les œuvres fortes (celles de Goya par exemple) ou certains personnages (Napoléon), se trouvaient confrontés à leurs résonances récentes, certaines violences ou exactions se répétant et les œuvres se faisant l'écho de ces répétitions. D'autre part, chaque section témoignait des perspectives conflictuelles qui traversent les images elles-mêmes et les spécifient : mises en scène héroïques, images de propagande, caricatures, documents historiques, photographies, estampes ou dessins fragiles, objets.

LBD : Dans l'exposition, une double position s'imposait pour les regardeurs. D'un côté, le cerveau cherchait à canaliser les émotions en « sachant », en « comprenant » l'histoire, les dates, les lieux. D'un autre, cette tentative de rester savant était bafouée par le mélange qui s'opérait entre les images et les différents médias, avec des correspondances qui s'établissaient entre des formes de violence qui n'avaient pourtant rien à voir du point de vue des événements. Parfois, la correspondance entre les œuvres était établie par les artistes eux-mêmes. Exemple, quand Pei-Ming, l'artiste chinois, reprend le *Tres de Mayo* de Goya et passe sa fusillade en rouge et sur grand format. Les rapprocher allait de soi mais chacun était libre d'interpréter cette référence.

De mon côté, je pense qu'entre les guerres napoléoniennes et le moment où Pei-Ming reprend cette figure du pionnier des représentations des désastres de la guerre, ce n'est pas en simple hommage, c'est parce que, pour sa génération, il y eu le massacre de la place Tian'anmen en 1989 et qu'il faut qu'il en découse avec cette violence-là. Il utilise donc un modèle ancien pour parler d'une violence contemporaine et en même temps, de la violence générique de tout conflit porté aux extrêmes.

Il n'empêche, comme vous le dites, les images sont « spécifiques », elles renvoient chacune à un monde particulier, à des événements précis, à un point de vue singulier. C'est sans doute la raison pour laquelle les regardeurs étaient si attentifs devant chaque œuvre. C'est aussi pour cela que nous avons essayé de montrer chaque œuvre dans cette singularité-là, sans jamais négliger son espace de respiration. Même s'il y avait des lignes de fuite qui faisaient que d'une salle à l'autre, des images se répondaient, dialoguaient.

FC : Toute guerre pose la question du rôle de l'art, de son pouvoir de dénonciation, de représentation, de témoignage, de résistance, de consolation, etc. Freud voyait dans l'artiste un individu capable d'offrir au public, par les sublimations formelles qu'il met en œuvre, une solution de compromis capable de procurer du plaisir. Les œuvres les plus violentes, celles d'Otto Dix, de Grosz, de Felix Nussbaum – mais aussi de Goya, Picasso –, dont on peut penser d'ailleurs que Freud ne les aurait pas aimées, vous paraissent-elles pouvoir consoler de la violence du monde extérieur ou de celle de la pulsion, du monde interne ? Dans votre exposition, vous citiez ces mots d'Otto Dix : « Je n'ai pas peint des scènes de guerre pour empêcher la guerre ; jamais je n'aurais eu cette prétention. Je les ai peintes pour conjurer la guerre. Tout art est conjuration. »

LBD : Cette question me taraude et j'aimerais savoir y répondre. À titre personnel, préparer cette exposition m'a fait plus de bien que de mal et je n'ai pourtant pas omis de regarder attentivement ce que j'exposais même si à certains moments, je dois vous avouer que j'ai failli renoncer. Je me souviens d'un moment, en particulier : nous étions avec mon assistant, Thibault Boulvain, nous placions les images de reportages de la Shoah par balles dans une vitrine. Nous n'avons pas parlé, on s'est relayé mais on n'en pouvait plus et m'est venu le sentiment de l'absurdité de ce « placement », sage placement, absurde rangement pour ordonner ce qui ne peut s'ordonner, c'était affreux.

En même temps, que de témoignages ensuite pour nous dire que tout cela était émouvant, que c'était l'occasion de montrer « cela » aux générations qui n'ont pas connu de guerre directement. De là à « consoler » ? Les journalistes m'ont souvent demandé si c'était une exposition « pacifiste », je ne le pense pas. Je viens d'un milieu de résistants et je ne crois (malheureusement) pas au pacifisme. La question est d'ailleurs moins de savoir ce qui m'anime au fond que de reconnaître le sens de la question que nous posions en images. Qu'est-ce qui permet à l'homme de tuer ? Comment d'interdit majeur, le meurtre devient-il un devoir, et même un fait héroïque? La question de Tolstoï qui est citée à la fin de l'exposition et qui m'inspirait tout au long du parcours : « De deux choses l'une : ou la guerre est une folie, ou, si les hommes commettent cette folie, ils ne sont absolument pas des créatures raisonnables, comme il est, Dieu sait pourquoi, admis chez nous de le croire. » Tiré des *Récits de Sébastopol* (1856) qui précèdent *Guerre et Paix*, ce texte vient après la description crue des horreurs qu'il a vues en tant que jeune lieutenant et pose la seule question importante, *in fine*.

FC : Et que répond l'historien à cette question ?

LBD : Strictement rien. En tout cas, je n'ai rien à répondre : soit je suis une piètre historienne, soit l'histoire n'est pas la bonne science pour répondre...

FC : Tout en recherchant les plaisirs de l'art, Freud s'interroge de façon récurrente sur la permanence de ce plaisir, sur sa « passagèreté ». La guerre, se demande-t-il, ne dépouille-t-elle pas, au moins pour un temps, le monde de ses beautés, celles de la nature comme celles de l'art ? Et qu'en est-il pour l'artiste ? Après Auschwitz, Adorno a estimé qu'écrire un poème était un acte de barbarie. Il est revenu sur cette déclaration ensuite, et Kertész, pour ne citer que lui, est en total désaccord avec Adorno. Sans rentrer dans le détail de ce débat, pensez-vous que certains événements marquent des points de non-retour dans le pouvoir (ou les illusions) de l'art, dans sa nature, sa capacité cathartique ?

LBD : Je crois aux pouvoirs cathartiques de l'art au sens où Karen Blixen dit que tous les chagrins sont supportables si on en fait un conte ou si on les raconte. En revanche, je comprends la déclaration d'Adorno en ce que le mal absolu venait d'un pays de haute culture. Or, tous les travaux ont démontré que les nazis n'étaient pas des analphabètes, même dans les troupes les plus dures, qui ont commis les pires exactions. Il est permis de désespérer dans la mesure où la culture n'a pas empêché le pire. On sait que le régime nazi comprenait plus d'un « esthète », mélomane. Il n'y aurait pas eu un pillage aussi systématique des collections d'art et des bibliothèques appartenant à des Juifs si la culture n'avait pas intéressé les dirigeants nazis. On sait trop bien que la culture est une des choses qui n'empêche pas la violence. En revanche, on sait aussi que c'est ce qui reste quand il n'y a plus rien. Jusqu'aux camps de la mort, l'art, la musique, le théâtre, la poésie, le souvenir de tout cela ont permis de « tenir », dans la mesure même où ces manifestations de la vie sont le contraire de la déshumanisation mise en œuvre. Je me refuse à négliger le rôle de l'art et à ne le considérer que comme un « onguent », il ne peut éviter le pire chez les individus qui renoncent à la création au profit de l'ordre tyrannique, mais il peut aider à le combattre comme vecteur de désordre, c'est-à-dire d'humanité.

FC : Nous avons donné comme titre à ce numéro de la Rfp « Pourquoi la guerre ? », formulation reprise, comme vous le savez, de la réponse de Freud en 1933 à la lettre d'Einstein. Dans cet échange épistolaire suscité par le Comité permanent des Lettres et des Arts de la société des nations, Einstein demande à Freud s'il existe, à ses yeux, « un moyen de libérer les hommes de la fatalité de la guerre ». Le pessimisme constant de Freud, comme une partie de ses déclarations de Malaise dans la culture, *se fonde sur la violence naturelle qu'il estime inhérente à l'homme : l'homme est un loup pour l'homme. Sa réponse à Einstein s'appuie en outre sur ce qu'il nomme dans sa lettre « notre mythologique doctrine des pulsions ». Est-ce à cause de cette « mythologie », de l'appel au véritable oxymore qu'est une « dictature de la raison », que l'historienne que vous êtes m'a toujours dit trouver le texte de 1915, « Actuelles sur la guerre et la mort », beaucoup plus fort que la réponse à Einstein ? Ou encore, êtes-vous sensible à l'accent mis dans les « Actuelles » sur la désillusion causée par la guerre, le portrait désabusé de l'Europe, l'impuissance de la culture que vous venez d'évoquer?*

LBD : J'avoue que son texte de 1915 m'a toujours bouleversée car l'on y sent qu'il n'arrive pas à rationaliser complètement l'irruption de la guerre au cœur de la société civilisée qu'il connaît, qu'il croyait connaître. C'est ce malaise-là, sans doute également plein de la crainte pour la vie de ses fils mobilisables, qui me touche. Je crois que les deux premiers ont été presque immédiatement appelés sur le front russe et que le dernier a été mobilisé en 1916. Tous sous le drapeau de l'Autriche-Hongrie. Freud croit-il finalement qu'une « explication » de la guerre soit vraiment possible ? En même temps, les notions de pulsions de vie et de mort n'ont jamais été aussi justes que pour parler de ces phénomènes de violence. Reste la folie collective, très mystérieuse dans son ampleur à partir des guerres napoléoniennes mais surtout de la Première Guerre mondiale. Disons que ma disposition d'esprit m'invite à me méfier de la « dictature de la raison », surtout quand je sens qu'elle est convoquée pour éponger notre angoisse profonde devant un phénomène inouï comme la violence de guerre à l'échelle des masses. Son texte de 1915 correspond à ma « mentalité ». Comme je ne suis pas du genre à me taire non plus, j'avance avec mes armes d'historienne de l'art, je pars à la recherche des formes données au chaos, j'écoute et je lis d'anciens combattants. En un sens, je bricole…

FC : Vous avez d'abord travaillé sur la Seconde Guerre mondiale en France puis, avec cette dernière exposition notamment, mais déjà dans tous vos ouvrages concernant l'art contemporain, vous abordez un domaine beaucoup plus étendu, du XVIII*e au* XXI*e siècles. Nous avons évoqué la modification des représentations mais j'aimerais y revenir : l'historienne a-t-elle à faire à la guerre, sa fatalité, sa permanence (qu'elle soit rapportée à la constance de la nature humaine ou à celle du pouvoir) ou à des guerres différentes, différentes dans leurs motifs ou « idéaux » déclencheurs, comme dans leurs moyens ? La guerre, toujours semblable et pourtant différente ?*

LBD : Je serais assez d'accord avec votre expression : « la guerre toujours semblable et pourtant différente ». J'essaie, en fait, de tenir sur une ligne très peu confortable : à la fois j'ai essayé de saisir – et l'histoire de l'art le permet – les invariants anthropologiques de la guerre. C'est aussi cela que les artistes recherchent et c'est pour cela que Goya a frappé tous les artistes jusqu'à ce jour, lorsqu'ils veulent représenter les horreurs de la guerre, quelle qu'elle soit. Et d'une autre côté, je veux rester historienne : non, un charnier n'est pas égal à un autre charnier et les circonstances de la guerre doivent être chaque fois rappelées même si, *in fine*, ce n'est pas ce que notre sensibilité retient, elle mélange les temps. Nous sommes tous proustiens, qu'on le veuille ou non.

FC : La dernière section de l'exposition Les Désastres de la guerre *est consacrée aux guerres de notre temps. Ces guerres ont-elles selon vous une caractéristique particulière ?*

LBD : Nous avons de plus en plus conscience des conséquences désastreuses de la guerre, c'est ce que j'ai essayé de montrer. Cette conscience est grandissante depuis le tournant des guerres napoléoniennes de masse au début du XIXe siècle. En cela, surtout en Europe, on sent bien que l'on réfléchit à deux fois avant les interventions qui pourraient déboucher sur des conflits majeurs. Quant aux guerres de notre temps, elles ont des spécificités, techniques, en particulier, avec l'extension de la technique aux camps de la mort, l'invention de la bombe atomique et son utilisation en 1945 puis, après la guerre du Vietnam qui a dégoûté les Américains du combat terrestre (perdu), l'arrivée des drones sur le terrain. On peut désormais tuer sans être vu, dans un *panopticon* où l'adversaire ciblé ne peut se défendre. La guerre asymétrique est une spécialité du XXIe siècle. De là à voir une différence de nature dans les guerres, je n'irai pas jusque-là. Les représentations font état d'images qui pourraient être rapprochées d'autres images bien plus anciennes. Ce qui est nouveau, c'est la circulation potentielle de ces images, très rapide et très puissante, même si encore une fois, nous sommes attendus par « une image ». Un ami, qui a conservé les plus grands chefs-d'œuvre, nous disait que l'image qui l'avait le plus ému était, à la fin du parcours, celle d'un très jeune homme, une prise assez floue que Luc Delahaye a extraite d'une vidéo tournée par un(e) anonyme. C'était la meilleure chose que l'on pouvait nous dire pour conclure ce parcours où, malgré la leçon d'histoire des représentations que nous avons essayé d'administrer, l'émotion était plus forte mais surtout, elle renvoyait à des points de vue personnels, singuliers. Même si certaines images communes fondent notre imaginaire collectif de la guerre comme certaines de Goya ou *Guernica* de Picasso, ou la photographie de la petite fille qui court nue sur une route bombardée au napalm par Nick Ut, bien d'autres représentations plus « personnelles » sont susceptibles de compléter ce terrible savoir collectif, cet atroce panthéon visuel.

Laurence Bertrand Dorléac
Sciences Po
56 rue Jacob
75006 Paris
laurence.bertranddorleac@sciencespo.fr

Françoise Coblence
236 rue de Tolbiac
75013 Paris
francoise.coblence@wanadoo.fr

RÉFÉRENCES BIBLIOGRAPHIQUES

Bertrand Dorléac L., *L'Art de la défaite*, Paris, Le Seuil, 1993 ; réédition Le Seuil, 2010 ; traduit en anglais par Jane Marie Todd, *Art of the Defeat. France 1940-1944*, Los Angeles, Getty Research Institute, 2008.

Bertrand Dorléac L., *L'Ordre sauvage. Violence, dépense et sacré dans l'art des années 1950-1960*, Paris, Gallimard, 2004.

Bertrand Dorléac L., *Picasso, l'objet du mythe*, Laurence Bertrand Dorléac et Androula Michaël (dir.), Paris, École nationale supérieure des Beaux-arts, 2005.

Bertrand Dorléac L., *Après la guerre*, Paris, Gallimard, 2010.

Bertrand Dorléac L., *Contre-déclin. Monet et Spengler dans les jardins de l'histoire*, Paris, Gallimard, 2012*a*.

Bertrand Dorléac L., *L'Art en guerre, France 1938-1947*, Paris, Paris Musées (catalogue de l'exposition), 2012*b*.

Bertrand Dorléac L., *Les Désastres de la guerre. 1800-2014*, Paris, Somogy éditions d'art (catalogue de l'exposition), 2014.

Freud S. (1915*b*), Actuelles sur la guerre et la mort, *OCF.P*, XIII, Paris, Puf, 1988.

Freud S. (1933*b* [1932]), Pourquoi la guerre ? Lettre de Freud à Einstein, *OCF.P*, XIX, Paris, Puf, 1995.

Pendant la guerre et après

À l'origine de la guerre : la peur[1]

Marion M. OLINER*

INTRODUCTION : MON EXPÉRIENCE DE LA SECONDE GUERRE MONDIALE

Une guerre dévastatrice, la Seconde Guerre mondiale, a fait partie de mon expérience formatrice. Les Juifs comme moi en parlent toujours comme de LA guerre. La première question posée ou étouffée est celle-ci : « Où étiez-vous pendant LA Guerre ? » Il n'est pas nécessaire d'entrer dans plus de détails : pour nous, aucune autre guerre ne compte.

La guerre était attendue ; son inévitabilité dominait les conversations. Et pourtant, le jour où cette horrible guerre a été déclarée, peu de temps avant mon dixième anniversaire, je me suis sentie totalement désemparée. C'est à la réaction d'horreur absolue de ma mère à cette nouvelle que j'ai compris que quelque chose de dangereux avait été déchaîné. Les nombreux récits de ses souvenirs d'enfance incluant la Première Guerre mondiale en Allemagne ne reflétaient rien de la terreur de la situation ; je savais seulement qu'un Américain avait voulu l'épouser.

Après la déclaration de guerre, il y a eu la « drôle de guerre », pendant laquelle notre vie de réfugiés juifs allemands en Belgique n'a pas changé. En Belgique, nous étions des Allemands n'ayant pas le droit de travailler et traités en ennemis. Mes propres souvenirs sont ceux de la « nuit de cristal », *Kristallnacht*, le 9 novembre 1938, de la destruction des biens juifs, de

1. Ce texte a été traduit par Anne-Lise Hacker.

* Psychanalyste. Auteur notamment de *Cultivating Freud's Garden in France* (Jason Aronson, 1988), *Psychic Reality in Context Perspectives on Psychoanalysis, Personal History and Trauma* (Karnac, 2012) ; *Psychische Realität im Kontext : Reflexionen über Trauma, Psychoanalyse und die persönliche Geschichte* (Brandes & Apsel, 2015).

la nécessité de fuir l'Allemagne en 1939, d'être une étrangère en Belgique, d'avoir peur des Allemands et de les aimer en même temps quand ils sont arrivés, de vivre une ambivalence fondée sur notre langue commune, que j'ai décrite dans *Excuse me for being born, The Fate of a German Jew during the Second World War* (Oliner, M. M., 2012), et en particulier de dissimuler tout ce qui pourrait me démarquer des autres et permettre de m'identifier. En Belgique, j'ai été Allemande jusqu'à ce que les Allemands arrivent. À partir de là, j'ai été juive.

Ces expériences très personnelles ont donné à la « guerre » une couleur différente de celle des images des champs de bataille que nous voyions. Tout au long de la guerre, des gens disparaissaient. Dans mon champ visuel, il n'y avait ni soldats blessés, ni corps morts, mais seulement des vides et c'est avec ceux-ci que mon attitude dans la vie s'est forgée : « loin des yeux, loin du cœur ».

Quand les Allemands ont envahi la Belgique, le 10 mai 1940, les Belges ont recouvré leur maîtrise de la langue allemande afin de commercer avec la force d'occupation ; et nous étions en danger. C'est à ce moment-là que la guerre a commencé pour moi. Tout l'impact de cette prise de conscience m'est revenu le 11 septembre 2001. Le temps qu'il faisait ce jour-là m'a rappelé l'invasion de la Belgique en 1940. En voyant à la télévision le ciel sans nuages à New York et l'horreur de ce qui se produisait à l'autre bout de Manhattan, je me suis dit : « Pas deux fois dans une vie. » J'ai fait de gros efforts pour établir la différence : « Maintenant, je suis citoyenne d'un pays *fort* qui va me défendre ; à l'époque, j'étais réfugiée. » Cette réflexion en 2001 veut-elle dire que je savais en 1940 combien nous étions en réalité sans défense ? Avais-je réagi alors à l'angoisse de mes parents ou avais-je inventé le contraste en tant qu'adulte afin de lutter contre la terreur provoquée par la similarité ? Le 11 septembre n'était pas traumatisant, contrairement au 10 mai 1940. J'avais fondé la différence de sentiment sur la capacité des États-Unis de se défendre et, de ce fait, de me protéger.

Cette capacité à différencier le passé horrifiant du présent stable et à être rassurée par le pouvoir des États-Unis de défendre « notre pays » m'a manqué un soir, peu après le 11 septembre, lors d'un dîner avec un couple qui avait également survécu à la guerre en Europe. Toutes les tables du restaurant étaient décorées de petits drapeaux américains ; les serveurs portaient des cravates faites du drapeau américain avec ses bandes et ses étoiles. J'ai été stupéfaite de l'atmosphère qui m'accueillait. Je me suis rappelé comment l'Allemagne nazie démontrait son pouvoir. Bouleversée, j'ai demandé que l'on enlève le drapeau de notre table. L'autre femme présente, réagissant à ma demande avec une indignation vertueuse, a déclaré : « J'aime ce pays. » Elle s'était érigée en patriote et, par là même, impliquait que je ne l'étais pas. Pour elle, de mon objection à la présence de drapeaux à ne pas aimer les États-Unis, il n'y avait qu'un pas. Ce saut est représentatif de la partialité triomphante et chargée d'émotion qui, pour Freud (1915*b*), caractérise la pensée en temps de guerre.

Cette femme et moi-même avions l'une comme l'autre fait l'expérience de la vulnérabilité des enfants juifs pendant la guerre : elle en Pologne, moi en Allemagne et dans les pays occupés. Étant donné ce que nous avions vécu dans notre enfance, nous avions de quoi avoir peur, mais elle a pris ses distances en me rabaissant. Dans son esprit, le véritable amour des États-Unis incluait ce que, pour ma part, je voyais comme un signe inquiétant pouvant mener à des excès. Au lieu que nous nous *identifiions* l'une à l'autre à travers l'expérience que nous partagions, elle m'a accusée d'être déloyale envers le pays qui allait nous protéger.

Mon sentiment d'horreur à la vue des drapeaux était peut-être exagéré, mais la similarité entre *alors et maintenant* n'était pas une illusion. Il se fondait sur des éléments communs au passé et au présent. J'avais raison de craindre la réponse des États-Unis à l'attaque du 11 septembre car il était évident avant cet événement que, lors de son élection en 2000, le Président Bush fils avait adopté des positions opposées à celles de son père, le Président George H. W. Bush. Ce dernier insistait pour que la guerre du Golfe reste dans les limites de l'objectif fixé par une coalition : celui de chasser les forces irakiennes hors du Koweït. Les dirigeants désormais au pouvoir se déclaraient en faveur d'étendre la guerre en Irak jusqu'à la chute de Saddam Hussein. L'attaque contre les tours du *World Trade Center* a fourni à ce groupe le prétexte dont il avait besoin pour commencer la guerre qu'il voulait de toute évidence. Il était là question de vengeance et de démonstration de force. C'est cela qui a conduit à ce que mes souvenirs du passé fusionnent avec mes peurs d'une future guerre visant à réparer la « faiblesse » supposée que le pays avait montrée en mettant fin à la guerre du Golfe.

Le patriotisme alimenté par la peur a causé le clivage entre nous. Dès le début, la ferveur patriotique excessive déclenchée par l'attaque contre les tours du *World Trade Center*, dont l'administration Bush s'est servie pour entrer en guerre, n'avait pas de sens pour moi. Je ne faisais pas confiance au gouvernement qui choisissait arbitrairement un ennemi à éliminer et étais convaincue qu'une guerre contre l'Irak n'était pas justifiée. Le Congrès a néanmoins voté la décision d'envahir l'Irak[2]. Comme l'ancien Président Bill Clinton l'a noté

2. Le 2 octobre 2002, au Sénat de l'Illinois, Barak Obama s'est déclaré contre la guerre : « Je ne suis pas contre toutes les guerres. [...] Ce à quoi je m'oppose, c'est à une guerre stupide. Ce à quoi je m'oppose, c'est à une guerre irréfléchie. » Et plus tard, en tant que sénateur, il a voté au Congrès des États-Unis contre le déferlement de la guerre et la poursuite de son financement (Axelrod, 2015, p. 130).

en 2002 : « Quand les gens sont dans le doute, ils préfèrent quelqu'un de fort et qui se trompe plutôt que quelqu'un de faible et qui a raison[3].» La guerre a donc eu lieu et on ne peut mesurer les conséquences de la déstabilisation du Moyen-Orient et de l'économie américaine.

En mettant en avant la motivation de Bush fils, je confonds l'individu et le groupe. Il n'a pas agi seul et il aurait certainement contesté les raisons très personnelles de son attaque contre l'Irak. Les conseillers dont il avait choisi de s'entourer ont insufflé la peur de la faiblesse et choisi la nature de la menace : Saddam Hussein. Cette guerre s'est révélée n'avoir pas accompli beaucoup plus qu'une démonstration de puissance à un coût considérable ; elle a déstabilisé la région, renforcé le pouvoir en Iran et presque ruiné l'économie américaine. Elle n'a pas atteint son but principal qui était de traduire en justice Oussama Ben Laden, le cerveau de l'attentat. Le chaos continue de régner dans la région et des groupes de fanatiques trouvent des raisons convaincantes de glorifier la puissance, et de justifier la destruction et le meurtre.

LES FACTEURS NARCISSIQUES DANS LA GLORIFICATION DE LA GUERRE

La Seconde Guerre mondiale a été pour moi l'expérience qui m'a appris comment le fanatisme conduit à la destruction totale. Du point de vue des Alliés, il fallait détruire les puissances de l'Axe qui menaçaient la survie du monde libre. Mais en attaquant leurs voisins et en partant à la conquête du monde[4], les puissances de l'Axe ont déclenché une guerre stupide. Elles se sont détruites elles-mêmes et le pays à la gloire duquel elles ont déchaîné une horreur sans précédent avec elles. Nous connaîtrons toujours des guerres avec des buts rationnels et atteignables. Elles méritent le soutien de ceux qui sont menacés. Je parle de ces guerres dans la dernière partie de mon article. Pour le moment, je me propose d'explorer la nature de la guerre stupide à laquelle j'ai survécu. Je le fais à cause de la destruction (l'autodestruction) qu'elle a déchaînée et parce qu'elle pouvait être évitée ; mais peut-être surtout, de mon point de vue, parce que c'est la guerre à laquelle j'ai survécu.

3. Discours de l'ancien président des États-Unis, Bill Clinton, au *Democratic Leadership Council*, prononcé à l'université de New York, à New York, le 3 décembre 2002. http://www.amicc.org/docs/ClintonDec3_02.pdf

4. Comme le dit le chant dont je me souviens de mon enfance : « *Heute gehört uns Deutschland und morgen die ganze Welt.* » (Aujourd'hui, l'Allemagne nous appartient, demain le monde entier.)

Mes souvenirs les plus anciens ont trait aux chants avec lesquels les nazis défilaient et, quatre-vingts ans plus tard, je me souviens des paroles et des airs de la plupart d'entre eux, à l'exception de celui où il s'agissait du sang juif jaillissant de leurs couteaux. Les autres chants étaient moins menaçants et je les entends encore maintenant :

« La SA défile à pas réguliers, résolus, et Adolf Hitler, Göring, Göbbels et les camarades défilent en esprit dans nos rangs[5]. » Ces mots liaient l'individu aux leaders exaltés. Un autre chant revêt un ton différent :

« Au champ de bataille, un homme vaut quelque chose. Au champ de bataille, personne ne prendra ta place, tu es seul[6]. » Le deuxième chant élimine l'identification avec les grands leaders et vise à glorifier l'héroïsme solitaire au front.

Le fait que je me souvienne des hommes défilant comme des robots, de la musique rythmée des défilés, et des uniformes – tout cela évoquant pour moi la puissance, l'ordre et la correction – témoigne de leur attrait. J'étais une enfant allemande entraînée par les drapeaux qu'on agitait, l'énergie et la rigidité signifiant l'ordre. Je ne sais pas quand cela a changé. C'est ce même attrait qui m'a probablement le plus effrayée à la vue des drapeaux américains comme je l'ai décrit précédemment. En réfléchissant à l'horreur que j'avais ressentie dans le restaurant, il me semble que c'est l'attrait de l'excès qui m'a tant effrayée. Je savais d'expérience ce qui se passait. Mes impressions d'enfance de la propagande justifiant la puissance, la gloire et la destruction des Juifs ont mis longtemps à se dissiper. La conscience que les hommes qui défilaient me visaient moi et les adultes qui ne pouvaient me protéger s'est imposée à moi peu à peu. Quelque part, il me reste une profonde identification aux valeurs de ces hommes qui défilaient. Elle se manifeste en tant que vague regret d'avoir été exclue en tant que fille et en tant que juive. La dernière trace de mon identification à l'agresseur à céder a été la supposition que l'*idéologie* nazie – bien que mauvaise et hostile à notre égard – était guidée par un code de conduite rigoureux, à l'opposé de la « *jüdische Wirtschaft* ». Je ne comprenais pas que le régime nazi était un système sans loi, relevant de l'exploitation, désorganisé et corrompu, qui avait nettoyé l'Allemagne de ses Juifs comparés à une maladie contagieuse, en même temps qu'il profitait des richesses qu'il nous avait pillées, nous les victimes. Je ne comprenais pas la définition appropriée

5. *SA marchiert in ruhigen, festen Schritt, und Adolf Hitler, Göring, Göbbels und Genossen marchieren im Geist in unseren Reihen mit.* (Ce sont les paroles dont je me souviens après plus de soixante-quinze ans.)

6. *Im Felde ist der Mann etwas wert. Da springt kein anderer für dich ein, im Felde bist du allein.* (D'après ce dont je me souviens après plus de soixante-quinze ans).

que Slavoj Žižek[7] donne d'une *idéologie* lorsqu'il écrit que l'on peut la voir comme « un champ symbolique qui contient [...] une substance de remplissage prenant la place d'une impossibilité structurelle, tout en niant cette impossibilité » (Žižek, 1997, p. 98). Mais l'horreur que j'ai décrite à la vue des drapeaux a démontré que j'avais appris à avoir peur de ce dont j'avais été témoin, et à le décrier, car je comprenais la destructivité que la scène laissait présager.

À l'époque où nous avons quitté l'Allemagne, en 1939, une empreinte indélébile de peur, d'infériorité et d'inutilité s'est gravée dans ma conscience, mais aussi dans celle de ceux qui étaient alors des enfants, trop jeunes pour résister à l'internalisation de l'hostilité dirigée contre nous. Dans *On The Move,* Oliver Sacks parle de ses grandes difficultés psychologiques résultant de la séparation d'avec sa famille pendant la guerre, qu'il appelle les trois B : *Bonding* (créer un lien), *Belonging* (appartenir), *Believing* (croire) (Sacks, 2015, p. 235). Michael Buchholz, un analyste allemand qui avait son propre trauma, exprimait sa situation par ces quelques mots : « Nous sommes à jamais reconnaissants[8]. » Nous sommes reconnaissants de ce que d'autres considèrent comme allant de soi.

Invariablement, la ferveur religieuse ou l'autoglorification nuit au réalisme nécessaire pour gagner une guerre. Cela a été puissamment illustré par le sort des chefs nazis après leur échec à atteindre leur but de conquérir le monde. Pas un seul n'a été là pour la reconstruction du pays que leur toute-puissance avait détruit. Ils se sont suicidés.

LA PEUR COMME VÉHICULE DE L'AGRESSIVITÉ

Formulations psychanalytiques

Perdre de vue l'objectif réaliste mène à ce que de nombreuses guerres soient suicidaires ; cela a notamment été le cas de la Seconde Guerre mondiale. Mener une guerre avec un objectif défini, la gagner et la terminer, comme Freud l'a fait remarquer, demande une *réorientation vers de nouvelles règles*. En comparaison avec les guerres récentes « stupides », dont j'ai parlé précédemment, celles examinées par Freud en 1915 et 1933 (Freud, 1933 [1932]) semblent avoir eu des objectifs plus concrets et avoir été encore menées en

7. Cité dans un article de A. M. Karbelnig (Karbelnig, 2014, p. 903).
8. Communication personnelle.

accord avec certaines normes internationales. La désorientation décrite par Freud en 1915 était nécessaire car les dirigeants au pouvoir imposaient que des amis soient désormais considérés comme des ennemis représentant une menace assez importante pour justifier une agression armée. Il fallait tuer ceux qui faisaient obstacle à la poursuite de l'objectif défini par les dirigeants. En 1915, Freud estimait que le fait de passer d'ami à ennemi était provoqué par une menace supposée envers la vie de l'État ou du groupe, et la peur qui en résulte induite par une telle menace. Tandis que des personnes peuvent convenir qu'une mobilisation est nécessaire, leur jugement de la réalité du danger auquel elles sont confrontées devient rapidement hors de propos. Une fois la guerre déclarée, la menace devient réelle : c'est *tuer ou être tué*. En 1915, Freud a appelé « désorientation » sa réaction à la guerre. Les neurologues brossent un tableau plus radical que cela et qui devrait servir d'avertissement contre le fait de prendre à la légère le passage de la guerre à la paix. Selon Yoram Yovell, « l'amygdale [...] est estimée véhiculer l'expérience émotionnelle de la peur [...]. Elle est pratiquement incapable d'oublier [...], l'émotion peut être provoquée sans souvenir conscient. Une fois établies dans le cerveau les connexions neuronales qui véhiculent une association traumatique, celles-ci restent intactes aussi longtemps que l'organisme vit (Yovell, 2000, p. 175).

Cela suggère un lien direct entre l'excitation de la peur et les sens, passant outre les structures qui évaluent la signification. De ce point de vue, ma réaction aux drapeaux était une *réaction conditionnée* à un *stimulus* au lieu d'un souvenir conscient de la période nazie. La peur est provoquée *via* les sens et dure toute la vie. Les réactions conditionnées, également appelées réactions pavloviennes, expliquent la connexion entre un événement provoquant la peur et un autre élément présent en même temps : dans mon cas, le lien entre la peur des nazis et les drapeaux. La prise de conscience des liens à la situation historique dépend de nombreux facteurs. Antonio Damasio (Damasio, 2003) a observé les aspects innés qui caractérisent ces réactions : « Tous les organismes vivants, de l'humble amibe à l'être humain naissent munis de dispositifs destinés à résoudre *automatiquement* les problèmes fondamentaux de la vie, sans qu'un raisonnement approprié soit nécessaire » (Damasio, p. 30). Damasio parle du déclenchement d'une réaction émotionnelle comme d'un *stimulus* émotionnellement approprié. Il établit une distinction entre les *émotions* qui relient au *corps* et les *sentiments* qui relient à l'*esprit*. Pour Damasio, les émotions permettent des réactions efficaces, mais non créatrices, à des perceptions sensorielles adéquates[9].

9. Ces facteurs mènent à la recherche d'une identité perceptuelle caractéristique des rêves.

La menace envers la survie de l'individu ou d'un groupe entier exige des réajustements au sein de la personnalité. Elle exige l'acceptation du *principe de réalité* plutôt que du *principe de plaisir* qui est immatériel et peut être contreproductif. Ce qu'il faut, c'est une disposition à l'action efficace associée à une plus grande soumission à l'autorité de préférence à la réflexion solitaire, ainsi qu'une attitude à l'égard de l'ennemi qui est compatible avec la *désobjectalisation* (Green, 1993, p. 25), que Green attribue à l'instinct de mort.

La *désobjectalisation* est implicite dans la suggestion de Freud selon laquelle la haine provient du *moi total* qui n'a pas d'objets. Harold Blum soutient cette notion quand il écrit sur l'attitude de Freud envers la *haine* : « Dans un premier temps, Freud n'a pas considéré la haine simplement comme une expression de l'agressivité ou comme le contraire de l'amour. La haine n'a d'abord été considérée ni comme un dérivé de l'amour, ni comme son opposé, mais comme une attitude différente du moi » (Blum, 1997, p. 360).

Les réflexions de Blum sont une évaluation fidèle de l'affirmation originale de Freud :

« Qu'une pulsion "haïsse" un objet, voilà qui paraît bien déconcertant pour nous, si bien que nous en venons à découvrir que les appellations amour et haine ne sont pas utilisables pour les relations des pulsions à leurs objets, mais sont réservées à la relation du moi total aux objets » (Freud, 1915*c*, p. 137 [1988, p. 184]). La désobjectalisation ne peut être aussi effective pour les victimes que pour les combattants car l'ennemi est fréquemment moins identifiable et il manque parfois une corroboration perceptible.

La notion de *moi total* et la *désobjectalisation* qu'elle implique ont été retirées de la plupart des théories contemporaines et remplacées par des concepts fondés sur des représentations de la subjectivité. Ces formulations reposent sur la *réalité psychique* et sont dépourvues de cette relation directe à la *réalité extérieure* suggérée par le *moi total*. Jean Bergeret, un analyste de Lyon (Bergeret, 1994 ; Bergeret, 1996*a* ; Bergeret, 1996*b*), a étudié précisément ces états dans lesquels le moi total menacé réagit par une *violence fondamentale*. L'attitude du « tuer ou être tué » n'est alors pas dirigée vers un objet, mais vers la cause de la menace. Ce qui la déclenche, c'est la peur. Bergeret affirme que la reconnaissance de la violence inhérente à l'autoconservation aurait mis en cause les défenses de Freud contre une reconnaissance de la lutte fondamentale et inévitable entre la mère et ses enfants. En se concentrant sur l'affrontement d'Œdipe et Laïos, une lutte entre père et fils où il est question de vie et de mort, et en l'interprétant comme une dispute de deux hommes pour la même femme, Freud n'y a pas vu également une lutte pour le droit de passage, c'est-à-dire la survie (Oliner, 2001, p. 678). Bergeret a fondé sa pensée sur la toute première expérience à la naissance où, parfois, des décisions concernant la vie de l'enfant sont pesées par rapport à celle de la mère. Le narcissisme tel que le conçoit Bergeret inclut la violence : la règle du « lui ou moi ». Elle ne s'intéresse à l'impact sur « lui » ou « elle » que dans la mesure où il s'agit d'éliminer le danger ou la menace. Le sort de la cible est indifférent et, contrairement à d'autres formes d'agression, il n'y a de pas plaisir dans la destruction car la cible n'est pas un objet. Implicitement, cela exprime également la conviction de Bergeret que la violence agit au service de la *vie*, non pas comme une manifestation de l'*instinct de mort*, auquel il s'oppose (Oliner, 2001, pp. 678-679).

Ce conflit fait entrer en jeu l'instinct d'autoconservation, ou les *instincts du moi* qui prévalent pendant la guerre et produisent le nécessaire *blindage du moi* (Grubrich-Simitis, 1981, p. 423). Pour nous, les victimes, ainsi que pour les soldats sur le champ de bataille, les fantasmes et désir n'ont pas leur place, et l'interaction entre fantasme et réalité se trouve gravement perturbée (Oliner, 2001). Même l'envie de rentrer chez soi peut potentiellement faire obstacle à un fonctionnement efficace sur le champ de bataille. Pour le guerrier, la relation aux *compagnons d'armes* est celle d'objets d'une satisfaction réciproque de besoins et, en tant que tels, ils sont des extensions du moi total des soldats. Cet état du moi est organisé comme le narcissisme au service de la survie et, de ce fait, même le deuil de la perte d'un compagnon doit être maintenu à un minimum. De plus, la soumission aux supérieurs est au service de la survie et n'a pas grand-chose à voir avec le masochisme[10] (Oliner, 2012).

Malgré les difficultés que posent les formulations fondées sur des *traits hérités*, je crois que les psychanalystes ne devraient pas laisser tomber l'étude de l'esprit qui, dominé par des peurs réalistes, est obligé de séparer l'inconscient au profit d'une soumission aux questions de survie. Cette organisation décrit un *état du moi* de l'individu dans des situations menaçantes où la peur doit mener à l'action. Dans un article consacré à la mauvaise utilisation de la psychanalyse, Gilbert Rose évoque le défunt Dr Kurt Rose qui racontait comment, dans l'Europe du milieu des années 1930, il avait découvert qu'un professeur respecté faisait la demande d'un visa pour immigrer aux États-Unis

10. Dans *Psychic Reality in Context*, j'ai essayé de montrer comment une disposition à favoriser la réalité psychique a éclipsé l'impact du monde extérieur sur le fonctionnement psychique. J'ai traité plus en détails des avantages d'un élargissement de la théorisation psychanalytique afin d'inclure des états dominés par la réalité extérieure (Oliner, 2012).

et décidé d'en faire autant au terme d'un examen minutieux de la situation d'alors. « Cela a été mon plus beau moment d'analyse », disait-il (Rose, 1974, p. 515).

Cette capacité à percevoir, évaluer et réagir à une menace dépend de la capacité à maintenir une concentration sur la réalité extérieure. Cette concentration sur le monde extérieur entre en jeu comme une partie de l'expérience du trauma, pendant lequel les victimes peuvent se dissocier et se dissocient en effet souvent du monde intérieur. Le monde intérieur est réduit au silence par la prédominance des expériences sensorielles ; l'individu se sent engourdi. Cet état du moi peut être comparé à un état hypnotique dans lequel comportement et compréhension sont dictés par une *force extérieure* plutôt que par des facteurs provenant de l'*angoisse* et de *désirs inconscients* causés par les pulsions.

Je prends au sérieux la découverte de neuroscientifiques qui ont établi l'existence de réactions émotionnelles directes entre certaines perceptions et la peur, compatible avec l'idée freudienne selon laquelle nous sommes dominés par des réactions corporelles sans représentation consciente. La question de savoir si l'on considère ces réactions, qui sont parfois seulement viscérales, comme des souvenirs traumatiques est une affaire de choix. Ce type de conditionnement peut être considéré comme le plus bas niveau d'intégration car il consiste en des réactions à une perception déclenchée par la réalité extérieure sans que le sujet qui réagit en prenne conscience. L'identité perceptuelle qui provoque la réaction ne garantit pas que la réaction émotionnelle (corporelle) puisse être transformée en un sentiment qui parvient à l'esprit. La transformation est facilitée *via* le travail du rêve qui s'appuie sur l'identité perceptuelle pour une meilleure intégration. Pendant le sommeil, le *stimulus* oublié peut réapparaître et, à travers le travail du rêve, se relier aux restes diurnes de la veille. Cela mène à des niveaux d'intégration plus élevés incluant des aspects du *self*, qui rendent les perceptions plus significatives pour l'esprit.

Décrire ce schéma dans ses grandes lignes ne veut pas dire que les réactions conditionnées fondées sur l'identité perceptuelle sont les seules voies qui conduisent à la peur. Tandis que j'avais réagi viscéralement à la perception des drapeaux, j'avais également une peur bien raisonnée que le président Bush ne commence une guerre contre l'Irak fondée sur son choix de conseillers en politique étrangère. La peur provoquée par les drapeaux avait-elle été renforcée par celle du souhait de notre gouvernement de destituer Saddam Hussein? Consciemment, je me souviens seulement de la similarité entre ce restaurant et l'Allemagne sous le régime nazi. Il est possible que seul le processus d'écriture de cet article m'ait amenée à une pleine conscience de la confluence entre les deux.

La connexion directe, non réfléchie, entre la peur et la perception qui la provoque, les *instincts d'autoconservation* ou du *moi* qui jouaient un rôle dans les toutes premières formulations de Freud, ont été remplacés par un vocabulaire dérivé de la théorie des pulsions et de leurs destins. Laplanche a ainsi proposé une nouvelle formulation de l'autoconservation comme émanation de l'amour de soi : « Je vis [...] non pas pour vivre mais pour l'amour de moi, pour l'amour du moi » (2006, p. 266). Laplanche (1970, p. 83) la reformule pour en faire une fonction du *narcissisme*. Malheureusement, cette tentative fait violence à la différence radicale entre les états du moi dans lesquels des processus inconscients entrent en jeu et ceux où ce sont des facteurs de la réalité qui dominent la psyché. Comme nous l'avons montré précédemment, les efforts narcissiques qui prennent la forme d'une autoglorification peuvent aller – et vont en fait souvent – à l'encontre d'un sens de la réalité qui fonctionne bien. Ils peuvent être une cause de la folie qui mène à la destruction non seulement de l'ennemi, mais aussi des propres intérêts de l'individu[11]. La théorie des pulsions, les relations d'objet et les fantasmes inconscients sont de ce fait inadéquats en ce qui concerne la formulation de l'organisation de la personnalité pendant la guerre. Bergeret résout ce problème en élargissant la conception du narcissisme afin d'y inclure la réaction à la guerre. Le défaut de cette formulation réside en cela que la *violence fondamentale*, comme l'*instinct d'autoconservation*, ne peut échapper à une dépendance de facteurs innés qui n'évoluent pas avec la maturation sur laquelle les théories psychanalytiques sont fondées.

Freud (1915) a brossé un tableau saisissant du pouvoir des États de promouvoir l'intérêt de la communauté à se battre pour *ses intérêts*, et noté que de tels efforts étaient condamnés comme *égoïstes*[12] quand ils régissent le comportement d'un individu. En temps de guerre, cela conduit à un étrange paradoxe : la socialisation exige du citoyen d'être aux ordres de l'État, cela étant justifié par la menace que l'ennemi représente pour ses intérêts. Les combattants se battent avec altruisme pour l'*intérêt égoïste du bien commun* en tant qu'extension de leur propre survie. Cela crée une interdépendance à l'égard des autres, qui n'est pas vécue habituellement à ce point en temps de paix.

La proximité favorisée par l'entraînement et les expériences partagées constitue un bénéfice qui est perdu à la fin des guerres ; tandis que la proximité suscite attention et encouragement, le trauma de la séparation, lorsque

11. Après la destruction de l'Allemagne, un bon nombre de nazis, dont Heinrich Himmler, se sont suicidés.

12. Le mot original allemand *eigensüchtig* (*self-addicted*), est plus haut en couleur. [Littéralement, on peut traduire le mot par « dépendant à soi », *N.d.l.T.]*

les guerres se terminent, est le plus souvent ignoré. Reléguer à d'autres disciplines, ces questions réalistes auxquelles la guerre amène à se confronter suggère que la réalité extérieure n'intéresse pas notre domaine et que le réajustement à la vie sans dangers peut avoir lieu sans que l'on se préoccupe des pertes qu'implique le fait d'avoir dû abandonner un état d'esprit orienté vers le combat.

J'ai décrit précédemment cet état du moi afin d'illustrer l'expérience du trauma, et bien que l'autoconservation vaille également pour la réaction à la guerre, il existe des différences notables entre les deux. Un attribut essentiel du trauma consiste en l'isolement associé à l'expérience de l'individu. Cela contribue aux difficultés que j'ai rencontrées dans ma résistance à l'identification aux agresseurs, les nazis, en particulier après que le danger qu'ils représentaient était devenu imperceptible. J'ai étudié le problème des victimes ayant trait à la haine dans un essai intitulé : *Über die Schwierigkeiten, seine Feinde zu hassen* (Oliner, 2001)[13].

Les exemples que j'ai donnés montrent, me semble-t-il, que la survie dans des conditions traumatiques repose également sur le narcissisme dans l'intérêt de la survie, fondé sur un extérieur très restreint, voire absent, qui est subjectivement constitué. Cela n'est pas immédiatement évident du fait de l'accordage accru de la victime à la réalité extérieure et de la capacité à se concentrer sur l'action efficace. Toutefois, ce comportement est dépourvu de relations significatives au *self* et à l'objet ; ce qui signifie que l'ennemi n'est pas un objet. Ce que nous voyons comme un narcissisme accru dans l'autoconservation peut en fin de compte concerner ce que Freud a appelé le moi total, plutôt que le sujet en relation au monde extérieur vécu comme objets. C'est une organisation qui dépend de la perception sensorielle, d'où la difficulté de détourner vers l'extérieur les effets perturbateurs du trauma lorsqu'ils cessent d'être vécus comme des événements en cours. Le sujet a appris à dépendre de la stimulation sensorielle et à y être hypersensible. La tentative d'une réintégration post-traumatique significative de la personnalité se trouve fréquemment entravée par le fait que personne n'est là pour soutenir ce processus.

Le combat réel produit presque l'effet opposé. L'interdépendance et la cohésion y sont plus grandes qu'en temps de paix et renforcées par la loi martiale. La trahison et la désertion constituent des crimes spécifiques des temps de guerre. Malgré la proximité des relations en temps de guerre, établies dans l'intérêt de la survie, on ne peut les confondre avec les liens libidinaux plus habituels, bien qu'elles puissent perdurer quand la paix est rétablie. Pour ceux

13. Des difficultés de haïr ses ennemis.

qui font la guerre, il y a une séparation forcée d'avec la famille et la nouvelle communauté des forces armées a un but commun. L'interdépendance et la cohésion sont plus grandes qu'en temps de paix.

Revenir à la vie d'avant signifie quitter la communauté très unie et interdépendante et « être tout seul » alors que, à la guerre, « on y était ensemble ». La réintégration des soldats au sein d'une existence moins menaçante demande une nouvelle orientation : l'état d'esprit soutenu et maintenu par les réalités de la guerre n'a pas de contrepartie dans la nouvelle réalité. Avec le temps de la paix vient la perte d'une corroboration d'un état mental qui persiste mais a perdu sa validité. Les vétérans, qui portent encore en eux leurs expériences de la guerre, se sentent séparés de leur environnement et ils ont honte des sentiments qu'ils partageaient avec leurs camarades. Avec la perte du danger perceptible, ils sont obligés de s'appuyer sur des souvenirs fondés sur leurs expériences récentes. Ces souvenirs, que plus rien de perceptible ne vient corroborer, vont peu à peu devenir une histoire personnelle et acquérir avec le temps une signification personnelle. La croyance en la toute-puissance est la signification personnelle la plus probable attribuée à l'état d'esprit tourné vers la réalité qui a mené à leur survie. Les actions entreprises parce que leur efficacité permettait d'atteindre le but partagé de faire une guerre se prêtent à une transformation en pensée magique et la réalité d'un travail bien fait est vécue à travers le prisme de la toute puissance infantile. Pour Winnicott : « En psychanalyse, comme nous le savons, il n'existe pas de traumatisme qui soit extérieur à la zone de toute-puissance de l'individu » (Winnicott, 1960, p. 586 [1969, p. 358]).

Cette probabilité laisse ouverte une question sur laquelle il appartient à chaque individu de se déterminer : celle de savoir si la survie est vécue avec euphorie et si les facteurs réalistes peuvent continuer d'exonérer de l'agression mise en œuvre quand on fait une guerre. Ou celle de savoir si la toute-puissance inconsciente va se retourner contre ces individus qui ont vu la mort au champ de bataille ou qui luttent pour se réajuster à la paix rétablie – se condamnent eux-mêmes à vivre cela comme une tâche difficile. Sebastian Junger, journaliste et réalisateur, résume ainsi les troubles des vétérans : « Aussi étrange que ce soit de le dire, une partie du trauma de guerre semble céder » (Junger 2015, p. 142), et il cite ces propos de l'anthropologue Gary Barker : « le trouble de stress post-traumatique est une crise de liaison et de rupture, non pas une maladie que vous portez en vous » (*Ibid.*, p. 144). Il est de ce fait essentiel d'apprécier l'organisation de la personnalité que la guerre rend nécessaire afin d'analyser ce que la paix signifie pour chaque soldat qui rentre, et de ne pas compter sur la supposition qu'il trouvera la « sécurité » d'une salle de consultation ou la chaleur de la famille dans laquelle il revient.

Le jour où la Seconde Guerre mondiale a pris fin, j'ai eu un sentiment ambivalent quant à la possibilité que mes parents et moi-même soyons réunis. Trois années d'adolescence m'avaient changée et je craignais leur réaction à ces changements. Ils n'ont pas survécu. Nous n'avons pas connu les nombreuses tragédies que des survivants des camps de concentration ont vécues quand ils ont retrouvé leurs enfants, mais sans pouvoir surmonter leur sentiment d'éloignement à leur égard – une situation qui a mené à d'insurmontables tragédies. J'ai en revanche vécu la déception de la famille de ma mère, dont six membres sont venus de Philadelphie à New York me chercher au bateau qui m'amenait dans le Nouveau monde. J'étais totalement submergée à la fois par eux tous et par la ville qu'ils voulaient me montrer. Je me rendais compte de leur déception quand je ne réagissais pas ou réagissais de façon négative (j'étais une adolescente qui avait besoin de montrer qu'elle n'était plus l'enfant dont ils se souvenaient). Heureusement, mon oncle, le seul frère de mon père qui ait survécu, a opposé son veto à leur souhait que je passe chaque année une courte période dans chaque famille ; il était sensible à mon besoin d'un foyer et m'a permis de choisir les meubles de ma pièce.

Les analystes peuvent et devraient être capables de traiter des troubles attribués à des événements non reliés à des problèmes personnels, de reconnaître leur réalité en temps qu'histoire et examiner plus à fond la difficulté de ceux qui ne peuvent accepter comme histoire une guerre dont ils doivent se séparer. Le processus de réintégration de la personnalité est rendu plus difficile pour ceux qui associent un jugement négatif contre eux-mêmes à la difficulté qu'ils sont en train de vivre. Le réconfort est contreproductif. Il faut soumettre le problème à l'analyse, en particulier s'il s'avère que l'inconscient a commencé à dominer la signification donnée à l'expérience indépendamment des souvenirs conscients que les individus gardent des événements. Ceux qui déforment la signification à leur détriment (il y a la culpabilité du survivant ; la honte d'être faible, de se sentir séparé de ceux qui n'ont pas vécu la même chose) ont besoin de la curiosité d'esprit de professionnels formés aux approches psychodynamiques. Ils peuvent également avoir besoin de savoir que certaines de leurs peurs d'être seul face aux dangers auxquels ils se sont trouvés confrontés ne les quitteront jamais et qu'il leur faut les reconnaître comme telles. Le pire de la guerre, c'est de savoir qu'elle peut avoir lieu et qu'elle a eu lieu. C'est ce qui reste. La sécurité supposée de la salle de consultation n'existe pas pour ceux qui ont vécu une guerre. Les survivants interrogent ce que d'autres considèrent comme allant de soi et le travail des thérapeutes consiste à les aider à établir une distinction entre l'expérience vécue du monde extérieur en tant que menaçant et la signification inconsciente attribuée avec le temps, qui est autre que la réalité de la guerre, avec la souffrance qui en résulte.

Les guerres qui ont eu lieu par la suite ont donné raison au scepticisme de Freud eu égard à l'inutilité de son échange avec Einstein. Les découvertes scientifiques portant par exemple sur les dommages causés à la planète semblent au contraire révéler des dangers inconnus des générations précédentes. Notre réalité quotidienne est faite de *peurs* permanentes et l'histoire a montré à maintes reprises que les dirigeants au pouvoir s'en servent pour attiser la belligérance de leur peuple afin d'agir contre un ennemi choisi. Un État démocratique ne peut s'appuyer que sur un public informé pour insister sur le fait que les guerres ont un objectif défini et qu'elles cesseront quand celui-ci aura été atteint. Il est triste de voir, en regardant en arrière, comment le public américain a réagi à l'humiliation de l'attentat du 11 septembre. Il a accepté la guerre contre l'Irak, un ennemi déjà déterminé comme tel avec les événements de 2001. Je me suis sentie mauvaise patriote dans le restaurant lorsque j'ai rejeté l'excès de ces drapeaux installés sur les tables. Les événements qui ont suivi m'ont montré qu'il y aura toujours des guerres car même les guerres « stupides » peuvent être vendues à un public convaincu qu'elles sont patriotiques et agissent dans l'intérêt de l'auto-défense.

(*Traduit de l'anglais par Anne-Lise Hacker*)

Marion M. Oliner
670 West End Avenue Apt. 9F
New York, N.Y. 10025
États-Unis
marionoliner@gmail.com

RÉFÉRENCES BIBLIOGRAPHIQUES

Axelrod D., *Believer: My Forty Years in Politics,* New York, Penguin Group, 2015.

Bergeret J., *La Violence et la Vie,* Paris, Payot & Rivages, 1994.

Bergeret J. (1984), *La Violence fondamentale : l'inépuisable Œdipe,* Paris, Dunod, 1996*a*.

Bergeret J., *La Pathologie narcissique*, Paris, Dunod, 1996*b*.

Blum H. P., Clinical and Developmental Dimensions of Hate, *Journal of the American Psychoanalytic Association*, nº 45, 1997, pp. 359-375.

Damasio A., *Looking for Spinoza*. Harcourt, Orlando ; *Spinoza avait raison: joie et tristesse, le cerveau des émotions*, Paris, Odile Jacob, 2003.

Freud S. (1915*b*), Zeitgemässes über Krieg und Tod, *Gesammelte Werke*, 10, Frankfurt, S. Fischer Verlag, pp. 324-353 ; Actuelles sur la guerre et la mort, *OCF.P*, XIII, Paris, Puf, 1988, pp. 127-155.

Freud S. (1915*c*), Instincts and Their Vicissitudes, *Standard Edition*, 14, Londres, Hogarth Press, pp. 111-140 ; Pulsions et destins des pulsions, Métapsychologie, *OCF.P*, XIII (1914-1915), Paris, Puf, 1988, pp. 161-185.

Freud S. (1933*b*), Why War?, *Standard Edition*, 22, pp. 197-218; Pourquoi la guerre?, *OCF.P*, XIX, Paris, Puf, 1995, pp. 69-81.

Green A., *Le Travail du négatif*, Paris, Minuit, 1993.

Grubrich-Simitis I. (1981 [1979]), Extreme Traumatization as Cumulative Trauma, *The Psychoanalytic Study of the Child*, n° 36, pp. 415-450.

Junger S., The Never Ending War The Bonds of Battle, *Vanity Fair*, juin 2015, pp. 108-145.

Karbelnig A. M., The Sanctuary of Empathy and Invitation of Engagement: Psychic retreat, Kafka's "Hunger Artist" and the Psychoanalytic Process, *Psychoanalytic Review*, n° 101, 2014, pp. 895-924.

Laplanche J., *Vie et Mort en psychanalyse,* Paris, Flammarion, 1970.

Laplanche J., *Problématiques I. L'angoisse*, Paris, Puf, 2006.

Oliner M. M., Violence: The French View, *Journal of the American Psychoanalytic Association*, n° 49, 2001, pp. 677-682.

Oliner M. M., Über die Schwierigkeiten, seine Feinde zu hassen, *in* Ed. Werner Bohleber & Sybille Drews, *Die Gegenwart der Psychoanalyse - die Psychoanalyse der Gegenwart* (pp. 208-222), Stuttgart, Klett-Cotta, 2001.

Oliner M. M., *Psychic Reality in Context. Perspectives on Psychoanalysis, Personal History and Trauma*, Londres, Karnac, 2012 ; *Psychische Realität im Kontext : Reflexionen über Trauma, Psychoanalyse und die persönliche Geschichte*, Francfort, Brandes & Apsel, 2015.

Oliner M. M., Trauma of History [Review of "*NS-Offizier war ich nicht": Die Tochter forscht nach ("I Was Not a Nazi Officer": The Daughter Does Research).] (Ute Althaus)*, *Journal of the American Psychoanalytic Association*, n° 61, 2013, pp. 833-836.

Rose G. (1974). Some Misuses of Analysis as a Way of Life: Interminable, *International Review of Psychoanalysis*, 1, pp. 505-515.

Sacks O., *On the Move*, New York, Alfred Knopf, 2015.

Winnicott D. (1960). The Theory of the Parent-Infant Relationship, *International Journal of PsychoAnalysis*, n° 41, pp. 585-595 ; La théorie de la relation parent-nourrisson, *De la pédiatrie à la psychanalyse*, Paris, Petite Bibliothèque Payot, 1969.

Yovell Y., From Hysteria to Posttraumatic Stress Disorder: Psychoanalysis and the Neurobiology of Traumatic Memories, *Neuropsychoanalysis*, n° 2, 2000, pp. 171-181 [The Association for Psychoanalytic Medicine, New York, Monthly Meeting].

Žižek S., *The Plague of Fantasies*. New York, Verso, 1997.

La chute du mur

Marielle Sœur*

Si la Seconde Guerre mondiale a définitivement marqué la culture et la conscience européenne ainsi que la réflexion psychanalytique, comment comprendre les conséquences de la guerre froide entre la RFA (République fédérale d'Allemagne) et la RDA (République démocratique allemande) ? Ayant connu la RFA et la RDA bien avant la chute du mur de Berlin, je proposerai une analyse de l'après-guerre froide qui opposait ces deux Allemagnes, ou plutôt ces deux parties d'une Allemagne amputée de certains territoires après la Seconde Guerre mondiale, puis divisée en deux, jusqu'à la chute du mur de Berlin le 9 novembre 1989 qui préluda à, ou précipita, sa réunification le 3 octobre 1990, dont on peut se demander si elle était espérée ou redoutée, ou les deux, sur fond d'un insuffisamment pensé car impensable…

LA CHUTE DU MUR EST UN TRAUMATISME : CONSTAT CLINIQUE ET THÉORIQUE

En RDA, Max et Frieda

En 1938, Max et Frieda possèdent une ferme au bord d'une rivière et, de l'autre côté, leurs champs céréaliers. Après la guerre, la rivière devient frontière naturelle, et leurs champs sont en Pologne. L'État leur attribue un bâtiment et une petite terre. En 1987, Frieda veut marcher un moment seule à mes côtés avant que nous repartions. Elle m'annonce qu'elle a une leucémie

* Psychanalyste, membre titulaire de la SPP.

déjà très avancée, mais qu'elle le dira à sa famille le plus tard possible. Elle tient à me parler car elle sait qu'on ne se reverra pas. Elle me dit en riant : « Tu observes beaucoup les Allemands des deux côtés ! Soit tu poses des questions, soit ton regard interroge ! Je veux te dire ce que je pense. Les Allemands des deux côtés sont très différents d'un *Land* à l'autre, mais nous ne sommes qu'un seul peuple. À l'Est, les communistes ont pris nos terres mais, ce qui est plus grave, ils ont volé notre âme. À l'Ouest, c'est l'argent qui vole leur âme. Il faut rendre leur âme aux Allemands. » Faisant allusion à notre conversation de la veille où nous étions convaincus que le mur allait tomber car la RDA était exsangue, elle ajoute : « Depuis Hitler, le peuple allemand a tellement honte. Comment réparer ? Le mur a du bon car la honte est toujours de l'autre côté, mais s'il tombe ? Prends soin de l'âme des Allemands que tu connais, transmets-leur ce que tu as compris. » Puis, elle se tait. Elle mourra six mois plus tard. Lorsqu'il apprend la chute du mur, le 9 novembre 1989, Max fait une crise cardiaque dont il se remet. Le 1er juillet 1990 quand est fixé l'échéancier de l'union économique, monétaire et sociale entre la RFA et la RDA, il fait un autre accident cardiaque et, très affaibli, reste hospitalisé. Le 31 août 1990, le Traité d'unification est signé, son état s'aggrave. Le 3 octobre 1990, l'Allemagne est réunifiée, la RDA a cessé d'exister, et Max meurt dans la soirée.

En RFA, Anna

Le 10 novembre 1989, Anna, étudiante allemande, me consulte en urgence : elle pense devenir folle car la veille, devant les images de la chute du mur, elle s'est mise à hurler en se frappant la tête contre le mur. Je lui demande si elle voulait participer à la chute du mur, ou si elle avait besoin de s'assurer que le mur tenait encore bon. À ce moment-là, ma question est induite par mes interrogations sur ce mur de la honte et mon début d'élaboration sur sa fonction pour les Allemands. Je n'évoquerai pas la psychothérapie d'Anna, mais seulement son histoire. Pendant l'exode de 1940, ses grands-parents paternels alsaciens ont fui vers le sud, perdant tout contact avec les leurs. Ils les pensent morts, ou enrôlés de force dans l'armée allemande. Les images des retrouvailles de familles séparées par le mur réactivent le désir d'Anna de retrouver sa famille paternelle, mais elle craint d'apprendre que les uns ont tué les autres. Quand elle a six ans, ses parents (interprètes) partent vivre à Hambourg et obtiennent la nationalité allemande. La redondance de rêves de passage de frontières, les uns où elle est tuée, les autres où elle retrouve sa famille, me laissent perplexe car j'ai le sentiment qu'Anna me dissimule un élément de réalité : je le lui dis. Elle m'avait caché qu'à l'adolescence, elle avait trouvé dans un tiroir l'adresse d'un Rainer portant son nom de famille. Son père lui avait dit que c'était un client. Elle le réinterroge et apprend que ses grands-parents paternels étaient Allemands. Son grand-père était un nazi engagé et sa grand-mère, opposée à cette idéologie, a voulu fuir l'Allemagne avec ses deux enfants. Mais elle ne peut emmener que son bébé de six mois, le père d'Anna. L'aîné, âgé de cinq ans, Rainer, reste provisoirement chez sa sœur ; elle perd sa trace car son mari l'enlève et déménage sans laisser d'adresse. La grand-mère d'Anna s'établit en France, se remarie avec un Alsacien, mais n'a de cesse de retrouver Rainer, en vain. Le père d'Anna a toujours su son histoire et quand il part à Hambourg, où habitaient ses parents, il poursuit les recherches et retrouve Rainer. Depuis la mort de leur père, il habite à Berlin-Est. Communiste convaincu, il est dans l'appareil d'état de la RDA et refuse de revoir son frère. Un mur assure leur séparation irrémédiable ; sa chute n'y changera rien…

Le mur permettait de refouler, dénier, rejeter de l'autre côté, la honte et la culpabilité

Les décompensations somatiques et psychiques des Allemands de l'Est et de l'Ouest furent nombreuses à la chute du mur. L'effraction traumatique de l'événement vient-elle de son intensité « en soi » ou faut-il rapporter son effet traumatique à une pré-désorganisation topique et/ou dynamique du sujet qui lui a conféré une valeur effractive ? Max a décliné au rythme de la réunification. Est-il mort apaisé de voir son pays réunifié ou ces événements ont-ils réveillé les fantômes du passé ? Cet homme de quatre-vingt-quatre ans a combattu dans la *Wehrmacht*, et a toujours contesté l'idéologie, la police et la propagande de la RDA. Il avait vécu la défaite de l'Allemagne en 1945 et savait que, contrairement à ce que les Nazis affirmaient, la défaite n'était pas imputable à l'infamie des alliés, ou à la conspiration juive, mais à l'échec de l'idéologie nazie et de son système de pouvoir. Il savait que l'issue de la dictature socialiste serait la même, et qu'il faudrait supporter un au-delà de la douleur, de la honte, et de la culpabilité pour comprendre.

Max et Frieda avaient vingt-cinq ans au début du national-socialisme, et avaient suivi le *Führer*. Ils n'ont vu la réalité que lorsque l'éradication systématique des Juifs atteignit la mercière de la bourgade. Max racontait un jour, les larmes aux yeux : « Quand ils ont emmené la mercière, nos idées se sont emmêlées plus sûrement que sa laine et ses rubans. Si on avait ouvert les yeux plus tôt ! Ils seraient encore vivants. Après, j'ai espéré être tué à la guerre car je méritais la mort, mais il y avait Frieda et Fritz (leur bébé), je devais vivre pour eux. La vie d'un soldat de la *Wehrmacht* a été marquée pour toujours par ces questions. Mais personne n'en parle jamais. » Max s'est-il trouvé débordé par l'exigence de travail psychique demandée par ce tournant de l'histoire, d'autant que la rapidité des événements ne s'accordait pas au temps nécessaire à leur élaboration ? Je pense que la rupture sociale déclenchée par la chute du mur, et les bouleversements annoncés le 28 novembre 1989 par le chancelier Helmut Kohl dans son programme en dix points menant à une Allemagne réunifiée, constituée en État fédéral, ont précipité chez Max la survenue d'une honte régressive devant l'impensable, comme le dit Claude Janin : « La survenue régressive de la honte accompagne assez souvent les mouvements de désorganisation et d'involution somatiques, les ruptures sociales et certains bouleversements produits par l'histoire dans lesquels peuvent advenir des hontes sans issue. »

Pourtant la nouvelle *Ostpolitik* des années 1970, et surtout les années 1980, sont la chronique d'une réunification annoncée. L'accord du 3 septembre 1971 confère une garantie de pérennité au *statu quo* de Berlin : si Berlin-Ouest n'est pas une partie constitutive de la RFA, les liens entre les deux entités sont maintenus et resserrés, avec des améliorations pratiques qui rendent plus supportable la partition de la ville. Sa politique de réconciliation vaut au chancelier Willy Brandt d'obtenir le prix Nobel de la paix en 1971. À partir de 1975, la participation financière de la RFA permet la construction d'une autoroute en RDA pour relier Berlin et Hambourg, et de remettre en état les voies navigables de transit vers Berlin-Ouest. Bonn rachète la liberté des détenus politiques et le regroupement de familles séparées. Dans les années 1980, malgré l'économie planifiée, la police secrète, la toute-puissance du SED (Parti socialiste unifié d'Allemagne) et une censure implacable, la population s'arrange avec le système et a le meilleur niveau de vie du bloc socialiste. Mais les jeunes générations critiquent de plus en plus le système de dénonciation et la propagande de l'État, et cherchent à quitter la RDA. En 1987, un vent de révolte sourde souffle sur la RDA. Helmut Kohl, lors d'une visite d'Erich Honecker à Bonn, entrevoit pour les relations RFA-RDA une nouvelle perspective du fait du changement à Moscou avec Mikhaïl Gorbatchev : « Nous respectons les frontières existantes, mais nous voulons mettre fin à la division par des moyens pacifiques au terme d'un processus de compréhension. » Dès début 1988, les manifestations se multiplient dans les grandes villes de RDA, en faveur de la paix, des droits de l'homme, de la liberté d'expression et de la presse. L'été 1989, les structures de la RDA sont entraînées dans le tourbillon de plus en plus rapide de la « Révolution douce » qui engendrera une espèce de paralysie des organes de l'État jusqu'au renversement du 9 novembre 1989 qui abattra le mur.

Mais dans les années 1990, l'Allemagne n'a pas retrouvé sa normalité d'avant. Elle cherche ses références culturelles pour se définir par rapport aux autres nations, et elle est en proie à une crise existentielle difficile au vu de son passé. Le national-socialisme appartient à un autre monde, mais l'empreinte des années 1933-1945 continue de rythmer et d'influencer l'arrière-plan de la vie politique, culturelle et sociale, et désormais rien ne peut plus être refoulé, dénié ou rejeté de l'autre côté du mur. En septembre 1994, il plane encore un parfum de guerre froide sur Berlin, et la nouvelle capitale ne parvient pas à retrouver sa souveraineté (certains ministères restent à Bonn et refusent de rallier Berlin). Une cérémonie à la Porte de Brandebourg marque le départ des soldats américains, britanniques, français et russes. Dans la foule, un jeune homme porte un drapeau allemand à moitié brûlé et une pancarte paraphrasant les paroles du groupe punk Slime : « *Deutschland muß sterben... damit wir leben können.* » [L'Allemagne doit mourir pour que nous puissions vivre.] Pourquoi cette haine de son pays ?

En 2002, Günter Grass écrit dans son roman *Im Krebsgang* [*En crabe*] : « L'Histoire, ou plus précisément l'Histoire que nous avons-nous même provoquée, est un trou de chiottes bouché. On tire sans arrêt la chasse d'eau, mais la merde continue de remonter à la surface » (p. 122). Le prix Nobel (1999) a tiré, lui aussi, cette chasse d'eau en révélant en 2006, à quatre-vingts ans, son engagement dans la Waffen-SS en 1944. Au centre du gouffre nauséabond qui obsède le peuple allemand : l'Holocauste. Il est impossible de s'en défaire, et il continue d'être une part de l'identité et de l'âme allemande. Les Allemands savent que l'analité évoquée par Grass ne se satisfait pas du plaisir anal de remplissage, réplétion, rétention, transit, évacuation ou vide laissé par la vidange anale, et que l'agressivité sadique-anale nazie n'a pas pour but de jouir de l'objet en le préservant de la destruction. C'est la jouissance perverse d'exterminer tout un peuple, une destruction froide, systématique, opératoire, désincarnée, décorporéïsante, désobjectalisante où l'autre n'existe plus en tant qu'objet, ni en tant que chose, puisqu'il est devenu... rien. L'ancien président de la RFA, Richard von Weizsäcker, apaisa les tourments des Allemands dans son discours du 8 mai 1985 au Bundestag où il qualifia pour la première fois de « libération » la capitulation de son pays 1945, et insista sur son devoir de mémoire.

La mémoire libérée et la tentative de retour à une histoire propre

La chape de plomb qui prévalut dans les années 1950-1960 fut en partie maintenue par le mur dès 1961, mais dans les années 1970, une partie de la jeunesse de RFA épousa la lutte armée soutenue par le régime communiste de l'autre côté du rideau de fer pour manifester sa colère contre une société qui n'osait faire face à ses responsabilités. L'enlèvement en 1977 à Cologne du patron des patrons, Hanns Martin Schleyer, ancien Waffenh-SS, par le mouvement terroriste RAF (Rote Armee Fraktion), est un événement que les historiens comparent à la chute du mur. Le face à face entre une poignée d'extrémistes de gauche et l'État, avec son dispositif policier et ses lois d'exception, bouleversa une société allemande ivre de prospérité, étouffant dans le conformisme, refoulant son passé, déniant des réalités impensables, par honte, culpabilité, et déplétion narcissique engendrée par la chute de l'idéologie nazie.

Dans les années 1990, cette chape de plomb implose à l'initiative des citoyens et des institutions. L'artiste Günter Demnig incruste, depuis 1993, des petits pavés en laiton sur les trottoirs de Munich, Berlin, Hambourg : ces *Stolpersteine* (pavés de disparus) conçus pour se souvenir du dernier lieu d'habitation des déportés font qu'on trébuche sur le passé nazi à chaque coin de rue. La légende d'une armée propre sous le régime nazi vole en éclats lors de l'exposition sur les crimes de la *Wehrmacht* en 1995 qui montre que beaucoup de recrues n'ont pas seulement répondu à l'appel du Führer, mais ont participé activement ou passivement à l'extermination des Juifs, alors que la responsabilité en était attribuée aux seuls SS. Des entreprises passent aux aveux, et reconnaissent leurs responsabilités lors du débat sur les travailleurs forcés qui a abouti à l'indemnisation des victimes. La *Deutsche Bahn* reconnaît avoir transporté la moitié des Juifs exterminés dans les camps. Récemment en 2010, le ministère des Affaires étrangères déboulonne le mythe d'une diplomatie résistante : les mensonges et « omissions » d'après-guerre apparaissent.

« L'Allemagne a retrouvé sa mémoire » dit Elie Wiesel en 2008. Mais les Allemands font parfois de la surenchère dans l'expiation, se livrant à une sorte de concurrence mémorielle. Il n'existe nulle part autant de lieux de souvenirs sur les horreurs de la guerre et sur la culpabilité d'un peuple. À Berlin, il existe plus d'une vingtaine de mémoriaux sur le nazisme. Le quotidien *Bild Zeitung* exige que ses journalistes signent un engagement moral en faveur de la réconciliation avec les Juifs et du droit à l'existence d'Israël. Quand l'équipe nationale de football se rend à Jérusalem, les joueurs se recueillent au Mémorial de l'Holocauste à Yad Vashem. La surveillance jour et nuit, par la police, des synagogues et des institutions juives est une anormalité qui n'interroge personne. Être fier d'être Allemand, jusque dans les années 1990, tenait de la provocation et dans les milieux intellectuels de gauche, il était de bon ton d'être antipatriote.

À la réunification, la mémoire libéré fait ressurgir la question de l'Holocauste, mais aussi la violence des expulsions, migrations, déportations et viols subits par les Allemands pendant la guerre et dans les années qui suivirent la défaite. En 2013, la série télévisée « *Unser Mütter, unsere Väter* » (Nos mères, nos pères), événement télévisuel comparable à la série *Holocauste*, raconte comment la perte des territoires à l'Est expulsa de leur terre natale douze à quatorze millions de civils qui furent jetés sur les routes lors d'un exode payé dans leur sang par deux millions de morts et de disparus. Le succès de cette série sur la plus grande migration forcée de l'histoire de l'Europe suscite des affects dépressifs par identification à la masse d'expulsés, de morts et de disparus allemands, mais aussi aux Juifs déportés et exterminés, avec un sentiment rétrospectif de honte. Ce trop de mémoire, trop de culpabilité, afficherait alors un travail de culpabilité certainement plus accessible que la honte devant l'impensable. Cet excès a pour objet de tenir en éveil les jeunes générations et agit comme un signal d'alarme, un signal de culpabilité pour angoisser, à défaut d'être un réel signal d'angoisse. Ce travail de culpabilité ouvre alors au travail de honte jusque-là impossible. L'âme de l'Allemagne enfante dans la douleur, et elle en porte les marques jusque dans ses institutions mises en place en réaction au nazisme, tel le *Bundesverfassungsgericht* (Tribunal constitutionnel), organe aussi important que le *Bundestag*, et qui peut être saisi par n'importe quel citoyen estimant que ses droits fondamentaux sont violés.

LES VOIES DE L'ÉLABORATION INDIVIDUELLE ET COLLECTIVE

En RFA, Eva

En 1995, Eva perd sa mère et retourne en ex-RDA voir la maison de sa grand-mère maternelle décédée en 1972. Sa mère n'avait pas pu faire valoir ses droits sur la maison acquise par une famille de RDA avec des titres de propriétés en bonne et due forme. Eva ne veut pas engager de démarches judiciaires pour jouir de son héritage, refusant de déposséder de leur vie et de leur histoire ceux qui habitent la maison en toute légalité. Elle souhaite seulement savoir si le pommier est toujours dans la cour, et le regarder depuis la fenêtre de la cuisine. En effet, quand Eva allait en vacances chez sa grand-mère en ex-RDA, tout manquait, mais le pommier était source de bonheur autour des tartes, compotes, pommes au four que lui confectionnait sa grand-mère. À la fin de l'été, Eva sonne à la porte de la maison, et rassure ses occupants : elle ne réclame pas la maison, mais veut retrouver quelques minutes les saveurs de son enfance avant de repartir pour toujours. Les occupants l'insultent, la traitent de manipulatrice, de voleuse, et lui claquent la porte au nez. La porte ne s'ouvrira plus. Elle reste dans sa voiture, en pleurs, le regard rivé sur le pommier, et refuse de partir. Son mari racontera souvent qu'il avait senti qu'il ne fallait pas insister, mais simplement attendre. Lui vient alors l'idée de parler au pommier : il s'excusa de lui voler des pommes pour en faire germer les pépins afin d'avoir un pommier dans sa propriété, car sa femme voulait transmette à leurs enfants et petits-enfants les recettes d'*Oma* Gisela (Mémé Gisela). De la fenêtre de sa cuisine, Eva voit le pommier et ses pommes très ordinaires, mais labellisées « *Oma* Gisela ».

En RDA, Reinhard

En 1993, nous visitions les locaux de la *Stasi* avec Reinhard qui a toujours vécu à Berlin-Est. Il avait appartenu à un mouvement clandestin d'opposition au régime communiste et me l'avait confié au cas où il disparaîtrait. Il n'avait rien dit à sa femme, ni à sa famille de l'Est et de l'Ouest pour ne pas les mettre en danger. Dans une pièce, des photos montraient des agents de la *Stasi* cacher des micros et caméras dans un appartement. Nous étions certains que celui de Reinhard en était truffé car il était ingénieur dans un secteur de pointe. Son amitié avec les voisins (qui avaient leurs clefs) relevait, pour nous, du déni de la réalité car il était évident que les voisins étaient de la Stasi : après avoir déclaré notre arrivée (et départ) à la police, c'était chez eux que nous signions les registres d'immeuble contrôlant le jour et l'heure de notre arrivée (et départ) chez Reinhard et Ingrid. Je croyais à une stratégie de Reinhard : jouer la transparence pour dissimuler son activité politique. Il pâlit devant les photos car il découvrait soudain que ses amis étaient de la *Stasi*. J'étais sidérée qu'il ait dénié cette réalité du fait de son engagement dans l'opposition. Il saisissait aussi pourquoi, à la réunification, une logique insondable avait voulu que leur appartement soit le premier du quartier à être mis aux normes européennes : la RFA alliée à la RDA pour dissimuler les preuves de la dictature communiste. Je dis : « C'est terrible de vivre dans la terreur, le refus de voir, la compromission, mais chacun fait comme il peut pour survivre sous une dictature. » Il répondit : « Je dois réfléchir avant de rentrer » ; le retour se fit en silence. Le soir, il invita les voisins, raconta notre visite, puis leur dit : « Dans l'ex-RDA dévastée, pas seulement l'économie et les routes, mais les hommes, l'urgence est de réfléchir pour comprendre. Aujourd'hui, j'ai commencé. Le plus important, c'est qu'on ait toujours pu compter sur vous, comme vous avez pu compter sur nous. Nous avons toujours été des amis sincères, le reste c'était la survie en RDA. Maintenant, nous sommes libres de parler et d'oublier car nous devons reconstruire l'Allemagne réunifiée. Ça n'exclut pas l'obligation du devoir de mémoire pour transmettre ce qu'on a compris, afin que nos enfants ne répètent pas nos erreurs et ne revivent pas nos souffrances. »

L'éthique, l'étayage sur autrui, et le lien social de masse : d'abord le travail de culpabilité, puis le football pour ouvrir au travail de la honte

Chaque Allemand a dû trouver ses solutions aux problèmes posés par la chute du mur. Eva et Reinhard se sont appuyés sur leur éthique et leur entourage pour penser, créer, transformer, symboliser, mais les traces silencieuses du passé mettent du temps à disparaître. C'est seulement dans les années 2000 qu'Eva cessa de dire qu'*Oma* Gisela était « Allemande de l'Est par obligation » mais « originaire de Saxe », et que Reinhard traversa normalement les rues de Berlin où le mur était matérialisé par une bande au sol. Auparavant, il l'enjambait ! *Die Wand* (*Le Mur invisible*), écrit en 1968 par Marlen Haushofer, raconte l'histoire d'une femme séparée du reste du monde par un mur invisible après une catastrophe planétaire dont on ne sait rien, et qui doit organiser sa survie tel Robinson. Tout Allemand, qu'il le veuille ou non, à un moment qu'il ne décide pas toujours, se trouve confronté à ce mur invisible, intérieur ou extérieur, individuel ou collectif, à cette expérience-limite qu'a été le nazisme avec les conséquences que l'on sait. S'il accepte cette confrontation, le travail psychique, la solitude et la peur constituent alors les conditions de son expérience humaine en tant qu'Allemand contemporain.

Le lien social de masse qui avait préludé au nazisme était essentiellement narcissique, basé sur l'identification des Allemands entre eux et avec Hitler, et se référait à l'idéal du moi, ou plutôt au moi-plaisir purifié. Le lien social de masse actuel des Allemands est la culpabilité, plus œdipienne que la honte, plus facile à supporter, plus élaborée aussi, et qui offre des possibilités de réparation, de *mea culpa* et de témoignages. Leur travail de culpabilité les amène à interroger la manière dont le nazisme a pu se mettre en place. Ils découvrent les identifications et les liens conscients, et surtout inconscients, qui se sont noués entre eux. Les alliances inconscientes ont pour but et pour effet de maintenir activement hors conscient, refoulés, déniés ou forclos, un désir, une défense, une instance, un fantasme et/ou un idéal qui deviennent communs et partagés par tous. Ce contrat narcissique, dans sa version saine, inscrit l'enfant dans une identité collective ou dans une filiation, dans un narcissisme et une appartenance groupale, dans une éthique et une culture commune et, à ce titre, est fondateur du travail de culture. Mais, sous Hitler, il s'est transformé en sa version pervertie et aliénante, en pacte narcissique mortifère construit sur la haine des Juifs dont la présence blessait et menaçait le narcissisme des petites différences. La défaite et l'effondrement de l'idéologie nazie ont été source de déception et de désillusion narcissique et, derrière cet échec, se profilait la menace d'un gouffre identitaire, d'une haine désintriquée prête à se retourner contre soi, et d'une honte mortifère. La bipartition de l'Allemagne et le mur ont protégé les Allemands de ces effets délétères, mais la chute du mur les a contraints à affronter la destructivité impitoyable du passé de leur pays, à élaborer ces expériences dé-symbolisées et clivées, et à comprendre qu'un certain refus de savoir portait trace d'une honte méconnue, déniée, expulsée, irreprésentable. Frieda s'inquiétait des conséquences de la chute du mur. Pensait-elle que la honte ne pourrait plus se cacher derrière le mur, et qu'aucun Allemand ne pourrait plus regarder le passé et détourner le regard en même temps, pour désamorcer les conflits extérieurs et intérieurs, et qu'il lui faudrait voir l'au-delà de la honte, l'impensable ?

Mais la réunification s'est faite avec une telle rapidité que les Allemands de l'Est se sont trouvés confrontés à un véritable exode social et culturel. Dans l'accélération excessive de la réunification, *quid* de la population est-allemande, de ses souvenirs, de ses spécificités ? Le chômage est deux fois plus élevé à l'Est qu'à l'Ouest, et un million d'habitants de l'Est ont quitté leur région. Les immenses usines à la périphérie des villes ont été rasées et les barres d'immeuble détruites à l'explosif pour façonner le paysage « à la mode RFA ». Les routes sont refaites à coup de milliards d'euros, mais la plupart sont encore pavées, derniers vestiges de la RDA avec les tenues vestimentaires ternes et monochromes, beige, bleu, marron, ou d'un kaki improbable, des plus de soixante ans. Mais cette mutation est couronnée par le fait qu'en 2013, le Président de la RFA Joachim Gauck, ancien pasteur, est originaire du Mecklembourg en ex-RDA, et la Chancelière Angela Merkel, fille de pasteur, du Brandebourg en ex-RDA.

Quid alors de l'identité allemande ? Parmi ses facteurs clés, le « miracle de Berne » en 1954, où l'équipe allemande remporta la finale du Mondial, fut considéré comme historique car il conféra au peuple allemand, écrasé de culpabilité et contraint de vivre dans un pays détruit, le sentiment d'exister à nouveau et d'être respecté. Joachim Fest, grand historien du nazisme, le qualifie même comme la vraie date de naissance de la RFA ! Depuis, le football fait partie de la culture du pays, sans distinction de classe sociale. L'organisation du Mondial en 2006 a atteint le paroxysme de cette identification de l'Allemagne à son sport fétiche ; les Allemands décomplexés et métamorphosés agitaient leur drapeau comme les supporters des autres pays. Ce déferlement de fanions noir, rouge et or aurait été inimaginable dix ans plus tôt. Ils avaient retrouvé l'envie d'être Allemands, sans aucune pulsion nationaliste. Le rêve d'unité d'une nation devenait réalité. Mais depuis les années 1990, l'Allemagne est confrontée au vieillissement de la population, sa démographie est en chute libre, la pénurie de main d'œuvre s'accroît et constitue une menace pour l'économie. Elle prend conscience de la nécessité d'une politique d'immigration choisie et d'intégration, qui ne s'est pas faite sans débat, mais la Fédération allemande de football (DFB) a très largement contribué à en faire évoluer les termes. Sa politique d'ouverture dans les centres de formation a indéniablement favorisé l'émancipation de toute une génération de footballeurs métissés et, au Mondial d'Afrique du Sud en 2010, la moitié des footballeurs sélectionnés étaient d'origine étrangère. Certes, il existe en Allemagne des voix xénophobes, mais une prise de conscience a bel et bien eut lieu, ce dont témoigne la politique d'intégration des étrangers.

Parallèlement, l'évolution des mœurs intellectuelles est tangible. Le goût du débat est de plus en plus prononcé depuis les années 2000, il est même devenu une manière d'être, qu'on en remarque la qualité dans la presse quotidienne, ou dans la vie privée. Il existe une forme de discipline au service des idées en général : on apprend très jeune à se taire quand quelqu'un prend la parole, à ne pas parler pour rien dire, à respecter l'avis d'autrui, et à préférer la substance à l'éloquence. On retrouve dans les écoles et les entreprises ce besoin de discuter et de prendre en compte les opinions différentes. Cette zone de honte des actes perpétrés par les nazis joue comme une honte-signal, et la honte dévastatrice des actes commis au nom du nazisme a été apaisée par le travail collectif de culpabilité. L'évolution de l'Allemagne depuis la réunification témoigne du passage de la culpabilité à la honte comme un travail de civilisation, mais selon une voie régrédiente, contrairement à la voie progrédiente habituelle.

Les garanties du devoir de mémoire et du travail de civilisation offertes par l'État fédéral

En Allemagne, le brassage de populations fait que son unité s'est construite autour de la langue, mais sa seule continuité est le fédéralisme, de la Bulle d'Or de 1356 à la proclamation de l'Empire fédéral en 1871, première unification politique comme « État-Nation ». L'aboutissement en est la Loi fondamentale, constitution de la RFA, adoptée le 8 mai 1949 d'abord pour les *Länder* de l'Ouest, puis en 1990 pour tout le pays. Elle a définitivement consacré le fédéralisme ; son contenu est profondément marqué par la volonté de tirer les leçons de l'échec de la République de Weimar, de s'opposer au nazisme, et d'offrir une protection particulière aux libertés fondamentales.

Ainsi les institutions de la RFA fonctionnent bien, la vigilance et la qualité des médias permettent au pays de vivre dans une grande transparence, et l'hygiène politique des Allemands est exemplaire, aussi car le rejet du nazisme est un des aspects fondamentaux de l'identité et de l'unité allemandes. Des crimes nazis demeurent cependant impunis car non dénoncés par ceux qui les ont perpétrés ou en ont connu l'existence. L'ignorance des crimes de la *Stasi* qui, en 48 heures, s'est fondue dans la foule des anonymes, offre peut-être une ébauche de compréhension. La peur est indéniable sous les régimes totalitaires, peur des dénonciations, des représailles, de la mort, pour soi et ses proches. Il en était ainsi en RDA, aussi en RFA, très perceptible en Bavière frontalière de deux pays communistes : des avions sillonnaient sans arrêt l'espace aérien frontalier, et de fréquentes manœuvres affichaient un arsenal impressionnant de blindés, militaires et policiers.

Après 1989, une autre peur apparaît. Allait-on découvrir qu'un gendre, un voisin, un ami, un collègue appartenait à la *Stasi* ? Quel avait été son rôle dans ce système d'arrangements, mensonges, compromissions, manœuvres, intimidation et trahisons ? Avait-il épié, interrogé, torturé, tué, ou aidé, protégé, sauvé ? Dans le film *Das Leben der Anderen* (La vie des autres) de Florian Henckel von Donnersmarck sorti en 2006, un capitaine de la *Stasi*, Gerd Wiesler, matricule HGW XX/7, est chargé de la surveillance du dramaturge Georg Dreyman. À la réunification, ce dernier découvre, dans les archives de la Stasi, que cet agent, devenu livreur de journaux, l'a protégé. À la fin du film, Gerd Wiesler voit à la devanture d'une librairie le livre de Georg Dreyman, *Sonate vom Guten Menschen* (*Sonate de l'homme bon*), dédié à l'agent HGW XX/7. Il l'achète. Le vendeur lui demande s'il veut un papier cadeau. Il répond : « Non, c'est pour moi. » Si la pensée que des crimes restent impunis est insoutenable, la situation d'un pays détruit par la guerre n'incite-t-elle pas parfois à se taire ? Peut-on prendre le risque d'interroger les paroles et les actes de chacun ? L'Allemagne nazie, puis l'Allemagne réunifiée, étaient à relever. Chacun s'est tu, ce qui ne veut pas dire que tous ont oublié.

EN CONCLUSION

La rupture de civilisation qu'a été le nazisme est un élément essentiel pour comprendre l'Allemagne d'aujourd'hui, car son empreinte est inscrite dans l'âme du peuple allemand. La bipartition du pays, les clivages et dénis favorisés, renforcés par le mur, n'ont permis que son élaboration partielle. La chute du mur a été l'occasion d'engager un travail de culpabilité, puis un travail de honte. Contrairement à leurs aînés, les jeunes générations ont réussi à se libérer de ce poids historique malgré les exactions des néonazis qui continuent d'empoisonner la vie politique allemande. Un dispositif d'état de guerre est déployé à la moindre manifestation néonazie qui, me semble-t-il, n'est pas au seul service de la quiétude de la population, mais incarne un surmoi collectif, gardien de la civilisation, apte à affronter les pulsions mortifères débridées sommeillant en chacun, et maintient une certaine tension pour tenir en éveil les forces vives et le devoir de penser de chacun. Lea Rosch, l'initiatrice du mémorial de l'Holocauste inauguré à Berlin en 2005, disait : « Les jeunes ont hérité de cette responsabilité. Ils ont appris à vivre avec, même si c'est difficile. » Je crois que chacun garde cette douleur dont on ne se relève pas et la prend en héritage. Elle le renforce et le protège de l'indifférence. Elle le tient éveillé, vigilant, pour le travail de civilisation et les exigences qu'il comporte.

Marielle Sœur
36 Route de Lyon
73160 Cognin (Chambéry)
marielle.soeur@wanadoo.fr

RÉFÉRENCES BIBLIOGRAPHIQUES

Allemagne, Faits et réalités, Ministère fédéral des Affaires étrangères, Département Communication, Referat K 03, Berlin, Production Media Consulta Deutschland GmbH, Berlin, 2003.

Bourdoiseau C., *Allemagne. La Mémoire libérée*, Bruxelles, Nevicata, 2013.

Green A., L'analité primaire, *La Pensée clinique*, Paris, Odile Jacob, 2002, pp. 111-147.

Grass G., *Im Krebsgang*, Göttingen, Steidl Verlag, 2002 ; *Le Crabe*, Paris, Le Seuil, « Points », 2004.

Haushofer M., *Die Wand*, Claasen Verlag GmbH, 1968 ; *Le Mur invisible*, Arles, Actes Sud, 1985.

Janin C., Pour une théorie psychanalytique de la honte (honte originaire, honte des origines, origines de la honte), *Revue française de psychanalyse*, t. LXVII, n° 5, 2003, pp. 1657-1742.

Faire mourir et ne pas laisser vivre. Remarques sur l'administration génocidaire de la mort

Richard Rechtman*

Entre avril 1975, date de l'entrée des forces khmères rouges dans Phnom Penh, et leur éviction par les troupes vietnamiennes en janvier 1979, plus du tiers de la population cambodgienne est décédé. En moins de quatre ans, le régime de Pol Pot a ainsi obtenu l'effroyable résultat d'avoir éliminé presque deux millions de personnes alors que l'arrivée de ses troupes dans la capitale le 17 avril 1975 devait signer la fin de la guerre. En ce sens, ce crime relève ni d'une guerre ni d'une guerre civile, mais bien d'un système d'épuration systématique organisé et assumé par les autorités de l'époque (Chandler, 1993 ; Kiernan, 1998). Quarante ans plus tard, les principaux responsables ont enfin été traduits en justice malgré l'absence de leur chef Pol Pot, alias frère numéro un, décédé dans la jungle en 1998.

La juridiction inventée pour juger les responsables politiques et militaires de ces crimes contre l'humanité est avant tout le produit des enjeux géopolitiques qui n'ont cessé de complexifier la situation cambodgienne. Avec un régime en place composé d'ancien Khmers rouges dissidents, mais néanmoins impliqués dans les crimes perpétrés durant les deux premières années du régime, et des puissances régionales – le Vietnam et la Chine – peu enclines à devoir répondre de leur implication politico-militaire, seul un montage permettant de circonscrire les poursuites à quelques présumés coupables, pouvait être accepté par les différentes parties. La création en 2001 des « Chambres extraordinaires au sein des tribunaux cambodgiens (CETC) pour la poursuite

* Psychiatre, psychanalyste et anthropologue, Directeur d'études à l'EHESS. Responsable depuis 1990 du dispositif de consultations spécialisées pour réfugiés cambodgiens au sein du centre Philippe Paumelle de Paris 13e (ASM13), et membre du Centre de ressources audiovisuelles du Cambodge (Centre *Bophana* de Phnom Penh) fondé par le cinéaste cambodgien Rithy Panh.

des crimes commis pendant la période du Kampuchéa Démocratique » fut la réponse apportée par l'ONU à la demande du gouvernement cambodgien[1]. C'est-à-dire, un tribunal mixte cambodgien et international ne jugeant que les principaux responsables et scindé en plusieurs procès. Le procès 001 examinant le cas de Kaing Guek Eav, alias Duch, le chef du centre d'interrogatoire et d'extermination S21 situé à Phnom Penh, s'est conclu en février 2012 par la condamnation en seconde instance de l'intéressé à la perpétuité. Le procès 002-01 contre les quatre principaux co-accusés mais dont seulement les deux premiers, Nuon Chéa, numéro deux du régime, et Khieu Samphan Président du Kampuchéa Démocratique, seront jugés et condamnés en première instance à la perpétuité pour crime contre l'humanité. En effet, Ieng Sary ministre des Affaires étrangères décède en mars 2013 avant le début des audiences, tandis que son épouse Ieng Thirith, ministre de l'Action sociale, atteinte de la maladie d'Alzheimer est écartée en 2011 et décède en août 2015.

Malgré toutes les critiques qui furent de toutes parts adressées à ces procès, les minutes des audiences, comme les témoignages des parties civiles pour la première fois acceptées dans une procédure de cette ampleur, livrent un matériel unique sur la réalité quotidienne d'un régime génocidaire. On y découvre qu'à l'époque des Khmers rouge, vivre ou mourir relevait d'une simple décision politique. Le *pourquoi la guerre* de Freud résonne étrangement avec ce crime de génocide où l'administration de la mort, dans le double sens d'exécuter et de gouverner, s'exerce sans la guerre, et nous révèle comment des hommes ordinaires firent de la mise à mort un métier civil (presque) comme un autre.

CHRONIQUES DE BOURREAUX ORDINAIRES

Les ordonnateurs

Lors de son procès Kaing Guek Eav, alias Duch, le chef du tristement célèbre centre S21 de Phnom Penh où plus de 15 000 personnes furent suppliciées avant d'être assassinées et jetées dans les fosses communes de Choeung Ek à quelques kilomètres de la capitale, a reconnu la quasi totalité des crimes dont il était accusé. Certes, les preuves étaient accablantes. Les archives de

1. Sur le site du CETC, on trouve l'ensemble de l'instruction et les débats qui ont eu lieu lors des procès. http://www.eccc.gov.kh/fr/

S21, les photos des suppliciés, les milliers de pages de confessions extorquées sous la torture et annotées de sa main, interdisaient à sa défense d'imaginer pouvoir plaider l'absence de culpabilité. Ce fut d'ailleurs la condition imposée par son co-avocat français, François Roux. Grand spécialiste de la cause des insoumis et des objecteurs de conscience, cet avocat réputé avait accepté de défendre l'indéfendable au nom des mêmes valeurs que celles qui guidaient sa pratique, à savoir : dénoncer les méfaits de l'obéissance aveugle et défendre l'insoumission lorsque la règle, la loi, ou l'ordre étaient injustes. Le cas Duch lui offrait l'occasion de plaider l'atténuation de la responsabilité et de demander la clémence pour un homme victime de sa passion de l'ordre et de l'obéissance. Et jusqu'aux derniers instants de son procès, Duch a joué son rôle à la perfection. Collaborant avec le tribunal, corrigeant les erreurs historiques des témoins, même lorsque sa rectification l'accablait encore un peu plus (Cruvellier, 2011). Acceptant d'être filmé dans sa prison par le cinéaste cambodgien Rithy Panh, il se prêtera docilement à cet exercice fascinant jusqu'à livrer des détails jusqu'alors inconnus (Panh, 2012). Récusant l'accusation d'avoir tué de ses propres mains, Duch admettra toutefois sa pleine responsabilité d'ordonnateur. Professeur de mathématiques, admirateur de la littérature française, il se plaisait à se décrire comme un homme rigoureux et respectueux, obéissant tout aussi servilement aux demandes de précisions du président du tribunal des Chambres extraordinaires, qu'aux ordres des hauts dirigeants khmers rouges. De son point de vue, il n'y avait pas une grande différence entre le fait d'accepter de répondre à la question d'une autorité reconnue, comme celle du président du tribunal, et celui de faire assassiner ceux que le Kampuchéa Démocratique considérait comme des ennemis et des traitres. Dans les deux cas, l'obéissance n'était que la résultante de la légitimité de l'autorité ordonnatrice. Rien de plus.

Pourtant, à la surprise générale, Duch change radicalement de stratégie de défense au moment des plaidoiries finales et demande sa libération en prenant à contre-pied son co-avocat français, qu'il révoque brutalement quinze jours avant l'énoncé du verdict. Ce revirement a été largement commenté, y compris par François Roux, tous y voient la marque du régime en place et sa volonté d'en finir avec ce procès. Pour autant, l'argumentaire développé par l'accusé mérite que l'on s'y attarde. Car Duch ne demande pas son acquittement au nom du fait qu'il aurait été un simple soldat obéissant aux ordres, à la manière d'un Eichmann jouant sur l'obéissance servile que tout officier doit à ses supérieurs. Le chef de S21 va beaucoup plus loin. Il regrette les morts innocentes et s'excuse auprès des familles de ceux qui auraient été injustement éliminés. Mais seulement de ceux là, dit-il en substance. Les autres, les traitres et les ennemis du Kampuchéa Démocratique devaient être neutralisés, la technique de cette neutralisation important moins que son efficacité. En ce sens, dira-t-il, s'il y a eu crime, c'est un crime politique. Or, pour Duch, un crime politique n'est pas un crime, mais une politique. Et lui, ne saurait être condamné pour une politique élaborée par d'autres et qu'il a appliqué avec la rigueur d'un bon chef de la police. D'ailleurs, dira-t-il, si les Khmers rouges avaient gagné, il serait un héros aujourd'hui et non un accusé. Ne rêvait-il pas de se voir décerner le titre de « meilleur instrument du Parti ». Devant la caméra de Rithy Panh, c'est sans doute la chose qu'il regrette encore le plus sincèrement lorsque du fond de sa prison il concède avec dépit l'avoir raté de si peu (Rechtman, 2011) !

Le cas de Duch est tragiquement exemplaire de ces hommes qui n'hésitèrent pas à envoyer à la mort des centaines, des milliers, voire des centaines de milliers d'hommes, de femmes et d'enfants pour d'obscures raisons idéologiques. Il rejoint en ce sens un Eichmann (Arendt, 1966), et tant d'autres semblables qui, malgré leurs différences, se retrouvent dans cette odieuse justification de penser le politique à travers l'administration de la mort.

Mais Duch ou Eichmann, comme tant d'autres cadres intermédiaires de ces entreprises génocidaires, récusent l'idée même d'avoir mis la main à la pâte. Eux ont ordonné, mais ils n'ont pas tué de leurs propres mains. Duch dira qu'il n'aurait pas pu le supporter, cela l'aurait dégoûté, il se serait senti physiquement trop mal, risquant à chaque instant la nausée ou la perte de connaissance qui l'auraient définitivement déconsidéré aux yeux de ses subalternes (Panh, 2012). C'est là le point essentiel de son argumentaire. La preuve de sa non participation directe et physique au crime de masse réside essentiellement dans sa faible corpulence et sa trop grande sensibilité. Il faut de la force physique pour torturer un homme, dit-il, et surtout ne pas être trop émotif. Lui, c'est un intellectuel, un être de culture, sensible et passionné, en un mot c'est un chef, il ordonne, mais ne tue pas. Administrer la mort, c'est effectivement la faire exécuter par d'autres mains.

Les exécuteurs

Mais si le profil de ces criminels de guerre ou de ces auteurs de crimes contre l'humanité est aujourd'hui mieux connu, notamment grâce aux procès internationaux devant lesquels ils ont dû répondre de leurs actes. La fascination qu'ils exercent sur ceux qui cherchent à comprendre la radicalité de leur crime n'est sans doute pas propice à l'analyse des raisons, des conditions et des motifs de ceux qui, en bout de chaîne, tuent de leurs mains. Ceux là se retrouvent rarement devant les tribunaux. Au Cambodge, ils n'y seront pas convoqués, sauf pour certains, mais en simple qualité de témoin, pour renforcer l'accusation contre les chefs. Mais justement, dans ce derniers cas, ce ne seront pas de leurs actes dont ils devront répondre. De cela, au fond, ils ne diront rien, ou si peu.

En Indonésie, les bourreaux ordinaires des massacres de plus d'un million de personnes en 1965 se pavanent encore dans les rues de la capitale et s'affichent comme les héros d'une guerre éclair contre des ennemis politiques pourtant désarmés. Devant la caméra du cinéaste Joshua Oppenheimer, ils n'hésiteront pas un seul instant à refaire les gestes macabres de ces tueries quotidiennes (Oppenheimer, 2013). Eux non plus ne seront pas jugés. Et en dehors de ce témoignage filmique, on ne saura pas grand-chose d'eux ni de leur histoire, sauf que ces hommes ne semblent pas éprouver de remords, encore moins de honte ou de culpabilité.

Au Rwanda les choses furent assez différentes. En effet, tandis que les principaux responsables du génocide étaient jugés devant le Tribunal pénal international pour le Rwanda d'Arusha (Tanzanie), les acteurs quotidiens des massacres relevaient, eux, d'une juridiction locale et collaborative, les Gacacas, dans laquelle des milliers d'accusés furent entendus. Les témoignages des bourreaux y ont été largement recueillis et analysés, permettant, pour la première fois sans doute, d'avoir une vision précise de l'ordinaire d'un criminel de masse (Hatzfeld, 2003), (Dumas, 2014). C'est pourtant cette connaissance qui manque le plus souvent.

Tantôt au nom de la réconciliation, tantôt pour récupérer à d'autres fins criminelles une main d'œuvre tortionnaire bien formée (comme ce fut le cas pendant les dictatures latino-américaines où de nombreux criminels de guerre nazis trouvèrent rapidement un nouvel emploi, mais aussi aux États-Unis pendant la guerre froide), mais le plus souvent pour de simples raisons numériques, parce qu'il serait impossible de juger des milliers de criminels de guerre, ces hommes et ces femmes n'ont jamais eu à répondre de leurs actes et donc à s'expliquer. Et même lorsque certains furent inquiétés, lorsque d'autres eurent à comparaître devant leurs juges ou simplement acceptèrent de se livrer devant une caméra[2], il semble que quelque chose de leur témoignage intime résiste à l'entendement. Pourtant, la plupart l'expriment sans gène. Ils n'ont rien éprouvé de particulier, ils n'ont pas ressenti l'horreur de leurs actes, ils ne se sont pas dit qu'ils n'avaient pas d'autres choix que de faire le mal, ils ont juste reconnu avoir parfois éprouvé du dégoût, souvent ressenti de la fatigue et

2. Le célèbre film *Shoah* de Claude Lanzmann est sans doute le prototype de ce type de documentaire forçant la parole des bourreaux à se révéler.

régulièrement de la lassitude à reproduire chaque jour les mêmes gestes. C'est là leur seul secret !

Malgré cela, depuis la Seconde Guerre mondiale la littérature scientifique – psychologique, sociologique, psychosociologique et psychanalytique – s'évertue à chercher les mécanismes intimes qui permettraient enfin de comprendre pourquoi ces hommes et ces femmes pensent et disent ne pas avoir éprouvé ce que la conscience humaine nous dit qu'ils auraient dû éprouver. Comme si, au fond, seul le déni de cette supposée conscience humaine permettait d'expliquer la possibilité matérielle du meurtre de masse.

Pour y répondre, alors que *Les Considérations actuelles sur la guerre et la mort* de Freud en avait déjà anticipé les grandes lignes dès 1915 (Freud, 1915*b*), la pulsion de mort d'un côté et la soumission à l'autorité, de l'autre, allaient offrir le cadre explicatif le plus courant et, paradoxalement, le moins dérangeant.

COMMENT PEUT-ON ÊTRE BOURREAU ?

L'hypothèse morale

Au lendemain de la Seconde Guerre mondiale, la découverte des camps d'extermination, où parallèlement aux millions de combattants décimés le monde apprenait l'élimination systématique et industrielle de millions de Juifs et de centaines de milliers de Tsiganes, a sans doute anéantie les derniers espoirs placés dans l'œuvre civilisatrice de l'Occident. Comprendre ce qui s'était passé et pourquoi cela avait pu se produire au cœur de l'Europe devenait une nécessité historique et morale.

Dans ce mouvement pour rechercher l'explication au déferlement de violence et d'horreur sur tout un continent, certains travaux scientifiques connurent un vif succès. Les travaux du psycho-sociologue Stanley Milgram sur la soumission à l'autorité sont sans doute les plus représentatifs (Milgram, 1974)[3]. Ils témoignent de cet intérêt grandissant pour la compréhension de ce qui transforme un homme ordinaire en bourreau.

3. Le modèle de cette expérience a été largement reproduit, il s'agissait de demander à un examinateur volontaire de délivrer un choc électrique de puissance croissante à chaque erreur commise par un candidat censé retenir une nouvelle méthode d'apprentissage. Bien sûr, les chocs n'étaient pas réels et le candidat un acteur, mais, dans la majorité des cas, des chocs réputés mortels étaient infligés par l'examinateur volontaire.

Dans le contexte de l'après guerre, ces expérimentations évoquaient bien sûr l'obéissance servile et la soumission aux ordres plaidées par la défense des anciens nazis. En ce sens, elles apportaient une réponse à la fois effrayante et néanmoins réconfortante. Car à la question comment est-il possible de devenir bourreau, Milgram contribuait à apporter une réponse morale : n'importe qui peut commettre une violence aveugle dès lors qu'une autorité respectée le lui impose. Inutile d'invoquer la peur ou la perversité pour justifier un tel comportement, la simple obéissance suffit. Effrayante, parce qu'elle laissait entendre que n'importe qui pouvait devenir bourreau, même en dehors d'un contexte de guerre. Mais néanmoins réconfortante puisqu'elle extrayait les bourreaux (les Européens) de la monstruosité pour en faire des hommes ordinaires placé dans des conditions extraordinaires dont le jugement était amoindri par la soumission. En témoigne l'effroi et la culpabilité qu'éprouvaient les participants lorsqu'ils découvraient à l'issue de l'expérience jusqu'où ils avaient été capables d'aller, prenant subitement conscience de l'horreur de leur acte.

Alors que l'ampleur des massacres commis durant la Seconde Guerre mondiale apportait un démenti formel à la vision simpliste que seuls les monstres ou les pervers pouvaient devenir des bourreaux, Milgram apportait une réponse néanmoins plus acceptable pour l'Occident puisqu'à la terreur de la soumission passive pouvait répondre l'espoir d'un éveil des consciences.

Mais cette façon de se faire peur en se représentant sous un angle moral (la soumission passive) le passage de l'homme ordinaire au bourreau, n'a finalement rien à voir avec le quotidien d'un fonctionnaire d'une bureaucratie génocidaire. L'expérience de Milgram restera surtout pour ce qu'elle révèle du désarroi intellectuel et moral dans lequel l'Occident fut plongé pour rendre compte de la barbarie nazie. Elle témoigne avant tout de la façon dont les sociétés occidentales ont tenté de résorber l'épineuse question de la responsabilité individuelle dans les crimes contre l'humanité. Car, si dans la réalité d'un exterminateur l'obéissance existe, l'aveuglement est, en revanche, précisément absent. Lorsque les bourreaux ordinaires se lèvent le matin, ils savent qu'ils vont aller tuer, aucune surprise ne les attend, aucun piège ne leur est tendu. Et dès qu'ils se couchent, ils savent aussi qu'il faudra recommencer le lendemain et le surlendemain, et ainsi de suite. À l'ignorance des malheureux cobayes de Milgram, lesquels ne recommencent jamais une deuxième fois, répond la parfaite conscience des fonctionnaires de la mort. Mais ce n'était justement pas ce que l'Occident blessé pouvait entendre, tout au moins tant que la question de la possibilité du crime de masse relevait d'une philosophie de l'humain. En effet, à la question comment est-il possible de…, avec le sous-entendu que cela devrait être normalement impossible, les chercheurs, les chroniqueurs, jusqu'aux hommes de lois ont essayé de trouver les mécanismes psychiques qui expliqueraient le franchissement de ce qui, philosophiquement, se devait d'être impossible.

L'hypothèse technique

Les travaux de Raul Hilberg, dès le milieu des années 1950, vont largement contribuer à transformer la perspective d'analyse et plus encore permettre de s'écarter de l'interrogation morale pour rendre compte des conditions de possibilité du génocide (Hilberg, 2006). À la question « comment est-il possible d'exterminer plusieurs millions d'individus ?», Hilberg apportera une réponse technique. Le décompte des convois, les itinéraires, les traces dans les archives, les techniques de mise à mort, leurs évolutions, l'évaluation de leur efficacité, les avancées de productivité… autrement dit, toute l'industrialisation et le quotidien du crime, des bureaucrates aux simples exécutants, tout est pris en compte par l'historien pour méticuleusement montrer comment justement la réalisation du meurtre de masse fut techniquement possible. Christopher Browning ira encore plus loin dans la description du quotidien de la mise à mort à partir des discours des exécuteurs. Dans son ouvrage sur le 101e bataillon de réserve de la police allemande, l'auteur analyse les récits et les témoignages de ces hommes qui abattirent plus de 40 000 juifs d'une balle dans la tête en un peu moins de deux ans (Browning, 2006). Le résultat est saisissant et bien plus terrible que l'expérience de Milgram. Ces hommes ordinaires ont chaque jour ou presque, tué, parfois avec des états d'âme, souvent sans, généralement avec lassitude et fatigue, sachant ce qu'ils allaient faire et pourquoi ils devaient le faire. Ils n'avaient pas mauvaise conscience, pas même besoin de s'inventer une bonne conscience pour dissimuler la nécessairement mauvaise conscience qu'ils auraient dû avoir, telle qu'aujourd'hui on voudrait s'imaginer qu'ils aient eu. Chacun de ces récits montre que cette nécessité n'existe pas.

Les bourreaux ordinaires du génocide perpétré par les Khmers rouges n'ont pas la même verve que leur chef Duch. Ils ignorent la dialectique et ne sauraient faire la différence entre un crime politique et un assassinat crapuleux. Ils n'ont pas été formés à l'école du parti. Nombreux viennent des campagnes et furent avant tout de bon riziculteurs, de bons voisins aussi, partageant leurs maigres revenus avec leurs proches, voire avec les rares étrangers qui exceptionnellement passaient à proximité. Pourtant, sans haine, ni passion, sans désir de revanche sociale, sans plaisir non plus, ils tuèrent bien plus d'hommes, de femmes, d'enfants, et de vieillards que leur mémoire ne leur permet aujourd'hui de comptabiliser. Approximativement deux mille de ses propres mains dira l'un d'entre eux, mais ça lui semble beaucoup, ajoutera-t-il. En fait, il ne sait pas le nombre, il a oublié. Pas ce qu'il faisait cela va de soi, on n'oublie pas des conditions de travail aussi pénibles. Au gourdin, vous imaginez, c'est difficile de tuer quelqu'un d'un seul coup ! Il ne se souvient d'aucun visage, pas le temps de les voir et encore moins de les fixer (Suon, 2010). De même, cet autre qui devant la caméra de Rob Lemkin se souvient avec une grande précision de la technique qu'il employait pour égorger ses victimes. Pas du nombre, il y en avait trop, mais des gestes et de la douleur qu'il ressentait chaque soir après l'effort. Pour preuve du grand nombre, il reproduira les gestes exacts de la mise à mort : le condamné est allongé sur le ventre attaché les mains dans le dos, il lui enfonce le dos avec le genou, soulève rapidement la tête par les cheveux en lui imprimant une flexion arrière, puis tranche d'un coup vif de gauche à droite. Le soir, il n'en pouvait plus de fatigue et exécutait les derniers en leur enfonçant simplement le couteau dans la gorge tellement il avait de crampes au poignet à force de faire ce balayage de gauche à droite (Lemkin & Thet, 2012). Oui, il se souvient précisément des gestes, des courbatures, mais d'aucun visage, ni du nombre. Encore aujourd'hui, les corps sont tous là, pas loin, dans des fosses communes que la nature a recouvertes. Personne ne les cherche, personne ne les pleure et lui, leur bourreau, ne sait même pas le nombre, alors le visage de chacun, pensez vous ! Aujourd'hui, il n'a pas plus de haine que de mauvaise conscience. D'abord, il n'a jamais aimé faire ce qu'il faisait. Mais il le faisait du mieux qu'il pouvait, comme on fait son travail sous les ordres d'un chef, en l'occurrence une puisque sa cheffe était une cadre du parti, qui vous hurle dessus pour que les cadences soient respectées. Il préfèrerait n'avoir jamais tué autant de personnes, il espère ne jamais avoir à recommencer. Il semble comprendre le désarroi de son interlocuteur dont la famille a disparu dans des massacres équivalents, mais en même temps il ne ressent pas grand-chose. Pas plus qu'à l'époque. Il ne cherche même pas à se donner bonne conscience en reconnaissant ses crimes, ni même mauvaise conscience en les avouant. Au fond, ces hommes nous montre que l'on ne ressent rien lorsque l'on tue sans autre motif que d'avoir à le faire chaque jour, comme n'importe quel travail, et que l'on ne se souvient pas plus du nombre de personnes tuées ou de leurs visages, que du nombre de seaux que l'on a dû vider pour nettoyer le sol.

Cette technique de mise à mort, ces corps laissés à l'abandon, cette disparition du souvenir des visages, tout cela fait authentiquement partie du programme génocidaire dont l'essentiel n'est pas seulement de faire mourir, mais bien plus de faire disparaître jusqu'au souvenir de l'existant (Rechtman, 2013). Réduire le mort à une simple dépouille que l'on jette comme un déchet pour lui interdire de rejoindre l'univers protecteur des défunts. Toute l'administration de la mort mise en œuvre par les Khmers rouge repose sur cette ambition de tuer la mort, d'interdire les rites funéraires et de ne considérer les vivants destinés à la destruction que comme des cadavres en puissance (Rechtman, 2006).

EN GUISE D'ÉPILOGUE À « POURQUOI LA GUERRE ? »

Dans sa réponse à l'invitation d'Albert Einstein, Freud livre un commentaire quelque peu désabusé sur la guerre et fait coïncider la haine entre les peuples avec certaines motions intrapsychiques (Freud, 1933*b* [1932]). Profondément marqué par la Grande Guerre et son effroyable brutalité, le désenchantement de Freud n'a sans doute pas d'autre égal que sa déception d'avoir cru, plus tôt, que sa méthode permettrait de déjouer le pire. Au crépuscule de sa vie, il semble faire le triste constat que la psychanalyse n'y pourra rien, sauf à la marge peut-être, comme avec la religion, c'est-à-dire juste pour en dévoiler l'illusion. La religion ne porte pas le salut de l'homme. L'homme non plus, nous laisse-t-il comprendre.

Pour l'auteur du *Malaise dans la civilisation*, la réponse à ce « Pourquoi la guerre ? » est donc encore plus cinglante. Il n'y a pas grand chose à attendre de l'homme, dit-il en substance, et surtout pas de la masse. Et si d'aventure la société se montre encore plus féroce, si elle encourage la brutalité, si elle désigne ceux sur lesquels cette cruauté pourra se déchaîner, alors le pire sera au-delà de l'imaginable. L'histoire du XXe siècle lui a malheureusement donné raison. La Seconde Guerre mondiale, Hiroshima, la Shoah, les épurations staliniennes, la Révolution culturelle maoïste, le génocide perpétré par les Khmers Rouge, le génocide des Tutsies, la répression sanglante dans l'Indonésie des années 1960, et d'autres encore. Le troisième millénaire ne s'annonce pas moins violent. Déjà l'Orient est en feu. Et les anciennes puissances coloniales ne sont pas en reste.

Freud avait donc raison, pourrions-nous dire. Mais si Freud a pu ainsi penser que le pire pouvait arriver, et nous en annoncer la couleur, n'est-ce pas parce que, pendant longtemps, il n'y a justement pas cru ou pas voulu y croire ? N'aurait-il pas plus exactement cru à l'existence dans l'homme de forces intrapsychiques capables de transformer la haine en conflit et de sublimer la cruauté ? N'a-t-il pas espéré, au moins pendant toutes les années d'invention, que la psychanalyse saurait faire triompher des modes de résolution bien moins brutaux ? La déception freudienne réside sans doute dans cet espoir trahit. Le mal est possible, souhaité, réalisable et réalisé. Donc l'homme est potentiellement mauvais (pulsionnellement devrait-on dire). Voilà où Freud se retrouve alors même qu'il a toujours voulu esquiver cette question.

Étonnamment, au travers de son explication de la guerre, l'inventeur de la psychanalyse reste hanté par une question morale, dans laquelle la pulsion de mort et le Mal sont en étroite correspondance. Or, ce que nous apprennent les témoignages des bourreaux ordinaires des génocides contemporains[4] est finalement plus simple. Il n'est pas indispensable de laisser libre court à ses pulsions pour être un criminel de masse. Ceux qui s'y livrent prennent peut-être plus de plaisir, mais en fait, très vite, ils se lassent et poursuivent sans jouissance. D'autres trouveront cela déplaisant, voire pénible à cause des odeurs, du bruit, du sang, de l'effort et donc de la fatigue, et pourtant poursuivront. D'autres, enfin, n'y trouveront rien, et tâcheront toujours de faire au plus vite pour passer à autre chose, mais le feront quand même. Il n'est pas non plus indispensable de développer une surenchère de mécanismes psychologiques comme le déni, le déplacement, ou l'évitement pour ne pas voir le Mal. Car pour eux, le Mal ne réside pas là, puisqu'ils ne font que ce qu'ils doivent faire : leur *job*, un point c'est tout. Même la douleur qu'ils provoquent n'a rien à voir avec le Mal. D'ailleurs, ils n'ignorent pas les souffrances qu'ils induisent, pour certains c'est même cela le bien : le faire quand même. Pour d'autres, c'est insignifiant, c'est-à-dire que ni le mal ni le bien ne sont en jeux dans ce qu'ils doivent accomplir. Le Mal, ils le rencontrent ailleurs dans leur vie et savent s'en protéger pour défendre leurs proches, par exemple. Ils n'ont donc pas besoin de suspendre leur jugement moral pour commettre leurs crimes, leur jugement moral est incontestablement intact, mais il ne se trouve pas là !

Hannah Arendt, tout comme Sigmund Freud avant elle, aurait-elle voulu croire à l'existence de quelque chose de spécial chez ces auteurs de crimes de masse qui simultanément leur permettrait de saisir l'horreur de leurs actes et aussitôt d'en dénier la portée morale ? L'expression « banalité du mal » traduit justement cette coexistence ambivalente de deux termes en tous points opposés. La formule, pour terrible qu'elle soit, résonne néanmoins comme une ultime tentative d'accorder à ces hommes le bénéfice d'un doute : au moins ils savaient que ce qu'ils faisaient était inacceptable. Or rien ne laisse supposer que cette tentative de leur préserver un soupçon de lucidité sur l'horreur commise soit empiriquement justifiée. Eux mêmes avouent plus volontiers avoir agit conformément à ce qu'ils devaient faire. Même leurs efforts pour faire disparaître les traces des corps suppliciés ne relèvent pas d'une quelconque tentative

4. On retrouve le même détachement chez les complices plus ou moins dociles des exécuteurs : voir les archives visuelles de témoins participatifs de la Shoah par balles collectées par l'équipe Yahad-In Unum du Père Desbois : http://www.yahadinunum.org/?lang=fr

de dissimuler leurs méfaits. À l'inverse, la destruction des corps fait intégralement partie du processus génocidaire et traduit l'ambition de tuer la mort. Autrement dit, d'éliminer justement tout le *genos* du groupe à détruire, c'est-à-dire jusqu'aux morts, de leur dépouille à leur souvenir.

En ce sens, il me semble que la pulsion de mort n'est pas plus convoquée pour permettre de tuer en masse que pour accepter de vider les poubelles d'une ville ou d'exercer la médecine. Tuer est un *job*, souvent rien de plus, comme ils le disent tous. Mais derrière cette première évidence qui semble s'appliquer à tous les auteurs de crimes de guerre ou de masse, ces tueurs sont en fait tous différents, ils obéissent à leurs supérieurs pour des raisons généralement bien différentes les uns des autres. Parfois par peur, souvent pour se faire bien voir, par esprit de revanche pour certains, sans aucune idée particulière pour d'autres encore.

Au fond, on ne sait pas pourquoi *les hommes* tuent avec une telle facilité en temps de guerre et *a fortiori* au cours des génocides. Mais une chose est au moins sûre, ils le font, et dans des proportions toujours plus importantes à mesure que la technique leur offre des instruments de mort plus perfectionnés (Audoin-Rouzeau, 2008). En invoquant un « on ne sait pas pourquoi », il s'agit avant tout de souligner que les raisons singulières qui poussent un homme ou une femme à accepter et donc à décider d'endosser le rôle de tueur de masse, c'est-à-dire de tueur d'hommes, de femmes, d'enfants, de vieillards désarmés et ne représentant aucun danger direct pour celui ou celle qui les assassinera, nous sont généralement totalement inconnues, sauf à les entendre chacun s'en expliquer. Dès lors, les crimes commis lors de l'exercice de ce métier de tueur de masse ne devraient bénéficier d'aucune atténuation *a priori* de la responsabilité de leurs auteurs, ni d'aucune indulgence *a posteriori*. Ni la soumission à l'autorité, ni la pulsion de mort ne sauraient valoir pour tous et donc collectivement expliquer le meurtre, et encore moins disculper chaque auteur de la décision qui précède le meurtre.

Certes, pour des raisons politiques, voire judiciaires, ces hommes et ces femmes ne seront jamais individuellement traduits en justice. Certes, face aux crimes contre l'humanité les sociétés occidentales ont un jour décidé de n'entendre devant leurs tribunaux que les responsables de hauts rangs, laissant aux autres, c'est-à-dire à ceux qui tuèrent au quotidien, le droit de s'évanouir dans la nature et de se réinsérer tranquillement. Mais il me semble plus difficilement acceptable que les scientifiques de tous bords cautionnent aveuglement cet effacement des responsabilités, au nom d'une supposée commune expérience collective des bourreaux dédouanant l'engagement personnel de chacun, alors qu'aucune clinique, ni aucune sociologie ne vient empiriquement corroborer cette assertion. Au fond, ne pas poursuivre ces hommes et ces femmes relève d'un choix politique, rien de plus. Mais les psychanalystes savent aussi que le déni de l'acte singulier appelle sa répétition.

Richard Rechtman,
EHESS,
190 av de France
75013 Paris
rechtman@ehess.fr

RÉFÉRENCES BIBLIOGRAPHIQUES

Arendt H. (1966), *Eichmann à Jérusalem. Rapport sur la banalité du mal*, Paris, Gallimard, « Folio », 2002.

Audoin-Rouzeau S. (2008), *Combattre: une anthropologie historique de la guerre moderne (XIX-XXIe siècle)*. Paris, Le Seuil.

Browning C. R., *Des hommes ordinaires. Le 101*[e] *bataillon de réserve de la police allemande et la solution finale en Pologne* (E. Barnavi, Trans. 1992, pour la 1e ed.), Paris, Les Belles Lettres, 2006.

Chandler D., *Pol Pot. Frère numéro 1*, Paris, Plon, 1993.

Cruvellier T., *Le Maître des aveux*, Paris, Gallimard, 2011.

Dumas H., *Le Génocide au village: le massacre des Tutsi du Rwanda*, Paris, Le Seuil, 2014.

Freud S. (1915*b*), Considérations actuelles sur la guerre et la mort, trad. franç. A. Bourguignon, A. Cherki, *Essais de psychanalyse*, OCF.P, XIII, 1988; GW, X, Paris, Payot, 1989.

Freud S. (1933*b* [1932]), *Pourquoi la guerre ?*, OCF.P, XIX, 1995 ; GW, XVI, Paris, Puf, 1985.

Hatzfeld J., *Une saison de machettes*, Paris, Le Seuil, 2003.

Hilberg R. (2006), *La Destruction des juifs d'Europe* (1961 pour la 1e ed.), Paris, Gallimard, « Folio Histoire ».

Kiernan B., *Le Génocide au Cambodge 1975-1979. Race, Idéologie et pouvoir*, Paris, Gallimard, 1998.

Lemkin R., Thet S. (Writers), *Enemies of the People. A personal journey into the heart of the killing fields*, documentary, 2012.

Milgram S., *Soumission à l'autorité*, Paris, Calmann-Lévy, 1974.

Oppenheimer J. (Réalisateur), *The Act of killing*, documentaire, 2013.

Panh R. (Réalisateur), *Duch, le maître des forges de l'enfer*, documentaire, 2012.

Rechtman R. (2006), The Survivor Paradox. Psychological Consequences of the Khmers Rouges Rhetoric of Extermination, *Anthroplogy & Medicine journal*, vol. 13, n° 1, 2006, pp. 1-11.

Rechtman R., Reconstitution de la scène du crime. À propos de Duch, le maître des forges de l'enfer de Rithy Panh, *Études, Revue de Culture Contemporaine*, n° 4154, juillet 2011, pp. 320-339.

Rechtman R., *Les Vivantes*, Paris, Léo Scheer, 2013.

Suon G. (Réalisateur), About my father, In Bophana (Production), Phnom Penh, documentaire, 2010.

L'impossible question de la possibilité du pardon

Jean-François Chiantaretto*

Le vingtième siècle a consacré Primo Levi comme un écrivain majeur. Son œuvre constitue une exceptionnelle *figure littéraire* de la pensée, emblématique de la puissance du penser offerte par certains textes littéraires. Avec lui, comme avec d'autres écrivains, la littérature pense : elle pense ce qui ne peut être pensé autrement et par là même, elle est susceptible d'enrichir et d'étendre le champ du penser chez les psychanalystes. Primo Levi fait œuvre, non pas *de* la Shoah – formulation proprement insensée – mais en gagnant sur la Shoah une résistance personnelle au meurtre de la pensée, au meurtre du sujet de la pensée, jusqu'à *mettre en œuvre* une pensée de la survivance. Et il nous confirme dans l'idée que penser suppose toujours, certes selon des modalités pouvant différer à l'extrême, d'avoir survécu à un meurtre et d'en témoigner[1].

L'œuvre de Primo Levi est ici extraordinairement précieuse, parce que l'écriture de soi y met en scène le lien indéfectible entre le besoin de se parler et le besoin de l'autre pour s'entendre. Et le met en scène à la fois tel qu'il est *éprouvé*, dans tous les sens du terme, chez les témoins survivants et tel qu'il peut l'être par chacun d'entre nous. Le « désir primordial et violent de raconter », revendiqué par Primo Levi, oblige à envisager les enjeux éthiques du témoignage en y accédant par la voie la plus difficile et certainement la plus à même d'en activer la dimension passionnelle, à savoir l'*impossible* question, non pas même du pardon en tant que tel, mais de la possibilité du pardon.

* Psychanalyste, professeur de psychopathologie à l'Université Paris 13 Sorbonne Paris Cité. Membre de l'UTRPP EA 4403. Il a fondé et anime le groupe de recherches « Littérature personnelle et psychanalyse ».

1. Imre Kertész est à cet égard l'indispensable complément de Primo Levi (Chiantaretto, 2011).

La question sera ré-ouverte sous l'angle, limité mais essentiel, *des conditions psychiques* requises pour permettre au sujet d'une expérience traumatique de se confronter à la possibilité de pardonner *ou non* – et plus spécifiquement lorsque le trauma expose à une disparition de l'autre renvoyant à la défection de l'autre secourable. Ce type de trauma porte atteinte plus ou moins directement au statut de semblable. Et cette atteinte prenant avec la *Shoah* la forme radicale d'une négation de l'appartenance humaine, la question vient pour le témoin survivant toucher à la capacité même à se faire le sujet de *son* expérience traumatique – contre sa destitution comme sujet humain, comme semblable parmi ses semblables.

LE MEURTRE : DE LA DISPARITION DE L'AUTRE À LA DÉFECTION DE L'AUTRE SECOURABLE

Primo Levi, comme Imre Kertész et d'autres témoins survivants de la Shoah, en trouvant dans l'écriture un lieu pour risquer une parole singulière de sujet, autorisent à s'engager sur deux voies. La première : envisager la Shoah – *aussi* – comme une catastrophe nous concernant tous, en tant qu'atteinte portée à l'humain et en tant qu'elle nous montre, en l'attaquant de façon inédite, notre dépendance constitutionnelle vis-à-vis de l'autre pour se sentir exister comme semblable différent parmi ses semblables différents. La seconde : envisager – *aussi* – la survivance attestée par les survivants de la Shoah comme un témoignage susceptible d'éclairer certains enjeux de la psychopathologie des limites. La psychopathologie des limites se définit effectivement par un registre où la survivance au meurtre d'âme se manifeste dans une sorte d'addiction à la haine, par laquelle le sujet ne cesse de survivre au meurtre du penser, initialement activé par l'autre et agi au présent, *indifféremment* chez l'autre et chez soi – meurtre du penser ayant pour cible première l'aptitude du mot à l'affect[2] et visant paradoxalement à survivre au meurtre d'âme en se protégeant d'avoir à éprouver l'horreur. Je ne reprendrai ici que la première de ces deux voies[3].

La disparition de l'autre comme garant d'une écoute est au cœur de la solitude traumatique des témoins survivants d'un génocide, attaqués dans leur appartenance humaine et leur singularité – c'est-à-dire dans leur lien identifiant à l'ensemble humain, à l'ensemble des semblables différents, pour le

2. Pour reprendre la si décisive formulation de Piera Aulagnier (Aulagnier, 1989). J'ajouterai que l'aptitude du mot *à dire* l'affect suppose l'aptitude de l'affect à *se trouver* dans le mot.

3. J'ai précédemment exploré la seconde (Chiantaretto, 2011).

passé, le présent et l'avenir. Ce lien identifiant est figuré en soi par ce que j'ai pu appeler le témoin interne, figure intrapsychique[4] représentant à la fois le visage de l'autre comme semblable et l'autre comme interlocuteur interne (Chiantaretto, 2005). Et le témoin interne est lui-même menacé de disparition quand l'autre disparaît de l'expérience relationnelle en tant que témoin garant ; menace qui vient comme actualiser la possibilité antérieure de la défection de l'autre secourable pour l'*infans*.

Au-delà d'une modalité de meurtre de masse matérialisant l'insupportable capacité de l'humanité à se faire disparaître, il y a l'insupportable menace du meurtre d'âme. Les témoins survivants nous disent la possibilité d'une défection de l'autre secourable, la possibilité d'une privation de l'autre comme semblable, mais aussi et surtout la possibilité d'un meurtre liée à une telle défection, plus ou moins présente pour chacun d'entre nous au début de la vie. Par là même, ils nous disent quelque chose du besoin vital de la psyché de l'autre pour exister, du besoin vital d'un autre primordial qui trouve suffisamment plaisir à satisfaire les besoins vitaux du sujet *en train de venir* – c'est-à-dire : du besoin vital, pour se faire et être fait sujet, pour sortir vivant de l'état originel de dépendance vitale, de quelqu'un à investir libidinalement qui permette de se reconnaître comme quelqu'un, investi et à investir libidinalement.

Cet autre primordial, cet autre secourable, s'il ouvre des relations identifiantes à la fois suffisamment étayantes et suffisamment différenciantes – susceptibles de s'organiser en termes de fonction maternelle et de fonction paternelle – est supposé donner place à une fonction de l'autre, destinée à être introjectée pour expérimenter l'espace intérieur comme lieu et source d'interlocution. Il s'agit de l'autre comme témoin, dont tout sujet a structurellement besoin pour se mettre et se voir en mots, qui prend forme dans la relation à la mère de la dépendance vitale, interprète et traductrice des émois et des sensations de l'*infans*. Le témoin interne, ainsi défini, procède de l'introjection de la fiabilité des mots de la mère, de leur aptitude affective à dire l'*infans*. Mais cette figure intrapsychique devra être constamment reconnue et légitimée dans les relations actuelles à l'autre (aux autres), qui ne cessent de recomposer pour le meilleur et pour le pire les conditions de l'interlocution interne.

Le témoin garant : tel est le nom que j'ai proposé de donner à la fonction de témoin tiers, à la figure relationnelle de cet étayage sur l'autre, toujours à réactualiser, qui vient autoriser et garantir la possibilité d'un point de vue sur sa propre vie. Un point de vue qui soit aussi lieu d'écoute et source de parole, à partir duquel son écriture, de potentielle, devient réalisable. Le témoignage

4. Une figure et non pas une instance.

des survivants nous confronte au plus près et au plus douloureusement à ce besoin vital de l'autre comme témoin garant pour écrire sa vie – étant bien entendu qu'un tel témoignage a sa nécessité intrinsèque, tant du point de vue du survivant, de son groupe d'appartenance que du point de vue de l'ensemble humain.

À partir de la résistance intérieure du survivant menacé d'anéantissement par l'autre, il s'agit de penser l'intériorité comme lieu de résistance face à la menace d'une disparition de l'autre, inscrivant la menace d'une disparition de soi. Radicalement, l'acte testimonial, quand il vient attester de la survivance, nous oblige à vérifier combien survivre suppose toujours de porter et supporter l'espoir de vivre. Et à vérifier par là jusqu'à quel point la vie n'est vivable qu'en étant racontable, c'est-à-dire écrite potentiellement pour quelqu'un.

Tout récit suppose un destinataire, tout récit constitue une scène d'interlocution : il s'agit de parler à quelqu'un. Dans l'écriture de soi, il s'agit plus spécifiquement de mettre en scène un dialogue intérieur, la scène intérieure requérant le lecteur comme témoin garant d'une écoute. Qu'advient-il de cette visée lorsque cette scène intérieure est attaquée par une expérience traumatique mettant en cause l'appartenance humaine, lorsqu'est attaquée la possibilité d'une parole fondée sur le dialogue intérieur avec les autres en soi, c'est-à-dire la confiance dans les mots pour se dire ? Dans les récits des témoins survivants de la Shoah, l'attaque de la subjectivité est devenue la matière même du témoignage. Le témoignage est alors condamné à affronter la menace d'un redoublement du trauma : dans la réduction de l'écriture de soi à la production d'une preuve, vérifiable par les historiens, et dans la disparition de l'autre comme témoin garant d'une écoute, susceptible d'annuler en soi la présence de l'autre comme semblable identifiant.

VIVRE POUR RACONTER À QUELQU'UN : SE PARLER, PARLER

Au fil des textes se manifeste chez Primo Levi, de plus en plus visiblement, une certitude intérieure, cruelle et implacable : *il n'y aura personne pour légitimer en moi le témoin*. Cette certitude intérieure prolonge l'expérience traumatique d'Auschwitz, mais elle renvoie aussi à la résistance et à la survivance du témoin interne, d'une figuration du semblable en soi permettant de se voir et de se parler, de se sentir exister. « [...] pour beaucoup d'entre nous, l'espoir de survivre se confondait avec un autre espoir, plus précis : nous espérions non pas vivre et raconter, mais vivre *pour* raconter » (Levi, 2002, p. 55). Vivre pour raconter, manger pour vivre : deux besoins vitaux « [...] placés sur un même plan de nécessité première. La nourriture qui s'éloignait et le récit qu'on n'achevait pas revêtent la même angoisse du besoin insatisfait. Le désir primordial et violent de raconter ne m'a pas quitté » (Levi, 2002, p. 182).

Survivre dans son corps, c'est-à-dire dans cette dimension d'être de besoin et de plaisir signant l'appartenance humaine : cela suppose de survivre dans *l'expérience du possible* : le possible d'une parole adressée. La survivance radicalise l'intrication des registres corporel, relationnel et psychique caractérisant la confrontation à la dépendance vitale vis-à-vis de l'autre, pour exister et se sentir exister. Cette confrontation, catastrophique à Auschwitz, l'est tout autant après pour le témoin survivant, dans la mesure où la résistance de son expérience subjective est au cœur de son témoignage – de son expérience subjective, c'est-à-dire d'abord ici de son expérience d'avoir été non seulement attaqué, mais nié comme sujet. Rien ne peut ni ne doit être oublié car témoigner d'Auschwitz, c'est témoigner de soi en train de survivre dans l'acte même d'anticiper un récit au sein duquel rien ne doit être oublié ; c'est témoigner d'un moi survivant qui ne peut exister qu'au présent. Sachant que pour vivre, il faudra abandonner ce moi survivant condamné au présent, pour ouvrir le passé comme source du futur, ce qui suppose, particulièrement dans ce registre traumatique, d'investir le futur comme source d'investissement du passé.

> « J'avais besoin de raconter ces souvenirs ; il était important, à mes yeux, qu'ils ne gisent pas au fond de moi comme un cauchemar, il fallait qu'ils soient connus non seulement de mes amis, mais de tous, du public le plus vaste possible. Dès que je le pus, je commençai à écrire avec fureur et méthode, comme obsédé par la crainte d'oublier un seul de mes souvenirs. C'est ainsi qu'est né mon premier livre, *Si c'est un homme*, qui décrit mon année de détention à Auschwitz. Je l'ai rédigé sans effort et sans problème, avec une satisfaction et un soulagement profonds, avec l'impression que ces choses "s'écrivaient toutes seules", qu'elles trouvaient d'une certaine façon une voie directe entre ma mémoire et la feuille de papier » (Levi, 2002, p. 41).

Pour le témoin survivant, la « cachette sûre », c'est le moi en train de survivre en observant pour témoigner auprès des autres humains. Et lorsqu'il témoignera, il témoignera de l'œuvre d'un interlocuteur interne à Auschwitz, œuvre consistant à anticiper le récit adressé à l'ensemble des interlocuteurs possibles, c'est-à-dire à l'ensemble humain. Ce faisant, le témoignage montre l'interlocuteur interne à l'œuvre chez le survivant dans la fabrique d'un récit requérant la présence d'interlocuteurs. Mais la position est proprement insoutenable, puisqu'elle supposerait une pleine, totale et définitive reconnaissance par l'ensemble humain de l'expérience traumatique comme *le lieu* de la catastrophe humaine, avec la reconnaissance que ce qui a eu lieu a bien eu lieu sans pour autant trouver lieu dans l'écriture de l'histoire humaine. L'enjeu est radical, comme exhibé au négatif par le regain, déjà dans les années 1980, des thèses révisionnistes et négationnistes : que l'ensemble humain vienne légitimer après coup le combat intérieur du survivant, la résistance de sa capacité à se parler et à rêver l'autre dans une situation où tout est organisé pour la détruire.

Chez Primo Levi, la séparation est nette entre les textes testimoniaux consacrés à Auschwitz et les autres, nouvelles ou essais, même si on retrouve indéniablement une unité du style narratif, marqué par le primat de l'observation et de la description. L'altération traumatique de la subjectivité est, au moins officiellement, maintenue dans les textes consacrés à Auschwitz et tout l'effort de l'écriture semble être effectivement de l'observer et de la décrire comme de l'extérieur. Même l'altération du témoignage par le témoignage lui-même, en tant qu'il sécrète une « mémoire artificielle », devenue pourtant une préoccupation de plus en plus envahissante après la seconde édition de *Si c'est un homme*, reste de l'ordre de l'observation. Comme si Primo Levi cherchait à maintenir, de plus en plus difficilement, la possibilité d'un salut dans l'écriture, ou plutôt, d'un salut amené par l'écriture. Chez lui, l'écriture est née de la survie et participe à la survie : le besoin de raconter est donné pour salvateur. « J'écris parce que je suis chimiste » : à ses yeux, sa formation lui a permis d'investir l'écriture comme l'érection intérieure d'une position d'observateur, rendant possible de vivre l'expérience traumatique comme une expérimentation catastrophique d'une zone intermédiaire, de l'inhumain dans l'humain – de l'attaque de humain comme élément constitutif de l'humain. C'est très probablement le sens premier du titre, *Si c'est un homme*.

Il reste que témoigner de la destruction et de la survie renvoie à une attente vitale, constamment réanimée par l'écriture même, sans satisfaction possible : derrière la reconnaissance du témoin en personne, la reconnaissance après Auschwitz du témoin interne maintenu en vie au cœur de la catastrophe – alors même que la figure intrapsychique du témoin interne ne peut par nature être réduite à la personne du témoin. Cette attente vitale, condamnée à l'insatisfaction, engage une douleur d'écriture qui prend peut-être toute sa signification lorsque Primo Levi, né comme écrivain à Auschwitz, consacre les Allemands comme destinataires électifs de son témoignage. Nous sommes en 1986, un an avant son suicide.

LES CONDITIONS PSYCHIQUES DE LA POSSIBILITÉ DU PARDON : LE *SUJET* DU TRAUMA

Les conditions psychiques de la possibilité du pardon – et non pas le pardon comme tel ! Avant d'aborder la question chez Primo Levi, quelques remarques générales pour l'introduire. Trop souvent l'objet soit d'une récusation, soit d'une instrumentalisation plus ou moins idéologique, cette question peut se poser dans un registre à dominante relationnelle ou dans un registre à dominante sociale, pour un sujet individuel face à un sujet individuel ou un groupe, ou pour un groupe face à un autre groupe ou une entité sociale plus large. Dans toutes les situations en jeu, des plus individuelles au plus collectives, sont impliqués à la fois le psychisme individuel et la culture, au sens de l'ensemble des normes, des valeurs et des idéaux requis pour vivre ensemble et donner place à chacun – étant entendu que la culture ainsi définie peut sensiblement varier d'une société à une autre, mais qu'elle est toujours à envisager indissociablement dans sa dimension spécifiquement collective et comme un élément constitutif du psychisme individuel, dans la perspective du *Kulturarbeit* (travail de la culture) freudien.

Je renvoie ici aux travaux décisifs de Nathalie Zaltzman, menés dans la voie ouverte par Piera Aulagnier avec le concept de contrat narcissique. Le *Kulturarbeit*, au titre de « garant collectif du narcissisme individuel » et de garant d'un « espace libidinal commun », vient en fait garantir en et pour chacun un « capital narcissique minimal », « une certitude minimale d'existence pour autrui» (Zaltzman, 1998, pp. 14-17). En ce sens, le *Kulturarbeit* désigne la dimension intrapsychique du sentiment d'appartenance humaine de chacun, et c'est ce qui a été attaqué par la Shoah :

> « L'écroulement de ce qui assurait à chacun, à son insu, inconsciemment, la certitude de l'existence d'un pacte entre l'homme et lui-même, et les autres, cet écroulement a eu lieu, quelles que soient nos forces de dénégation : pour ceux qui l'ont vécu et ne lui ont pas survécu et pour ceux qui sont restés en vie, et pour les deux générations au moins qui sont nées après. Cet écroulement fait désormais partie de chacun [...] » (Zaltzman, 1998, p. 17).

Les témoins survivants sont à cet endroit dans une position littéralement intenable, position qu'ils sont en somme condamnés à exposer comme sujets impliqués par l'acte testimonial. Ils témoignent de leur subjectivité comme le lieu tout à la fois de cet écroulement et de leur résistance intérieure à cet écroulement. Ils témoignent de la dimension intrapsychique de la catastrophe collective et nous interpellent comme sujets responsables de l'humain, en chacun et pour tous. Car « c'est par le psychique dans l'individuel que s'accomplit le *Kulturarbeit* [...] » (Zaltzman, 1998, p. 16). Et c'est exactement là que la question de la possibilité du pardon se pose, nécessaire et impossible.

Autrement dit, dans toutes les situations mettant en jeu la question du pardon, des plus individuelles au plus collectives, la place du sujet humain comme semblable différent parmi ses semblables différents est toujours interrogée, voire mise en cause. Et dans tous les cas, on peut relever un certain nombre d'éléments communs conditionnant au plan psychique la possibilité du pardon : la reconnaissance *de part et d'autre* de ce qui a lieu, soit la reconnaissance *de part et d'autre* de l'expérience traumatique vécue par l'un, ce qui suppose la reconnaissance *de part et d'autre* et du préjudice subi par l'un et de la faute commise par l'autre ; enfin la nécessité du repentir de l'un, de son expression et de sa recevabilité auprès de l'autre. Dans une perspective à la fois inspirée et en partie différente de celle ouverte par Jankélévitch (Jankélévitch, 1986), je rappellerai que le pardon suppose quelqu'un pour le demander, quelqu'un pour l'accorder et quelqu'un pour le recevoir.

La possibilité du pardon suppose la reconnaissance la plus précise possible du préjudice subi, *par la victime elle-même,* et la reconnaissance de sa faute, le repentir et l'expression du repentir par l'auteur du préjudice, qui vient demander pardon.

Sans cette double reconnaissance, extrêmement exigeante tant du côté de la victime que du côté de l'auteur du préjudice, la place d'un tiers est barrée, rendue impossible, alors même que l'intervention d'un tiers est dans tous les cas nécessaire, ne serait-ce que pour juger de ce qui est réparable[5] et de ce qui ne l'est pas – jugement sans doute incertain et évolutif, mais sans lequel la demande de pardon et sa réception perdent l'essentiel de leur légitimité.

J'aborderai d'abord la question quand elle est posée entre deux sujets individuels. Si la gravité du préjudice est suffisamment limitée et son étendue suffisamment facile à établir dans ses principaux effets traumatiques, on peut espérer que l'accordage des deux puisse éventuellement légitimer le pardon et instituer suffisamment du tiers. Dans ce cas, la reconnaissance partagée du préjudice et l'expression convaincante et adressée du repentir pourront prendre suffisamment valeur de réparation et autoriser à transformer, au moins partiellement, les aspects traumatiques de l'expérience relationnelle en aspects créatifs.

Dans la lignée de Ferenczi ou Winnicott, le traumatisme psychique renvoie toujours à une automutilation psychique, imposée au sujet par l'absence psychique de l'autre, disparu à l'endroit même où le sujet a besoin de lui et dans l'incapacité de reconnaître sa disparition. Il n'y a personne pour reconnaître la disparition et le sujet de la défaillance disparaît, impitoyablement innocent, condamnant le sujet empêché de l'expérience traumatique – empêché, voire en danger d'effacement comme sujet – à s'automutiler pour ne pas disparaître complètement comme sujet potentiel, en puissance. L'enjeu est de survivre : se maintenir vivant en restant attaché à la scène – investie comme originelle et non originaire – de la défection de l'autre secourable. Le sujet (empêché) de

5. Dans ce texte, le terme aura une signification plutôt juridique, délibérément non psychanalytique.

l'expérience traumatique, en prenant à son compte la faute et la culpabilité, se vit dans une solitude synonyme d'abandon, voué à l'impuissance relationnelle, à la destitution comme sujet, dissemblable n'appartenant plus à la communauté des semblables. Tel est le cœur de la solitude traumatique.

S'il est donné ensuite au sujet empêché et menacé d'effacement de revivre une expérience relationnelle où l'autre, agissant sa disparition, sera cette fois capable de le reconnaître et d'en assumer après coup au moins partiellement la responsabilité, alors le sujet pourra peut-être, plus ou moins, faire de sa solitude traumatique une solitude potentiellement créative. C'est-à-dire une solitude lui permettant d'entrer profondément en communication avec ses semblables dans l'expérience commune de l'attente d'un autre secourable. Cette attente, activée dans toute relation en tant qu'elle est libidinalement investie, est faite pour être toujours plus ou moins déçue. L'attente, à réduire l'autre à la dimension de l'autre secourable, *doit* être suffisamment déçue, cette déception faisant partie du lot commun, de la solitude constitutionnelle du sujet humain, à vivre et à partager dans toute relation. En d'autres termes, l'enjeu de toute relation serait sous cet angle la transformation de l'attente en espoir et toute la difficulté, dans la gamme traumatique ici abordée, est d'accéder à cet enjeu.

L'expérience traumatique, initialement automutilation inscrivant en soi la privation de l'autre comme *condition* de survie – d'une survie vécue comme indépassable empêchement de se donner (à) la vie –, deviendrait alors dans l'après-coup une potentialité créative au service de la vie. Une potentialité permettant de contacter l'autre en soi dans la vie intérieure et dans la vie relationnelle. En d'autres termes, la solitude est devenue vivante et vivable, non plus lieu de privation de l'autre, mais fondement de la relation à l'autre.

Dans ce champ d'expérience limité au sujet individuel, la possibilité du pardon est liée à la possibilité d'évaluer ce qui est réparable et ce qui ne l'est pas. Cela suppose donc d'affronter la souffrance et/ou la douleur, pour revisiter l'expérience traumatique, idéalement avec l'auteur du préjudice. Et que soit partagée sans confusion des aires psychiques la reconnaissance de ce qui a eu lieu, la reconnaissance du préjudice et de la faute, afin que cette double reconnaissance vienne valider la recevabilité par l'un du repentir de l'autre – étant entendu qu'est ici engagée la responsabilité propre des deux sujets, même si l'une et l'autre diffèrent fondamentalement, même si l'une conditionne l'autre. Si le sujet de la défaillance facteur du préjudice est le partenaire de cette reconnaissance après-coup et peut témoigner justement de son repentir, le pardon est rendu possible dans la présence potentielle d'un tiers, amenée par l'accordage comme miraculeux des deux sujets.

Mais si le sujet de la défaillance ne se reconnaît pas comme l'auteur ou le facteur du préjudice et se soustrait à cet après-coup, le sujet de l'expérience traumatique ne peut revisiter le passé traumatique qu'au prix d'une nouvelle expérience traumatique, avec quelqu'un d'autre. Et là, il faudra bien sûr qu'elle soit cette fois reconnue et objet de repentir. La restauration après-coup de la dimension de l'autre secourable et de la possibilité d'un témoin tiers, la sortie de la solitude traumatique, ne pourront néanmoins valoir rétroactivement que partiellement pour la première expérience traumatique, qui continuera son cours. Toujours pour ce cas de figure, il n'y aura une action rétroactive suffisante de la reconnaissance et du repentir de l'autre qu'avec le recours à un psychanalyste, en amont ou en aval, pour étayer, voire incarner transférentiellement un témoin tiers – jusqu'à, s'il le faut, en tenir lieu le temps nécessaire, sachant que dans presque tous les cas il est souhaitable de rendre possible pour le sujet de solliciter, *ailleurs et autrement*, les témoignages de proches impliqués dans le passé traumatique – ne serait-ce que pour mesurer leur essentielle insuffisance au regard de la nécessité d'un étayage interne. Le pardon ne pourra pleinement se déployer de la seconde vers la première expérience traumatique qu'à cette condition.

La question reste par ailleurs ouverte de savoir s'il n'y a pas une limite structurale au pardonnable qui tiendrait intrinsèquement à la chose même et aux limites du réparable – étant entendu qu'en matière relationnelle et dans le champ du psychisme individuel, la nature même de la chose, y compris pour des préjudices d'une extrême gravité comme par exemple ce qui ressort de l'inceste ou de l'incestualité, renvoie à une configuration de variables toujours singulière et toujours évolutive, rendant impossible toute approche unitaire.

TROUVER OU CRÉER QUELQU'UN À QUI PARDONNER ?

Mais dès lors que l'on quitte le registre strictement individuel, les conditions requises pour qu'il y ait tiers et donc possibilité du pardon vont bien au-delà de l'accordage entre deux sujets, tel qu'il est rendu possible par la reconnaissance suffisamment partagée de la faute et de ses effets, jointe au repentir adressé par l'un et reçu par l'autre. La question se pose tout à fait différemment, et aussi celle des limites du pardonnable liées à la nature de la disparition de l'autre et de ses effets.

Face à un génocide, la question de la possibilité du pardon pose d'emblée celle de sa légitimité. Si pardonner suppose quelqu'un pour demander pardon, quelqu'un pour l'accorder et quelqu'un pour le recevoir, ici qui demande, qui accorde et qui reçoit ? Il y a un flou irréductible concernant l'identité et l'écart entre l'auteur du préjudice, celui qui demande pardon et celui qui reçoit le pardon : les nazis, leurs descendants, les Allemands de la période nazie et/ou leurs descendants, l'État allemand ? Et la question de l'identité et de l'écart entre ceux qui ne sont pas revenus des camps nazis et les survivants est une terrible question qui hante Primo Levi comme tous les survivants : comment serait-il possible pour les survivants de pardonner au nom des morts ?

La question posée avec un génocide est radicale. Comment est-il possible de pardonner quand le crime est non seulement collectif, mais qu'il porte atteinte à la définition de l'humain, à la présence de l'humain en chaque être ? Car dans un génocide, il ne s'agit pas seulement d'un meurtre de masse, il s'agit de tuer selon des modalités qui visent à effacer l'appartenance humaine d'un groupe humain et de chacun de ses membres. La négation de l'humain en chaque victime est bien un « crime contre l'humanité », au-delà des droits de l'homme et de la protection des individus. Le meurtre d'un humain comme non humain porte atteinte à chacun d'entre nous, à chaque individu humain en tant qu'il représente l'espèce de manière unique et qu'il n'est représentable qu'au regard de l'ensemble des semblables, passé, présent et à venir : semblable différent parmi ses semblables différents.

Face au crime nazi, Primo Levi affirme : « Le verbe pardonner ne fait pas partie de mon vocabulaire[6]. » Et il revendique l'affirmation bien au-delà :

> « J'ai appris il y a quelques années qu'Amery [...] m'a défini "celui qui pardonne". Je ne considère cela ni comme une injure ni comme une louange, mais bien comme une inexactitude. Je n'ai pas tendance à pardonner, je n'ai jamais pardonné à aucun de mes ennemis d'alors, pas plus que je ne me sens disposé à pardonner à leurs imitateurs d'Algérie, du Viêt-Nam, d'Union Soviétique, du Chili, d'Argentine, du Cambodge, d'Afrique du Sud, parce que je ne connais pas d'actes humains qui puissent effacer une faute » (Levi, 1986, p. 134).

Il reste que pour lui, survivre, c'est comprendre, comprendre comment le crime perpétré par les Allemands a pu advenir. Et il ne s'agit pas de comprendre pour pardonner, mais de « comprendre pour juger » :

> « Depuis quarante ans, j'essaie de comprendre les Allemands. Comprendre comment cela a-t-il pu arriver est un but dans ma vie [...]. Pardonner n'est pas un verbe qui m'appartient [...] le pardon à forfait [...] ne me convient pas. Qui sont les Allemands ? Pour moi, l'absolution n'a pas de sens. Personne, pas même un prêtre, n'a le pouvoir de faire et de défaire [...]. Celui qui commet un crime doit payer, à moins qu'il ne se repente. Mais non en paroles. Le repentir verbal ne suffit pas. Je suis disposé à pardonner à celui qui a démontré dans les faits qu'il n'est plus l'homme qu'il a été. Et pas trop tard[7]. »

Comprendre, c'est prendre le risque de simplifier et de ce fait, d'effacer ce qui a eu lieu, d'effacer la responsabilité du meurtrier. Mais comprendre, c'est aussi trouver une voie (voix) supportable, qui fasse que le renoncement

6. Cité par Carlo Ginzburg (Ginzburg, 2014, p. 23).
7. Cité par Myriam Anissimov (Anissimov, 1996, p. 302).

à la haine ne soit pas consentement à l'effacement. Et comprendre au sens d'en appeler à des tiers comme le témoin dans un procès, c'est peut-être chercher un mode de confrontation, qui permette d'y survivre, à l'effrayant paradoxe qui fait que le projet nazi de déshumanisation des victimes – au sens de négation de l'appartenance humaine – a été pensé et mis en œuvre par des humains, c'est-à-dire des semblables. Et ouvrir la possibilité de *trouver quelqu'un qui demande pardon,* chez les Allemands, voire chez les descendants de nazis, à défaut des nazis eux-mêmes.

Face à un crime collectif de type génocidaire, évaluer les conditions de possibilité du pardon et les limites du pardonnable suppose d'évaluer la possibilité et la viabilité des procédures collectives engageant d'une manière ou d'une autre l'ensemble humain, pour reconnaître que ce qui a eu lieu a eu lieu, que ce qui a eu lieu concerne tout être humain *au présent.* Et il faut des instances collectives nationalement et/ou internationalement reconnues venant garantir qu'il y a bien, *et* quelqu'un pour demander pardon *et* quelqu'un pour juger de la recevabilité de la demande de pardon – ce qui suppose qu'il y ait quelqu'un pour juger de ce qui n'est pas réparable. Cela renvoie bien sûr à la notion juridique de « crime contre l'humanité ».

Mais il reste que ces instances collectives ont peut-être pour mission première de permettre ou de valider après coup l'essentiel, à savoir ce qui ne peut finalement se jouer que sur la scène individuelle d'un face-à-face entre deux sujets. La scène de la relation entre un sujet qui demande pardon dans un repentir mis en actes au présent, pour lui-même et pour ceux qu'il représente, et un sujet mis en position de pouvoir accorder ou non ce pardon-là, pour lui-même et pour ceux qu'il représente. Sachant que si le crime nazi n'est pas pardonnable et relève définitivement de l'irréparable, il reste que l'ouverture d'un possible pardon au niveau des générations suivantes constitue un enjeu impliquant, au-delà des Allemands, non seulement l'aire occidentale, mais l'ensemble humain, c'est-à-dire encore une fois l'ensemble des êtres humains pour le passé, le présent et l'avenir. Et l'enjeu suppose la confrontation à l'impossibilité de trouver, voire de créer, quelqu'un à qui pardonner…

> « […] le désir de justice l'emporte en moi sur la haine. C'est bien pourquoi, lorsque j'ai écrit ce livre, j'ai délibérément recouru au langage sobre et posé du témoin […] c'est dans ces conditions seulement qu'un témoin appelé à déposer en justice remplit sa mission, qui est de préparer le terrain aux juges. Et les juges, c'est vous. Toutefois, je ne voudrais pas qu'on prenne cette absence de jugement explicite de ma part pour un pardon indiscriminé. Non, je n'ai pardonné à aucun des coupables, et jamais, ni maintenant ni dans l'avenir, je ne leur pardonnerai, à moins qu'il ne s'agisse de quelqu'un qui ait prouvé, faits à l'appui, et pas avec des mots ou trop tard, qu'il est aujourd'hui conscient des fautes et des erreurs du fascisme, chez nous et à l'étranger, et qu'il est résolu à les condamner et à les extirper de sa propre conscience et de celle des autres. Dans ce cas-là, oui […] je suis prêt à pardonner […] mais un ennemi qui se repent n'est plus un ennemi » (Levi, 1976, p. 191).

L'hésitation de Primo Levi pourrait peut-être trouver à se formuler ainsi : *créer la possibilité de quelqu'un qui demande pardon, à défaut de pouvoir trouver quelqu'un à qui pardonner.* Cela ne supposerait-il pas de ne pas renoncer à investir la possibilité, toujours à venir, de *créer* quelqu'un à qui pardonner ? Ne serait-ce pas créer la possibilité pour soi de se retrouver comme sujet d'une expérience traumatique, dans et malgré la Shoah, dans et malgré la confrontation au projet nazi de déshumanisation des victimes, conjonction du meurtre de masse et du meurtre d'âme ?

Une telle question vient du même coup réinterroger l'approche *négative* du trauma initiée par Ferenczi, puis Winnicott. Dans cette perspective, c'est le défaut d'inscription psychique de l'expérience qui vient signifier la charge extrême et paradoxale du trauma. Ce défaut conduit à une automutilation de la psyché du sujet, lui permettant de ne pas être complètement effacé par la disparition de l'autre semblable, garant en puissance de la dimension vitale et symboligène de l'autre secourable.

Jean-François Chiantaretto
11 rue des Bons Enfants
91230 Montgeron
jfchant@wanadoo.fr

RÉFÉRENCES BIBLIOGRAPHIQUES

Anissimov M., *Primo Levi ou la tragédie d'un optimiste*, Paris, Lattès, 1996.

Aulagnier P., Se construire un passé, *Journal de psychanalyse de l'enfant*, n° 7, 1989, pp. 191-220.

Chiantaretto J.-F., *Trouver en soi la force d'exister. Clinique et écriture*, Paris, Campagne Première, 2011.

Chiantaretto J.-F., *Le Témoin interne. Trouver en soi la force de résister*, Paris, Aubier, 2005.

Ginsburg C., Calvino, Levi et la zone grise, *in* Levi P., *La Zone grise*, Paris, Payot, 2014, pp. 9-26.

Jankélévitch V., *L'Imprescriptible,* Paris, Le Seuil, 1986.

Levi P. (2002), *L'Asymétrie ou la Vie*, Paris, Laffont-10/18, 2004.

Levi P. (1986), *Les Naufragés et les Rescapés*, Paris, Gallimard-Arcades, 1989.

Levi P. (1976), *Si c'est un homme*, Paris, Julliard/Presses Pocket, 1987.

Zaltzman N., *De la guérison psychanalytique*, Paris, Puf, 1998.

Éros et la guerre

Garder confiance en Éros

Jean-Yves Tamet*

La guerre s'appuie sur les potentialités inventives inouïes de violence qui résident en l'homme. « La nature, je le crains, attache elle-même à l'homme quelque instinct qui le porte à l'inhumanité » commente déjà Montaigne (2013, p. 528), c'est un lieu commun, désespérant, qui s'énonce en ce début de parcours où vont se croiser différentes perspectives contradictoires ; les effets de la guerre sont connus depuis le début des temps car elle est présente dans les premiers écrits, avec les comptes commerciaux, les récits de voyages ou l'énoncé des conceptions du monde. Freud écrit : « Un regard sur l'humanité nous montre cependant une série ininterrompue de conflits entre un ensemble communautaire et un ou plusieurs autres, entre des unités plus grandes ou plus petites, cités, contrées, tribus, peuples, empires, conflits où c'est l'épreuve de force de la guerre qui emporte presque toujours la décision » (Freud, 1933*b* [1932], p. 73). Cependant, à cette dimension agressive évidente, on doit, comme à regret, admettre que s'expriment aussi avec la guerre des manifestations d'exaltation collective où la joie et la liesse rassemblent et unissent les groupes humains en un fort sentiment d'appartenance, là réside une autre face de l'énigme. Certes, tout autre est la perception des polémologues qui, comme David Cumin, plus réservé sur cet aspect, formalisent ainsi la guerre comme « la mise en œuvre collective et coercitive de l'hostilité, par l'emploi réglé de la force armée, se traduisant par des combats durables portant atteinte aux personnes et aux bien, donc causant des victimes » (Cumin, p. 6). Ceux-ci accordent moins d'intérêt au plaisir trouble qui est lié aux conflits, plus proches

* Membre titulaire de l'Association psychanalytique de France, exerce à Lyon. Membre du comité de rédaction des *Libres Cahiers pour la Psychanalyse* (1999-2014).

de la pensée de Gaston Bouthoul pour qui « L'humanité dans toutes ses formes de civilisation, a toujours été consciente des vertus éthiques de la guerre et leur a attaché un très grand prix » (Cumin, p. 10).

Peu à peu, au cours du XXe siècle, tout un courant de philosophes ou de penseurs éclairés, auxquels se rattachent Freud, Einstein et Rolland, a vu le jour et a tenu un propos critique en opposition aux discours politiques bellicistes dominants ou pour le moins fascinés et esthétisants comme celui d'Ernst Jünger : « Au combat, que dépouille l'homme de toute convention comme les loques rapiécées d'un mendiant, la bête se fait jour, monstre mystérieux resurgi des tréfonds de l'âme… Il n'en sera pas autrement tant qu'il y aura des hommes » (Jünger, p. 535).

Tapie en la guerre sourd donc une variation poétique et lyrique qui exalte et magnifie les faits d'armes : or, curieusement, les déroulements des amours obéissent également à des fluctuations qui empruntent à l'art de la guerre expressions et vocabulaires identiques. Effectuer un tel rapprochement peut paraître déplacé, voire cynique, mais il est vrai qu'on parle de stratégie, de conquête, de prisonnier, d'otage, de victime, d'attiser le feu, de faire le siège, de succomber, d'abandon et de victoire entre autres termes pour désigner le déroulement des rencontres entre hommes et femmes. Ceci justifie amplement le fait de rapprocher ces deux dimensions humaines, aimer et guerroyer, aimer guerroyer. Dans cette rapide évocation, trouve écho le débat sur l'origine énigmatique de la violence, l'homme naît-il violent ou le devient-il ? Toujours Freud : « Si la complaisance à la guerre est une émanation de la pulsion de destruction, on est tenté d'invoquer contre elle l'antagoniste de cette pulsion, l'Éros » (Freud, (1933*b* [1932], p.78). Pour lui, l'amour qui unit et l'identification sont des possibilités qui rassemblent.

Effectuons un détour avec les nombreux mythes qui concernent le féminin et le masculin, et figurent en une geste poétique la violence de leurs rapports. Ainsi en est-il de la lecture du mythe de Pandora qui pose avec acuité la perception de la différence des sexes et aussi délie celle-ci de la culpabilité à l'inverse d'Ève et du fruit défendu (Josiane Rolland, 2010).

Au début, les Dieux et les hommes vivaient ensemble sans femme, en dehors de tous les maux, menant une vie béate et harmonieuse faite d'abondance mais peut-être discrètement ennuyeuse et terne… enfin vint la guerre ! Zeus, Cronos une fois vaincu, devient le roi des Dieux et demande obéissance mais comment faire avec les hommes ? Habile, il charge un Dieu, Prométhée, de régler l'affaire : celui-ci amène un bœuf, en fait deux parts l'une faite de graisse et os et l'autre de viande dans la panse. Zeus doit choisir et sait que Prométhée lui joue un tour, mais il choisit néanmoins le brillant de la graisse car même si les Dieux n'ont que les os, ils ne s'en font pas pour autant car ils n'ont pas besoin de nourriture ! Mais Zeus, furieux, veut lui faire payer sa ruse, il cache le blé ainsi que le feu. Prométhée, malin, débusque et met à l'abri le feu dans le fenouil.

Zeus ne renonce cependant pas pour autant à nuire aux hommes : il va voir Héphaïstos et il lui demande de fabriquer une jeune fille Parthénos : il n'y a pas de femmes chez les humains et il y a des déesses chez les dieux, le féminin est chez eux. Mais ce mannequin a un cœur de chienne et une mentalité de voleuse, vous êtes séduit quand vous le regardez et cette Pandora, tel est son nom, va devenir le malheur des hommes. Hésiode dit que les femmes dans la maisonnée ne pensent qu'à la panse bien pleine et aussi au sexe qui les prend au moment de la période de Sirius où la canicule impose sa loi ! Les hommes quand c'est le feu ne sont bons à rien. Cette Pandora va chez le frère de Prométhée, Épiméthée, qui ne peut qu'accepter le cadeau, la jarre qu'elle porte avec elle : elle l'ouvre et se répandent toutes sortes d'ennui, des maux et des misères pour les hommes, d'où le nom de boîte de Pandore qui désigne la source de tous les ennuis à venir. Prométhée a bien trompé Zeus qui a compris que désormais chez les humains il n'y a pas de bien sans mal, de naissance sans mort, d'abondance sans disette. Les humains ont certes le feu, mais en revanche il faut sans arrêt le nourrir afin qu'il ne meurt point. Le sort de l'homme avec les femmes est inscrit dans une contradiction. L'homme avec son *sperma* est mortel et la femme est le ventre qui accueille le *sperma*, les hommes sont des êtres naturels là où Pandora a été fabriquée artificiellement avec gastère, à l'imitation des déesses, chienne et animale d'apparence divine, fausse et simulatrice, etc. ! Pandora n'est donc pas fautive car elle a été fabriquée et son histoire la diffère de la légende d'Ève et du pêché originel.

Une autre dimension, qui concerne toujours la différence anatomique et biologique entre homme et femme, fonde leur place respective dans l'ordre guerrier : si la femme donne la vie en enfantant, l'homme peut donner la sienne pour conquérir, protéger et défendre. L'inégale répartition de la force physique et de ses potentialités a imposé sa loi même si les inventions ultérieures du propulseur ou celle de l'arc auraient pu atténuer l'inégalité physique de la femme à la guerre comme à la chasse ! Cependant, globalement les femmes furent tenues à l'écart des pratiques guerrières et on ne peut tenir les Amazones, ou Jeanne d'Arc, cas isolés, comme représentatives. Mythes et légendes valorisent la force du mâle et dénoncent également la violence, certes d'expression différente, de la femme : ainsi les rôles sociaux délimitent-ils des valeurs et des fonctions orientées autour d'une opposition actif/passif qui cependant ne se réduit pas à la seule catégorisation sexuée (Morin-Rotureau).

Ainsi les femmes ont-elles payé jusqu'à peu un lourd tribut en procréant : ce n'est que très récemment que des conditions nouvelles ont éloigné le spectre de la mort de la scène de la naissance, pour la mère comme pour l'enfant. Cette proximité de la mort et du sacrifice fondait les rites de passage vers l'âge adulte. Les transformations corporelles qui signent l'apparition de la féminité chez les jeunes filles peuvent provoquer un grave désarroi avec une fascination morbide pour la mort. À l'adolescence, ces manifestations s'inscrivent dans des conduites ritualisées où le mimétisme est un support de leur diffusion et elles rappellent que la féminité ne peut pas être idéalisée comme exempte de violence.

À ce stade du propos il faut accorder une place à la perception de la différence anatomique des sexes qui fonde un binarisme, présence et absence : que va-t-il se produire à partir de ce constat ? De cette perception, qu'en construit l'esprit ? Que ce soit dans ce qui est repéré comme angoisse face à l'étranger qui signe la reconnaissance *a contrario* de l'objet d'amour, que ce soit dans la présence ou pas du pénis qui signe la reconnaissance d'une identité sexuelle pour soi (et pour le regard des autres), il existe un au-delà de la perception immédiate, un après-coup. La dépressivité s'installe dans cet espace avec une grande ambivalence : l'objet ne comble pas et de plus il s'absente, s'en va, ou de manière plus insidieuse, il est présent mais parfois non disponible, et du coup comment est-il intériorisé ? S'apprécient là des formes différentes d'expression de l'angoisse de castration et de ses mécanismes de défense.

La pensée freudienne est constamment aux prises avec la sexualité et plus particulièrement en suivant les traces toujours actives et les vestiges en l'adulte de la sexualité infantile : les évocations renouvelées de Hans, constantes dans l'œuvre entre 1900 et 1930 indiquent la permanence du trajet depuis la découverte de la sexualité de l'enfant jusqu'à l'arrivée tardive de la représentation de la différence des sexes dans l'œuvre avec le texte sur « La différence anatomique » en 1925 ! Car pour le sujet, depuis la floraison précoce jusqu'à la découverte de la différence anatomique c'est un temps de perceptions et de refus qui s'établit en une progression insidieuse et lente, soumise à des aléas qui empêchent sa reconnaissance évidente : formes du renoncement et constructions de sublimation sont au cœur de ce trajet. Si la première expérience de la perception se situe dans le champ de la présence ou de l'absence de l'autre secourable, la seconde concerne l'anatomie en un lieu singulier et sexué du corps ; cette constatation inaugure la possibilité de classification des êtres et des choses en ceux qui l'ont et ceux qui ne l'ont pas : l'emblème de la différence devient le sexe masculin. Cependant, même énoncée ainsi, cette appréciation n'est-elle pas typiquement héritée d'un passé d'ancien garçon ? Car comme l'énonce une petite fille de sept ans plongée dans le questionnement sur l'existence du Père Noël : « Je sais bien que le Père Noël n'existe pas, mais j'ai encore envie d'y croire… ? »… Je sais bien mais quand même… ! Sa réponse est à l'opposé de celle d'un garçon du même âge qui, lui, a tranché, non sans mal, et affirme : « Le Père Noël ? Il n'existe pas… ce sont les parents ! » En les écoutant l'un et l'autre pris dans une expérience contemporaine de théorisation, je remarque que ces attitudes illustrent deux appréciations différentes, lointains échos d'une énigme sur l'origine. *Alter ego* pour l'un et l'autre, l'homme et la femme sont situés de part et d'autre de cette frontière où se marque ce que l'un a et que l'autre possède et où l'épreuve du manque les traverse avec une douleur envieuse. Peut-on se soustraire à cette découverte et à ses conséquences ?

Comme ennemi, une nouvelle figure de la détestation surgit : l'autre. Cet « autre » est extérieur à soi, mais il peut parfois être plus effacé tout en étant présent, senti par exemple entre les lignes d'un écrit ; ainsi nombre de textes freudiens sont inspirés par un « autre » qui anime la contradiction. Jung, Rank ou Adler ont souvent rempli à leur insu cette fonction ! Parfois l'auteur, comme si sa plume était animée d'une vindicte à lui tenue secrète, mais suffisamment vive pour le conduire à la table d'écriture, en découvre l'origine en se relisant. L'humain éprouve un rapport tendu et douloureux avec l'autre et sa représentation en soi. Certes, la figure du diable vient immédiatement à l'esprit pour occuper cette place détestable mais cette venue explicative rapide s'appuie sur une partition entre le Bien et le Mal trop claire. La lente et conflictuelle constitution de l'altérité à partir de la perception et de ses avatars s'effectue, et l'autre est d'abord perçu derrière le rival en une dimension œdipienne fondatrice! Souvenons-nous que nombre de conflits se développent avec quelqu'un, pays ou individus, qui furent d'abord proches et aimés !

Mais revenons à cette figure du contradicteur. Est-ce une manière de se prémunir de la violence en soi qui a conduit Freud à avoir de si nombreux correspondants avec lesquels les oppositions pouvaient se développer ? À côté de l'œuvre proprement dite, il a consacré un temps important à écrire à des amis, collègues et parents : cette intense activité épistolaire, dont il est si difficile de démêler les effets sur la production conceptuelle, l'a confronté immanquablement à cet « autre » et à ses différences, âge, sexe, origines, si éloignées de sa personne. Pour connaître son proche, il est nécessaire d'en passer par la découverte du plus lointain, l'étranger en soi : or le premier autre rencontré dans la vie du petit homme est nécessairement en position de devoir le secourir et de le confronter à la société humaine de son époque, certes, mais également de manière bien plus énigmatique à celle dont cet « autre », le plus souvent la mère, est porteuse en sa psyché. Ainsi sur ce point pouvons-nous mesurer que la psychologie la plus intime est forcément prise dans des faits collectifs et nous nous trouvons à paraphraser Winnicott, un nourrisson ne peut être appréhendé seul sans inclure sa mère et le passé qu'elle porte. Paul proclame aux Éphésiens : « qui aime sa femme s'aime soi-même » et Jean-Michel Hirt, qui le cite, poursuit « déclaration audacieuse et décisive qui va au cœur de la différence, celle entre les sexes. L'amour consiste à aimer l'étranger en soi, par là à s'aimer soi-même comme un étranger, à aimer un ou une autre en soi » (Hirt, p. 73).

Parmi les voix féminines qui ont fait évoluer la psychanalyse en se dégageant d'affrontement direct avec Freud, celle de Lou, voix très singulière, domine. Quand on feuillette la liste des présents lors des Minutes, peu de femmes, quatre seulement, participèrent au fil des ans aux soirées, Sabina Spielrein, Hermine Hug von Hellmuth et Tatjana Rosenthal[1] puis, à partir de 1912, Lou, invitée comme hôte. À l'exception notable de Sabina Spielrien qui développa l'idée d'une pulsion de destruction, l'histoire les a oubliées sauf quand certains aspects sulfureux de leur vie ont permis, longtemps après, l'écriture de scénarios de films[2] ; au sein de la psychanalyse, seule Lou occupe durablement une place de choix.

Quand le 21 septembre 1911 s'ouvre le congrès de Weimar de l'IPA, fort d'une cinquantaine de participants seulement, Freud, alors âgé de cinquante-cinq ans, ignore que sa rencontre avec Lou Andreas-Salomé va orienter sa pensée sur des pistes novatrices : ce congrès marque un tournant, c'est le champ du cygne de l'unité des disciples autour de Freud (Peters, p. 275). Amusé puis émerveillé par cette femme de quelques années sa cadette, il sent tout de suite en elle un optimisme joyeux fort éloigné de ses propres dispositions. De fait, vite entraînée dans les discordes du moment tant avec Adler qu'avec Jung, elle fit sa propre opinion et découvrit ce à quoi elle tenait le plus, ce qui la rapprochait de Freud : regarder la pulsion sexuelle comme premier mobile des actions humaines. Une correspondance avec Freud débuta alors. Elle avait à peine pu lui annoncer l'écriture de *Anal et sexual* (Andreas-Salomé, 1991) en juillet 1914 que, le 10 janvier 1915, Lou termine sa lettre à Freud par « désespérée par cette humanité en guerre je viens de m'octroyer un chien ; Vous, un chat ? » Réponse de Freud le 31 du même mois : « Je ne me suis octroyé ni chien ni chat, il me reste encore assez d'éléments féminins à la maison : par

1. La moins connue des trois. Première femme à s'engager à la fois dans le freudisme, le marxisme et le féminisme, Tatiana Rosenthal, psychanalyste, médecin et spécialiste en neurologie, eut un destin tragique : née en 1885 à Saint-Pétersbourg dans une famille juive, elle participa, durant la révolution russe de 1905, au combat en faveur du mouvement ouvrier ; elle se suicida dans la trentaine. Tragiques destins aussi pour Hermine von Hug-Hellmuth assassinée par son neveu et pour Sabina Spielrein assassinée par les nazis en 1942.

2. *Mon nom était Sabina Spielrein* documentaire d'Élisabeth Márton en 2002. *L'Âme en jeu* de Roberto Faenza en 2002. *A Dangerous Method* de David Cronenberg en 2011, *Généalogie d'un crime* de Raoul Ruiz en 1996.

bonheur les filles ne sont pas appelées sous les drapeaux » (Andreas-Salomé, 1970, p. 37). Puis, quelques semaines plus tard, le 30 juillet 1915, Freud : « Je ne puis pas être optimiste et me distingue uniquement des pessimistes parce que le mal, la sottise et la folie ne me mettent pas hors de moi, pour cette simple raison que je les avais à l'avance inclus dans la structuration du monde » (Andreas-Salomé, 1970, p. 44). Discorde au sein des disciples, ruptures, fragilité de la jeune science, guerre en Europe, menace sur les fils, le contexte de leur amitié débutante s'établit décidément dans un environnement d'hostilités bien sombre. Alors le féminin de ses filles devient consolateur de la folie guerrière des hommes comme l'est le regard pessimiste anticipateur sur le déroulement de cette même folie. Ces remarques destinées spécifiquement à cette nouvelle connaissance en font insensiblement une amie de choix.

Lou sut énoncer avec talent et ingéniosité des propositions qui ne seraient pas passées sous la plume d'un homme, elle a donc évité une franche opposition de Freud. Lou l'a écouté et celui-ci en fit très vite une interlocutrice privilégiée au point de la nommer « *compreneuse* » (25 mai 1916), « vous êtes une *compreneuse* par excellence [en français dans le texte] » et « le fondement de votre nature est une profonde compréhension » (14 juillet 1916). Peu de correspondants ont eu droit à des commentaires aussi bienveillants qui laissaient transparaître que le fondateur avait vacillé en se sentant si bien accueilli car, habituellement, il fuyait la proximité, souvenons-nous de sa réaction de fuite face à la sensibilité partagée ressentie avec Arthur Schnitzler.

Bien que sa tendance à la généralisation, qui convoque un certain mysticisme et impose une manière libre de penser, ait pu faire craindre qu'elle ne passe avec armes et bagages dans le clan jungien, ce fut une fausse crainte, car ses objets de curiosité l'amour, la sexualité de la femme ont maintenu fermement dans le giron freudien son regard lucide et osé. Freud ne s'y trompait pas, admirant en elle ce dont il n'était pas capable : « Là où vous entreprenez de décrire des choses que j'ai évitées comme n'étant pas encore soumises à la parole » (Andreas-Salomé, 1991, préface, p. 25). Inventive sur le narcissisme, étonnante novatrice dans *Anal et sexuel*, Lou, dont la production est stimulante s'oppose au style de pensée de Freud par un libre jeu de fulgurances : elle n'hésite pas à jouer avec des représentations où s'entend son opposition moqueuse à Freud comme sa remarque, « *sur la calamité d'être homme* ». Lou a saisi la violence de l'apport freudien quand il vient faire vaciller les représentations classiques et ses écrits doivent être lus comme des productions de la femme libre qu'elle fut. Quand il s'agit de faire perdre à Anna un côté naïf et excessivement réservé, de modifier l'inhibition du développement de sa féminité, c'est vers Lou que Freud, non sans appréhension, la dirige. Lou bousculera Anna par son dynamisme montrant que la part masculine de la femme n'entre pas en compétition avec la féminité (alors que chez l'homme les conflits sont infinis entre les deux parts) et ainsi elle l'invitera à écrire un roman, ce que ne fera pas Anna, mais cet encouragement en direction de rêveries inconnues lui ouvrira d'autres portes d'acceptation de soi. De fait, Anna, après cette rencontre amicale et amoureuse avec Lou, ose !

Bien sûr, il peut sembler curieux, voire déplacé de s'intéresser à Lou dans une réflexion sur la guerre mais si on pense au devenir du conflit pulsionnel et donc de la voie sublimatoire les choses s'éclairent un peu : en effet par quelle voie l'humain peut-il apaiser la violence répétée des tensions pulsionnelles ? Il existe une nostalgie dont il faut s'extraire, celle d'être tout ou d'être le centre, puis ensuite accepter de devoir déplacer des investissements. Lou réfute la voie tentante de l'ascèse, c'est-à-dire l'établissement d'une vie exsangue, terne en manifestation d'instinct, cherchant à faire de pauvreté vertu. Tout autre est son projet : « Pour sublimer, dit-elle, il faut des triomphateurs et des sourciers qui même avec les conditions les plus hostiles accomplissent et ne s'abstiennent pas » (Lou Andreas-Salomé citée par Marie Moscovici dans la préface à *Il est arrivé quelque chose*, 1991, p. 136) ! Plus qu'un refoulement ou un renoncement aux instincts, Lou suggère un déplacement et donc la création d'une autre réalité à côté. Elle osera rapprocher le fait que ce sont dans les perversions les plus troubles que la pulsion témoigne de sa mobilité et de sa capacité à migrer alors que l'amour d'objet reste fixe et immobile. Elle invite ainsi à regarder le plus sordide en soi, ces tendances qui sont prises dans le sombre, à la manière dont elle-même a saisi les liens qui régissent analité et sexualité. Sa remarque sur la calamité d'être homme prend alors tout son sens si on convoque le contexte historique de son écriture qui permet de mesurer la puissance spéculatrice et visionnaire de sa pensée. Car ce que dit Lou, et justement parce qu'elle l'énonce tangentiellement, c'est que la guerre la plus sourde et la plus vaine est la guerre de l'homme et de la femme pris qu'ils sont l'un et l'autre dans leur asymétrie irréductible. Lou a côtoyé des créateurs[3] ayant poussé loin les tentatives d'union ou de désunion, elle est bien placée pour appréhender l'irréductible conflit homme-femme, celui-là même que la guerre avec la bruyance des armes camoufle. Elle va ainsi, de touche en touche, articuler le complexe d'Œdipe et la sublimation pour fonder une certaine supériorité de la nature féminine, de la psyché féminine. « En somme le désir de devenir femme du névrosé serait un désir de guérison. Et c'est toujours un désir d'être heureux » (Andreas-Salomé, 1970, p. 351). Avec Lou, le sexe dit faible est honoré sans mépris pour le sexe masculin.

3. Rainer Maria Rilke, Friedrich Nietzsche, Paul Rée, Victor Tausk, mais aussi le pasteur Gillot, son mari Friedrich-Carl Andreas… et Freud.

Quitter Lou. Retrouver avec angoisse la question qui clôt *Malaise dans la civilisation* : Le progrès de la civilisation saura-t-il, et dans quelle mesure, dominer les perturbations apportées à la vie en commun par les pulsions humaines d'agression et d'autodestruction ? Entre le début de réflexion de cet écrit, été 2014, et maintenant, été 2015, le recensement des désastres et des violences que l'actualité a imposé aux humains montre qu'il nous faut résolument miser sur la victoire de l'Éros éternel.

Jean-Yves Tamet
6 rue Marcel Gabriel Rivière
69002 Lyon
jean-yves.tamet@wanadoo.fr

RÉFÉRENCES BIBLIOGRAPHIQUES

Andreas-Salomé L., *Correspondance avec Sigmund Freud suivie de Journal d'une année (1912-1913)*, Paris, Gallimard, 1970.

Andreas-Salomé L., *L'Amour du narcissisme*, préface de Marie Moscovici, Paris, Gallimard, 1991.

Cumin D., *Histoire de la guerre*, Paris, Ellipses, 2014.

Freud S. (1933*b* [1932]), Pourquoi la guerre ?, *OCF.P*, XIX, Paris, Puf, 1995.

Hirt J.-M., *Paul, l'apôtre qui « respirait le crime »*, Arles, Actes Sud, 2014.

Jünger E., *Journaux de guerre 1914-1918*, Paris, Gallimard, « Bibliothèque de la pléiade », 2009.

Montaigne M. (de), *Essais*, livre II, chapitre XI, Paris, Gallimard, « Quarto », 2013.

Morin-Rotureau E., *Les Françaises au cœur de la guerre*, Paris, Autrement-ministère de la Défense, 2015.

Peters H.F., *Ma sœur, mon épouse*, Paris, Gallimard, 1983.

Rolland J., Métamorphose d'un mythe, *Libres Cahiers pour la Psychanalyse*, n° 22, 2010.

La guerre dans les couples : guerre amoureuse, guerre destructrice ?

Dominique Tabone-Weil*

> Je ne comprendrai jamais les histoires d'amour des Français. Il n'y a que folie, fureur et souffrance. Elles ressemblent à nos histoires de guerre.
>
> Dialogue dans le film *Indochine*.

Dans sa réponse à Einstein de 1933, Freud propose une solution au problème posé (comment éviter la guerre?) qu'il disqualifie aussitôt (c'est une utopie). Sa proposition, celle de former une élite d'êtres raisonnables et éclairés à qui serait confiée la responsabilité de gouverner le monde, (« dictature de la raison ») semble en effet non seulement irréaliste, mais assez discutable (surtout dans le contexte).

Faisant ensuite allusion aux « autres voies propres à empêcher indirectement la guerre, [qui] sont certainement plus praticables mais ne promettent pas un rapide succès » (Freud, 1933*b* [1932], p. 73), il utilise l'image d'un moulin qui moudrait si lentement, qu'on aurait le temps de mourir de faim avant que la farine soit obtenue. On peut penser qu'il évoque là la transformation des pulsions destructrices par la sublimation ou par leur liaison avec Éros. On peut aussi penser qu'il s'agit du travail de l'analyse, qui est sans doute l'une des meilleures façons d'obtenir ces résultats (la « capacité d'aimer et de travailler »), mais pas très rapidement. On se demande au passage ce que Freud, déjà pessimiste sur ses vieux jours, aurait pensé de la longueur actuelle des cures. La psychanalyse serait-elle « le mal dont elle se croit le remède » (Kraus cité par Philipps, 2015) ? Et, faisant fond du masochisme et du narcissisme du sujet ainsi que de ses illusions, entretiendrait-elle cette « culture du narcissisme »

* Psychanalyste, membre de la SPP, psychiatre.

qui a poussé sur son terreau et aboutit au morcellement individualiste et à « la guerre de tous contre tous » ?

Semblant faire un effort pour lutter contre son propre pessimisme, Freud conclut (reprenant et récusant en même temps les développements de *Malaise dans la civilisation* sur le renoncement pulsionnel qui fonde le travail de culture en même temps qu'il le condamne à sa perte) que « nous autres pacifistes », êtres *vraiment* transformés par le processus de développement culturel, ne supportons tout simplement plus la guerre, avec son cortège de dévastations, de destructions, de laideur. Ce qui laisse espérer, nous dit-il que « tout ce qui promeut le développement culturel travaille contre la guerre ». Bien que « l'issue [soit] incertaine », car c'est à ce processus que « nous devons le meilleur de ce que nous sommes devenus et une bonne partie de ce dont nous souffrons ».

LA SYMPTOMATOLOGIE GUERRIÈRE DANS LE COUPLE

Pour réfléchir à l'analyse comme processus civilisateur et pacificateur et à ses empêchements, j'ai choisi de m'intéresser à la « guerre dans les couples » à partir de deux patients L. et Z. en cure depuis plusieurs années, qui ont en commun de souffrir de troubles identitaires narcissiques (Roussillon) et d'apporter comme symptôme phare, occupant une grande partie des séances, la guerre qui fait *rage* dans leur couple.

La guerre des couples, débouchant de plus en plus souvent sur la rupture dans nos sociétés contemporaines, me semble en effet :

- mettre en jeu à l'échelle individuelle les mêmes mécanismes que ceux de la guerre des peuples, (sorte de pathologie narcissique de masse) avec au premier plan la fragilité narcissique, les défenses projectives, l'envie destructrice et des angoisses d'intrusion, d'empiètement et d'anéantissement.
- être exacerbée par l'individualisme ambiant, favorisé par la fréquence croissante des troubles identitaires narcissiques (plus que par la psychanalyse !), où la demande de reconnaissance (*schibboleth* du narcissisme pathologique selon Thierry Bokanowski), la quête désespérée d'une image de soi valable dans le regard de l'autre (qui a sans doute manqué aux temps de la relation avec l'objet primaire), la recherche d'une perfection impossible censée réparer des blessures narcissiques profondes autant que déniées, conduisent régulièrement à être déçu. Le sujet ne se sent jamais suffisamment reconnu et l'autre finit par être ressenti comme un obstacle à son accomplissement, obstacle qu'il faut d'éliminer.

- poser la question de la capacité de chacun à intégrer le conflit psychique plutôt que l'externaliser sur la scène de la vie quotidienne et du couple en particulier. C'est souvent, dans l'Histoire, que la guerre est favorisée sinon provoquée par l'incapacité d'un pays à résoudre une crise interne grave.
- poser la question de la guerre dans la situation analytique elle-même. Comme le font remarquer les auteurs de l'argument de la *Revue*, Freud emploie souvent des métaphores guerrières, comme celle du combat de l'analyste contre les résistances du patient. Par ailleurs, la guerre des couples peut être vue à la fois comme une mise en scène agie du conflit avec l'objet (répétition des vicissitudes des relations primaire et œdipiennes, défaut de construction des objets internes) que le patient vient traiter en analyse et comme une latéralisation du transfert, visant à protéger de la violence pulsionnelle l'objet retrouvé-recréé.

HISTOIRE DE L.

L. m'est adressée par une collègue dans un contexte d'urgence très dramatisé. C'est une belle femme de trente-cinq ans, aux courts cheveux blonds et bouclés, à l'allure féminine et sportive. Elle vit en couple depuis quinze ans, avec deux enfants, un garçon et une fille, préadolescents. Elle a monté une agence immobilière originale, gérant des locations saisonnières d'appartements de charme à Paris avec un accueil soigné et personnalisé. C'est une activité dans laquelle elle réussit très bien et dont elle est très fière, car son milieu d'origine est modeste et elle a toujours voulu « s'en sortir ».

Sa mère a été enceinte d'elle à seize ans, d'un homme plus âgé et marié qui n'a pas reconnu l'enfant et a disparu. Lorsque l'adolescente a avoué sa grossesse à ses parents, il était trop tard pour une IVG, mais L. est convaincue qu'il y a eu des tentatives pour se débarrasser d'elle et elle évoque cette possibilité avec une amertume triomphante (« elle aurait bien aimé m'éjecter dans les WC et tirer la chasse dessus ! »). « Triomphe sur l'objet » dont parle Paul Denis à propos des défenses maniaques, pour le différencier des *retrouvailles* avec l'objet qui sont, elles, source de joie. Mère adolescente et bébé ont donc vécu chez les parents de la première, qui se sont beaucoup occupés de la seconde, jusqu'à ce que, quelques années plus tard, la mère de L. épouse un homme dont elle aura un nouvel enfant, un garçon cette fois. Cet homme, qui se présente comme un « sauveur » reconnaît la petite L. à qui il est raconté que « son papa est revenu » et qui n'apprendra que bien plus tard la vérité. Ce mensonge sur les origines et la façon dont elle a été amenée à le découvrir nourrit chez elle une obsession de la trahison et des « choses cachées », et une rancune inextinguible contre ses parents.

La suite de l'histoire est décrite comme un désastre. Elle s'est sentie arrachée à la sécurité du foyer grand-parental pour être jetée dans une vie précaire et chaotique, où on ne s'occupe pas d'elle, et où la naissance du puîné la précipite dans les affres de l'envie, de la jalousie et des angoisses d'abandon. Le « sauveur » qui s'était présenté comme un homme d'affaires prospère va de faillite en faillite, se met à boire et, dixit L., « c'est tout juste s'il n'a pas mis ma mère sur le trottoir ». En fait, je comprends que la mère avait dû se mettre à travailler comme serveuse le soir dans un bar où elle « rencontrait des hommes », sans qu'on sache précisément en quoi consistaient ces rencontres. Par ailleurs, le petit frère est l'objet d'une passion maternelle qui fait éprouver à L., comme elle le formulera après coup dans l'analyse, que sa mère était tout à fait capable d'aimer un enfant et que c'est l'enfant qu'elle était, qu'elle n'avait pas pu aimer. L. partira de chez elle dès qu'elle le pourra, travaillant comme jeune fille au pair pour pouvoir faire ses études et rencontrant ensuite son compagnon actuel, avec qui elle va vivre très rapidement et avoir deux enfants, dans le même ordre que sa propre mère, la fille et le garçon.

Une amazone revendicative

De L., venue me voir en pleine débâcle anxiodépressive, on peut dire non pas que c'est une guerrière, quoi que sa pugnacité lui ait permis de « réussir », mais qu'elle est toujours en guerre contre quelque chose ou quelqu'un. Une guerre perpétuelle dont elle me détaille les épisodes, en alternant larmes et colère, une saga vibrante mettant en scène les manquements et les trahisons dont elle se sent la victime bafouée. Dans tous les cas, il s'agit d'établir qu'elle a raison et que « l'autre » a tort. Qu'elle est dans le vrai et que l'autre ment. Que c'est elle qui est dans son droit. La réclamation est explicitement adressée à l'analyste, sommée de reconnaître qu'elle n'a pas eu de chance, mais qu'elle s'en est sortie envers et contre tout et tous, prenant sa revanche contre la vie uniquement grâce à son courage et son énergie. En somme, qu'elle ne doit rien à personne et surtout pas à ses parents – ce qui est au moins en partie vrai.

La demande de reconnaissance est bien au centre de sa vie, mais aucune réussite, aucune marque d'amour, d'intérêt ou d'affection ne peut l'apaiser, au contraire : « Quand on me fait un compliment, dit L. je sors ma kalachnikov. » À bon entendeur... C'est pourtant cette reconnaissance qu'elle attend de l'analyse. Se revendiquant de la culture de l'accomplissement de soi mentionnée plus haut, elle espère réaliser, grâce au divan, son idéal de complétude.

Plus profondément, elle attend la réparation d'une blessure toujours à vif – le défaut fondamental de Balint, la faille narcissique qu'aucune réassurance ne peut venir réparer. Ne peut ou plus exactement ne *doit*, car L. découvre peu à peu que sans sa colère, elle craindrait de s'effondrer, ce en quoi elle n'a sans doute pas tort. La kalachnikov du guerrier ou du terroriste le protègerait-elle de terreurs archaïques déniées ? Effondrement ou anéantissement qu'il s'agit de faire subir à l'autre pour ne pas risquer d'être soi-même détruit ?

L'amour palimpseste

Les premiers temps de l'analyse sont entièrement occupés par les tourments que lui fait vivre une trahison de son compagnon, qui a eu une relation sexuelle avec une de leurs amies. Cette histoire survient dans une longue suite de vicissitudes guerrières dans la vie du couple, qui s'est déjà séparé à deux reprises pendant quelques mois. Le compagnon et l'amie sont pour l'heure les cibles électives de sa colère, une colère qui ne désarme pas, entrecoupée de pleurs – avec toujours cette tonalité d'amertume triomphante mentionnée plus haut et une très forte excitation. Aucun terme n'est assez fort pour qualifier les deux traîtres et ceci bien que l'histoire semble avoir été anecdotique et sans lendemain. C'est le prétexte à mener des fouilles en règle, à appeler l'amie au milieu de la nuit pour lui « dire ses quatre vérités », à s'épuiser en scènes de ménage qu'elle me raconte par le menu, me prenant à témoin et me demandant d'arbitrer. Le dénigrement de son compagnon est constant (c'est « un impuissant, un connard, un pervers narcissique, un prétentieux égocentrique, un radin, un sadique »...) même lorsque le tranchant de l'histoire actuelle se sera émoussé – et il date de bien longtemps avant.

Cherchant dans son histoire d'enfance et d'adolescence ce qui peut alimenter une telle passion, nous trouverons, comme on pouvait s'y attendre, la mère, avec son égocentrisme, sa perversité, son inconduite, son manque d'amour pour sa fille, son immaturité, sa bêtise, sa vulgarité, son indécence, sa méchanceté, et j'en passe. Pendant les premières années de l'analyse, L. n'exprimera qu'une haine sans nuances à l'égard de cette mère qu'elle disqualifie et dénigre constamment, en alternance avec son compagnon. Le frère et le père ne font que passer en arrière-plan, traversant la scène de ce drame passionnel, comme des personnages secondaires, qui ne valent pas vraiment le coup. Sans doute, faut-il recevoir et accueillir cette haine, mais il me semble vital de permettre à L. de retrouver l'amour déçu qui en est à l'origine, pour que son monde intérieur ne soit pas totalement dévasté par cette fureur guerrière. J'essaie de le faire par petites touches interprétatives, de suffisamment loin pour ne pas faire tout exploser, mais de suffisamment près pour la toucher. Un jour, en désespoir de cause, je lui cite Sacha Guitry : « Je suis contre les femmes... tout contre » ce qui, après bien d'autres interprétations apparemment sans effet, semble avoir le pouvoir de lui faire comprendre le caractère contradictoire et passionnel de ce qui l'habite. Mais il faudra longtemps pour que l'imago maternelle totalement négative se modifie et que, dans ce palimpseste d'amour gribouillé par la haine, des traits positifs apparaissent, ainsi que l'expression d'une certaine tendresse et d'une certaine indulgence pour elle. Palimpseste ou repentir d'un tableau où la scène de carnage recouvrirait celle d'un enlacement ancien, une Mère à l'Enfant d'une époque lointaine qui a dû tout de même exister un jour.

La guerre dans l'analyse

Dans cette ambiance assez *hot,* je repère très vite la composante négative de mon contre-transfert que je passe beaucoup de temps à analyser, cherchant à la désamorcer et à l'utiliser pour comprendre ce qui se passe. Moi aussi je suis en guerre. Contre elle, (tout contre?) contre moi-même luttant contre l'agacement, l'envie d'argumenter, le sentiment d'impuissance et d'échec que suscitent son agressivité déniée, sa mauvaise foi désarmante – une mauvaise foi « de bonne foi » pourrait-on dire, dont on sent qu'elle protège (mal) un narcissisme à jamais meurtri. Ma culpabilité est à la mesure de son idéalisation de la cure et de l'analyste « parfaite » qu'elle voit en moi. Je suis aussi submergée par ses demandes de jugements, de conseils et d'avis, que les interprétations transférentielles n'éclairent et ne désamorcent qu'en partie – demandes sous-tendues par le fantasme que je détiens des réponses ou des recettes magiques qui la garantiraient dans toutes les situations de la vie, ce qui n'est malheureusement pas le cas.

Je commence par identifier un mouvement défensif de ma part par rapport à la violence pulsionnelle primitive (orale et anale), dont je reçois les assauts sous cette forme détournée. Par ailleurs, luttant contre la tentation d'une réponse du type « je ne suis pas celle que vous croyez – ni un gourou, ni un coach, ni votre copine – », je finis par me demander si je ne me défends pas moi-même par identification projective, y compris quand j'ai envie de « corriger » ses demandes d'être « corrigée ». Représenterait-elle certains aspects désavoués de moi ? Et cette idéalisation de l'analyste et de l'analyse, pourquoi m'importune-t-elle autant ? Ne me renverrait-elle pas à ma propre idéalisation de mon analyste et de l'analyse autrefois, avec sa dimension haineuse cachée, attendant tout de l'autre pour mieux le mettre en échec et en être déçu ? Vous avez dit amertume triomphante ? Je me dis aussi que peut-être j'agaçais mon analyste autant qu'elle m'agace par moments et que c'est cette idée déplaisante que je cherche à écarter, me défendant du mouvement dépressif qu'elle pourrait provoquer.

Je me dis, enfin, que mes sentiments négatifs sont peut-être le résultat d'une identification projective de *sa* part : un dépôt de sa haine et de son agressivité déniées, qu'elle me fait éprouver à sa place et cherche à contrôler par ses questions et son envie de savoir ce qu'il y a dans ma tête. Plus simplement, quand elle me prend à témoin des défaillances, incompétences, inconduites de l'autre, quel qu'il soit, c'est bien à l'analyste qu'elle s'adresse et c'est bien de l'analyste, objet décevant du transfert négatif, qu'elle se plaint. Ce travail de contre-transfert, à la fois éprouvant et banal, nous permet finalement de progresser dans le travail analytique.

Projection et envie

Nous pouvons approcher l'aspect délicat des défenses projectives et avancer dans ce terrain miné, où le moindre faux pas risque de raviver une souffrance narcissique d'autant plus insupportable qu'elle serait causée alors par l'objet idéalisé lui-même, avec lequel elle tente désespérément de construire la relation dont elle rêve depuis toujours. Une relation où l'objet, enfin digne d'une confiance absolue, lui apporterait un étayage sans défaut, la confirmation et la validation de son être, la transmission magique d'une omniscience et d'une toute-puissance à même de la protéger à jamais du doute et de la souffrance. Qui ne trouverait pas douloureux de faire le deuil d'un tel espoir ? J'utilise des formulations générales pour lui montrer sans la blesser comment elle attribue à ses proches les sentiments désavoués qui la travaillent en profondeur « comme tout être humain », lui dis-je ou, m'incluant, « comme nous autres êtres humains » qui, malgré toutes nos qualités, sommes aussi jaloux, envieux, menteurs, peu fiables, méchants, avides, incomplets, violents, luxurieux, injustes, rancuniers... ajoutant que la meilleure façon de ne pas être le jouet de toutes ces motions déplaisantes est d'en reconnaître l'existence en soi. J'ai aussi en tête que l'envie suscitée par l'objet omniscient et omnipotent que j'incarne dans le transfert, risque d'être un obstacle majeur à la bonne évolution de la cure. J'interprète prudemment et par petites touches cette envie quand elle affleure. C'est une envie qui renvoie à l'envie dévastatrice pour la mère à la fois séductrice et « indifférente » des commencements, (celle qui a tout et ne donne rien, et que le dénigrement transforme en mère qui n'a et n'est rien).

Elle renvoie également à l'envie suscitée par le jeune frère que représente le conjoint. Sans doute s'agit-il de l'envie universellement partagée qui concerne l'autre sexe en tant que possédant ce qu'on n'a pas et dont on se sent privé, mais aussi de ce qui aurait permis, si on l'avait eu, d'être aimé de la mère. La rivalité fratricide dans le couple (que L. met longtemps à admettre) me semble en effet avoir pour but secret de l'emporter dans la conquête de la mère, ici l'analyste dans le transfert maternel. La demande d'arbitrage du contentieux conjugal recouvre l'espoir d'être enfin reconnue et aimée. Si on considère que la guerre est, sur un mode amplifié et généralisé, l'expression radicale et meurtrière d'une rivalité fratricide, on peut la voir comme une lutte à mort pour posséder absolument la Mère, divinité archaïque nourricière et toute-puissante des origines. Cette envie, pour les mêmes raisons, vise aussi ses enfants (l'un représentant le frère et l'autre une fille rivale, les deux recevant ce qu'elle-même n'a pas eu, c'est-à-dire son propre amour maternel) ou le patient homme qu'elle croise dans l'escalier et pour qui soudain elle se met à éprouver une hostilité irrationnelle, qui se résoudra un beau jour dans l'expression d'une anxiété enfantine : « et si vous le trouviez plus intéressant que moi ? » Mes interprétations font aussi recours au « comme si » : « Comme si j'avais et pouvais vous donner tout ce qui vous manque », « Comme si on pouvait ne manquer de rien », « Comme si c'était l'autre qui était la source de la frustration », écrivait Conrad Stein. L'autre n'est-il pas toujours susceptible d'apparaître comme celui qui détient ce qui nous manque pour être complet et heureux ; comme l'obstacle entre ce que nous pensons désirer et nous-mêmes, ce qui gêne, qui empêche et qu'il faut éliminer ?

Si on revient à la question de départ : « Pourquoi la guerre ? », on peut alors penser que c'est justement parce qu'on est convaincu que c'est l'autre qui est la source de la frustration. La haine est d'autant plus forte (dans le couple) qu'on attendait de cet autre qu'il soit source d'un bien-être absolu... Et ce d'autant plus que l'autre originaire n'a pas été en son temps « suffisamment bon ». Si on ne peut pas se faire aimer de lui, le posséder, l'arraisonner, il ne reste qu'à l'éliminer, comme si sa disparition allait nous libérer de nos propres démons et de nos plus anciennes terreurs.

J'ajouterai que pour L., comme pour d'autres, un moment important a été celui où il apparaît que l'envie est en grande partie envie d'une représentation appartenant à son monde intérieur et projetée dans l'autre envié et haï. Une représentation construite par le patient lui-même : « le "truc" que je n'ai pas » dit un patient qui a les plus grandes difficultés à nouer des relations avec « les femmes » et envie douloureusement ce « truc » infaillible qu'il prête aux « séducteurs ». Cette réappropriation d'une qualité imaginaire surinvestie et prêtée à l'autre sur le modèle d'une idéalisation enfantine, me semble à même d'apaiser ce sentiment destructeur qu'est l'envie.

Effets paradoxaux

Il faut beaucoup de temps pour dédramatiser les enjeux et pour que les tempêtes finissent par s'apaiser. Le temps nécessaire pour que l'analyse puisse se faire. Le temps de la contenance, le temps pour L. de faire l'expérience d'un objet non pas parfait mais suffisamment fiable, permettant de se dégager de l'obsession de la confiance et de la trahison. Le temps de la maturation, de l'acceptation et de l'intégration. Quelqu'un est-il encore en vie au bout de tout ce temps pour recueillir la farine, pétrir le pain, le mettre au four et enfin le manger ? De fait, un problème inattendu survient, qui n'a pas à voir avec la longueur de la cure, mais qui en est peut-être un effet collatéral et fait que L. si on peut dire, n'a plus rien à se mettre sous la dent. Tandis que sa quérulence s'apaise, son compagnon entre dans une période de pannes sexuelles à répétition. Ces pannes sexuelles relèvent peut-être de tout autres causes, mais L. les met en relation d'elle-même avec la diminution notable de l'intensité et de la fréquence de leurs disputes. L'aiguillon de la guerre amoureuse était-il le « piment » nécessaire pour que le désir entre eux soit possible ? Notre guerrière a-t-elle, comme elle le craignait, en perdant sa colère, perdu son pouvoir de séduction ? Ne pouvait-elle plaire à son homme qu'en Amazone phallique et castratrice ? Ou bien, le danger de la proximité et de l'intimité est-il devenu trop menaçant, sans le bouclier de la querelle ? L'analyse aurait-elle « trop bien » accompli son travail de pacification interne et de civilisation ?

Dans sa lettre à Einstein, Freud dit que le processus de civilisation est « préjudiciable à la fonction sexuelle de plus d'une façon » et dans son article « Considérations actuelles sur la guerre et la mort », il écrit à propos de l'amour et de la haine coexistant dans le sentiment amoureux que « la nature, en travaillant avec ce couple d'opposés réussit à maintenir l'amour toujours en éveil et dans sa fraîcheur, pour lui donner une assurance contre la haine aux aguets derrière lui ». N'y aurait-il plus assez de haine pour stimuler l'amour ? Ce qui est certain c'est que cette situation réveille la colère endormie, mais nul ne sait encore si le désir en sera lui aussi réanimé et comment vont évoluer les investissements amoureux de ces guerriers soudain désœuvrés, qui s'ennuient en temps de paix.

HISTOIRE DE Z.

Z. vient consulter parce que sa vie est en panne. Rien n'avance, rien ne prend vraiment forme, sur aucun plan. Lui-même est en revanche en proie à une agitation incessante, comme s'il cherchait à échapper aux flammes d'un incendie dont il ne veut pas savoir qu'il est intérieur, sans que cela ne mène à rien ni ne le soulage de quelque façon. Il ne supporte rien, il est à vif, écorché, brûlé. Géant venu de l'est, avec ses allures de Hun ou de Goth, il sait donner le change et affirme qu'il l'a toujours donné. Mais il pense aussi que tout va finir par s'écrouler et fait penser à ces petits personnages de dessin animé qui longtemps après avoir dépassé le bord de la falaise, regardant sous eux, s'aperçoivent qu'ils courent dans le vide... ce qui les fait tomber.

Z. est l'aîné de quatre enfants très rapprochés et la mère, sans doute psychotique (PMD) s'est suicidée quand il avait douze ans. Cette mère a été très idéalisée par lui, ainsi que l'amour inconditionnel qu'il s'imagine en avoir reçu. En héroïne mélancolique dont il se voulait le sauveur, ou en jeune femme semblant déborder d'énergie, joyeuse, joueuse, allègrement transgressive (ils volaient ensemble dans les magasins) dont il se voyait le chevalier servant, elle reste à travers les ans, une icône quasi-intouchable à laquelle les autres femmes de sa vie sont comparées à leur détriment, sans parler de l'amour qu'elles lui portent, pâle copie de l'amour maternel fantasmé. De fait, c'est un petit garçon carencé, otage d'un fantasme de relation fusionnelle incestueuse avec cette mère idéalisée, qui ne lui a permis que très partiellement l'accès au tiers et à la loi et pour qui il s'imagine avoir été le seul qui ait vraiment compté. Le père apparaît comme un faux patriarche, sans consistance, jouant le rôle du travailleur harassé qui rentre tard le soir et dont l'autorité consiste à « pousser des coups de gueule » après avoir de fait passé ses soirées au café avec les copains pour fuir le quotidien de son couple et de sa famille, qui, on l'imagine, ne devait pas être de tout repos, ni très attractif et dont les complications le dépassaient.

À l'attaque !

Z., passe son temps à « attaquer le cadre » et à chercher à le mettre à mal. À la suite de mes remarques et interventions à ce sujet, il en fait sa spécialité, attaqueur de cadre comme on serait bandit de grand chemin. Il attaque le cadre comme il attaquerait le corps maternel, mais à distance sans trop l'endommager, pour vérifier si ça résiste ou si ça meurt. Il ne vient pas, arrive avec une demi-heure de retard, oublie de payer, vient quand je suis absente... Il attaque aussi le cadre comme il attaquerait une figure d'autorité paternelle, pour vérifier si c'est solide ou si c'est du toc. Il a par rapport à lui-même un sentiment d'imposture qui est à la fois justifié par son incapacité à faire les choses sérieusement (c'est son côté hâbleur, fanfaron, frimeur, fabulateur) à la fois lié à l'image paternelle intériorisée : un père qui fait semblant d'avoir de l'autorité et la confond avec la violence. Ça tient. Il est étonné mais plutôt content, même si ça lui coûte cher quelquefois. Sa violence à lui n'est pas un simulacre puisqu'il a failli envoyer à l'hôpital une de ses cousines en se battant avec elle et qu'il s'est à plusieurs reprises sérieusement abîmé lui-même, à cause de conduites à risques délibérées (par exemple, il s'est fracturé une main, dans un accident de vélo, en prenant un sens interdit à toute allure en descente et en refusant une priorité un jour où « [sa] femme l'avait énervé »).

Il attaque aussi sa femme de façon parfois inquiétante, car il la vit comme l'objet persécuteur par excellence. Pendant les séances, il ne parle que d'elle, de tout ce qu'elle lui fait : elle le rend violent, elle le rend impuissant, elle cherche à le contrôler, elle l'empêche de travailler, elle ne lui fait que des reproches, elle ne reconnaît pas ses qualités, elle l'exploite, elle lui parle mal, elle ne lui trouve que des défauts, ne reconnaît jamais ce qu'il fait de bien, l'humilie, lui pourrit la vie... Tout ceci s'accompagne d'un dénigrement en règle de la coupable qui, à en croire Z. a tous les défauts du monde. C'est une violence primitive, sans nuance, expulsant tout le mauvais hors de soi, le projetant en l'autre qui est à son tour recraché, vomi. Elle apparaît aussi, par rapport à sa propre famille et à sa propre culture comme une « autre » étrangère : « Chez nous, dit-il, on n'est pas comme ça, on est chaleureux, généreux, humain, pas comme "chez eux" – des "pisse-froid", des radins moralisateurs ». L'autre étranger, mauvais, contre qui on part en guerre. Leurs querelles sont violentes et dramatisées. Le scénario répétitif, avec le déclenchement des hostilités par une provocation d'un côté ou de l'autre, est parfaitement au point. Il entend quand je lui fais remarquer qu'en ne parlant que de sa femme il cherche sans doute à me dire quelque chose de lui et des personnages de son monde intérieur, mais ça ne change rien.

Plus tard, constatant qu'il me « protège », comme il protège son imago maternelle, faisant de ses séances son seul havre et de moi le seul être « présent et à l'écoute » pour lui, je tente une interprétation : chercherait-il à me protéger de sa colère, moi qui n'arrive pas à soulager sa tension, sa rage, sa souffrance, comme peut-être sa mère autrefois, trop absorbée par ses propres problèmes pour être *réellement* à l'écoute de son petit garçon et l'apaiser ? Pense-t-il que pour conserver, préserver une relation « idéale » avec moi, il faut éviter de me faire des reproches ? Car je suis présente, oui, mais dans un temps limité, ne satisfaisant en réalité ni ses désirs ni ses besoins ; à l'écoute, oui, mais silencieuse ou ne lui disant pas forcément ce qu'il a envie d'entendre. Sa femme ne prend-elle pas pour moi et finalement pour sa mère?

Une grande part de la violence guerrière entre les hommes et des hommes contre les femmes me semble pouvoir être mise en rapport avec l'image de la mère idéalisée, vis-à-vis de qui la violence pulsionnelle est contre investie et vis-à-vis de qui l'enfant se donne le rôle de sauveur ou de chevalier partant en guerre, pour la « défendre » ou la conquérir, défléchissant pour le coup une partie de cette violence sur l'autre, l'ennemi. Mère Patrie, Terre Sainte, Terre Promise (« promise » de toujours, qu'on épousera quand on sera grand ?) peuvent être vues comme des représentations du corps maternel, paradis perdu en réalité, qu'on veut se réapproprier en en éjectant l'autre, intrus qui prétend y être chez lui.

Un effondrement

Un jour, ce qui devait arriver arrive, la réalité rattrape Z. sans doute parce qu'il court moins vite pour la fuir et une difficulté de vie va provoquer un effondrement dépressif bref, mais sévère. Durant cette période difficile, je lui dis qu'il n'a pas besoin d'être un super héros pour être aimé, que tout le monde s'en fiche en fait, que ceux qui l'aiment, l'aiment pour ce qu'il est, pas pour ce qu'il prétend être. Croit-il vraiment que les autres sont dupes ? Cette intervention au bout de longues années pendant lesquelles il a pu d'une part se montrer sans trop de mensonges, d'autre part tester ma fiabilité et ma contenance a, me semble-t-il, un effet profond d'intégration.

Fidélité œdipienne dans le transfert

Les plaintes contre sa femme qui s'étaient calmées à cette occasion, reprennent, mais dans une tonalité différente. Je lui demande s'il n'essaie pas de me rassurer en me disant à quel point il m'est fidèle et que, comme sa mère, je suis la seule qui compte pour lui. La seule à l'écoute, la seule présente... À moins que je n'incarne, à ce moment-là, une figure paternelle, à qui il démontrerait qu'il n'a pas fait mieux que lui, qu'il a aussi épousé une folle avec qui c'est aussi catastrophique qu'à la maison ? Z. finit par venir à toutes ses séances ou presque : il s'autorise à me préférer sa femme (oubliant une séance pour rester avec elle). Son moi se renforce, il accomplit de vraies choses dans sa vie et dans son travail et ressent donc moins le besoin de rendre « son autre » responsable de ses propres manquements. Il semble accepter ses imperfections, la responsabilité de sa violence, de ses failles.

Ce que Z. a expérimenté dans son analyse est quelque chose comme une « bonne guerre ». Son côté transgressif et antisocial me conduit souvent à des interventions recadrantes, des *confrontations* comme disent les anglo-saxons, sortes de flagrants délits de mensonge, de manipulation, de tricherie, lesquels sont autant d'équivalents d'un évitement de la castration. Si c'est une guerre, ce serait une guerre loyale, dont l'enjeu ne serait pas la destruction de l'autre, mais sa survie psychique. L'intégration de l'ambivalence est possible, à travers une relation transféro-contre-transférentielle qui ne se nourrit pas de « bons sentiments » et ne fait pas l'impasse sur les mauvais et dans laquelle l'objet tient bon, sans complaisance ni représailles.

Quoi qu'il en soit, là encore, le processus de la cure s'est avéré pacificateur et civilisateur, par l'assouplissement des défenses projectives. Je ne sais pas si l'effondrement dépressif était évitable ou nécessaire dans la dynamique de cette cure, si on doit le considérer comme une étape transformatrice (passage d'une position schizo-paranoïde à une position dépressive ?) ou comme un effet collatéral dommageable. Il a peut-être permis, pour reprendre Winnicott, de vivre un effondrement « qui avait déjà eu lieu sans être vécu » et dont l'agitation de Z. visait à éviter la résurgence. Le même Winnicott dit que pour qu'un sujet ait recours à des conduites antisociales, il faut qu'il ait connu un environnement primaire satisfaisant et l'ait perdu. C'est vraisemblablement le cas de Z. qui aurait alors revécu cet épisode dans la cure, avec une issue plus « heureuse » cette fois.

POUR CONCLURE

Le processus de la cure, comme le moulin de Freud, est certes trop lent et trop individuel pour permettre d'éviter les guerres et la psychanalyse n'a pas pour but de transformer le monde. Peut-être nous revient-il cependant, à nous analystes, d'être particulièrement attentifs à ce processus civilisateur chez les sujets qui viennent à l'analyse ainsi qu'à son maintien en chacun de nous et d'en transmettre la possibilité autant que faire se peut ?

Dominique Tabone-Weil
14 rue du Château d'eau
75010 Paris
taboneweildom@yahoo.fr

RÉFÉRENCES BIBLIOGRAPHIQUES

Balint M. (1968), *Le Défaut fondamental*, Paris, Payot, 1971.
Bokanowski T., *Le Processus analytique,* Paris, Puf, 2015.
Denis P., *De l'exaltation*, Paris, Puf, 2013.

Freud S. (1933*b* [1932]), Pourquoi la guerre ?, trad. franç. J.G. Delarbre, A. Rauzy, *Résultats, Idées, Problèmes*, II, Paris, Puf, 1985.
Freud S. (1915*b*), Considérations actuelles sur la guerre et la mort, trad. franç. S. Jankélévitch, *Essais de psychanalyse,* Paris, Payot, 1972.
Freud S. (1930*a* [1929]), *Malaise dans la civilisation*, Paris, Puf, 1971.
Freud S. (1940*a* [1938]), *Abrégé de psychanalyse*, Paris, Puf, 1978.
Kernberg O., *Les Troubles graves de la personnalité*, Paris, Puf, 1989.
Musset A. (1834), *On ne badine pas avec l'amour*.
Philips A., *Devenir Freud*, Paris, L'Olivier, 2015.
Stein C., *L'Enfant imaginaire*, Paris, Denoël, 1987.
Winnicott D.W. (1971), *Jeu et Réalité*, Paris, Gallimard, 1975.
Winnicott D.W. (1989), *La Crainte de l'effondrement*, Paris, Gallimard, 2000.

L'aspiration à la paix ou éveil inlassable...

Viviane Chétrit-Vatine*

« Dans la phénoménologie de type Levinas, l'autre est irréductible dans le face à face. Mais Levinas n'accède pas à ce qui fait l'irréductible, c'est-à-dire l'inconscient, l'inconscient sexuel : l'inconscient sexuel infantile » (Laplanche, 2007, p. 97)

Alors que je prends au sérieux cette assertion de Laplanche, j'ai proposé une nouvelle hypothèse psychanalytique quant à l'origine première de l'éthique, éthique définie selon Levinas comme responsabilité asymétrique pour l'autre. L'origine de cette capacité humaine résulterait de l'effet de transformation de la violence du saisissement éthique (Chétrit-Vatine, 2012*b*) suscité chez l'adulte en charge par la rencontre avec le nouveau-né. Le processus de transformation encore et encore réitéré et aboutissant chez l'adulte à la formation d'un espace matriciel[1], mieux, d'un tiers matriciel, relevant du féminin maternel chez tout humain, laisserait des traces dans la psyché du petit humain, du fait de messages énigm-éthiques proférés par cet adulte même. Ces messages correspondraient à une attente transmise de génération en génération, une exigence éthique existant chez tout nouveau-né, d'un monde adulte interpellé dans sa responsabilité incontournable pour lui et pour sa survie – que cette responsabilité soit assumée ou pas de facto (Chétrit-Vatine, 2012*a*, pp. 155-166). J'ai envisagé cette capacité morale potentielle comme enracinée dans l'intime en sa double valence : le traumatique et l'informe (Press, 2013), alors que l'informe a été théorisé méta-psychologiquement comme zone d'infi-

* Société Psychanalytique d'Israël, Ancienne présidente.

1. Le terme « espace matriciel » (et à partir de ce terme ceux de : matriciel, position matricielle, transfert d'espace matriciel), m'a été inspiré, il y a déjà longtemps, par Bracha Ettinger qui, elle aussi dans la foulée de Levinas, avait proposé dans un contexte un peu différent, l'expression : « espace matrixiel ».

nité (Vermote, 2013). Cette potentialité existerait chez tout sujet humain et se révélerait soudain lorsque, violemment interpellé par la rencontre avec l'autre homme, le sujet est déstabilisé dans sa position de bien-être. Enfin, j'ai suggéré la nécessité de prendre en compte un tiers matriciel pour qu'un principe paternel inhibiteur, facteur de loi, puisse prendre place dans la psyché humaine (Chétrit-Vatine, 2013.)

Pour Levinas « Le meurtre est possible quand on n'a pas regardé autrui en face » (Levinas, 1990*b*, p. 23). Autrement dit, l'impossibilité de tuer n'est pas de l'ordre de la réalité, mais de l'ordre de l'éthique. Et il questionne : « La lucidité-ouverture de l'esprit sur le vrai ne consiste-t-elle pas à entrevoir la possibilité permanente de la guerre ? » Et poursuit : « L'état de guerre suspend la morale… Il projette d'avance son ombre sur les actes des hommes. La guerre ne se range pas seulement – comme la plus grande – parmi les épreuves dont vit la morale. Elle la rend dérisoire » (Levinas, 1990*a*, p. 5). Il continuera pourtant affirmant que « La conscience morale ne peut supporter le regard railleur du politique que si la certitude de la paix domine l'évidence de la guerre » (Levinas, 1990*a*, p. 6). S'il rejoint les analyses freudiennes en insistant sur le fait que la paix des États sortis de la guerre repose sur la guerre et que, par conséquent, elle ne rend pas aux sujets nécessairement traumatisés, « aliénés » dira-t-il, « leur identité perdue », il ajoutera : « Il y faut (pour qu'une telle transformation soit possible[2]) une relation originelle et originale avec l'être… C'est contre l'infini – plus objectif que l'objectivité – que se brise la dure loi de la guerre… »

Guerres réitérées en particulier dans nos régions et aspiration infinie de l'homme à la paix, aspiration à la paix comme relevant des traces du matriciel, traces inscrites dans l'informe, zone d'infinité… je me situerai précisément dans cet axe de réflexion.

TEL-AVIV, ÉTÉ 2014

Des roquettes sont lancées à partir de Gaza sur le sud d'Israël et rapidement en direction de Tel-Aviv. Alerte sur alerte, interception en dernière minute par le Dôme de fer ; rouler entre Jérusalem et Tel-Aviv devient de plus en plus dangereux : les consignes des panneaux lumineux indiquent aux conducteurs comment se comporter en cas d'alerte. M. A ne peut plus se déplacer ; nous

2. Les parenthèses au cours des citations indiquent mes propres réflexions.

décidons de continuer l'analyse par téléphone aux heures et jours réguliers ; nous ne sommes pas convaincus de n'être pas sur écoute.

JÉRUSALEM, DÉCEMBRE 2014

Rencontre amicale avec Saul Yudelman et Ali Abu Awad, pacifistes inspirés par Gandhi et Martin Luther King : Awad est un ancien militant palestinien, dont la mère fut longtemps une activiste du Fatah. Lui-même fut incarcéré dans les prisons israéliennes pendant trois ans. Puis, son jeune frère est tué par erreur à un *check point*. Sa mère se détourne du Fatah[3] et crée en collaboration avec une mère israélienne, ayant perdu son propre fils lors d'affrontements avec les Palestiniens, le groupe des « Femmes pour la paix[4] ». Awad change bientôt lui-même de cap et depuis douze ans rencontre, autant à travers le monde que localement et respectivement, des groupes de Palestiniens et d'Israéliens. Il milite en collaboration avec son ami, Saül, habitant de Tékoah, bourgade située dans les territoires, tout aussi engagé que lui dans le dialogue et la non-violence. Ils sont à la recherche d'une juste solution pour, dans les termes d'Awad : « La coexistence de ces deux peuples de toujours persécutés... Les Israéliens sont lourds de la Shoah et des persécutions de deux millénaires » nous dit-il « et les Palestiniens sont honnis par les peuples arabes du monde entier... la paix a un prix, la guerre a un prix, il est bien plus cher que celui de la paix... » Cet homme, sincère et douloureux, est évidemment prêt à risquer sa vie pour la paix. Son frère a été tué et au lieu de choisir la vengeance il est à la recherche d'une parole de vie.

Comment un trauma personnel, résultant d'une violence sociale, en après coup de traumas transgénérationnels perpétrés tout autant par des humains sur des humains, peut déboucher pourtant sur une transformation des pulsions sexuelles de mort en pulsions sexuelles de vie ? Autrement dit, comment un tel trauma peut éveiller les traces à l'origine de cette capacité de responsabilité pour l'autre, éthique soutenue d'un « Tu ne tueras point » auquel on ne saurait se dérober (Levinas, 1990*b*, p. 21). Ou bien cette transformation serait seulement l'expression d'une culpabilité persécutrice qui va positionner la victime en chair à meurtre, position, de fait masochiste de mort. Est-ce que les traces d'un tiers matriciel auraient été réanimées lors d'un saisissement éthique du fait de la rencontre avec la souffrance de l'autre ? Freud y fit allusion

3. Mouvement de libération de la Palestine.
4. http://geopolis.francevinfo.fr/israel-ces-femmes-qui-se-battent-pour-la-paix-55353

lorsqu'il mit en relation, « l'origine des motifs moraux » et la présence d'un *Nebenmensch* nécessaire à la survie du sujet humain en « désaide » au départ de sa vie (Freud, 1950*c* [1895], p. 626).

Comment avoir été du côté des bafoués par la justice, par la violence de l'autre et ne pas transformer cette passivité insoutenable, abusée, en activité abusive et persécutrice ? Seyma Fraiberg, à propos d'enfants malmenés dans leur tendre enfance proposait pour ce faire, il y déjà longtemps, que ces sujets, devenus adultes, devaient non seulement décider activement que ce qu'ils avaient subi, ils ne le feraient pas subir à leurs enfants, mais encore qu'ils se devaient de rencontrer avec toute la force de leur sensibilité et de leur capacité émotionnelle, ce qu'ils avaient éprouvé alors, et qu'ils n'avaient pu ni ressentir ni encore moins représenter (Fraiberg, 1975). Quant à ce passage par la transformation de l'impassé en passé, nous savons combien notre tâche d'analyste est ardue (Scarfone, 2014). J'ai proposé de nommer la situation analytique, ce lieu pour que transformation puisse se faire lors d'un processus psychanalytique, pour que l'impassé puisse « rejoindre le passé » , pour que la douleur liée à la représentation, finisse de se maintenir et de main-tenir en un main-tenant qui n'en finit pas, j'ai proposé de nommer ce lieu : *Ha makom analytique*, en sa signification hébraïque et biblique : lieu de l'âme, espace temps éthique de la saisie asymétrique de l'un par l'autre, pour l'autre et relevant simultanément d'un passé, présent, futur infiniment renouvelé et renouvelable (Chétrit-Vatine, 2014*b*, p. 1484). Cet espace matriciel de responsabilité affectée pour l'autre, espace de témoignage et de reconnaissance (Bourdin, 2014) est fait de la présence affectée de l'analyste en tant que tiers matriciel. Est ce qu'un phénomène de cet ordre est concevable en dehors de nos cabinets?

Freud, dès 1915, insiste sur la confusion et la perte de repères en temps de guerre, sur la désinformation, le manque de recul, l'impossibilité de penser et la dévalorisation de l'ennemi. Il note que les peuples dits civilisés peuvent mener des guerres cruelles, acharnées, sanglantes, impitoyables, amorales (Freud, 1915*b*, p. 134). Et Levinas écrira après Auschwitz : « Issue des relations humaines, la violence se tient au bord des abîmes où, à un certain moment, tout peut sombrer, y compris la raison… La raison même de la guerre viendrait d'une folie et risquerait d'y sombrer » (1977, p. 155).

JÉRUSALEM, MARS 2015

Le fils de Tamar a commencé son service militaire il y a bientôt un an. Cet été, il a été blessé lors des affrontements de la dernière guerre, et après quatre mois, à la suite de l'opération qu'il a dû subir puis, à la période de soins et de réhabilitation, il a rejoint à nouveau l'armée. Cette fois, il a été affecté dans une autre unité, située non plus dans le sud du pays mais au nord. Or, hier soir aux dernières nouvelles on annonçait une attaque possible de la part du Hezbollah[5], situé justement aux frontières nord. Tamar rapporte un cauchemar : *Sa fille est invitée à se présenter à un camp de concentration.* Tamar, dont les parents sont des survivants de la Shoah, se réveille en sursaut. Elle associe : « Tous ce derniers temps les check points sont surchargés et les attentes n'en finissent pas. De même à l'armée c'est l'arbitraire qui règne... c'est intolérable. » Et je pense : En ce lieu où je pratique, les attaques sur la pensée fusent autant de l'intérieur des psychés, du fait d'une radio activité trans-générationnelle (Gampel, 2005) que de l'extérieur, alors que les frontières, toujours en question, se rigidifient sous la démultiplication des check-points.

Mais revenons à Freud, préoccupé par la désillusion que la Première Guerre mondiale provoque quant aux idéaux de la culture. Désabusé, il souligne que les peuples – et je dirais ici leur dirigeants – « obéissent beaucoup plus à leur passion qu'à leurs intérêts » (1915*b*, p. 143.) La rage aveugle, la haine entre « les peuples les plus civilisés » est une énigme qu'il tente de résoudre pour saisir les mécanismes individuels et groupaux à l'œuvre. Il rappellera le fait que l'intelligence et la faculté de penser sont soumises au monde des affects, et que les effets de groupe et de pluralité ne font qu'accentuer l'attaque sur les facultés intellectuelles des individus les plus doués.

Si la terminologie freudienne « est empreinte de métaphores guerrières », comme le notent les auteurs de l'argument, « le sens même du conflit en psychanalyse s'oppose à l'usage courant du terme car pour la psychanalyse, la guerre serait le signe d'une conflictualité non élaborée (je dirais : non élaborable), le signe d'une pulsionnalité débridée (je dirais : l'œuvre du *sexual* de mort, du sexuel infantile auquel je faisais allusion plus haut) ». Le conflit intrapsychique serait plus proche d'une transformation au moins partielle de la pulsionnalité sexuelle de mort en pulsionnalité sexuelle de vie. L'incapacité à contenir un conflit intrapsychique avec comme conséquence l'externalisation de la conflictualité est bien le fait soit d'une organisation pathologique, soit l'expression d'une angoisse actuelle submergeant le sujet.

Est-ce que cela peut nous aider à comprendre ce qu'il se passe en temps de guerre ? Combien l'existence d'un ennemi désigné et reconnu comme tel par un groupe d'appartenance allège pour un temps le sujet de ses conflits

5. Mouvement politique chiite libanais possédant une branche armée et opposé catégoriquement à reconnaître la légitimité d'Israël.

intrapsychiques. Je pense en particulier aux conflits souvent envahissants, repérés en particulier chez les mères en Israël, à la veille de l'enrôlement obligatoire de leurs fils ou filles dans l'armée (Corb, 2015).

1931. Einstein, actif en faveur de la paix et du désarmement, s'adresse à Freud. Bien que ce dernier ait considéré leur « soi disant discussion » comme « ennuyeuse et stérile », et en dépit de sa moquerie partagée avec Ferenczi quant à leur impossible compréhension mutuelle, il est à la même époque en correspondance avec Romain Rolland et Thomas Mann, engagés dans leur opposition commune au nazisme, et... les relations entre Einstein et Freud se poursuivent (Vermorel, 1993, p. 371). À savoir combien Freud, bien au fait de la pulsionnalité destructive de l'homme, sortit de cet échange encore plus désabusé et pessimiste car peu capable de trouver des réponses à même de les rassurer, quant à la possibilité de prévenir la guerre.

Dans sa réponse, Freud va insister sur l'aspect processuel du « devenir civilisé », l'état de repos n'étant pensable qu'en théorie. Il va revenir sur la question de la pulsion de mort, pulsion d'agression et de destruction, et sur la liaison de cette pulsion avec celle d'Éros et par conséquent sur le plaisir relié à cette même pulsion à l'origine de l'atrocité possible d'actes violents. C'est bien pourquoi Laplanche parlera de pulsion sexuelle de mort. Ainsi est l'humain, « un homme pour l'homme » dira ce dernier et « non un loup pour l'homme ». Capable de sadisme, il peut être bien plus cruel que l'animal (Laplanche, 1999, p. 214).

Freud va pourtant adresser une question qu'Einstein n'a pas posé : « Pourquoi nous indignons-nous tant contre la guerre ? » Et il répond : « parce que tout homme à un droit sur sa propre vie, parce que la guerre anéantit des vies humaines pleines d'espérance, qu'elle met l'individu humain dans des situations qui l'avilissent, qu'elle le contraint à commettre le meurtre sur d'autres, *ce qu'il ne veut pas*[6], qu'elle détruit de précieuses valeurs matérielles, résultat du travail des hommes, et autres chose encore ... (mais) tant qu'il y a des empires et des nations (et j'ajouterai : des groupes humains menés par une idéologie qui sacralisent leur mort et celle des mécréants, au regard de cette même idéologie) qui sont prêts, sans aucun égard, à en anéantir d'autres, ces autres doivent être armés pour la guerre » (Freud, 1933*b* [1932], p. 80).

L'humain ne se résume pas à une pulsionnalité sexuelle de mort. Il existe une capacité de transformation d'un *sexual* de mort en *sexual* de vie « ceci, tant est que cet homme, cette femme, cet enfant, trouvera sur son chemin un sujet éthique, interpellé, tant que ce sujet ouvert au trauma de la rencontre

6. Mes italiques.

avec l'autre en sa "difficile liberté", restera disponible à cet autre qui viendra infiniment le surprendre » (Chétrit-Vatine, 2015). L'homme est capable de responsabilité pour l'autre, ce qui le caractérise tout autant comme humain. On pourra penser à titre d'exemple parmi bien d'autres du même ordre, aux comportements des « Justes des nations » ayant caché ou protégé des juifs pendant la Seconde Guerre mondiale au risque évident de leur propre vie. Avec Levinas, après la Shoah et tous les crimes perpétrés par les humains contre les humains, je ne dirai certainement pas que l'homme est un saint mais qu'il sait néanmoins que la sainteté est incontestable (Levinas, 1998, p. 119). Ici, il s'agira de bien différencier entre le saint et le sacré, différence sur laquelle j'insisterai plus loin.

TEL-AVIV, JANVIER 2015

Ahmed, de père palestinien et de mère française, arrive à sa séance à Tel-Aviv, le jour de la rencontre de solidarité républicaine à Paris. Sa tête est entourée d'une grande écharpe palestinienne. D'entrée, il annonce qu'il a été vérifié au *check point*. L'air dégagé, il affiche ne pas en avoir été affecté. Il s'enquiert auprès de son analyste : « Tout va bien pour votre famille ? » Il parle de son identification avec toutes les parties, avec le droit à la liberté d'expression – les valeurs occidentales – autant qu'avec les terroristes à la recherche, comme lui le fut, de signification à leur vie et du coup entraînés sous la guidance de chefs sacralisés, à venger le prophète. Ahmed, sentant qu'il se perdait dans un mysticisme sans limites, a changé brusquement de direction et s'est détourné de la religion. Bientôt, se sentant à nouveau confus, sur le conseil d'une collègue, il décida d'entreprendre une psychothérapie. Ce jour là, son analyste se sent elle-même osciller en tous sens : comment le croire ? combien dit-il ce qu'il pense qu'elle a envie d'entendre ? Un moment en accord avec ses positions, un moment doutant elle-même des siennes, elle est fière de cette France de rêve, défilant par milliers au nom des valeurs qu'elle-même partage et l'instant d'après, elle est douloureuse de l'indifférence relative des médias, à ce moment-là, quant à l'attentat perpétré sur des juifs comme elle. Et Ahmed ? Il se lève et se rassoit, visiblement troublé. Il fait référence aux autorités arrogantes de l'administration française pour laquelle il travaillait, il associe sur son travail actuel qui lui donne parfois le sentiment de se perdre. Moi-même, consultante de l'analyste, j'entends qu'Ahmed oscille entre une position schizo-paranoïde et un état potentiel de confusion, et nous nous questionnons : que signifie pour lui, en ce moment particulier, le fait d'avoir choisi d'être en analyse chez une psychanalyste, certes française comme lui, mais juive et... israélienne. Ne la vit-il pas comme l'incarnation même de cette autorité arrogante ? Et qu'est-il pour elle ? À qui appartient la confusion ? Comment aider ma collègue à retrouver une écoute en tiers matriciel ?

Revenons encore une fois à Freud et son interrogation préalable. Il continue : « je crois que la raison majeure pour laquelle nous nous indignons contre la guerre est que nous ne pouvons faire autrement. Nous sommes des pacifistes, parce que pour des raisons organiques nous ne pouvons pas ne pas l'être. » Et plus loin alors qu'il souligne que les modifications psychiques vont de pair avec le processus culturel : « Des sensations qui, pour nos lointains ancêtres étaient empreintes de plaisir sont devenues pour nous indifférentes ou même insupportables. » Et il termine : « Peut être n'est-il pas utopique d'espérer que l'influence de ces deux facteurs, la position culturelle et l'angoisse justifiée devant les effets d'une guerre future, mettra fin à la pratique de la guerre dans un avenir à portée de vue » (Freud, 1933*b* [1932], p. 81).

On ne peut que s'attrister sur l'optimisme de Freud à l'heure de la rédaction de son travail, optimisme à mon avis plus affiché qu'assumé, à quelques années seulement de la Seconde Guerre mondiale. Freud n'avait pas encore à cette époque développé sa conception du clivage et de ses potentialités terrifiantes, ce qu'il ne manquera pas de faire alors que la guerre avait finalement éclaté et juste à la veille de sa mort (Freud, 1939*a*).

Mais reprenons pas à pas ses réponses en dialogue serré avec Einstein :

Comment articuler violence et droit ? La violence fait loi, répond-t-il, comme dans le règne animal. Freud revient sur l'hypothèse darwinienne de la horde originaire, et le passage de la force musculaire à la force de l'intelligence capable de produire des outils de plus en plus perfectionnés, le plus fort prenant position dominante sur le plus faible.

Comment se fait alors le passage de la violence au droit ? Pour Freud, la violence est brisée par l'union et le droit est la puissance d'une communauté, autrement dit la violence devient celle de la communauté. Mais une communauté qui n'existe que pour combattre se désagrègera après que l'ennemi sera terrassé. L'instauration de lois permettra pourtant une certaine permanence de la communauté. Compte tenu de la communauté d'intérêts se préciseront des sentiments communautaires parmi les individus concernés et ce sera la force essentielle, susceptible de maintenir la communauté. Il y aura nécessité de renoncement d'une part de liberté personnelle par chaque individu de la communauté. Un état de repos constant est impensable compte tenu des inégalités internes à la communauté, hommes femmes, parents enfants, vainqueurs vaincus, et leur transformation en maîtres et esclaves. Les lois seront faites par les dominants et en faveur des dominants. Et la question sera en tous les cas, de l'état de stabilité partiel établi après une guerre, l'unité du grand groupe restant elle-même partielle. C'est alors que ces nouvelles unités se désagrègent à nouveau avec le risque de passage à des guerres d'ampleur disproportionnée et d'autant plus dévastatrices.

Alors, prévenir la guerre, est-ce une possibilité ? Freud envisage un pouvoir central auquel serait transféré celui de juger dans tous les conflits d'intérêt mais il faudrait en plus de la création d'une telle instance que lui soit donnée la puissance requise pour assurer ce pouvoir, or, tout ce qui est droit fut à l'origine violence brute. On aurait toujours à faire avec un retour du refoulé.

Peut-on transformer cette pulsion de destruction, pulsion de désagrégation de l'être vivant, d'autant effective et d'autant désagrégeant qu'elle se nourrit d'une jouissance à l'origine « d'innombrables cruautés » (Freud, 1933*b* [1932], p. 76) dont les réseaux sociaux et média en tous genres témoignent de nos jours trop souvent ?

Et Levinas en écho : « Comme la guerre moderne, toute guerre se sert déjà d'armes qui se retournent contre celui qui les tient. Elle instaure un ordre à l'égard duquel personne ne peut prendre distance... La guerre ne manifeste pas l'extériorité et l'autre comme autre ; elle détruit l'identité du même » (Levinas, 1990*a*, p. 6)

Alors, comment la paix ?

« Tout ce qui instaure des liaisons de sentiment parmi les hommes ne peut qu'agir que contre la guerre » (Freud, 1933*b* [1932], p.78.) Sont facteurs de liaison : L'amour des uns et des autres et l'identification à des intérêts communs. Un autre facteur est à prendre en considération : la formation de leaders dignes de cette tâche : « il faudrait consacrer davantage de soins qu'on ne l'a fait jusqu'ici pour éduquer une couche supérieure d'hommes pensant de façon autonome ; inaccessibles à l'intimidation et luttant pour la vérité auxquels reviendrait la direction des masses non autonomes » (Freud, 1933*b* [1932], p.79).

Mais Freud lui-même n'a-t-il pas déclaré qu'éduquer, comme gouverner autant qu'analyser, était une tâche impossible ? (Freud, 1937*c*, p. 50).

Et enfin, il reprend (Freud, 1933*b* [1932], p. 79) : « L'état idéal serait naturellement une communauté d'hommes ayant soumis leur vie pulsionnelle à la dictature de la raison, rien d'autre ne saurait susciter une union des hommes si parfaite et si résistante, même au risque d'un renoncement aux liaisons de sentiment entre eux. » Mais il est plus vraisemblable, ajoute-t-il, que c'est là une espérance utopique. Je dirai, en cette espérance, fondée sur la raison, au prix d'un renoncement aux besoins fondamentaux de liaison de sentiment, on ne saurait adhérer. Nous savons mieux combien l'investissement affectif lié au sentiment d'appartenance garde infiniment ses prérogatives par rapport à la dite raison. Nous savons combien la rencontre avec l'autre, si semblable et si autre, peut être déstabilisante pour un sujet soi-même en mal-être identitaire, et combien cette déstabilisation, provocatrice de violence, peut être le fait et le fondement unificateur d'un collectif partant en guerre.

La motivation guerrière est reliée généralement à l'idéalisation, mieux, à la sacralisation de la cause pour laquelle on se bat. C'est sur une telle sacralisation que se fonde encore aujourd'hui le discours des dirigeants : sacralisation de la patrie à défendre corps et âme, sacralisation de la démarche en cas de guerres dites saintes, sacralisation du chef qui indique le chemin à suivre, sacralisation du sacrifice à payer de sa vie pour défendre son nom sinon celui de Dieu ou des dieux, sacralisation à peine voilée... de la recherche de jouissance à tout prix...

Freud pouvait pourtant fantasmer, sans y croire, des gouvernants luttant en vérité pour la vérité. Et je voudrais pouvoir imaginer des meneurs ou des gouvernants luttant tout autant, en toute responsabilité, responsabilité pour ces autres sujets qui ne cesseraient de les interpeller.

Prenant en compte la Shoah, phénomène basé en partie sur un clivage insensé, et la possibilité de démonisation de l'autre homme, j'ai pourtant proposé qu'un passeur avait été écarté par Freud, une trace manquante dans la vérité historique à laquelle il aura fait allusion en 1939, dans *L'Homme Moïse* alors qu'il reprendra les hypothèses phylogénétiques de *Totem et Tabou*. Ce passeur serait ce tiers matriciel, celui qui permettrait l'arrêt des tueries réitérées, l'internalisation *in fine* d'un principe paternel et la possibilité d'une mise en place de lois... de vie (Chétrit-Vatine, 2013, 2014*b*). Je l'ai positionné en amont de l'instauration de la loi et alors que je ne le réduis pas à l'autoconservation mais à cette capacité aussi spécifiquement humaine que celle permettant les pires cruautés : la capacité de responsabilité affectée pour l'autre (Chétrit-Vatine, 2012*b*, 2016).

J'ai rappelé d'entrée ce que Levinas, qui nous proposera de différencier le sacré du saint, écrit : « C'est contre l'infini – plus objectif que l'objectivité – que se brise la dure loi de la guerre et non pas contre un subjectivisme impuissant et coupé de l'être » (Levinas, 1999*b*, p. 11). Levinas va ainsi donner une nouvelle définition de la subjectivité : ni protestation égoïste contre la totalité, ni angoisse devant la mort mais subjectivité fondée sur l'idée de l'infini. Subjectivité se présentant comme contenant plus que ce qu'elle peut contenir, accueillant autrui comme hospitalité (*Ibid.*, p. 12). C'est dans l'informe du sujet et son rapport avec l'infinité que j'ai proposé de localiser les traces du matriciel.

Levinas va différencier le sacré du saint. Il propose de « faire ressortir la *catharsis*, la démythisation du religieux » (Levinas, 1977, p. 10). De fait, le sacré se relie aux mythes et leur tenant de violence est lié à la pulsionnalité de mort, alors que le saint est de l'ordre d'une articulation entre vérité et éthique de responsabilité. Le saint, *Kedusha* en hébreu, signifie séparation. Il peut faire partie d'un monde justement désacralisé, alors que « le sacré se pare du prestige des prestiges » (Levinas, 1977, p. 89). Le monde au cœur duquel Levinas s'exprimait en 1977 se caractérisait déjà comme un monde de « la dégénérescence du sacré ». La question est toujours d'actualité alors qu'il questionnait : « comment la sainteté peut-elle se confondre avec le sacré... (qui peut) se transformer en ensorcellement, en puissance sur les hommes ? » (Levinas, 1977, p. 99). Nous pourrons répondre : tout autant que c'est là l'œuvre du *sexual* de mort, ce même *sexual* à l'œuvre dans la guerre, pulsionnel qui se caractérise par la recherche interminable d'excitation.

Il écrivait déjà en 1952 : « Si la morale doit véritablement exclure la violence, il faut qu'un lien profond rattache raison, langage et morale... L'intervention de l'inconscient et, par conséquent, des horreurs et des extases qui s'en nourrissent, recours à l'action magique des sacrements – tout cela remonte à la violence » (Levinas, 1990*b*, p. 19). Et plus tard : « L'injustice sociale et toutes les formes d'exploitation ne seraient que l'euphémisme de la guerre... Le mal dépasse la responsabilité humaine et ne laisse même pas de coin intact où la raison pourrait se recueillir... cette thèse ne (serait-elle pas) précisément un appel à une infinie responsabilité de l'homme, à un inlassable éveil, à une absolue insomnie ? » (Levinas, 1977, p. 174).

C'est dans cette foulée que je propose de définir notre pratique, la pierre que nous pouvons apporter à la construction de ce monde dans lequel nous vivons. Alors que l'analyse est une pratique à la recherche d'une approche de l'inconscient, c'est une pratique basée sur la parole, l'adresse à l'autre et l'écoute de l'autre. Elle favorise la transformation d'un *sexual* de mort en *sexual* de vie. Elle implique une rencontre entre deux sujets et la présence vivante de l'analyste, son éveil éthique. L'éthique du psychanalyste contemporain, prenant en compte les événements traumatiques au sein desquels et suite auxquels notre monde se débat, se définira comme éthique de responsabilité asymétrique et affectée pour l'autre, tout autant qu'éthique de vérité [7] et elle se comprendra non seulement comme déontologie mais comme intrinsèque à la pratique (Scarfone, *in* Chétrit-Vatine, 2014*a*).

7. Intervention de Dominique Bourdin lors de l'atelier sur « l'actuel de l'éthique en psychanalyse », CPLF, 2014.

JÉRUSALEM, JUILLET 2015

Des femmes, des mères ont entrepris une grève de la faim. La tension monte encore et encore. Il s'agit pour ces femmes de prévenir une nouvelle guerre : elles réclament par leurs corps fatigués et leurs cris silencieux, une reprise de la parole entre les gouvernants des deux camps, juste une reprise de la parole…

« Parler, c'est en même temps que connaître autrui, se faire connaître à lui… être en société avec lui… Ce commerce que la parole implique est précisément l'action sans violence : l'agent, au moment même de son action a renoncé à toute dénomination, à toute souveraineté, s'expose déjà à l'action d'autrui, dans l'attente de la réponse. Parler et écouter ne font qu'un » (Levinas, 1990*b*, p. 20).

Cette capacité de parole, d'adresse de l'un vers l'autre, cette ouverture à l'autre, sa dimension éthique, participe du féminin maternel de tout humain. Ce rassemblement de femmes pour la paix ne vient-il pas témoigner « qu'il n'y aura pas d'humanité susceptible de s'assumer à "liberté limitée" tant que nous ne saurons pas reconnaître qu'à l'origine de l'éthique, il y a du féminin maternel » (Chétrit-Vatine, 2013) ? N'est-ce pas là ce qui fonde précisément notre aspiration à la paix ?

Viviane Chétrit-Vatine
Ein Guedi 14,
Jérusalem
Israël
marchet@zahav.net.il

RÉFÉRENCES BIBLIOGRAPHIQUES

Bourdin D., Trauma actuel, actualité du trauma, L'Actuel en psychanalyse, *Bulletin de la* SPP, n° 2, 2014.

Chétrit-Vatine V., *La séduction éthique de la situation analytique ; aux origines féminines /maternelles de la responsabilité pour l'autre*, Paris, Puf, « Le Fil rouge », 2012*a*.

Chétrit-Vatine V., Traumas et conflits œdipiens : Œdipe le meurtri, Œdipe(s), *Revue française de psychanalyse*, t. LXXVI, n° 5, 2012*b*, pp. 1679-1686.

Chétrit-Vatine V., La trace manquante : le tiers matriciel, Le Paternel, *Revue française de psychanalyse*, t. LXXVII, n° 5, pp. 1606-1612, 2013.

Chétrit-Vatine V., L'Actuel de l'éthique en psychanalyse, L'actuel en psychanalyse, *Revue française de psychanalyse*, t. LXXVIII, n° 5, pp. 1481-1485, 2014.

Chétrit-Vatine V., Peut-on parler d'un Sexual de vie ?, Le sexuel infantile et ses destins, *Revue française de psychanalyse*, t. LXXIX, n° 5, 2015.

Chétrit-Vatine V., L'offre d'analyse, l'offre de l'analyste, *Colloque Laplanche*, Cerisy, 2014 (en cours de publication, 2016).

Corb A., Mothers'coping with recruitement of their firstborns to combat service in the IDF, *MA Thesis*, Psychology Department, Bar-Ilan University, 2015.

Gampel Y., *Ces parents qui vivent à travers moi, les enfants des guerres*, Paris, Fayard, 2005.

Freud S. (1915*b*), Considérations actuelles sur la guerre et la mort, *OCF.P*, XII, Paris, Puf, 1988.

Freud S. (1933*b* [1932]), Pourquoi la guerre ?, *OCF.P*, XIX, Paris, Puf, 1995.

Freud S. (1937*c*), L'analyse avec fin et l'analyse sans fin, *OCF.P*, XX, Paris, Puf, 2010.

Freud S. (1939*a*), L'homme Moïse et la religion monothéiste, *OCF.P*, XX, Paris, Puf, 2010.

Freud S. (1950*c* [1895]), Esquisse pour une psychologie scientifique, *La Naissance de la psychanalyse, lettres à W.Fliess, notes et plans,* 1887-1902, Paris, Puf, 1956 ; 1887-1904, *OCF.P*, Paris, Puf, 2006 .

Fraiberg S. *et al.*, Ghosts in the nursery. A psychoanalytical approach to the problems of impaired infant-mother relationships, *Journal Am Acad Child Psychiatry*, vol. 14, n° 3, 1975, pp. 387-421.

Laplanche J., *Entre séduction et inspiration : l'homme*, Paris, Puf, « Quadrige », 1999.

Laplanche J., *Sexual, la sexualité élargie au sens freudien*, Paris, Puf, « Quadrige », 2007.

Levinas E. (1961), *Totalité et infini, essai sur l'extériorité*, Paris, Livre de poche, essais 4120, 1990*a*.

Levinas E. (1963), *Difficile liberté, essais sur le judaïsme,* Paris, Albin Michel, 1990*b*.

Levinas E., *Du sacré au saint, cinq nouvelles lectures talmudiques*, Paris, Minuit, 1977.

Levinas E., *Éthique comme philosophie première - 1982*, Paris, Rivages poche, 1998.

Press J., L'informe, l'intime, l'inconnu, les processus de transformation et l'objet, *L'Informe*, conférence annuelle, *Psychanalyse en Europe*, Bulletin n° 67, 2013.

Scarfone D., Préface, *in* Chétrit-Vatine V. (2014), *The Ethical Seduction of the Analytic Situation*, Karnac Books IPA publications, 2014*a*.

Scarfone D., L'impassé, actualité de l'inconscient, L'actuel en psychanalyse, *Revue française de psychanalyse*, t. LXXVIII, n° 5, 2014*b*, pp. 1357-1428.

Vermorel H. et M., *Sigmund Freud et Romain Rolland Correspondance 1923-1936*, Paris, Puf, « Histoire de la psychanalyse », 1993.

Vermote R., La zone indifférenciée du fonctionnement psychique : une approche intégrative et les implications cliniques, *L'informe*, *Psychanalyse en Europe*, Bulletin n° 67, 2013.

DOSSIER : LE SEXUEL INFANTILE[1]

1. Comme l'annonçait l'éditorial du dernier numéro de la *Rfp* (t. LXXIX, n° 5, 2015), nous poursuivons ici la publication des écrits suscités par le CPLF de mai 2015 consacré au « sexuel infantile et ses destins » et dont les deux rapporteurs étaient Christian Seulin et Dominique Suchet.

Le sexuel infantile et l'adolescence

Croyez-vous pouvoir effacer le mal fait à un enfant ?

Jacques Dufour*

Carmen, écorchée vive, la cinquantaine, ressentait comme attaque toute interprétation rejetée par des cris de colère, des passages à l'acte et des interruptions de séance. J'avais alors mis l'accent sur la règle d'abstinence interdisant tout passage à l'acte, incompatible avec le travail d'analyse et en exigence d'un retour réflexif sur ses impulsions à agir. Après quelques retours, cette folie des actes se relia à un fantasme transférentiel de scène primitive, ma femme devait tout écouter derrière la porte, puis à une rivalité œdipienne avec sa mère revécue avec l'image d'une femme convoitant son mari. J'ai alors pensé que ma parole interdictrice-interprétative avait acquis dans le transfert une capacité de symboliser une jouissance perverse, présageant un développement de ce débordement sexuel infantile. Une séance vint rompre cette préconception.

« C'est un échec, vous devriez savoir, vous n'avez pas su, vous n'auriez pas dû me prendre en analyse, je suis trop vieille et trop con. » Je lui avais alors interprété cet échec de l'analyse et cette dévalorisation d'elle-même comme ce qu'elle pensait que je pensais d'elle, « vieille et con » dans la ligne de sa mère qui la voyait « moche et mauvaise ». Cette interprétation provoqua d'abord sa colère verbale contre moi : « Je voudrais bien vous y voir vous qui savez tout et ne donnez rien. » Puis, le ton monta et je la vis une fois encore se lever brutalement du divan, se plaquer contre la porte, tête sur le côté, bras écartés en hurlant : « Je ne peux pas, je ne peux pas. » Déçu et sidéré, surgirent en moi comme en rêve, la vision d'un crucifix et des voix accusatrices : « Mon père, mon père, pourquoi m'as-tu abandonné ? » Sans pouvoir me détacher

* Jacques Dufour est psychiatre et psychanalyste. Il est membre titulaire de la SPP.

ni de l'emprise de cette vision ni de la force de vérité de mon interprétation, envahi d'impuissance et de confusion, je me pris à rejeter la patiente et à m'accuser d'incapacité. Elle avait raison, elle était inapte à un travail psychique, je n'aurais pas dû la prendre en analyse. Cependant, en dépit de cette dévalorisation, j'en vins à rompre avec ma référence de compréhension, me mis en *stand by*, en attente d'un éveil en moi de pensées sidérées par les cris et les actes.

Ce fut le temps d'une traversée du désert dans l'analyse mais d'un retour auto-analytique hors séance où j'en vins à voir le vide de ma réflexivité comme emprise des affects destructeurs qu'elle projetait en moi, me faisant me voir tour à tour agressé et agresseur. Dès lors, à la fois à la place de sa mère dont la parole la violentait et à sa place d'enfant réduit au silence par la violence de cette parole, je perçus que ma parole forte de ma vérité œdipienne n'avait énoncé que ma seule conception, sans entendre que j'actualisais son abandon originaire. Au lieu de la faire penser, mes paroles l'avaient rendu folle, le cri et l'acte signant une détresse infantile démunie de toute parole. Ses passages à l'acte ressentis comme une réaction thérapeutique négative n'étaient en fait que des réactions de survie à mon interprétation, dont la violence non symbolisable non seulement lui avait fait revivre son rejet et son impuissance infantile, mais plus encore l'avait menacé de mort en « remuant le couteau dans la plaie ». Je vis alors Carmen d'écorchée vive advenir petite fille meurtrie et j'ai entendu que mon interprétation qui pour moi disait vrai en symbolisant dans le transfert la parole de sa mère, pour elle disait vrai comme croyance à ma parole qui la traitait de « moche et de mauvaise ». Seule ma reconnaissance du mal que je lui avais fait pouvait lui permettre de dépasser dans le transfert l'état de détresse que mon interprétation avait provoquée. « Lorsque je vous ai dit ce que je pensais que vous ressentiez, je vous ai fait mal. » Seul un long silence me répondit, à l'encontre de son habitude, puis surgirent les paroles de sa détresse infantile : « Quand on n'a pas été aimé, on ne peut aimer et dire qu'on n'a pas été aimé, quand on vous a fait mal, on fait mal et on se fait mal, mais le mal qui vous a été fait peut toujours revenir. Croyez-vous pouvoir effacer le mal fait à un enfant ? » En ce point, la transformation de mon écoute en renoncement à toute symbolisation interprétative en était venue de ma reconnaissance du mal que je lui avais fait au mal qui lui avait été fait. Entre elle et moi s'était créé un lien identitaire où dans le transfert et l'interprétation, à la détresse infantile sans nom se substitua une subjectivation d'une haine créatrice :

« Vous voulez dire qu'ici avec vous c'est comme avec ma mère… Comment un enfant peut-il haïr, vouloir mourir et faire mourir si tôt ?... Maintenant je vois cette haine en moi, je l'éprouve, je ne peux la rejeter et je me dis qu'elle fait partie de moi. Dites-moi pourquoi il m'a fallu si longtemps pour voir et modifier ces choses. » Ce sera du tragique de son histoire infantile figurée dans un rêve central et développée dans le travail d'analyse que le père passa de l'ombre à une lumière d'absence. Cette expérience clinique que j'ai à reliée à deux courants de la sexualité infantile décrits par Freud, m'a permis de conceptualiser et d'articuler les processus de transformation et de symbolisation.

Dans cette perspective je reviendrai sur une note de « Pulsions et destins des pulsions » (Freud 1915*c*, p. 37). Freud y différencie les pulsions sexuelles infantiles aptes à la satisfaction auto-érotique « porteur du développement », d'avec celles qui issues d'une « période de détresse et de soins », en viennent à « troubler cet état et préparer la progression », ne trouvant satisfaction que « par l'intervention de l'extérieur ». Ma réflexion a alors pris comme point de départ le mode singulier de satisfaction à l'objet de chacun des deux courants pulsionnels infantiles, dans l'un, la satisfaction, est intérieure, autoérotique, dans l'autre elle dépend de l'extérieur en lien avec la détresse primordiale.

Le courant de satisfaction autoérotique porteur du développement fondé sur la perte de l'objet primaire de la sexualité infantile (Freud, 1905*d*, p. 132) comme source d'un changement symbolique par substitution a singularisé la théorie psychanalytique. Dans cette voie progrédiente, à la perte de la mère comme objet primaire du besoin se substitue le désir de son amour exclusif, à la perte de cet amour dans le fantasme de scène primitive se substitue l'autoérotisme et à la perte de l'autoérotisme par la menace de castration œdipienne se substitue la loi du surmoi qui ordonne les liens d'identification et les déplacements de la sublimation. En ce point, le surmoi hérité du complexe d'Œdipe n'est plus le surmoi cruel sous influence du ça, mais un impératif de symbolisation qui élabore la douleur, les pertes de jouissance perverse dans les liens de la pensée et les signifiants du langage. Ici, le travail analytique aura effet d'un changement par substitution symbolique, le tissage des mots de l'interprétation prenant fonction de métaphoriser un sexuel infantile qui envahit et déborde les capacités de représentation. (Gibeault, 1989 ; Roussillon, 2012). C'est donc sur un négatif d'objet primaire perdu que repose le travail interprétatif de symbolisation qui, en détachant de l'emprise des angoisses de manque, de séparation et d'abandon, ouvre à une plasticité de formes substitutives. La représentation de l'absence de représentation (Green, 1995, p. 50) en quête de parole de l'analyste permet donc de retrouver des traces vivantes de l'histoire infantile au-delà du souvenir. Cependant cette levée de l'amnésie infantile ne peut que laisser entendre un inachèvement, un reste non-symbolisé qui met en question l'écoute de l'analyste. Dès lors, cette écoute aura vocation non seulement d'entendre les lacunes et défectuosités de la symbolisation sources de l'interprétation, mais de plus elle se devra d'en entendre ses effets dans le discours du patient. Ni le jugement de l'analyste sur le juste ou le faux de son interprétation, ni la confirmation ou le refus du patient n'ont ici de valeur, seuls en auront la mobilisation et les modifications du cours des associations. C'est donc l'émergence d'une capacité générative qui signe le travail intérieur de symbolisation du patient sur les pertes non symbolisées de son histoire, et ce sera le défaut d'en entendre les signes qui posera question à l'analyste. En effet, si son auto-analyse le conduit à ne pouvoir mettre en cause des défaillances du patient ou son aveuglement contre-transférentiel, ne devra-t-il pas entendre dans le silence d'un retour, la limite du processus symbolique par substitution ? Cette limite ne s'entend en effet que dans le silence, là où il n'y a rien de ce qui était attendu, là où la dynamique des restes non-symbolisés de l'objet n'induit ni potentiel, ni latence, mais bute sur l'entropie[3] d'un résidu (Dufour, 2014) non symbolisable d'une détresse infantile. C'est cette butée du processus de symbolisation qui exige de conceptualiser un autre courant de la sexualité infantile. Freud en a ouvert la voie dans la description visionnaire de *L'Esquisse* où il décrit « l'intervention spécifique » de l'objet extérieur comme un processus de transformation qui fait passer « l'impuissance originelle » (Freud, 1950*c* [1895], p. 337) du cri de la décharge en « compréhension mutuelle ». Ce n'est donc pas ici un changement symbolique par substitution, mais un changement traumatique par rebondissement qui fait passer de l'état d'impuissance de la détresse infantile à un état de puissance mentale d'un lien. Ce changement d'état de la transformation qui crée le lien primordial à l'objet sera donc le préalable de la symbolisation source de formes substitutives à la perte de ce lien primordial. Ici, le travail de transformation ne se soutient pas de la représentation de l'absence de représentation avide de sens, mais se confronte à une absence de représentation vide de toute représentation (Guillaumin, 1995, p. 131). Si le travail symbolique de substitution repose sur l'interprétation du négatif de restes non symbolisés des objets de la sexualité infantile, le travail de transformation, quant à lui, repose sur l'analyste en sa capacité de se détourner de cette perspective de symbolisation, pour reconnaître en lui un résidu non symbolisable qui engendre son incapacité et son impuissance (Dufour, 2014). C'est ce que Bion a décrit comme changement catastrophique (Bion, 1962, pp. 14-17) tel qu'exposé dans mon expérience clinique. En état d'effondre-

3. « Entropie », Freud emploie ce concept pour entendre une part de son échec dans l'analyse de « L'Homme aux loups », « comme ce qui à des degrés divers s'oppose à l'annulation de ce qui est advenu » (Freud, 1918*b*, p. 415).

ment analytique mais en renoncement à ma capacité interprétative, envahi d'un vide plein d'affects destructeurs mais en identification en miroir à la patiente, j'ai entendu en mon for intérieur mon interprétation sans autre effet que de mettre à nu la détresse infantile de Carmen ; je l'ai alors vu en petite fille meurtrie et de cette vision est née une parole qui transforma l'excitation de sa détresse en un lien contenant porteur de symbolisation. Ici, le parcours discontinu du travail de transformation laisse entendre sa double rupture. À partir d'une première rupture avec la ligne continue du travail symbolisant de la métaphorisation autoérotique de l'objet perdu, mon intervention en tant qu'objet extérieur mais issue de mon expérience émotionnelle, a transformé le non-symbolisable en affect partagé ; une deuxième rupture a alors pris le relais, celle de la violence de mon interprétation dans le transfert qui a mis ce lien affectif primaire à distance d'objet perdu, support du travail de substitution de symbolisation. Nous voyons donc ici se dessiner l'articulation du travail analytique de transformation avec le travail de symbolisation. Là où se révèle une aporie de l'interprétation, la capacité de renoncement de l'analyste à toute préconception, ouvre en lui un espace traumatique de sensations et d'affects indifférenciés ; ce sera cette matière brute pulsionnelle-émotionnelle que le travail de transformation fera advenir, matière psychique d'images et d'affects qui fabriquera un lien primaire identitaire que l'interprétation dématérialisera en objet perdu source du travail de symbolisation. C'est avec cette articulation du processus de transformation au processus de symbolisation que le travail analytique rejoint le travail du rêve. Freud a en effet nommé « Transsubstantiation » (Freud, 1900*a*, p. 42) le processus de transformation primordiale des sensations et tensions corporelles en pensées, en images de rêve, hors de tout sens et de toute logique, mais au plus près du désir infantile inconscient ; il a par ailleurs nommé « Transvaluation des valeurs psychiques » (Freud, 1900*a*, p. 439) le processus de symbolisation qui substitue à la polysémie de la pensée du langage verbal, les pensées hallucinatoires des langues primitives du rêve (Dufour, 2007).

Dans mon travail avec Carmen, je n'ai pas effacé le mal, mais je l'ai rendu vivable. À partir de la transformation de ma sidération émotionnelle en image et pensées oniriques (Bion, 1998), « Mon père, mon père pourquoi m'as-tu abandonné », la symbolisation interprétative du mal que je lui avais fait a ouvert en elle une capacité de changement, ses paroles de haine créatrice se sont alors substituées au mal mutique qu'enfant il lui avait été fait.

Jacques Dufour
1 rue de la Trésorerie
73000 Chambéry
jacques.dufour7@wanadoo.fr

RÉFÉRENCES BIBLIOGRAPHIQUES

Bion W.R. (1965), *Transformations*, Paris, Puf, 1982.

Bion W.R. (1963,1977), *Pensée sauvage, Pensée apprivoisée*, Lamor Plage, Éditions du Hublot, 1998.

Dufour J., Exigences des langues primitives et travail du langage, *Revue française de psychanalyse,* t. LXXI, n° 5, 2007, pp. 1701-1707.

Dufour J., Du résidu au reste. L'actualisation, *Bulletin de la SPP*, 2014, n° 2, pp. 149-155.

Freud S. (1900*a*), *L'Interprétation des rêves*, Paris, Puf, 1967.

Freud S. (1905*d*), *Trois Essais sur la théorie de la sexualité,* Paris, Gallimard, 1952.

Freud S. (1915*c*), Pulsions et destins de pulsions, *Métapsychologie*, Paris, Gallimard, 1968.

Freud S. (1918*b*), L'Homme aux Loups, *Cinq Psychanalyses*, Paris, Puf, 1967.

Freud S. (1950*c* [1895]), Esquisse d'une psychologie scientifique, *Naissance de la psychanalyse*, Paris, Puf, 1969.

Gibeault A., Destins de la symbolisation, *Revue française de psychanalyse,* t. LIII, n° 6, 49e Congrès des psychanalystes de langue française, 1989, pp. 1493-1617.

Green. A. (1993), Instances du négatif, Transfert, Tiercéité, Temps, *Le Négatif,* Bègles, L'Esprit du temps, 1995, pp. 15-56.

Guillaumin J. (1993), Théorie du négatif ou pensée au négatif en psychanalyse, *Le Négatif,* Bègles, L'Esprit du Temps, 1995, pp. 129-168.

Roussillon R. (1999), *Agonie, clivage et symbolisation*, Paris, Puf, 2012.

Le sexuel infantile et la constitution de l'objet

Annette Fréjaville*

La distinction faite entre le sexuel infantile (Suchet, 2015) et la sexualité infantile prend tout son sens si on la réfère à la constitution d'un objet total et à la représentation de sa permanence, qui conditionne la différenciation de la mère d'avec tout objet tiers. D'amour et de haine, les passions de la sexualité infantile s'expriment au moment de la conflictualité œdipienne. Mais l'Œdipe suppose que l'enfant sache qui est son père et qui est sa mère, suppose qu'il distingue la différence des sexes et des générations, même si la bisexualité y joue sa partie et si les amours œdipiennes impliquent le fantasme d'effacer cette différence générationnelle. Et si l'enfant investit alors volontiers sa mère et son père de façon clivée quant à l'amour et la haine, ceux-ci sont cependant des objets altérité, des objets totaux, qui ne sont pas lui.

Les objets totaux se constituent pendant la période préœdipienne, objets qui prendront nom de mère et de père (ou ceux qui en tiendront lieu). C'est le temps où les pulsions partielles sont en quête de satisfaction, tâche qui incombe à la « personne secourable » en charge du bébé. La mère, en tant que premier objet, en tant qu'objet d'étayage, se distingue d'abord : sur elle, en elle, convergent les expériences vécues avec les objets partiels de la période préobjectale. Trouvée dans le perceptif après avoir été créée par le besoin et le désir, elle donne forme à une quête. De même, la reconnaissance d'un père dans la réalité donnera forme à l'interrogation sur ce que sont les autres que la mère, donnera forme au fantasme de scène primitive.

La découverte de la permanence de l'objet est une aventure en soi. Elle organise le chaos initial où se mêlent chez le nourrisson les sensations et les

* Annette Fréjaville est psychiatre et psychanalyste. Elle est membre titulaire de la SPP.

émotions, où les investissements ne sont pas liés à des représentations internes fixes mais à des traces que laisse le fonctionnement des zones érogènes, lieux de la sexualité perverse polymorphe, celle qui constitue le sexuel infantile. Les processus primaires laissant la place aux processus secondaires, des liens se créent entre les perceptions, les affects, les représentations. Les objets totaux se dessinent alors, se précisent, ce qui va modifier fondamentalement la donne.

Le sexuel infantile, dans sa précocité, dans son archaïsme, est là d'emblée, dès que l'excitation devenue pulsion, pousse l'enfant à réguler ses affects, à chercher le plaisir et à éviter le déplaisir. Le nouveau-né, puis le nourrisson, ne distingue pas, en tant que tel, l'objet « secourable et bien averti » des premiers échanges. Ce n'est pas parce que la voix de celle qui est sa mère lui est familière depuis l'avant de sa naissance qu'il la rapporte à un objet spécifié. Aux pulsions partielles viennent répondre des objets partiels que le bébé désire magiquement satisfaisantes et qui ne sont connues que comme des expériences. Les zones orales et anales ne sont que les extrémités d'un corps apte, en son entier, à ressentir le plaisir et la souffrance (contenu psychique des conduites appétitives et aversives du vivant) de la sexualité perverse polymorphe. La tétée est une expérience globale qui concerne le fonctionnement sensori-moteur de tout le corps. En décrivant la succion du nourrisson, si souvent commentée, Freud interroge les premiers fantasmes. L'oralité devient exemplaire du plaisir de prendre en soi et pour soi ce qui est vécu comme bon, puis l'analité devient exemplaire du plaisir à la maîtrise des contenus corporels, garder en soi ce qui est bon, expulser ce qui ne l'est pas. C'est la période des autoérotismes pré-objectaux qui constituent le narcissisme basé sur l'expérience de ce qui fait limite entre le dehors et le dedans. Étayée sur le besoin, cette quête de satisfaction du sexuel infantile des origines est égoïste, dans le sens où elle ne tient pas compte de l'objet en tant que tel puisque celui-ci est encore inconnu et ses effets sur le monde extérieur encore ignorés. Jusque-là partiel, l'objet prend projectivement la couleur du plaisir et du déplaisir, de l'amour et de la haine. En tant que pré-objet, il est ressenti comme un environnement, agréable ou désagréable. Puis, vient le temps stupéfiant où l'objet de la réalité se distingue, acquiert sa permanence et devient objet d'investissement dans sa singularité. Ce profond remaniement, qui certes se fait peu à peu, redistribue les cartes. La constitution du moi est concomitante. L'égoïsme des origines en quête de satisfactions autoérotiques est alors contrebalancé par la révélation, pour le moi prenant conscience, de l'importance de l'objet investi dans sa permanence et en même temps, de la découverte de l'ambivalence ressentie à son encontre : cet objet tour à tour aimé et haï, c'est le même et il est vital. Les revendications narcissiques préobjectales du sexuel infantile, innocentes jusqu'à cette découverte, butent sur la révélation d'un objet altérité qui a ses exigences. Et l'enfant conçoit le « NON » (Spitz, 1957, 1962). Le sexuel infantile sauvage devient potentiellement dangereux, destructeur, il devient possiblement cruel.

Mélanie Klein voit dans ce remaniement fondamental les raisons d'une douloureuse position dépressive dont il va falloir guérir. Une solution sera la création de stratégies réparatrices envers l'objet, imaginées par le moi naissant avec le surmoi qui refoule. Dépression à cause de la découverte d'un objet-altérité qui abandonne ou châtie en cas de désaccord ? À cause de la nécessaire répression des pulsions comme le développera Freud jusqu'au bout (1930*a* [1929]) ? Winnicott propose une relecture de la position dépressive (1969). Il l'appelle le stade du « souci pour l'objet », avec apparition de culpabilité envers l'objet reconnu comme tel. Auparavant, le petit enfant est dans un stade de pré-inquiétude (*pre-concern*) envers l'objet dont il ne se soucie pas ; stade normal de « cruauté primitive », stade en fait « pré-cruel » puisque l'enfant n'est alors mu que par la spontanéité de sa « force vitale ». C'est l'opposition rencontrée par lui à la satisfaction pulsionnelle qui engendrerait de l'agressivité envers l'obstacle, puis envers l'objet qui vient l'incarner. Certes, aussi « trouvée-créée » soit-elle, la mère de la réalité ne sera jamais aussi parfaite que la mère idéale de satisfaction à jamais inconnue, et un masochisme des origines vient contrebalancer le sadisme engendré par les inévitables insatisfactions rencontrées par les pulsions. C'est ainsi que peut se comprendre « le masochisme gardien de la vie » (Rosenberg, 1991 [1982]) permettant l'investissement de l'objet-altérité jamais idéalement satisfaisant. Faute de quoi l'objet reste narcissiquement investi, et l'enfant ne peut s'en détacher sans dommage vital (la non « détachabilité » de l'objet, Rosenberg, 1991 [1986]). En effet, l'objet à peine reconnu dans sa permanence, se pose à l'enfant la question de son pouvoir sur cette mère devenue si importante. La solution d'un désir d'emprise envers elle qui aurait à satisfaire ses désirs et celle, inverse, d'une soumission idéalisante à son égard, avec refoulement ou répression des désirs, réorganise la crudité du sexuel infantile envers la mère. Du côté de l'emprise, c'est la tentative de maîtrise de la mère comme il en était des objets partiels de naguère, du côté de la soumission, c'est la dépendance avide et passive envers une mère omnipotente. Dans ces deux extrêmes, l'investissement de l'objet est narcissique avec effacement de l'altérité des protagonistes et déni de tout tiers. Et pourtant, la triangulation est une meilleure solution à la découverte de l'altérité de l'objet devenu permanent. Ce n'est qu'avec la représentation d'un objet de l'objet, d'un objet tiers, que parvient à s'organiser une problématique œdipienne et que la sexualité infantile habituelle peut s'épanouir. Lorsque la triangulation ne dégage pas des investissements fusionnels de la dualité, le sexuel infantile reste au premier plan, dans sa crudité.

Les différentes modalités d'investissement de l'objet reconnu comme permanent se constituent donc en un après-coup de l'avant coup du sexuel infantile précoce. Mais celui-ci peut apparaître en tant que régression face à la conflictualité œdipienne : la confrontation à la scène primitive qui témoigne de l'altérité de l'objet, peut entraîner une régression vers des positions clivées, pré-ambivalentes. Les objets d'amour sont alors surinvestis dans la dépendance et les objets de haine sont visés par le sadisme, par la destructivité. Quand la haine envers l'objet conduit au désir de le faire disparaitre, revient le temps où la pulsion recherche égoïstement la satisfaction, sans se soucier de l'objet, quitte à détruire ce qui fait obstacle. Les objets totaux sont projectivement traités comme les objets partiels de naguère. Le sexuel infantile est alors de retour, avec son aveuglement, avec sa barbarie.

Moses Laufer (1976), dans sa conception du fantasme masturbatoire central, a montré que certains adolescents butent sur la reviviscence d'une résolution du complexe d'Œdipe qui s'était faite par régression vers des satisfactions autoérotiques du stade préœdipien : « le désir qui domine chez ces adolescents demeure prégénital » (Laufer M. et ME., 1989). Si, de plus, ces satisfactions régressives sont interdites par le surmoi, les voies progrédientes et régrédientes étant coupées, l'adolescent court un risque dépressif majeur. Le déroulement de la sexualité infantile étant entravé, le sexuel infantile réapparaît, au premier plan. Bien qu'« objet secourable », bien qu'habitée par la « préoccupation maternelle », la mère n'est donc pas reconnue comme tel par son nourrisson qui s'adonne à ses premiers autoérotismes. Se pose la question des effets de ce sexuel des origines sur l'objet « secourable » des commencements. La pulsionnalité sauvage du sexuel infantile, est, pour l'objet, qui en est le témoin et bientôt le destinataire, potentiellement séduisant mais aussi potentiellement cruel. Interpellé par la crudité de la sexualité perverse polymorphe, l'objet interagit dès les commencements. La mère, mais aussi l'entourage. Apte à en contenir les excès, à exercer une fonction pare-excitante, à « rêver » comme Bion le raconte, à ne pas prendre pour de la cruauté ce qui est égoïsme vital, l'« objet secourable » rend l'enfant serein, « *secure* », s'accorde au sens de Daniel Stern (1977). La mère n'est pas reconnue comme telle, mais elle est indispensable, ce qui fait dire qu'il n'y a pas de sexuel infantile sans objet… qui n'est qu'un pré-objet pour le bébé. Si cette rencontre est de plaisir partagé, l'objet ouvre la voie de la symbolisation (Roussillon, 1997) ; ainsi peut se construire un narcissisme de qualité. Mais il arrive qu'une confusion des langues survienne (Ferenczi, 1964), ou qu'une attitude parentale rigide et interdictrice entraîne un forçage répressif, produisant du clivage plutôt que du refoulement, comme Schreber a dû le subir enfant de la part de son père.

L'analyse des jeunes enfants rend familier des résurgences de ce sexuel infantile non encore dompté, refoulé ou réprimé alors que le temps de la sexualité infantile liant aux objets est pourtant là. L'ambivalence envers les parents va-t-elle y résister ? Que devient la conflictualité œdipienne ? Ces enfants qui ne mangent pas ou s'empiffrent, qui sont encoprétiques ou refusent d'aller à la selle[1] (Bornstein, 2015 [1935]), ceux qui encore ne tiennent pas en place, ne veulent pas aller se coucher, rechignent pour aller à l'école, font des bêtises, salissent, abîment, et ne sont pas obéissants, n'ont-ils pas la nostalgie du temps où, sans soucis pour leurs objets, ils tendaient à écarter les obstacles et à satisfaire leurs envies ? Pourquoi faudrait-il qu'ils prennent en compte les désirs des grandes personnes ? Pourquoi tant d'interdits ? Tant de contraintes ? Pourquoi l'égoïsme des commencements n'est-il plus de mise ? Le conflit entre les revendications pulsionnelles du sexuel infantile et les attentes des parents, tour à tour aimés et haïs, est patent. Si la contention pulsionnelle est demandée par le surmoi qui les représente, seul moyen de ne pas perdre leur amour, reste le désir de les faire souffrir, avec la solution sadique qui s'appuie sur la reviviscence des pulsions prégénitales. La sexualité infantile, venue en après-coup, est revisitée par le sexuel infantile polymorphe de naguère, avant coup instinctif « pré-cruel » (le « penchant à forcer les choses » comme dit Freud, 1905*d*) qui ne devient potentiellement cruel qu'au regard du second temps qu'est la découverte de l'objet aimé/haï. Dans les cures, l'enjeu est bien souvent l'analyse de ce sexuel infantile précoce qui est venu envahir la sexualité infantile de l'Œdipe. Le pulsionnel pré-œdipien prend un sens moins destructeur s'il est rapportée à des plaisirs autoérotiques venus du passé, c'est-à-dire à des plaisirs constituant le narcissisme, plutôt qu'à des intentions envers les parents du présent, et en conséquence, envers l'objet de l'actuel du transfert. Ainsi les débordements moteurs, rapportés à des sensations corporelles de l'enfant, voire à ses fantasmes de performance, plutôt qu'à des intentions agressives envers l'objet, prennent sens d'une production autoérotique. En se positionnant ainsi, l'analyste occupe la place d'un objet miroir, de quiétude, qui investit en son enfant sa capacité d'être seul en sa présence. Il peut ainsi trouver à se représenter les plaisirs du sexuel précoce, sans qu'ils soient seulement agis. L'analyse démêle ensuite les entrelacs de l'objectal et du narcissisme.

Les régressions dans la cure des adultes font émerger, tôt ou tard, ce sexuel infantile d'avant l'Œdipe, cette sexualité perverse polymorphe qui ne se soucie plus de l'objet (l'analyste), qui le considère comme un obstacle à ses désirs, lui et son cadre, obstacle au retour d'un temps idéal, mythique, où aurait été

1. Ce récit exemplaire d'une analyse d'un enfant de trois ans qui ne peut aller à la selle sans de grandes angoisses vient d'être publié en français dans le *Journal de la psychanalyse de l'enfant* (Bornstein, 2015).

possible d'avoir tout, et tout de suite. Ce mouvement réactualise les modalités de la constitution de l'objet total, de la déception à la découverte de ses imperfections au regard de l'objet idéal de satisfaction. L'incomplétude de l'analyste est inéluctable, elle permet de mettre en mots la triangulation structurelle de tout transfert, en une scène primitive contenante (l'analyste et son cadre) envers les coups de butoir du sexuel précoce du sujet. Ce sexuel infantile est un sexuel précoce, au regard de la sexualité infantile de l'Œdipe. Mais si l'on considère qu'il perdure, tout au long de la vie, bien que contre-investi autant que faire se peut par le surmoi civilisateur, nous l'appellerons volontiers le *sexuel archaïque*. Sa propension à ressurgir, avec toute sa sauvagerie, dans les situations régressives traumatiques comme le sont les évènements catastrophiques, privés ou publics, peut faire penser en effet qu'il ne se civilise jamais totalement.

Annette Fréjaville
71 rue Notre-Dame-des-Champs
75006 Paris
annette.frejaville@orange.fr

RÉFÉRENCES BIBLIOGRAPHIQUES

Bornstein S. (1935), Une analyse d'enfant, *Journal de la psychanalyse de l'enfant*, vol. 15, n° 1, 2015.

Ferenczi S. (1933), Confusion de langue entre les adultes et l'enfant, *Œuvres complètes*, t. 4, Paris, Payot, 1964.

Freud S. (1905*d*), Trois essais sur la théorie sexuelle, OCF.P, VI, Paris, Puf, 2006.

Freud S. (1930*a* [1929]), Malaise dans la civilisation, OCF.P, XVIII, Paris, Puf, 1994.

Klein M. (1934), Contribution à l'étude de la psychogénèse des états maniaco-dépressifs, *Essais de psychanalyse*, Paris, Payot, 1968.

Laufer M. (1976), The Central Masturbation Fantasy, The Final Sexual Organisation and Adolescence, *Psychoanalytic Study of the Child*, n° 31, pp. 297-316.

Laufer M. et M.E. (1984), *Adolescence et rupture du développement*, Paris, Puf, 1989.

Rosenberg B. (1982), *Masochisme mortifère et masochisme gardien de la vie*, Paris, Puf, « Monographie de la revue française de psychanalyse », 1991.

Rosenberg B. (1986), Le Travail de mélancolie, *Revue française de psychanalyse*, t. L, n° 6 ; *Masochisme mortifère et masochisme gardien de la vie*, Paris, Puf, « Monographie de la revue française de psychanalyse », 1991.

Roussillon R. (1997), La Fonction symbolisante de l'objet, *Revue française de psychanalyse*, t. LXI, n° 2, pp. 399-415.

Spitz R. (1957), *Le Non et le Oui*, Paris, Puf, 1962.

Stern D., *Les Premières Relations*, Bruxelles, P. Mardaga, 1977.

Suchet D., Un commencement sexuel, *Revue française de psychanalyse*, t. LXXIX, n° 5, 2015.

Winnicott D.W. (1950-1955), L'agressivité et ses rapports avec le développement affectif, *De la pédiatrie à la psychanalyse*, Paris, Payot, 1969.

Aime-moi comme moi m'aime.
L'amour et son faire : apogée du sexuel infantile

Hélène Parat*

L'UNION LIBRE

Si André Green (1996) pouvait, de manière provocante, dans un article publié dans le numéro de la *Revue française de psychanalyse* sur l'amour, intituler son texte : « La sexualité a-t-elle un quelconque rapport avec la psychanalyse ? », le beau congrès consacré au sexuel infantile est peut-être venu apporter des réponses, quelques vingt ans après, à l'interrogation polémique de Green, et redonner au sexuel infantile une place que le refoulement, même théorique, lui dispute. Et ce, dans une articulation avec la sexualité adulte que les deux rapporteurs ont eu à cœur de souligner tant ce sexuel infantile nourrit en permanence notre psyché. Ainsi Christian Seulin écrit-il que « l'un des enjeux majeurs, chez l'adulte, est l'articulation et la conjonction du plaisir-désir tension de la psychosexualité infantile et du plaisir de la décharge pulsionnelle sexuelle génitale permise par la maturité » (2015, p. 63). Cet accent porté sur le désir-plaisir souligne que les enjeux des pulsions partielles ne se résument pas dans la sexualité adulte aux dits plaisirs préliminaires et que le *Vorlust* est une composante essentielle de la sexualité dans son ensemble, le vif de son intensité et de sa permanence. Pour sa part, Dominique Suchet, dans une fine dialectique entre sexualité infantile et sexuel infantile montre comment les zones érogènes sont « le terrain de bataille » entre une sexualité sous le jeu des organisations libidinales et un sexuel infantile pervers polymorphe qui « ne cesse de défendre sa place sur les territoires que la sexualité infantile annexe et dirige vers un objet » (2015, p. 138).

* Psychanalyste (SPP), professeur des Universités.

Ce sexuel pervers polymorphe ne trouve-t-il pas une expression sublimée dans les vers des poètes, qui déclinent à foison les détails du corps et du cœur aimé ? Les « Blasons » du corps, ces rimes voluptueuses, critiques ou élogieuses, disent chaque détail d'un corps parcouru passionnément. Chaque vers de *l'Union libre* d'André Breton (1934) serait à citer, déployant la topographie érotique du corps de la femme aimée :

> [...] Ma femme au cou d'orge imperlé
> Ma femme à la gorge de Val d'or
> De rendez-vous dans le lit même du torrent
> Aux seins de nuit
> Ma femme aux seins de taupinière marine
> Ma femme aux seins de creuset du rubis
> Aux seins de spectre de la rose sous la rosée
> Ma femme au ventre de dépliement d'éventail des jours
> Au ventre de griffe géante [...].

« L'union libre » dit ce jeu des plaisirs-désirs, dit la liberté du détail passionnément scruté, librement exploré, dans le chatoiement d'un infantile jouissant. Cet infantile jouissant entre en résonnance avec une réflexion de Freud peu souvent reprise : « La passion amoureuse consiste en un débordement de la libido du moi sur l'objet. Elle a la force de supprimer les refoulements et de rétablir les perversions » (1914*c*, p. 104). Cette affirmation freudienne vient notamment nuancer et complexifier ses formulations sur les organisations sexuelles et la synthèse des pulsions partielles sous le primat de la zone génitale (Freud, 1905*d*). Car les perversions qui se rétablissent ne sont-elles pas celles de la perversion polymorphe infantile, ne convoquent-elles pas tous les auto-érotismes, et ce sexuel infantile dans toute sa vivacité n'est-il pas celui qui transparaît dans le fétichisme apparent des « blasons du corps » ? L'amoureux dévore des yeux, il « l'a dans la peau », les amants se cherchent, s'étreignent, se possèdent, et l'amour ne saurait se concevoir sans son « faire ».

Certes, depuis longtemps déjà, l'aspect chronologique et normatif de la dite théorie des stades est récusée, mais ne l'était-elle pas déjà du temps de Freud ? En effet, celui-ci écrivait en 1933, soulignant la permanence structurale des organisations libidinales :

> « Notre attitude sur les phases de l'organisation libidinale s'est d'ailleurs quelque peu déplacée. Si, naguère, nous soulignons surtout la façon dont l'une disparaît devant l'autre, notre attention va maintenant aux faits qui nous montrent tout ce qui - à côté des structures ultérieures et derrière elles - subsiste de chaque phase précédente et acquiert une représentation permanente dans l'économie de la libido et dans le caractère de l'individu » (1933*a*, p. 135).

Parti des « stades » Freud en est venu à parler préférentiellement d'organisations pulsionnelles, puis de phases, et l'importance des ajouts et remaniements qu'il a opéré sur les *Trois Essais sur la théorie sexuelle* montrent à quel point cette perspective était centrale pour lui. Et jusque dans « L'analyse avec fin et l'analyse sans fin », il évoque ces transformations partielles :

> « à tout moment des fragments de l'organisation antérieure subsistent à côté de la plus récente et que, même dans le développement normal, la transformation ne se fait jamais complètement, de sorte que des restes des fixations libidinales antérieures peuvent être maintenues jusque dans la configuration définitive » (Freud, 1937*c*, p. 244).

Freud est resté fidèle à ses affirmations *princeps*, même en les nuançant et en les complexifiant, et a montré comment les notions centrales de fixations, de régressions et d'après-coup s'articulent intrinsèquement avec celles des phases pulsionnelles. Ces mises en forme libidinales sont à comprendre comme des nécessités défensives face au potentiel excès pulsionnel, cet excès pulsionnel, vif du sexuel infantile. Mais s'il peut évoquer cet amour qui « rétablit les perversions » c'est peut-être bien qu'on ne peut toujours réduire le rôle des pulsions partielles dans l'amour au seul rang des plaisirs préliminaires. Dans la rencontre érotique d'une relation amoureuse se jouent et se rejouent tous les destins du sexuel infantile.

TENDRESSE ET INHIBITION QUANT AU BUT

« Selon la part que reprennent les pulsions de tendresse, inhibées quant au but, on peut mesurer l'intensité de l'état amoureux opposé au désir purement sexuel » (Freud, 1921*c*, p. 176). L'inhibition quant au but n'est-elle pas l'un des autres destins du sexuel infantile ? La mise en œuvre du courant tendre, mais plus exactement sa création, sa différenciation progressive, et l'instauration de l'inhibition quant au but sont sous la dépendance du travail psychique du premier objet dont les propres mouvements pulsionnels et défensifs sont avivés par la crudité des mouvements pulsionnels de son enfant et qui saura lui permettre la création de ses propres auto-érotismes. Le rôle maternel dans un tel destin est fondamental. Le corps de l'amour ne serait-il pas celui longtemps retenu par l'érotique maternelle qui trouve enfin à se déployer, mais transformé, métabolisé, enrichi par toutes les symbolisations des pulsions partielles qui retrouvent enfin, après un long détour, un corps d'origine ? L'érotique maternelle désigne ainsi l'ensemble des mouvements pulsionnels et de leurs transformations dans le lien mère-enfant et ne signifie certes pas identifier sentiment amoureux d'un couple d'amants et relation amoureuse mère-bébé (Parat, 2006). Mais que cette dernière relation soit amoureuse, dans le sens de cette conjonction de satisfaction indéniablement sexuelle et de tendresse dans l'investissement durable, est bien mis en lumière, par exemple, par la complexité de la fantasmatique maternelle de l'allaitement.

> « Cet amour possède la nature d'une relation amoureuse pleinement satisfaisante, qui comble non seulement tous les désirs psychiques mais aussi tous les besoins corporels [...]. S'il représente l'une des formes du bonheur accessible à l'être humain, cela ne provient pas pour la moindre part de la possibilité de satisfaire sans reproche également des motions de désir depuis longtemps refoulées et qu'il convient de désigner comme perverses » (Freud 1910*c*, p. 146).

Or il faut revenir à l'importance fondamentale de l'inhibition partielle de but dans la relation mère-bébé, avec la prévalence d'un jeu des pulsions partielles réactivées, mais dans toute la distance d'une élaboration psychique qui l'éloigne d'une satisfaction directement perverse, même si la « tendresse » des parents « manque rarement de trahir son caractère érotique » (Freud, 1912*d*, p. 57). Il faut pouvoir penser à la fois la permanence de la « crudité », de la violence, de la pulsion sexuelle, et l'expression atténuée, transformée qu'elle peut prendre, chez l'enfant comme chez la mère.

Dans l'inhibition quant au but, par définition, le but de la pulsion sexuelle est conservé car ce sont des « processus pour lesquels une certaine progression dans la voie de la satisfaction est tolérée, mais qui ensuite subissent une inhibition ou une dérivation. On peut supposer, écrit Freud (1915*c*, p. 18), que même de tels processus ne vont pas sans une satisfaction partielle ».

André Green, dans « Les fondements différenciateurs des images parentales », pose très clairement le problème de l'articulation des courants tendres et sensuels en insistant sur la validité de leur distinction, dans la mesure où elle serait même structurale à condition de la dégager de la référence à deux courants d'emblée distincts chez l'enfant comme l'avait fait Freud dans ses premières formulations sur la question. Il souligne la parenté du courant tendre avec la catégorie des pulsions inhibées quant au but mais insiste bien sur la différence entre l'inhibition interne à la pulsion et l'action de « digues », de l'ordre du refoulement, qui contiennent le plein épanouissement de la pulsion sexuelle.

> « Car l'avantage réalisée par l'inhibition de but est justement de faire l'épargne du refoulement. Si tel n'était pas le cas, le refoulé de cette pulsion entrerait en relation avec le refoulé préexistant qui renforcerait l'interdit portant sur le phénomène d'origine et serait perdue la possibilité de conserver et l'objet de la satisfaction et la réalisation d'un but qui maintient l'attachement à celui-ci » (Green, 1967, pp. 82-83[3]).

Ce développement sur la pulsion inhibée quant au but intervient dans le contexte d'une réflexion de Green sur les fondements des images parentales et

3. Ce texte est une discussion du rapport de Catherine Parat sur l'organisation œdipienne du stade génital, *Revue française de psychanalyse*, n°s 5-6, 1967 et repris *in L'Affect partagé*.

leur assomption dans la complexité de l'Œdipe complet et, dans la ligne dégagée par Freud dans *Le Moi et le Ça*, il tend alors à faire se rejoindre le courant tendre avec le mode identificatoire de la relation à l'objet et le courant sensuel avec celui qui sera refoulé. Or ceci, pour être juste, est cependant partiel et partial, dans la mesure où il n'est pas tenu compte alors des différents destins possibles des pulsions partielles, et ceci très précocement. En effet, il écrivait, fidèle au Freud d'une certaine *doxa* : « Les pulsions partielles n'auront cependant qu'un temps : pour n'avoir pas subi l'inhibition de but, elles ne serviront que d'introductrices de l'union avec l'objet, au moment du rapport génital » (*Ibid.*, p. 84).

Or, il faut peut-être revenir aux nuances de la clinique et de la vie amoureuse pour ne pas rester dans une abstraction théorique qui ferait du refoulement des pulsions partielles leur seul destin, destin dont l'érotique maternelle montre toute la complexité. À côté de leur sublimation, ou de leur usage direct, on peut reconsidérer l'importance de leur transformation en pulsions inhibées quant au but, dans sa différence et son lien non exclusif avec le refoulement. Ce destin-ci est fondamental dans la compréhension de la relation amoureuse et éclaire peut-être la possibilité que l'amour « rétablisse les perversions », celles-ci étant à entendre alors comme les buts sexuels infantiles, certes longtemps combattus et transformés, mais qui n'en restent pas moins vivaces tout au long de la vie. Des buts sexuels qui n'ont pas tous subi le destin du refoulement et qui se sont enrichis de toutes leurs transformations quand ils ont pu être « simplement » inhibés quant au but.

> « Le lien conservé de la tendresse avec un certain érotisme et auto-érotisme tend à évoquer un mode de décharge de l'excitation, très différent de la décharge orgastique, mode lent qui garderait une parenté avec les modes de décharge infantile, prépubertaire… » (Parat C., 1995, p. 342).

La relation érotique dans une relation amoureuse ne permet-elle pas qu'ainsi soit satisfaite toute une gamme de désirs et de plaisirs infantiles, qui se déclinent et se conjuguent jusqu'à l'acmé orgastique, sans s'y réduire ? Ainsi Freud écrivait-il :

> « L'amour sensuel est destiné à s'éteindre dans la satisfaction ; pour pouvoir durer, il faut qu'il soit pourvu dès le début de composantes purement tendres, c'est-à-dire inhibées quant au but, ou bien qu'il subisse une transformation de ce type » (Freud, 1921*c*, p. 180).

Dans son article « Avatars du "courant tendre" freudien », qui est une riche réflexion sur les périls et les bonheurs de relation amoureuse, Catherine Parat avait souligné les formulations de Freud qui évoquaient les fixations tendres, entraînant avec elles de l'érotisme qui est détourné de ses buts sexuels. Prémisses, premiers temps, origine, semble-t-il, de l'inhibition quant au but, cette notion de fixation doit se comprendre en dehors de toute pathologie. Elle questionnait aussi : « l'amour serait-il plus proche de la perversion que du désir érotique nu ? » (Parat C., 1992, p. 784) soulignant, dans cette frange perverse, la dépendance à l'autre, le besoin qui s'inscrit dans l'ordre narcissique, et l'inhibition partielle du courant érotique initial. Ne faut-il pas répondre à cette question positivement, mais à conditions d'y entendre aussi la permanence de ce vif du sexuel infantile, dans sa tumultueuse perversité polymorphe ? De bouche à bouche, de peau à peau, de corps à corps, toujours et encore, entre les creux et les pleins d'une chair émue, pulsions orales, anales, phalliques et génitales se transposent, se croisent, et s'entrecroisent.

Car dans la rencontre amoureuse avec le corps de l'autre aimé, que deviennent les auto-érotismes ? Ne peut-on penser qu'ils trouvent aussi à se satisfaire et qu'une part essentielle de l'entente érotique provient de la possibilité d'une rencontre des auto-érotismes, rencontre complexe, mouvante, où se jouent des identifications réciproques et la perception, la reconnaissance, des auto-érotismes de l'autre. Ainsi la multiplicité des destins du sexuel infantile trouve-t-elle, entre inhibition de la pulsion et libre mouvance des désirs-plaisirs d'un pervers polymorphe inextinguible, à se déployer dans l'amour et son faire, dans le cœur à cœur d'un corps à corps.

Hélène Parat
71 bis rue du cardinal Lemoine
75005 Paris
helene.parat@orange.fr

RÉFÉRENCES BIBLIOGRAPHIQUES

Breton A. (1934), L'union libre, *Clair de terre*, Paris, Gallimard, « Poésie », 1966.

Freud S. (1905*d*), *Trois Essais sur la théorie sexuelle*, Paris, Gallimard, 1987 ; OCF.P, VI ; GW, V.

Freud S. (1910 *c*), *Un souvenir d'enfance de Léonard de Vinci*, Paris, Gallimard, 1987 ; OCF.P, X, 1993 ; GW, VIII.

Freud S. (1912*d*), Sur le plan général du rabaissement de la vie amoureuse, *La Vie sexuelle*, Paris, Puf, 1969 ; OCF.P, XI, 1998 ; GW, VIII.

Freud S. (1914*c*), Pour introduire le narcissisme, *La Vie sexuelle*, Paris, Puf, 1969 ; OCF.P, XII, 2005 ; GW, X.

Freud S. (1915*c*), Pulsion et destin des pulsions, *Métapsychologie*, Paris, Gallimard, 1968 ; OCF.P, XIII, 1988 ; GW, X.

Freud S. (1921*c*), Psychologie collective et analyse du Moi, *Essais de psychanalyse*, Paris, Payot, 1972 ; OCF.P, XVI, 1991 ; GW, XIII.

Freud S. (1933*a* [1932]), Angoisse et vie pulsionnelle, *Nouvelles Conférences d'introduction à la psychanalyse*, Paris, Gallimard, 1984 ; OCF.P, XIX, 1995 ; GW, XV.

Freud S. (1937*c*), L'analyse avec fin et l'analyse sans fin, *Résultats, Idées, Problèmes, II*, Paris, Puf, 1985 ; OCF.P, XX ; GW, XVI.

Green A., La sexualité a-t-elle un quelconque rapport avec la psychanalyse ?, *Revue française de psychanalyse*, t. LX, n° 3, 1996.

Green A., Les fondements différenciateurs des images parentales (L'hallucination négative de la mère et l'identification primordiale au père), *Revue française de psychanalyse*, t. XXXI, n°s 5-6, 1967 ; *Propédeutique : la métapsychologie revisitée*, Seyssel, Champ-Vallon, 1995, pp. 77-88.

Parat C., Avatars du « courant tendre » freudien, *Revue française de psychanalyse*, t. LVI, n° 3, 1992 ; *L'Affect partagé*, Paris, Puf, 1995.

Parat H., *Sein de mère, sein de femme*, Paris, Puf, 2006.

Seulin C., Émergence et transformation de la sexualité infantile dans la cure, *Revue française de psychanalyse*, t. LXXIX, n° 5, 2005.

Suchet D., Un commencement sexuel, *Revue française de psychanalyse*, t. LXXIX, n° 5, 2005.

Douleur et poésie dans le sexuel infantile

François Richard*

Les rapports de Christian Seulin et de Dominique Suchet sont exemplaires du destin contemporain de la référence à la sexualité infantile en psychanalyse : l'intérêt s'est déplacé vers ses après-coups, tant comme force au service des représentations que comme part inassimilable qui relance le transfert, l'agir, et un sentiment nostalgique de l'existence – on passe de *la* sexualité infantile à *un* sexuel infantile substantivé au masculin, loin de la question pourtant insistante de la sexualité *de* l'enfant. Quelque chose se perd du côté de la spécificité du plaisir sexuel qui réapparaît dans un entendement accru des processus psychiques. Or ce mouvement est celui de la pensée de Freud dans l'*Entwurf* (*Esquisse* ou *Projet*) à propos de l' « éconduction verbale » susceptible de remédier au « manque » lorsqu'il distingue « une partie inassimilable (la chose) » de « ce que l'on appelle *comprendre* » puis précise que dans l'inassimilable on trouve « des objets… qui font crier… son (qui suscite aussi des images de mouvement propre au sujet)… Il n'y a maintenant pas besoin de grand-chose pour inventer le langage » (Freud, 1950*c* [1895], p. 671) L'écart entre la chose et le langage est mince, donc propice à toutes les mises en scène visuelles et à tous les agirs transférentiels. Pensons à « l'Homme aux rats » : « dès la deuxième séance de l'analyse, après avoir évoqué son angoisse devant un capitaine qu'il suppose cruel, le patient interrompt et se lève » et demande à Freud de « lui faire grâce de la description des détails ». Comment Freud va-t-il s'en sortir face à ce patient envahi par des fantasmes saturés de sexualité infantile ?

* Psychanalyste, membre titulaire de la SPP, professeur de psychopathologie à l'Université Paris 7 Denis Diderot, directeur de la revue *Adolescence*.

« Je l'assure que moi-même je n'ai pas la moindre inclination à la cruauté, que je ne voudrais certes pas le torturer, mais que je ne peux naturellement pas lui faire cadeau de quelque chose dont je ne dispose pas : le dispenser de ce qui n'est pas de mon ressort. Il pourrait tout aussi bien me prier de lui faire cadeau de deux comètes. Le surmontement des résistances est un commandement de la cure auquel il est impossible de passer outre » (Freud, 1909*d*, p. 145).

Freud met en scène la relation où il pourrait être le capitaine cruel avec la réserve de la négation, façon délicate d'interpréter la violence à l'œuvre dans le transfert, puis refuse à son patient « deux comètes » qu'il tire de son propre univers imaginaire, et, pour finir, insiste sur la nécessité de ne pas se dérober à l'analyse d'un sexuel infantile psychisé douloureux. L'évocation des « deux comètes », par son caractère poétique, facilite peut-être la réception du propos.

Christian Seulin met l'accent sur les modalités perverses ou addictives de la sexualité d'origine infantile qui servent à masquer des angoisses dépressives ravageantes. Dominique Suchet distingue la tension douloureuse inextinguible – mais subjectivante – du sexuel infantile dans la cure des modalités infantiles de la sexualité. On est loin de la « sensation qui satisfait localement » (Freud, *Les Trois Essais*) et de sa bascule possible vers la vraie perversion lorsqu'on valorise l'auto-érotisme de la psyché dans sa réflexivité interne, traversée par un courant d'excitation que l'on cherche à tempérer. Christian Seulin dialectise ces deux champs lorsqu'il écrit : « il s'agit pour le patient pervers de sexualiser les traces d'un effroi… c'est comme si le champ du sexuel s'était greffé artificiellement par co-excitation de réparation du narcissisme » (Seulin, 2015, p. 94). La clinique psychanalytique contemporaine montre la fréquence de situations où le sujet recoure à une modalité figée de l'emprise, issue de la phase sadique-anale, réifiée, fétichisée, menant à une relance immédiate de la « faim d'excitation » (Seulin).

On préfère dire en français « la » *Traumdeutung*, plutôt que « L'interprétation des rêves » sans doute parce que le bruit de fond « aum » présentifie une musicalité poétique issue du sexuel infantile. Les mots allemands de la langue freudienne, dans la langue psychanalytique française, ressemblent à ceux que les enfants déforment ou créent de toutes pièces dans leurs jeux pour y loger l'énigmatique et l'effrayant d'une excitation sexuelle qui les dépasse. À cet égard, traduire l'allemand de Freud trop à la lettre, par exemple trauma.d'.enfant sexuel, ou encore sur-net, mieux, inventer le *sexual* pour signifier que *le* sexuel infantile après-coup dans la cure n'est plus exactement *la* sexualité infantile, n'est-ce pas introduire dans notre langue psychanalytique la façon dont les enfants savent jouer sexuellement avec les mots dans le désir de dévoiler la chose ?

Dominique Suchet : « Je renonce à traduire *Sehnsucht* mais je ne renonce pas à l'éprouver car elle est au cœur de l'humain » (Suchet, 2015, p. 149).

Sehnsucht : désirance, rapport nostalgique au monde qui n'implique pas l'idée d'un temps passé, sentiment d'un manque de l'objet en même temps qu'insistance d'un mouvement vers celui-ci, tension jamais apaisée. Suchet ajoute : « Dès le début, la *Sehnsucht* est désarrimée de l'objet tout en restant arrimée à la perte... Désir sans désespoir, un *primummovens* de la vie de l'esprit initié par une absence oubliée... Ce mécanisme est sollicité lorsque l'analysant investit le processus associatif et que par ce mécanisme de mise en échec névrotique de la tension désirante, il le propose comme objet leurrant de la *Sehnsucht*... [qui] accompagne le travail infini de la pensée et lui donne sa dolorosité essentielle : à charge de la langue de la porter par la mélancolie du langage pour Pontalis ou par son endeuillement pour Green » (Suchet, 2015, p. 151, 152 et 154). Lorsque les ressources de l'érogénéité corporelle ne suffisent plus à contenir l'aspiration au Nirvâna – facette trop souvent négligée de la pulsion de mort – alors s'installe une désirance douloureuse menacée par le surgissement possible de l'angoisse. Le risque ne serait-il pas de trouver dans la parole en analyse un substitut, et, à partir de là, d'idéaliser l'éphémère et l'inconnu, alors que nos patients sont en proie à des éprouvés sensoriels intenses, soumis à des mots tocsins, des mots alarmes, comme *Rien* (*res*, la chose sexuelle), pour la patiente Irène de Dominique Suchet ? La *Sehnsucht*, corollaire du manque et de la nostalgie, ne relève-t-elle pas d'une forme subtile de masochisme ?

N'oublions jamais que le sexuel primordial, à la fois hallucination et contact, dont parlent César et Sára Botella, impose « le *pleasure seeking* sans nuance, sans discernement, jusqu'à la folie, dans l'amour comme dans la haine » (Suchet, 2015, p. 176) – et ne concluons pas trop vite que le courant de l'excitation sexuelle psychique a perdu le combat contre sa propre propension à s'égarer dans une représentance trop abstraite. Il s'agit peut-être là d'une question plus technique qu'éthique : l'écoute également flottante des associations libres du patient par l'analyste se fait parfois diffluente, moins attentive, elle suit un fil de pensée personnel, et, grâce à ce détour, elle entend tout à coup la charge sexuelle infantile de certains mots furtifs inhabituels, étranges, ou à la limite du lapsus. Si « le sexuel refoulé *se fourre* dans les mots » (Suchet, 2015, p. 124), si la cure est ce lieu « où, dans l'articulation de la pulsion et du langage, se faufile le sexuel infantile » (p. 165), ne convient-il pas de prendre très au sérieux la poétique singulière des déformations que l'excitation sexuelle infantile inflige aux mots ? Le paradoxe du sexuel infantile qui « s'engendre de traces qu'il révèle et dont il fait disparaître la vivance » (Suchet), ou d'une vie psychique « fondée sur la disparition de *son propre commencement* » résulte, je crois, d'une transformation en mythologie de ce qui est d'abord un conflit entre instances topiques. Si l'on voit les choses ainsi, il faut considérer que la tension douloureuse de la *Sehnsucht* a lieu dès le début et non après-coup. Le petit enfant d'un ou deux ans ne vit pas seulement le drame de la séparation d'avec la mère dans la passion de l'*object-seeking*, il sent dans tout son corps l'impuissance de ses efforts, son destin de manque et une solitude douloureuse mais précieuse parce qu'elle octroie le sens d'une singularité. Cette tension douloureuse est uniment celle des zones érogènes dans leur relation aux objets complémentaires et celle du jeune sujet qui s'évertue rageusement, mais sans espoir, à rejoindre l'objet. Comme le dit Winnicott, le « premier repas » est « théorique » (Winnicott, 1954, p. 152), l'enfant « fait l'addition et s'aperçoit qu'un et un fait un, et non pas deux... [il] est dupé par la nourriture même ; la tension instinctuelle disparaît et il se trouve à la fois satisfait et trompé » (Winnicott, 1954-1955, p. 238)

Les exemples cliniques présentés par Christian Seulin se caractérisent par une grande attention octroyée à ce que l'on pourrait appeler une poétique du sexuel infantile : mots et images propres à la langue inconsciente et libidinale de ce sujet-là, entendus par l'analyste, soulignés, repris, et transformés dans une autre formulation. La reprise du mot polysémique « étalon » (rapport, p. 82) relance l'associativité en direction d'une possible sublimation. Cela mène (p. 86) au « clic-clac du rêve : prendre des claques, prendre ses cliques et ses claques ». À lire ce beau passage on se dit que le sexuel infantile dans la cure « est » clic-clac, visualité s'entrouvrant soudainement puis vite refermée, dit autrement un retour du refoulé acceptable par le moi. Cela se poursuit du côté d'un enfant qui s'enfonce dans les sables mouvants, d'un animal écorché métaphore de la douleur psychique, d'un oiseau menaçant. Toutes ces figures simples, fortes et poétiques, portent le processus de symbolisation et disent les choses aussi bien que les notions de la métapsychologie. Elles s'opposent à la perversion comme défense contre la dépression laquelle risque sinon de s'installer d'une façon de plus en plus structurelle et clivée. La formulation « Il s'agit pour le patient pervers de sexualiser les traces d'un effroi » écrit à rebours le propos des *Trois Essais* sur l'hystérie comme négatif de la perversion. Il y a ici deux destins distincts, voire opposés, de la sexualité infantile. L'excitation perverse défensive doit être réitérée sans fin parce que l'expérience d'un partage heureux a été perdue. Elle ressemble à la « spécificité du plaisir tension » propre à la sexualité infantile mais n'en a pas la qualité psychique sublimatoire dit Christian Seulin. Comment permettre au patient de recouvrer cette qualité ? En écoutant deux fils rouges aussi importants l'un que l'autre : les représentants du sexuel infantile organisés dans une névrose infantile même mal structurée, et les traces mnésiques des traumatismes (par intrusion et/ou carence de l'environnement) que ces représentants recouvrent. La dissociation dans l'associativité, le ton de la voix, l'insistance de certains mots, l'étrangeté de certaines figures oniriques, mettent sur la piste de la prégnance de l'inquiétant, lorsque l'angoisse de castration atteint le sentiment d'exister du moi. Mais c'est la même méthode qui préside au traitement de ces deux niveaux différents. Si l'activité d'hallucination « colore par le biais de la projection et des illusions notre activité psychique », on conçoit une régrédience/progrédience souple, mais aussi susceptible de se bloquer, en particulier en ce qu'on pourrait appeler un sexuel en état-limite, locution que je propose comme complémentaire de celle de Seulin sur une sexualité infantile « égarée » lorsque l'Œdipe est peu structurant.

Cette patiente était venue en analyse pour tenter de résoudre un sentiment de demi-existence remontant à son enfance. Elle est restée cette petite fille légère, joyeuse, mais superficielle, idéale aux yeux de sa famille, un cliché dit-elle. Depuis toujours, malgré sa réussite professionnelle et ses réalisations de femme adulte, elle est hantée par un manque qu'elle nomme son « liquide noir ». Le processus analytique l'amène en direction d'une construction : son père la voulait ainsi, elle s'y est conformée, puis, ce père étant mort soudainement alors qu'elle était encore une enfant, elle serait restée figée dans cette position psychique pour perpétuer sa relation avec ce grand absent et dénier partiellement l'impact de sa disparition. La petite fille belle et parfaite avait perfectionné le cliché, appris à séduire. Je lui fis remarquer un jour l'analogie avec cette photo, dont elle m'avait parlé, où son père, debout à côté d'elle, présentait un regard étrangement flou et absent. N'avait-il pas depuis toujours été énigmatique, avec un premier mariage longtemps tenu secret, des départs fréquents pour son travail, sans doute aussi pour des maîtresses ? L'absence s'infiltrait partout, le liquide noir rongeait tout. Cette construction évolue lorsqu'elle s'attache à une scène de ses treize ans : elle a été entraînée par un garçon dans une grange à la campagne, ne se souvient de rien, si ce n'est de la conviction de quelque chose de grave, et, surtout, d'une odeur puissante et captivante, à nulle autre pareille, qu'elle reconnaîtrait entre mille aujourd'hui encore dit-elle avec exaltation – odeur comparable à celle du sperme, ou du foin vivace, mais c'est encore autre chose qui n'a pas de nom. La vue qu'elle a de la petite fille trop innocente change, mais demeure l'impression d'un univers lacunaire en deux dimensions. Elle croit trouver une solution à son trouble lors d'une première grossesse dont naît un garçon, un fils merveilleux qu'elle chérit, s'enivrant du contact de sa peau contre la sienne pendant des heures, et dont elle sait calmer les états de chaos intérieur.

« J'ai fait un rêve déroutant, un rêve qui me déroute, dit-elle en commençant la séance, je suis en voiture avec un ex-amant, c'est la nuit, on roule très vite, c'est excitant, j'ai peur, et, surtout, je ne comprends pas pourquoi mon fils et son père sont totalement absents.

– Ne m'avez-vous pas dit que votre père s'était tué dans un accident de voiture la nuit, il se serait dérouté ?
– Il roulait vite, j'ai pensé que… peut-être il aurait délibérément jeté la voiture hors de la route, soudainement saisi par un rejet de tous ses faux-semblants… Je ne saurai jamais. »

En l'écoutant je visualise la route, la nuit noire, et comprends que je suis transférentiellement assigné à la place de son père et aussi de l'amant de son rêve.

« Les gendarmes ont rapporté qu'il y avait par terre de l'huile mêlée à de l'essence, un liquide visqueux, ça n'a pas explosé… c'est fréquent lors d'un accident… Oui, j'ai dit, un liquide visqueux, peut-être le "liquide noir" ou encore le sperme de ce garçon lors de l'évènement de mes treize ans… dans quel état d'esprit se trouvait mon père cette nuit-là ? Avec mon fils, sa peau collée à la mienne, c'est du solide, ça tient, ça compense ce qui manque et ça me fait penser tout à coup à des souvenirs d'enfance plus anciens où j'adorais sentir l'odeur des fleurs dans le jardin. "Tu devrais un peu te décoller de ton fils" me disent mes amies, elles ont raison. Je viens aux séances avec rage car mon sentiment de n'exister qu'à moitié n'a pas disparu, c'est étrange car j'y tiens à ce sentiment. La tension douloureuse de mes insomnies, de mon insatisfaction, maintient vivante une exigence de ne pas me mentir à moi-même et de rester fidèle à ce que je ressentais fillette, de ne pas perdre ce que cette fillette cherchait sans bien savoir ce que c'était dans son excitation joueuse… ».

François Richard
19 rue de Rochechouart
75009 Paris
richard-franc@wanadoo.fr

RÉFÉRENCES BIBLIOGRAPHIQUES

Freud S. (1909*d*), Remarques sur un cas de névrose de contrainte, OCF.P, IX, Paris, Puf, 1998.
Freud S. (1950*c* [1885]), Projet d'une psychologie, *Lettres à W. Fliess 1887-1904*, Paris, Puf, 2006.
Seulin C., Émergence et transformations de la sexualité infantile dans la cure, *Bulletin de la SPP*, n° 1, 2015.
Suchet D., Un commencement sexuel, *Bulletin de la SPP*, n° 1, 2015.
Winnicott D. W. (1954), *La Nature humaine*, Paris, Gallimard, 1990.
Winnicott D. W., La position dépressive dans le développement affectif normal (1954-1955), *De la pédiatrie à la psychanalyse*, Paris, Payot, 1969.

Le sexuel infantile et la création

Le sexuel infantile a-t-il une langue ?

Laurence AUBRY*

Imagine qu'un soir
La lumière s'attarde sur la terre,
Ouvrant ses mains d'orage et donatrices, dont
La paume est notre lieu et d'angoisse et d'espoir.
Imagine que la lumière soit victime
Pour le salut d'un lieu mortel et sous un dieu
Certes distant et noir. [...]
Ces chemins que tu vas dans d'ingrates paroles
Vont-ils sur une rive à jamais ta demeure
« Au loin » prendre musique, « au soir » se dénouer ?

Yves Bonnefoy, « Le dialogue d'Angoisse et de Désir », V, *Pierre écrite* (1965).

Dans ce poème, au premier abord aussi énigmatique qu'envoûtant, et alors même que sa présence ne s'impose pas immédiatement, le sexuel infantile participe du message. Il aurait pris langue en poésie, où il se montre un peu dans la couleur « pourpre », associée à la fois à la mort et à l'amour, à la « déchirure » du sexe et du temps, comme d'un enfant apprenant durement de son « lieu » qu'il est « mortel » et son dieu parfois « noir ». Il se devine dans les « mains » et la « face » d'un objet dont l'unité peine à se constituer tant il demeure pluriel ; il se rend audible enfin dans la demande amoureuse. Car l'apostrophe à « mon eau pure » ouvre la clausule où se condense la question et la représentation du temps du désir. De cette temporalité subjective, Freud nous dit qu'elle se montre dans la fantaisie, dans l'activité d'imaginer propre au jeu, à la rêverie diurne et à l'invention littéraire (Freud, 1907-1908*e*, p. 165).

* Analyste (Institut psychanalytique de Paris), Maître de conférences en Langue et littérature françaises à l'université de Perpignan - Via Domitia.

Comme répondant littéraire pour la psychanalyse, Freud a privilégié le roman et la tragédie. L'hermétisme, parfois abscons, de l'écriture de Lacan, conjugué aux excès du structuralisme cautionnant insidieusement l'éviction du corps, de la pulsion et du contre-transfert, expliquent la réserve ou la prudence des analystes lorsqu'il est question du langage dans leur pratique. Cependant, les psychanalyste aujourd'hui sont de plus en plus sollicités dans leur art par les défenses narcissiques de leurs patients et les résistances dans le transfert ; cela vient éclairer l'actualité des réflexions et des travaux reprenant la question de la symbolisation (Gibeault, 2010). Cette voie de recherche s'apparie avec un intérêt renouvelé des psychanalystes pour la littérature au travers de son langage et de ses langues, que la poésie, privilégiant la « diction » sur la « fiction » (Genette, 1991), porte à son comble.

Parmi les autres manifestations possibles du sexuel infantile et de ses destins dans la culture et dans l'art, le 75e congrès des psychanalystes de langue française a consacré une place de choix à la littérature. Ont été privilégiées les formes littéraires apparemment opposées du conte et de la poésie, pourtant réunies par un point commun : celui de plaire d'emblée aux enfants, qui s'approprient pour la plupart naturellement ces langages, proches de l'énoncé du fantasme pour l'un, du fonctionnement de la pensée en processus primaire pour la seconde.

Une attention particulière a été portée également aux modalités d'émergence dans le langage du *sexual*, dans la terminologie de Jean Laplanche, autrement désigné comme la part inassimilable de la sexualité infantile. Il est apparu que celle-ci empruntait la forme, retrouvée à la fois dans la cure, dans le langage de l'enfant et dans la littérature, de la dramatisation d'une part et de l'image d'autre part.

La littérature, dont on se demande parfois à quelle place exactement elle peut intervenir dans l'écoute du clinicien, peut certes se lier au fantasme pour ses contenus, évoquer la défense par ses formes, mais aussi, pour ce qui concerne le style, entrer en résonance avec le « sexuel infantile », dimension sur laquelle Dominique Suchet a choisi de s'arrêter. Là, la stylistique se fait plus que la linguistique « l'allié[e] » du psychanalyste (Freud, 1906-1907*a*, p. 44), lorsqu'il s'agit de saisir pour la symboliser cette émergence de l'innommable, dont une dimension de la psychanalyse aujourd'hui est bien d'aider l'analysant à lui trouver une langue.

Le poème, en effet, se présente comme un espace textuel dans lequel une langue est mise en scène ; celle-ci a en propre de signaler les résurgences de l'informulé, autrement dit du sexuel infantile, tout en lui ouvrant, dans le jeu des mots où il se reprend, divers destins, pour finalement lui inventer, par sa chute, un sens.

UNE LECTURE

Ô beaux yeux bruns, ô regards détournés,
[...]
Ô noires nuits vainement attendues,
Ô jours luisants vainement retournés !
Ô tristes plaints, ô désirs obstinés,
[...]
Ô ris, ô front, cheveux, bras, mains et doigts !
Ô luth plaintif, viole, archet et voix !
Tant de flambeaux pour ardre une femelle !
De toi me plains, que tant de feux portant,
En tant d'endroits d'iceux mon coeur tâtant,
N'en est sur toi volé quelque étincelle.
(Louise Labé, *Sonnets*, 1556).

Le plaint de la poétesse s'épand dans les trois premières strophes, où la répétition du vocatif (« Ô ! ») et de l'oxymore marque l'insistance d'une demande dominée par le paradoxe et l'inexprimable. Celle-ci se noue toutefois au corps, corps morcelé de l'excitation et de la pulsion « en emprise » (Denis, 1997), plus que des zones érogènes et de l'autoérotisme (« Ô ris, ô front, cheveux, bras, mains et doigts ! ») Le vers suivant y substitue les symboles ambigus (« viole ») de l'expression musicale et verbale (« voix »), et même la masturbation est obliquement désignée (le « luth » et l'« archet »). La douleur est audible en même temps que montrée : la polyvalence du message poétique permet cette symbolisation duelle, inscrivant dans le poème ce temps mêlé où l'acte et le dire, après s'être confondus, se conjuguent. Alors la souffrance peut se lier en un énoncé où le paradoxe le cède à la contradiction. Le conflit émerge dans la langue qui, lui donnant expression, le crée : « Tant de flambeaux pour ardre une femelle ! » Le dernier tercet peut s'articuler dans une langue mixte, plus proche de l'ordinaire et néanmoins lestée de libido, énoncé liant la plainte à un fantasme masochiste recouvert par l'expression retournée du même désir. Dans cette version (« De toi me plains »...), le Je lyrique au féminin trouve à se dire et à se monter occupant toutes les places, ainsi que dans la brève vignette de Louise « jouant à cueillir des fleurs » rapportée par Christian Seulin. La poésie permet cela, et parfois le déroulement de la séance se lit après coup comme un trajet menant à une telle révélation dans la langue. Ceci reste rare et l'analyste doit se garder d'ériger l'épiphanie linguistique en idéal de la séance. Car la participation de la littérature et du poétique à l'écoute analytique du langage dans la cure est tendue entre deux écueils.

FRAGMENT CLINIQUE

À la toute fin d'une séance, je suis sollicitée dans mon écoute par l'émergence d'une métaphore inattendue, qui tient à l'emploi du mot « bain ». De ce signifiant éminemment polysémique, il n'est pas difficile de donner à imaginer quelles résonances fantasmatiques et historiques il a pu prendre : bain des premiers soins et de la relation maternelle primaire, bains de l'enfance, des plaisirs autoérotiques, de la sexualité perverse polymorphe ou des désirs œdipiens, bain de la langue maternelle, bain de la séance, ouverture enfin vers tous les registres possibles du liquide et de la liquidité, comme des renversements dans leurs contraires, des eaux qui se figent… Je le retins pourtant, parmi d'autres vocables de cette analysante à la parole si imagée qu'elle y désigne aussi une défense. Le mot revint dans les séances suivantes, dans les associations de l'analysante comme dans mes pensées silencieuses, confirmant ce que la poétique appellerait sa « signifiance », comme aussi sa participation à la « *chimère psychologique* » que nous « form[ions] » (M'Uzan, 1994, p. 39).

Un danger tient dans la séduction que peut exercer un tel vocable, auquel la fréquentation de la lecture littéraire expose l'analyste. Elle peut conduire à soutenir chez l'analysant l'ouverture de ce mot à toutes ses potentialités polysémiques, ainsi que le ferait une œuvre littéraire ; le risque est alors de transformer la cure de parole en apprentissage d'une langue servant les résistances, et entretenant en particulier un leurre quant à l'intégration de la sexualité infantile. Elle peut aussi, à l'inverse, infléchir l'analyste dans le sens d'une quête étiologique d'un traumatisme précoce ou œdipien, qui figerait ce vocable dans son lien à quelque scène de bain traumatique, fût-ce celle d'un souvenir écran. Ainsi, c'est selon une modalité bien particulière que la langue poétique, ou le registre poétique de la parole, peuvent intervenir dans la cure. Ils offrent à l'analyste cela même que la perspective analytique est susceptible d'apporter aux sciences humaines, une attention et un pas de côté permettant à l'écouteur une série de mouvements internes bénéfiques et parfois salvateurs : se dégager, s'orienter, s'animer, s'abandonner à la pensée rêveuse. Dans ses potentialités sensibles et dramatiques, le poème initie l'analyste à cette langue. Il lui offre aussi une illustration de l'émergence et de la liaison du sexuel infantile. Comme d'une cure ou d'une séance, c'est bien peu et c'est beaucoup.

Notre propos est ici d'insister sur l'importance d'une réflexion quant à la manière dont l'écoute et les interventions de l'analyste peuvent s'inspirer, s'éclairer ou se régénérer au contact de la langue poétique, qui n'est pas l'exclusive de la poésie. Celle-ci permet, au travers des singularités de l'expression, une écoute plus fine du fantasme et de ses impasses. Elle renvoie à une clinique de l'irreprésentable, où l'histoire infantile, comme aussi le discours, semblent avoir du mal à prendre forme. Mais elle permet aussi d'entendre, dans des contextes de moindre résistance, la résonance de certains mots choses, proches du mot d'esprit, fonctionnant à la fois dans un registre primaire, souvent même au plus près des protosignes émotionnels ou sensoriels, et dans le registre secondaire des significations. Ces mots ou ces expressions auxquels le contexte prête deux significations peuvent souvent être entendus comme des syllepses polyphoniques, au croisement de deux fils de pensée, et l'oreille de l'analyste y relever un indice que les associations de l'analysant et ses pensées propres se sont rencontrées. Ne serait-ce pas l'une des manifestations ou l'une des formes de la « chimère » ?

Dans le cours de la séance, l'analyste est arrêté par un mot à valeur métaphorique, présentant dans sa signification l'alliance du sensoriel et de l'intelligible ; il garde préconsciemment en mémoire cette image, et ce mot revient à la séance suivante. S'ouvre alors tout un champ d'associations nouant la relation transférentielle, l'histoire infantile et les pensées actuelles du patient. Si on se souvient que le propre du langage littéraire est une forme d'opacité et d'ostentation, on peut considérer que l'émergence poétique du signe est venue signaler et orienter une mise en mot du *sexual* infantile, approchant la signification, puis dissoute dans le flot des mots du commun, jusqu'à sa résurgence prochaine. L'expression poétique oscille ainsi entre l'indice d'une effraction traumatique et la revendication phallique, témoignant par la littérature de ce que le langage a sa source dans les autoérotismes, aux confins de la relation à l'autre.

Ce que la langue poétique cherche à saisir est bien ce que Yves Bonnefoy nomme « la présence », et dont le texte semble chez lui tendre à se faire à la fois le « lieu » dessinant une autre scène, la représentation – mais alors il ne s'agit pas exactement d'une métaphore –, et la performance – le poème indiquant que c'est en son dire qu'advient cette qualité de la parole, aux confins de la musique et du cri. Au plus près du chant, il évoque la comptine maternelle, mais aussi la sérénade amoureuse.

« Le dialogue d'Angoisse et de Désir » peut se lire comme la restitution poétique du travail de la psyché d'un sujet aux prises avec ce qui, de la sexualité génitale – une union charnelle a eu lieu –, demeure d'un innomé, et pousse comme la pulsion mais en direction de l'origine. Ainsi Jacques Dürrenmatt interprète ce poème comme l'expression d'un désir de retrouvailles avec une langue ancienne, signifié par la présence d'archaïsmes tenant à l'emploi du verbe « aller » à la fin du texte (Dürrenmatt, 2005, p. 241) : « Ces chemins que tu vas [...] vont-ils prendre [...] » ? S'indique ainsi l'attraction toujours à l'œuvre du sexuel infantile sur la psyché. Ce dont il s'agit ici, au travers d'un dialogue refoulant une étreinte aux colorations incestueuses, ne se livre que par des voix,

voix poétiques du Je lyrique, voix présentes sous une forme tronquée, représentées comme des objets partiels sur le mode de la citation, bribes de phrases d'autant plus présentes qu'elles sont exhaussées par les guillemets sur le fond d'absence ou de disparition produit par un double effacement : à la fois d'une identité dans le discours citant (« Qui pleure là ?... » s'écrie la Jeune Parque de Paul Valéry), et du reste de la phrase dans le discours cité.

Ainsi la parole poétique est-elle à même de mimer à la fois l'activité de la langue comme instance refoulante, et la poussée du sexuel infantile qui la mine, mais aussi qui la meut, l'avive parce qu'elle l'attire, que le dialogue y est une conquête sur le combat, et le texte, *Pierre écrite*, une modalité d'accueil, en deçà de toute élaboration, de ce « reste » intraitable dont la littérature peut témoigner, et la cure, prendre soin.

On pourrait alors considérer la sexualité infantile comme la prise de langue du sexuel dans un texte nécessairement plurilingue, dont la littérature, de toujours, affirme, aux travers de ses polyphonies multiples et diverses, la nécessité pour la psyché. En cela, elle continue à orienter l'analyste.

Laurence Aubry
27 rue du Champ de l'Alouette
75013 Paris
aubry.l@free.fr

RÉFÉRENCES BIBLIOGRAPHIQUES

Bonnefoy Y., *Pierre écrite* (1965), *Poèmes*, Paris, Gallimard, « Poésie/Gallimard », 1982, pp. 183-249.

Denis P., *Emprise et satisfaction. Les deux formants de la pulsion*, Paris, Puf, 1997.

Dürrenmatt J., *Stylistique de la poésie*, Paris, Belin, 2005, pp. 233-241.

Freud S. (1906-1907*a*), Le délire et les rêves dans la « Gradiva » de W. Jensen, *OCF.P*, VIII, Paris, Puf, 2007, pp. 38-134.

Freud S. (1907-1908*e*), Le poète et l'activité de fantaisie, *OCF.P*, VIII, Paris, Puf, 2007, pp. 159-171.

Genette G., *Fiction et Diction*, Paris, Le Seuil, 1991.

Gibeault A., *Chemins de la symbolisation*, Paris, Puf, 2010.

Labé L., *Sonnets* (1556), *Œuvres complètes*, Paris, Flammarion, « GF », 1986, pp. 119-135.

M'Uzan M. (de), La bouche de l'Inconscient, *La Bouche de l'inconscient. Essai sur l'interprétation*, Paris, Gallimard, 1994, pp. 33-44.

Valéry P., *La Jeune Parque* (1917), *Œuvres I*, Paris, Gallimard, « Bibliothèque de la Pléiade », 1957, pp. 96-110.

Sexuel infantile et processus créateur

Anne Brun*

Comment définir l'impact du sexuel infantile dans le processus créateur d'une œuvre ? Freud a proposé une approche psychanalytique du processus créateur qui consiste à explorer le sexuel infantile sublimé, à partir des fantasmes inconscients et des désirs infantiles refoulés du créateur, et il enracine le processus de création dans le traumatisme originaire d'une séduction, comme le montre son texte fondateur de l'approche psychanalytique de la création, « Un souvenir d'enfance de Léonard de Vinci » (1910*c*). Une approche psychanalytique classique du processus créateur consiste ainsi à explorer le sexuel sublimé à partir des fantasmes inconscients et des désirs infantiles refoulés du créateur, à l'appui du concept de sublimation envisagé comme une désexualisation de la pulsion. Mais cette approche psychanalytique de l'œuvre d'art en termes de désexualisation ne rend toutefois pas compte d'une grande partie de l'art contemporain, au plus près des processus primaires, ni du rôle primordial joué par la forme dans l'œuvre d'art. Autrement dit, le modèle freudien présenté dans « Le créateur littéraire et la fantaisie » (1908*c*) d'un processus créateur sur le modèle du rêve éveillé, du fantasme, analogue au jeu de l'enfant, de la satisfaction hallucinatoire du désir, suffit-il à rendre compte des différentes modalités du processus créateur, comme travail de transformation dans l'œuvre d'art du sexuel infantile ? D'autre part, la théorie freudienne de la séduction comme traumatisme originaire peut-elle rendre compte de l'importance des traumatismes primaires à la source du processus créateur ?

* Anne Brun est professeur de psychopathologie et de psychologie clinique, université Lyon 2.

LE PROCESSUS CRÉATEUR DANS L'HISTOIRE DE LA PSYCHANALYSE

Freud définit le travail créateur de l'artiste comme une élaboration et une mise en forme de ses fantasmes inconscients, marqués par le sexuel infantile, à la source de la satisfaction sublimatoire trouvée par l'artiste dans sa création ; il « peut transposer ses fantaisies en créations artistiques et non en symptômes, échappant ainsi au destin de la névrose et regagnant par cette voie détournée sa relation à la réalité » (Freud, 1910*c*, p. 50). Le texte de Freud sur Léonard de Vinci montre aussi le rôle du traumatisme de la séduction dans la sublimation : ce dernier engendre un excès d'énergie libidinale qui peut soit être destructeur, soit être converti en création par un processus de sublimation. L'activité sublimatoire de l'artiste, préformée dans l'enfance, s'enracinerait donc dans sa capacité de se rendre maître du traumatisme. Après une définition de la sublimation essentiellement en termes d'inhibition et de déplacement du but sexuel, Freud introduira la notion de désexualisation dans « Le Moi et le Ça » en 1923. L'introduction du narcissisme et du dualisme « pulsion de vie et pulsion de mort » modifie en effet la théorie de la sublimation, qui se produit « par l'intermédiaire du moi, lequel transforme d'abord la libido d'objet sexuelle en libido narcissique pour lui poser ensuite peut-être un nouveau but » (1923*b*, p. 274). La désexualisation apparaît liée au fait que l'objet de la libido est le moi et ce lien établi par Freud entre la sublimation et le narcissisme ouvre sur l'idée d'un gain narcissique de l'artiste dans son activité, qui rend « accessible aussi à celui qui n'est pas lui-même un créateur [...] la jouissance puisée dans les œuvres d'art » (1923*b*, pp. 267-268).

Winnicott initiera une perspective radicalement nouvelle par sa théorie de la transitionnalité, en ouvrant la voie à une approche du processus créateur, qui ne relève plus d'une théorie exclusivement fondée sur la pulsion et la sublimation, comme dans la théorie freudienne, mais sur la problématique originaire du trouvé/créé. Roussillon (2008) montre qu'il s'agit là d'une véritable coupure épistémologique, car c'est la problématique de la création qui ouvre désormais celle du sexuel et non l'inverse. À partir de Winnicott, la question de la création cesse d'être prise dans l'alternative entre la désexualisation freudienne liée à la sublimation, et la réparation kleinienne. Le sublimé ne saurait être identique au transitionnel et la théorie winnicottienne du processus créateur invite à penser la question de la symbolisation plutôt que celle de la sublimation. Cette conceptualisation de Winnicott ouvre aussi une perspective nouvelle concernant le rôle primordial joué par la forme dans l'œuvre d'art. Freud a en effet privilégié l'analyse des contenus de l'œuvre au détriment de sa forme, réduisant par exemple le style d'une œuvre littéraire à « une prime de plaisir », provenant d'un auteur qui « nous enjôle par un gain de plaisir purement formel, c'est-à-dire esthétique » (1908*c*, p. 170). En revanche, la théorie winnicottienne permet d'envisager l'œuvre d'art comme une possible inscription des mouvements pulsionnels par l'élaboration d'une forme externe liée à un mode d'expression qui engage le corps, dans une dimension visuelle, sonore, tactile ou kinesthésique selon les arts. Cette perspective sera développée par Didier Anzieu dans *Le Corps de l'œuvre* (1981).

Anzieu décrit aussi le rôle joué dans les processus créateurs par les stimulations maternelles précoces, quelles que soient leurs modalités, présentes ou absentes, et il montrera (1981, pp. 333-339) par exemple comment la peinture de Bacon, avec la destruction des organes des sens et des organes locomoteurs, met en scène un univers « d'avant la marche et les mots, en écho à une mère muette aux désirs et aux désespoirs de son nourrisson ».

On pourrait avancer (Brun, 2012) que ces vécus corporels très primitifs, préverbaux, vécus d'agonie primitive à la source des peintures de l'artiste, renvoient bien moins à une quelconque désexualisation de la pulsion dans le processus sublimatoire qui conduit à l'œuvre, qu'à une tentative de resexualisation secondaire d'expériences traumatiques, dans la perspective freudienne d'une liaison qui soit l'œuvre d'Éros. La question du rôle joué par le sexuel infantile dans la création s'est ainsi déplacée au fil du temps du côté du rôle joué par la projection du corps réel et imaginaire de l'auteur dans son œuvre, et notamment de ses expériences sensorimotrices précoces. Joyce McDougall a aussi montré que « la première créativité est celle du corps érogène, de sa représentation et de la manière dont le fonctionnement somatique a été assuré dans l'enfance » (2008).

Jean Laplanche évoquera de façon originale la création artistique comme un destin de la pulsion qui implique l'idée d'une sorte de « néo-création répétée, continuée, d'énergie sexuelle » (1980, p. 249). Cette néo-création apparaît à Laplanche intimement liée à la question du traumatisme, en tant qu'il ouvre les voies non pas de la compulsion de répétition, mais de la symbolisation.

QUELQUES FIGURES DU PROCESSUS CRÉATEUR À PARTIR DE LA CRÉATION CONTEMPORAINE

Après cette brève approche historique, une autre voie d'exploration consiste à renverser en quelque sorte la perspective, et à mettre la psychanalyse à l'épreuve de l'œuvre, en interrogeant la pertinence de la théorie psychanalytique à partir du champ de l'art. Que peuvent donc apprendre à l'analyste les artistes contemporains sur le rôle joué par le sexuel infantile dans le processus créateur ?

La première figure du travail créateur s'articulera autour de l'exploration des fantasmes originaires, particulièrement du rôle joué par l'énigme de la scène primitive dans le processus créateur, à partir l'œuvre de Michel Leiris (1901-1990). Dans l'*Âge d'homme,* Leiris (1939, pp. 63-66) décrit une scène répétitive de son enfance, comment il observait et écoutait ce qui se passait dans la chambre de ses parents, dont la porte pouvait rester ouverte, et comment il s'éveillait la nuit avec des accès de toux violente. Ses parents se levaient, sa mère l'asseyait sur ses genoux et son père lui administrait un remède, un liquide brunâtre, qui, disait-il, contenait une plume qui lui chatouillait la gorge. Leiris écrit que cette idée de plume l'amusait, comme celle « d'être le personnage central du drame qui se jouait, au milieu de la nuit ». Leiris n'est-il pas d'ailleurs devenu un homme de plume ? Dans ce souvenir, l'enfant d'abord exclu renverse la situation en devenant le héros de la scène, l'acteur principal au centre de l'attention des parents. L'administration du médicament par le père mime une scène sexuelle à fantasmatique orale, l'enfant absorbant le liquide brunâtre associé à une plume. L'élément organisateur de la scène est le déplacement du spectateur exclu, soit l'enfant qui observe de son lit ce qui se passe dans la chambre des parents, déplacement vers le centre de la scène, avec une inversion des regards, l'enfant voyeur devenant le vu et participant en quelque sorte à la scène primitive avec les parents. Comme dans ce souvenir fondateur, Leiris ne s'est-il pas promu dans son autobiographie « le personnage central du drame qui se joue», qui s'identifie à la plume effleurant le papier ? Leiris évoque souvent dans son œuvre un « souvenir qu'il aimerait avoir mais ne retrouve pas » et il est convaincu que cet « événement capital qu'il a toujours été dans l'incapacité de retrouver » est associé à sa « prise de conscience de la mort ». On pourrait formuler ainsi le lien pour Leiris entre mort, fantasme de scène primitive et écriture autobiographique : « Au moment où mes parents sont réunis sans moi, je disparais, je meurs au moment même où ils me fondent, je suis anéanti, mais je réapparais dans mon œuvre en occupant le centre de la scène, je survis par la recréation de ma propre genèse, à la fois auteur spectateur de ma vie et personnage acteur au centre de la scène ». Dans ce processus, l'intrication du fantasme d'auto-engendrement et du fantasme de la scène originaire se trouve à l'origine du processus créateur chez Leiris. L'écrivain évoque d'ailleurs souvent son refus de la procréation et de la filiation, qui lui permet ainsi de s'auto-engendrer dans l'écriture.

Une seconde figure du processus créateur dans l'art interrogera plus spécifiquement la séduction maternelle précoce et le fantasme de matricide. Alors que Melanie Klein place au fondement de la créativité les pulsions réparatrices pour recréer l'objet maternel, la poésie contemporaine depuis Lautréamont témoigne, selon une perspective opposée, d'une tentative de mise à mort de la figure de la mère, corrélée à la tentation de se fondre en elle. Ainsi, une des sources communes du processus créateur de l'œuvre d'Antonin Artaud (1896-1948) et de Henri Michaux (1889-1984) peut en effet s'envisager comme une tentative d'échapper, grâce à l'écriture, à la momification, à l'avalement, ou à la fossilisation dans la langue maternelle, afin de se réincarner dans « le corps neuf de l'écriture » (Artaud). Dans l'œuvre d'Artaud et de Michaux la création s'enracine dans la corporéité même du texte, dans sa « chair phonique » (Artaud), au plus près de la sensorialité et des processus primaires, de ce que Michaux nomme « une véritable tour de Babel des sensations ». Artaud comme Michaux tentent d'entraîner le lecteur en deçà du langage et des signes, dans une écriture des rythmes, du cri, du mouvement et des gestes. L'écrivain semble particulièrement à la recherche d'un état de suffocation, d'halètement, d'étranglement : « [...] je brûle tous mes manuscrits et il ne reste que ceux qui me rappellent une suffocation, un étranglement dans je ne sais quels bas-fonds parce que ça c'est vrai » (1947, p. 1349). Le génie d'Artaud consiste à transposer dans la matière verbale, dans le concassement des mots, dans la disjonction de la syntaxe, dans les rythmes gestuels et vocaux, des vécus de terreurs primitives, tels l'étouffement ou la sensation d'écorchage, ce qui renvoie à une troisième figure du processus créateur, la transformation en œuvre d'art de traces perceptives d'expériences sensori-affectivo-motrices archaïques. L'approche psychanalytique de l'œuvre d'Artaud comme de Michaux montre en définitive que l'ombre de la mère est tombée sur l'écriture, qui tentera d'échapper à la mélancolie et à l'emprise maternelle, autre figure du processus créateur.

La mélancolie apparaît aussi à la source de l'œuvre de Thomas Bernhard (1931-1989), qui évoque ses livres comme le lieu où il peut toujours « imaginer un dialogue qui n'a pas eu lieu, avec son frère, sa mère » : « C'est le dialogue avec le passé qui n'a plus lieu et qui n'aura jamais lieu [...]. C'est la tentative de mettre le doigt sur des objets qui se dissolvent au moment même où on croit les avoir touchés » (2006, p. 33). Telle sera l'écriture de Thomas Bernhard : tenter d'inscrire dans l'œuvre l'effacement des objets et de soi, pour y survivre. L'expérience créatrice consiste donc à tenter de représenter et d'élaborer les expériences archaïques de détresse qui n'ont pu être appropriées subjectivement.

Dès lors, il s'agit moins pour l'analyste, qui est analysé par l'œuvre, comme le souligne André Green (1972), de repérer à partir d'une œuvre des contenus inconscients ultimes renvoyant aux fantasmes originaires, que de dégager les processus d'une réouverture permanente du processus de symbolisation, grâce à l'œuvre qui symbolise de façon toujours renouvelée les traces du sexuel infantile. Le processus créateur dans une grande partie de l'activité artistique contemporaine consisterait ainsi à enclencher indéfiniment l'activité sublimatoire issue de la resexualisation au plus près du processus primaire, mais transposée dans la représentation sublimée de l'objet d'art. Il s'agit là de faire advenir le « non encore advenu » (Winnicott) de soi, tant du créateur qui s'autocrée dans ce processus sublimatoire que du récepteur de l'œuvre, tâche infinie soutenue par la néogenèse perpétuellement recréée de la sublimation…

Anne Brun
43 rue de Brest
69002 Lyon
annebrunlyon@orange.fr

RÉFÉRENCES BIBLIOGRAPHIQUES

Anzieu D., *Le Corps de l'œuvre*, Paris, Gallimard, 1981.

Artaud A. (1947), Suppôts et suppliciations, et Textes écrits en 1947, *Antonin Artaud, Œuvres*, Paris, Gallimard, « Quarto », éd. établie par E. Grossman, 2004.

Bernhard T., Trois jours, *Récits*, Paris, Gallimard, « Quarto », 2006.

Brun A., Approche des processus créateurs dans le domaine artistique, *Traité sur la sublimation*, sous la direction de S. Mijolla-Mellor, Paris, Puf, 2012, pp. 323-336.

Freud S. (1908*c*), Le créateur littéraire et la fantaisie, OCF.P, VIII, Paris, Puf, 2007.

Freud S. (1910*c*), Un souvenir d'enfance de Léonard de Vinci, OCF.P, X, Paris, Puf, 1993.

Freud S. (1923*b*), Le moi et le ça, OCF.P, XVI, Paris, Puf, 1991.

Freud S. (1930*a*), Le malaise dans la culture, OCF.P, XVIII, Paris, Puf, 1994.

Green A., *La Déliaison*, Paris, Hachette Littératures, 1972.

Laplanche J., *Problématiques, III. La Sublimation*, Paris, Puf, 1980.

Leiris M., *L'Âge d'homme*, Paris, Gallimard, 1939.

McDougall J., L'artiste et le psychanalyste, *in* J. André *et al. L'Artiste et le Psychanalyste*, Paris, Puf, 2008.

Roussillon R., *Le Transitionnel, le Sexuel et la Réflexivité*, Paris, Dunod, 2008.

Winnicott D. W. (1971), *Jeu et Réalité. L'espace potentiel*, Paris, Gallimard, « NRF », 1975.

Destins de la nuit sexuelle

Elisabeth Cialdella-Ravet*

L'agencement particulier des cabinets d'analyste se réfère aux dispositions imaginées par Freud pour mener à bien le traitement de ses premières patientes hystériques. Chacun garde en mémoire les images du confortable divan viennois chargé de coussins orientaux, adossé au fauteuil vert avec, alentour, une bibliothèque fournie et toute une collection d'objets qui révélaient ses goûts intimes et témoignaient de la proximité de son inconscient. Il s'agissait notamment de statuettes antiques, vestiges de civilisations disparues. La princesse Marie Bonaparte eut la sagesse et le courage de les rapatrier à Londres, après les avoir obtenues à grands frais des nazis qui s'en étaient emparés. La valeur psychique d'un tel trésor échappait complètement à ces êtres barbares qui avaient fait un autodafé des œuvres de Freud. Ils ignoraient que ces objets anciens, soigneusement assemblés, avaient le don de susciter un sentiment inestimable, « la *Sehnsucht* », traduite en français par les termes de « nostalgie », « désirance » par Jean Laplanche ou bien encore de « désir ardent » par Edmundo Gomez Mango. Dominique Suchet, dans son travail de recherche, lui rend toute sa puissance évocatrice, mais aussi métapsychologique. Cette expression allemande, aux tonalités douces et presque mélodieuses, même pour une oreille française, porte la marque d'un état d'âme typiquement allemand. S'y associe la douleur mélancolique de désirer impatiemment, passionnément, langoureusement, un objet absent ou très éloigné. Elle incarne une nostalgie tournée vers le futur, qui d'avance est marquée d'un regret pénible, anticipant la déception.

* Psychiatre, psychanalyste, membre de l'APF et l'IPA.

L'endormissement provoqué par l'hypnose, avec pour objectif de favoriser la réapparition des souvenirs d'enfance, bénéficiait d'une ambiance feutrée dont l'aménagement du cadre analytique a hérité. Y contribue le choix d'une lumière douce, tamisée, propice à la rêverie, comme la nuit accompagne les songes. Ce tamis, dans les contes, est celui d'un trou de serrure qui permet d'entrevoir les images de la nuit sensorielle, à la découverte d'étreintes telles que les corps se rejoignent, se fondent et se dissocient à nouveau. C'est ce que les romains appelaient les « lucubrationes » (Quignard, 2007) car ces activités ne pouvaient s'exercer qu'à la lueur des lampes à huile. Le romantisme scientifique de Freud leur attribuera dans l'analyse du rêve traumatique de « L'Homme aux Loups », le nom de « scène primitive ».

Le clair-obscur du cabinet d'analyste, favorisant le déploiement du transfert, contribue à lever le refoulement de cette scène pulsionnelle, faisant surgir un monde fantastique chargé de bruits et de fureurs ; la scène est vécue comme un massacre avec des hurlements, du sang répandu, des fèces projetées, le *coït a tergo*, des cris de jouissance énigmatiques, toutes sensorialités exacerbées. La « Scène » condense à elle-seule tous les fantasmes originaires et leur emboîtement. Elle finira par se théâtraliser.

La littérature est une forme de pensée complémentaire de la compréhension analytique. Ainsi, Marguerite Duras est l'un des écrivains contemporains qui a su le mieux rendre compte de l'existence du lien entre la sexualité infantile et celle de l'adulte. Non seulement, elle a perçu avec acuité comment le rapport à la scène primitive cautionne l'harmonie sexuelle de tout être humain mais ses écrits témoignent aussi de la présence constante d'un lien primitif archaïque à la mère. Dans tous ses romans, le regard d'une mère s'impose de façon figurée à travers la référence insistante au bleu de la mer méditerranée. Mais la plupart du temps, le regard de cette mère est un regard absent, endeuillé, empreint d'une insondable nostalgie née de la ruine et de l'exil. Dans l'une de ses courtes nouvelles intitulée *L'Homme assis au fond du couloir*, Marguerite Duras raconte ce drame à sa manière épurée et sobre :

> (L'homme aurait été assis dans l'ombre du couloir... Il regarde une femme qui est couchée à quelques mètres de lui sur un chemin de pierre [au loin, on voit la mer]... elle est allongée face au couloir dans le soleil... Vêtue d'une robe de soie claire déchirée qui laisse voir son corps nu... Ses jambes qu'elle avait jusque-là laissées aller à moitié repliées dans une apparente négligence qu'elle resserre si fort que son corps s'en déforme... Elle est immobilisée dans cette pose de sommeil... dès lors elle reste dans cette pose obscène bestiale... Elle est devenue laide... Elle se tient là, aujourd'hui dans sa laideur... L'Homme s'est arrêté devant elle. Il fait ombre sur sa forme.... À travers ses paupières, elle doit percevoir : « l'assombrissement de la lumière, la forme haute de son corps, dressé au-dessus d'elle dans l'ombre duquel elle est prise.... Bouche vomissante viscérale... Elle a les yeux verts.... l'homme avec son pied enfonce la cage d'os, appuie, fait crier la femme exténuée d'amour et de

désir... il la tue, elle meurt pleine de jouissance, rompue de jouissance, plus qu'elle ne peut contenir et tout à l'étroit d'elle-même[1]...)

Cette fiction rassemble tous les ingrédients typiques et fondateurs, décrits par Freud dans l'analyse du rêve traumatique de « L'Homme aux Loups » à savoir : l'alternance de l'ombre et de la lumière, l'intensité du regard de l'enfant, l'opposition entre le mouvement et l'immobilité, les métamorphoses du corps maternel, la sauvagerie, l'inquiétante étrangeté. Marguerite Duras nous fait éprouver la puissance d'une expérience faite d'effroi et de terreur (en allemand, le mot *die Schreck* est plus parlant car il évoque la sidération), liés à cet excès (quantitatif) d'excitations externes ravivées par la visualisation et l'entendu de la scène, réveillant les traces d'anciennes excitations internes oubliées.

Freud confie à Fliess au cours de leur correspondance que la fabrication des fantasmes sexuels, et notamment de la scène primitive, « s'effectue pendant cette période féconde de nostalgie-désirance accompagnée d'une intense masturbation chez l'enfant. Elle résulte de sa privation d'expériences sensuelles par les parents, elle influera sur la formation de son caractère et marquera sa future personnalité » (1950*a*, p. 200).

Dans l'abondante littérature psychanalytique se rapportant à ce fantasme originaire, il n'est pas rare de lire que la levée de son refoulement déclenché par la fulgurance des interprétations au décours d'une cure analytique, suffirait de façon quasiment miraculeuse à provoquer la « guérison », faisant disparaitre les symptômes comme par enchantement. On peut en douter. Le travail de métabolisation et de transformation de ladite scène demande à être remis sans cesse sur le métier, détail après détail. Les détresses et désirances infantiles doivent être retravaillées à de multiples reprises, et ce dans le transfert afin de pouvoir évoluer vers de nouvelles destinées. Ce fantasme des origines doit se métamorphoser. La scène violente deviendra douce et apaisée à mesure que les affects d'exclusion, de détresse, de déception et d'abandon teintés de nostalgie en viendront à s'épuiser. L'éventail d'émotions lié à l'irruption de la scène bouleversante ne peut être détaché de l'*Hilflosigkeit* du nourrisson. Il se trouve alors dans un état de tension et de détresse interne, d'impuissance motrice et psychique, qui le rend complètement dépendant d'autrui. L'intervention de l'être secourable est alors indispensable pour que cesse l'afflux d'excitations endogènes. L'absence prolongée, le défaut, ou l'inadéquation du *Nebenmensch* entretient chez le nourrisson une attente et une tension douloureuse de tout l'appareil psychique. Cette attente lorsqu'elle se prolonge met en échec la

1. Résumé de l'auteur de la nouvelle de Marguerite Duras, *L'Homme assis dans le couloir* (1980, pp. 7-35).

satisfaction hallucinatoire primaire, source d'une expérience vitale des plus amères sous le signe de la déception. Freud emploie à ce sujet une expression, « *Die Tauschung* », qui signifie la désillusion, la tromperie, la mystification... Il n'est pas question seulement de défaillance, de manquement, mais bien d'abandon et de trahison. La conjonction de ce désastre avec la sidération (*die Shreck*) provoquée par la transformation corporelle de la mère dans la scène primitive fait d'elle une étrangère. Elle apparaît dans les fantasmes comme un monstre à têtes et à bras multiples, et devient persécutrice. Ces sentiments angoissants pourront resurgir lorsque plus tard son corps sera déformé par la grossesse et qu'elle donnera naissance à un nouvel enfant.

Surviennent d'autres énigmes auxquelles se trouve confronté l'enfant en situation d'exclusion : celle du désir de la mère en même temps que des liens entre son désir et celui du père. Mais comme dans la scène, le père fait souvent figure d'agresseur tandis que la mère est en position de victime, cette configuration se présente plutôt comme la négation d'une relation de désirs réciproques entre les parents. Tout se passe en vérité comme si l'enfant cherchait à se convaincre que la mère, n'ayant de désirs que pour lui-même, ne saurait en éprouver pour le père. La *Sehnsucht* sera appelée à disparaître, à la faveur du jeu des identifications inconscientes. Le poème de Goethe, intitulé « *Selige Sehnsucht* » (1984), en français, « Bienheureuse nostalgie » célèbre cette métamorphose :

> Et tant que tu ne comprendras rien
> Au sens des mots : Meurs et Deviens,
> Tu seras un obscur passager
> Sur cette terre enténébrée.

Le vers « Meurs et Deviens » évoque le déclin de la nostalgie au bénéfice des mouvements identificatoires.

« L'identification, écrit Freud dans "Psychologie des masses et analyse du moi" (1921*c*, pp. 44-45), est connue de la psychanalyse comme la manifestation la plus précoce d'une liaison de sentiment à une autre personne. » Si l'incorporation orale et les mouvements fusionnels spéculaires caractérisent les identifications primaires, la scène primitive mobilise en appui sur celles-ci, d'autres formes d'identifications : l'enfant cesse d'être simplement un témoin passif pour entrer activement par l'imagination, dans le jeu des partenaires ; l'effroi cède la place à l'excitation et au plaisir. L'enfant s'approprie par l'imagination, le sexuel de chacun des protagonistes, se mettant à la place de l'un comme de l'autre, confortant la bisexualité psychique originaire. La scène primitive peut être considérée ainsi comme le terreau sur lequel se développera le complexe d'Œdipe ; elle en constitue la préhistoire. Mais les choses alors se compliqueront comme Freud l'expose de façon lumineuse dans ce texte du fait que se précise un choix d'objet sexuel et que ceci entre potentiellement en conflit avec l'identification au parent de même sexe, donc deux liaisons psychologiquement distinctes qui vont persister un temps côte à côte sans s'influencer ni se perturber réciproquement. Par suite de l'unification, irrésistible dans sa progression de la vie d'âme, elles finissent par se rencontrer. Le complexe d'Œdipe naîtra de cette confluence. Mais si le choix d'objet se trouve contrarié, il aura tendance à régresser aux premières identifications. La résurgence du complexe maternel primaire, au cœur de la scène primitive ravive la nostalgie, et cela dans les deux sexes, avec un sentiment d'inquiétante étrangeté. Cet inquiétant est lié à quelque chose de très intime, de très cher qui fut de tout temps familier à la vie de l'âme et qui ne lui a été rendu étranger que sous l'effet du refoulement. Freud désigne ainsi le lien à la mère primordiale et le corps maternel comme « l'ancien pays natal de l'enfant des hommes ». Non seulement ce complexe maternel convoque la première séductrice, mais il fait ressurgir aussi la fantaisie d'un retour dans le ventre maternel. Le fantasme d'être enterré en état de mort apparente donc d'être plongé dans une totale immobilité en est l'une des expressions. Cette inertie s'oppose aux mouvements excitants du coït. Les convictions primitives de l'animisme réapparaissent, elles semblent à nouveau confirmées. Ainsi fait retour l'image d'une mère affublée d'un grand appareil génital comme les Vénus des temps paléolithiques. Ces déesses mères, souvent obèses, n'incarnaient pas seulement le merveilleux de la grossesse ; au-dessus de la fente et du triangle pubien, un torse minuscule avec deux seins, se doublait d'un autre torse plus inattendu porteur de testicules et d'un phallus. Cette représentation de mère préhistorique apparaît comme l'image composite d'une scène primitive, avec des objets partiels combinés et contenus dans une mère monstrueusement difforme.

Ainsi, les deux courants de l'inquiétante étrangeté, celui qui relève des complexes infantiles et celui qui renvoie aux convictions primitives sont étroitement imbriqués. Ils redonnent vie à un objet perdu, celui de la mère séductrice. Cela se fait souvent par un détail, lequel ferait écho à l'hypersensorialité de la scène primitive : ce peut être la voix, une odeur, des bruits bizarres. Marguerite Duras montre dans sa courte nouvelle, l'importance de tels éléments, comme le cri de la femme, le tissu soyeux de la jupe, le soleil, le bleu de la mer, toutes choses qui témoignent de l'importance du lien primordial. Ces détails ont pour effet d'atténuer la douleur liée à la séparation, à l'éclatement de la symbiose. Un tel complexe maternel reste bien difficile à surmonter, écrit Freud dans « Sur la sexualité féminine », la scène primitive réactive l'expérience d'un deuil qui ne s'est jamais vraiment fait, lié à la perte de la première séductrice. En tant qu'objet d'amour, le premier et le plus fort, elle est de façon inaltérable le prototype de toutes les relations amoureuses ultérieures. Ce complexe « blanchi par les ans, semblable à une ombre, à peine capable de revivre comme s'il avait été soumis à un refoulement particulièrement inexorable » (1931*b*, p. 18) a pour résultat que la nostalgie-désirance laisse place à un nouveau type d'identification qualifiée de narcissique. Dans celle-ci, l'objet qui s'est perdu ou qui a été abandonné, se retrouve dans le moi, lequel se modifie alors partiellement « au dedans » sur le modèle de la mère primitive.

La *Sehnsucht*, née lors de la nuit sexuelle, se transforme ainsi par un subtil mélange d'identifications primaires et secondaires. Grâce à la puissance de cette nostalgie, le moi peut se construire, et continuera d'être le foyer ardent du rêve de la vie de l'âme.

Elisabeth Cialdella-Ravet
18 place Maréchal Lyautey
69006 Lyon
elisabeth.cialdella@orange.fr

RÉFÉRENCES BIBLIOGRAPHIQUES

Duras M., *L'Homme assis dans le couloir*, Paris, Minuit, 1980.
Freud S. (1921*c*), Psychologie des masses et analyse du moi, *OCF.P*, XVI, Paris, Puf, 1991.
Freud S. (1931*b*), De la sexualité féminine, *OCF.P*, XIX, Paris, Puf, 1995.
Freud S. (1950*a* [1887-1902]), Lettre du 27 octobre 1897, *Naissance de la psychanalyse*, Paris, Puf, 1956.
Goethe J. W., *Le Divan*, Paris, Gallimard, 1984.
Quignard P., *La Nuit sexuelle*, Paris, Flammarion, 2007.

REVUES

Revue des livres

Aller, Retour. Voyages dans le temps... de Sabine Olewkowiez Cann[1]

Gilbert DIATKINE*

Depuis son enfance, Sabine Olewkowiez Cann écrit mentalement à son père, disparu à Auschwitz quand elle avait deux ans : « Ma tête est une grande boîte où j'ai rangé toutes les lettres que je t'ai écrites sans jamais te les envoyer. Les envoyer où ? Je t'informe de mes notes à l'école, sans tricher, je te raconte mes rêves, je te dis mes secrets, je te raconte aussi l'histoire du Dernier des Mohicans » (Cann, 2014, p. 42). Elle le cherche en vain dans l'annuaire : « Dès que j'ai su lire, j'ai ouvert un bottin de téléphone pour chercher ton nom. (Cann, 2014, p. 35). La plus grande partie de son livre, *Aller-Retour*, est une longue lettre à son père, écrite au présent, tantôt à la deuxième, tantôt à la première personne du singulier. Intriquée à la précédente, parfois dans la même phrase, mais écrite à la première personne du singulier, au passé composé ou au présent, une autre partie du livre est une enquête sur les circonstances de la disparition de son père. Ce n'est que très artificiellement que l'on peut séparer ces deux dimensions du livre qui se complètent et s'opposent.

L'ENQUÊTE

De son père, Sabine Olewkowiez Cann n'a longtemps su que très peu de choses : sa mère n'en parlait qu'à mots couverts, et les autres membres de sa famille ne l'évoquaient jamais. Son prénom ne figurait pas parmi tous les

1. Olewkowiez Cann S., *Aller, Retour. Voyages dans le temps...*, Paris, L'Harmattan, 2014, 194 p.
* Gilbert Diatkine est psychiatre et psychanalyste. Il est membre formateur de la SPP.

prénoms des membres de sa famille que son grand-père maternel lui a appris à écrire (2014, p. 40). D'objets matériels ayant appartenu à son père, elle n'en a aucun. Les documents le concernant sont peu nombreux. Le livret de famille de ses parents lui apprend que son père est né en novembre 1907, à Ostrow, en Russie, puisque la majeure partie de ce qui a été ensuite la Pologne en fait alors partie. La liste des déportés d'Auschwitz lui donne la date de son départ de Drancy, le 10 février 1944, et le numéro du convoi.

Mais les lieux où il a vécu sont en partie restés les mêmes. Il n'y a plus de poinçonneurs dans le métro, mais on change toujours à Strasbourg-Saint-Denis quand on va de Gare du Nord à Montreuil, comme son père a dû le faire quand il est arrivé à Paris (2014, p. 32). La rue Chapon, dans le 3e, où son père avait installé un atelier de tissage, existe toujours (2014, p. 56). À Uriage, où son père a été arrêté dans une rafle, elle descend dans un hôtel qui est peut-être celui que l'on voit sur une photo qu'elle a trouvé dans les papiers de sa mère. Ses parents y ont peut-être vécu (2014, p. 56). À Grenoble, l'hôtel *Suisse et Bordeaux*, où l'officier ss Aloïs Brunner a organisé la rafle d'Uriage, existe toujours (2014, p. 62). En Pologne, dans le village de Goworowo où une grande partie de la population juive, y compris les membres de la famille de sa grand-mère paternelle, a été massacrée par les Allemands dès leur arrivée le 8 septembre 1939, aucune trace ne subsiste de la présence d'une communauté juive. Le monument aux morts de la Seconde Guerre mondiale ne mentionne pas les juifs. Rien ne subsiste de la synagogue à laquelle les *Einsatgruppen* ont mis le feu après y avoir enfermé la population juive de la ville. Mais la rivière coule toujours sous le pont qu'ont traversé les survivants, épargnés par l'ordre d'un officier allemand indigné du massacre, et le champ existe toujours, dans lequel ils ont été parqués sans nourriture et sans eau pendant plusieurs semaines, jusqu'à ce qu'ils soient livrés aux Russes (2014, p. 147).

Sabine Olewkowiez Cann refait les voyages qu'a fait son père, non seulement pour faire « parler les lieux », comme l'écrit Jean-Michel Rey dans sa préface (2014, p. 10), mais aussi pour rencontrer des témoins. À Uriage, elle trouve une vieille dame qui a caché des juifs et qui lui raconte la rafle du 6 février 1944 (2014, p. 59). Dans les archives de la préfecture, elle découvre que la police française a recherché en vain son père, son oncle et sa mère, impliqués dans « une agression à Lyon, d'un centre de distribution de titres de rationnement » (2014, p. 64). Elle reconstitue le réseau de résistants auquel participait le frère cadet de sa mère, sa belle-sœur Lola qui s'est suicidée, et le frère de Lola qui a été guillotiné, et dont une rue de Lyon porte le nom. Mais elle ne trouve rien sur son père (2014, p. 66). Près de Goworowo, elle visite Tycocin, dont les trois-mille habitants juifs ont été assassinés en 1941, mais dont la synagogue est intacte (2014, p. 87 et p. 91). Elle rencontre un vieil habitant de Goworowo, découvre un livre qui a été écrit sur le village. La poissonnière s'appelait Olewkowicz, comme beaucoup d'habitants mentionnés dans ce livre. (2014, p. 126). Les survivants de Goworowo ont été évacués vers Byalistok, remis aux Russes, puis déportés en Sibérie (2014, p. 130). Ceux qui ont survécu sont revenus en 1946 (2014, p. 131). Dans les archives, elle retrouve l'acte de mariage de son arrière-grand-père, en 1881 (2014, p. 137). En parlant avec les habitants de Tycocin et en lisant les textes publiés, elle découvre, le récit d'un pogrom, commis, non par les Allemands, mais par les Polonais, où une jeune fille portant le nom de sa famille maternelle, a été violée, puis décapitée.

LA LETTRE AU PÈRE

En même temps qu'elle enquête, elle note les résistances qu'il lui faut surmonter pour faire ces découvertes. En Pologne, quelqu'un a commencé à lui parler du massacre de Tycocin, mais fatiguée, elle décide de ne pas l'écouter, et de regarder plutôt le ciel et les cigognes. Elle n'en prend conscience que rentrée à Paris, en lisant un livre sur ces massacres. Et en même temps, elle ressent une nécessité de comprendre exactement ce qui s'est passé : « Comme si quelqu'un sonnait à ma porte. Quelqu'un à qui il me fallait répondre, mais étrangement, ce quelqu'un, c'est moi-même » (2014, pp.114-116).

Chaque détail matériel que découvre Sabine Olewkowiez Cann au long de cette enquête est ainsi l'objet d'un travail associatif qui doit surmonter des résistances. Il mène alors à des découvertes inattendues, à la fois sur les faits matériels et sur elle-même. Par exemple, lorsqu'elle trouve dans les archives françaises le rapport de police qui implique ses parents dans l'attaque contre le centre de rationnement à Lyon, celui-ci précise que les auteurs de l'agression se sont échappés « sur un vélo bleu ». Elle rêve ensuite qu'elle interroge une vieille dame qui connaît son père, et lui dit que celui-ci n'était vêtu que d'un pyjama et d'une robe de chambre au moment de l'arrestation (2014, p. 65). Ou encore, le froid qu'il fait à Paris, au moment où elle rédige son livre, lui rappelle le froid qu'il faisait quand elle a visité Auschwitz, et celui qu'elle pense qu'il faisait quand son père a été arrêté en Savoie (2014, p. 65). Ou enfin, l'antisémitisme latent de son hôte polonais lui rappelle un souvenir d'enfance, qui l'a confrontée à l'antisémitisme ordinaire d'une fillette (2014, p. 99).

Le livre est servi par de nombreux bonheurs d'écriture, mais ceux-ci sont toujours mis au service du travail élaboratif. Par exemple, une belle description de la forêt polonaise sous la pluie s'associe à une rêverie sur sa mort possible, puis à un rêve de la semaine précédente (2014, p. 85). L'enquête que mène Sabine Olewkowiez Cann, en même temps que le travail associatif qui l'accompagne, vise d'une manière indissociable deux objets : son père et elle-même : « Ce n'est pas seulement toi, mon père, que je vais retrouver, tu es mon Inconnu connu. C'est moi que je dois chercher et trouver » (2014, p. 119).

FRAGMENTS D'UNE AUTO-ANALYSE

Chaque détail de la vérité matérielle mis au jour par l'enquête contribue à ce qu'il faut bien appeler une auto-analyse : « Je cherche ton nom, ton village en Pologne, il me semble que je ne peux pas faire autrement » (2014, p. 67). Mais ce travail menace les assises de sa propre identité : « L'unicité de l'image solitaire de mon père faisait partie du ciel de mon enfance et même de mon âge adulte. Lui construire une généalogie devenait une entreprise difficile voire dangereuse » (2014, p. 153). Au cœur de ces assises narcissiques se trouve l'interdit de penser que Sabine Olewkowiez Cann a dû braver pour mener à bien son enquête : « J'ai toujours, toute ma vie, eu l'impression d'avoir été entravée, ma pensée comme lestée de mots et de gestes interdits. Je ne peux pas savoir s'il s'agit du poids de la mort, du mort » (2014, p. 122).

Après la mort de sa mère, elle a lu les carnets secrets de celle-ci, dans lesquels cette dernière a retracé, en déguisant leurs noms, l'histoire de ses parents dans la Résistance. Le statut de ces cahiers reste énigmatique : s'agit-il d'un journal, de souvenirs ou d'une fiction ? Les noms d'emprunt donnés aux héros « comme lorsqu'ils étaient dans la Résistance » correspondent à des personnages des photographies qui accompagnent les cahiers. Qui peut être ce « Pierre » avec qui sa mère a dansé ? Son père, qui, dans la réalité se prénomme Herschl, y est dénommé « Armand ». « Ma mère aurait souhaité raconter leur histoire, sa pudeur y a mis des prénoms d'emprunt. » Sur les photos, ils sont en tenue civile, mais quelques lignes plus bas les habits pour la mort sont devenus les habits des camps (2014, p. 63). Quand elle s'est risquée à poser des questions, sa mère a tranché : « Mais tout était faux ! [...] J'ai entendu cette phrase comme une condamnation de mon désir de savoir » (2014, p. 67). L'interdit de penser continue à agir au cours même de l'enquête : « Ce caché dans sa dimension d'interdit continue d'agir sur moi lorsque je lis les comptes-rendus de gendarmerie, les procès-verbaux. Je dois m'y plonger à plusieurs reprises, je saute des lignes, j'oublie ce que je lis. » Il agit même au cours de l'écriture du livre. Pourquoi n'a-t-elle pas davantage posé de questions sur son père à sa mère ? Parce que « la réponse est le malheur de la question ». Mais de qui est cette formule célèbre ? Sabine Olewkowiez Cann l'a oublié, et laisse au lecteur le soin de trouver qu'elle est de Maurice Blanchot (2014, p. 121).

L'avant-dernier chapitre retourne à la seconde personne, mais cette fois, c'est son père qui s'adresse à elle. Enfin, dans le dernier chapitre, elle s'adresse de nouveau à son père, à la deuxième personne du singulier. Quant aux premier et dernier chapitres du livre, ils sont écrits d'une manière romancée. Ils reconstituent le voyage aller du père, de Varsovie à Paris, et le début de son retour, entre son arrestation à Uriage et la gare de Grenoble. Écrits au passé simple et à la troisième personne du singulier, ils reprennent en les sublimant les éléments de l'enquête et ceux du travail associatif. Par exemple, dans le récit imaginaire du voyage de son père de Varsovie à Paris, Sabine Olewkowiez Cann lui prête une rencontre avec un compagnon de voyage plus lettré qui lit « *Jean-Christophe* », de Romain Rolland. Beaucoup plus loin dans le livre, elle décrit un objet singulier, qu'elle a trouvé dans un placard de la cuisine, « avec la vaisselle et l'épicerie », un exemplaire de ce roman. Elle se souvient à ce propos que sa mère lui a dit que son prénom, « Sabine », a été choisi en référence à celui d'une héroïne de ce roman, une jeune veuve dont le héros est follement amoureux. Elle a ajouté que son père ne l'appelait pas « Sabine », mais « Surelé », « petite Sara ». On l'appelait dans sa famille par son second prénom, « qui faisait moins juif ».

Comment peut-on faire le deuil d'une personne que l'on n'a pas connue ? L'enquête historique est nécessaire, mais elle ne suffit pas si elle ne s'accompagne pas d'une analyse, ou comme ici, d'une auto-analyse. Ce n'est pas le moindre intérêt de ce livre que de montrer comment les diverses composantes de la fonction analytique se dissocient dans l'auto-analyse. L'auteur est bien sûr non seulement le patient, mais aussi l'interprète. Le père est non seulement l'objet le plus important, mais aussi cette personne indispensable à qui le patient s'adresse mentalement dans toute auto-analyse. Les traductrices successives qui accompagnent l'auteur dans son enquête occupent aussi une position très importante comme doubles. Elles sont fascinées par l'enquête que mène l'auteur, se passionnent pour sa recherche, et s'interrogent à leur tour sur leur passé (2014, p. 81, p. 120). Et on pourrait même faire l'hypothèse que les détails concrets de la réalité matérielle historique fournis par l'enquête jouent un rôle comparable à celui du cadre et du corps de l'analyste dans la cure habituelle. L'œuvre de Sabine Olewkowiez Cann apporte une contribution inestimable à la compréhension de ce qu'est l'auto-analyse dans un travail de deuil lié à un traumatisme trans-générationnel.

Gilbert Diatkine
48 bd Beaumarchais
75011 Paris
gilbert.diatkine@wanadoo.fr

Quatre Essais sur la vie de l'âme de Jean-Claude Rolland[1]

Solange Carton*

Ces essais viennent ciseler quatre concepts que Jean-Claude Rolland choisit pour la tension aiguë qu'ils provoquent entre pratique analytique et théorie, brassés depuis longtemps dans les eaux de sa propre pensée métapsychologique. Au confluent de la clinique et de la spéculation théorique, « rêveuse ou tragique », ses courants s'animent aussi bien de la pensée freudienne, qu'il s'agit de faire travailler, avec Laplanche, Pontalis, Green, Fédida, et bien d'autres, que de son écoute des analysants, de la poésie, la littérature ou la peinture, s'abreuvant mutuellement. La douleur, l'image, le processus et l'attente structurent l'ouvrage, mais les chapitres, loin de les endiguer, font résonner affinités électives et entrechoquements des matériaux, en des moments de reprise réitérés et autrement façonnant, fabriquant de nouvelles hypothèses. À l'« âme », préférée à « psyché » à cause de la réalité que lui confère son « appareil », notion retrouvée sous la plume de Freud, il s'agit de rendre sa vie et son humanité.

L'AFFECT PRIMORDIAL

La douleur ouvre l'ouvrage, comme elle a ouvert l'*infans* à son monde intérieur. Lame de fond de l'ensemble des chapitres, elle est pour Jean-Claude Rolland *expérience ontologique fondatrice de la subjectivité*, opposant inévitablement un moi sujet souffrant à un autre objet, frustrant, creuset du

1. Rolland J.-C., *Quatre essais sur la vie de l'âme*, Paris, Gallimard, « Connaissance de l'inconscient », 2015.

* Psychanalyste, professeur de psychopathologie clinique à l'Université Paul-Valéry Montpellier 3.

désir que l'être humain a de l'autre. L'exigence de renoncer aux premiers objets d'attachement l'ont fondée. Ainsi le premier essai est-il consacré à l'affect. L'auteur y pose les fondations de sa métapsychologie : l'exclusivité de l'objet d'attachement originaire, son nécessaire refoulement, sa resexualisation par le processus primaire et sa désexualisation – terme auquel est préférée la « réduction considérable de sa valence œdipienne », *via* le discours intérieur de l'analyste et la force de l'acte psychique de la parole. De la sexualité infantile, dont les « Trois Essais » font une exploration dite « médico-psychologique », à la découverte, latérale, du complexe d'Œdipe, il dégage deux figures opposées de l'affect, « deux états de la sexualité, la sexuelle, la pulsionnelle », qu'il est impérieux de ne jamais séparer. Le « premier affect », c'est ce à quoi le désaide du nouveau-né l'a condamné, un attachement puissant et tenace, « mêlant emprise et amour envers ses géniteurs qu'il érige en objets de passion amoureuse, dans une indifférence absolue aux intérêts de sa vie ». C'est une des lignes de force de la pensée de l'auteur que le caractère aliénant et destructeur de la sexualité infantile, qui dans ses assises les plus archaïques, n'est pas au service du plaisir ou de la conquête de l'objet, mais « aspire aussi au sacrifice de soi et à la mort ». Jean-Claude Rolland nomme « œdipien » cet affect originaire, constituant le courant dit vertical de la libido, reconduisant de génération en génération le lien érotique aux parents, aux ancêtres, aux dieux et aux morts. Un second courant, horizontal et instauré plus tardivement, est réinventé par l'individu en voie de subjectivation et ouvre sur l'autre, et l'autre sexe.

Les destins de cet « affect primordial » suivant les trois courants sexuel, culturel et pathologique sont explorés à partir de Freud et du transfert. Lorsque l'affect ne trouve pas de voie d'éconduction ou de sublimation, c'est *la douleur qui donne visibilité à l'affect*, réveillant la douleur originaire inéluctable qui fut « immédiatement consentie », dans la relation primaire à l'objet. C'est sa perte même qui a créé l'objet interne, par un travail de figuration, de représentation et de dépouillement. Partant de ce qui ne cesse de l'étonner, la possibilité que la présence de la douleur soit inconnue du moi, l'auteur, par son écoute clinique, littéraire et picturale, fait entendre au lecteur « le fracas des attaques mortelles que le moi essuie de la part de son ça » ; il fait sourdre la douleur dont l'émergence inaugure la découverte des figures de l'objet auxquelles elle est dédiée.

L'« IMAGE PRIMORDIALE »

Le rêve est pour Jean-Claude Rolland un lieu privilégié de révélation de la douleur et on sait tout l'intérêt qu'il porte à l'image dans cette activité psychique, tout comme dans ce qu'il a appelé le « discours intérieur » de l'analyste : c'est à elle et aux *matériaux mutiques* qui façonnent les processus inconscients de l'analyste et de l'analysant qu'il consacre le deuxième essai. À l'affect primordial répond ici l'« image primordiale » qui organise le langage d'image. Elle définit « les traces que laissent chez l'individu, sous l'effet des refoulements originaires puis secondaires, les expériences psychosensorielles qu'il a vécues dans son lien à ses premiers et précieux objets œdipiens. Elles concernent aussi les innombrables traces phylogénétiques héritées par transmission des générations précédentes ». S'étayant sur la lecture que fait Bataille de la peinture pariétale, il accorde à l'image d'être une première figure d'adresse à l'autre, non seulement l'origine des catégories de la mort, du meurtre, du sacrifice, du sexuel, ainsi que de l'ambivalence des affects, mais aussi leur *conservatoire*. Ainsi des émotions qui émanent de la scène du puits de Lascaux, dont le contraste entre le réalisme flamboyant des figures animales et les formes abstraites de la figure humaine, plaide pour l'auteur en faveur d'une méditation douloureuse sur la mort, la séparation ou la perte d'un être aimé. Jean-Claude Rolland fait l'hypothèse de sa visée religieuse, et y inscrit un moment de double découverte de l'homme : celle de sa mort, celle de son âme.

Première forme de ces traces transmises de génération en génération, mais aussi substance première de l'objet interne, l'image s'est forgée à une sensorialité multiple – pas seulement visuelle. Elle organise des masses d'affect, de douleur et de désir, qui se déposent en certaines circonstances dans la matière psychique et peuvent se figurer par tous les moyens dont l'âme et le corps disposent : gestualité, cri, chant, dessin, pantomime. Ainsi Jean-Claude Rolland a-t-il remplacé l'opposition représentation de chose-représentation de mot par celle opérant entre image et langage. À la croisée du statut de l'image chez Freud, des travaux d'André Leroi-Gourhan et de l'image platonicienne, mimétique, il propose de la considérer comme un composé, d'une trace mnésique et d'un percept actuel retenu pour sa capacité à la représenter, *construction* faite de strates mémorielles d'époques différentes, constituée par condensation. Proche du « mythogramme » (Leroi-Gourhan) où se déploient les scènes fondatrices de l'histoire individuelle et collective, comme se construit le fantasme inconscient.

Si la cure est le théâtre de la prise en charge d'une part de l'image par la langue, comme les pensées associatives sur le rêve, elle est aussi le lieu du courant inverse, produisant des « images secondaires » ou « images sous les mots », de l'ordre de la sensation, suscitant à leur tour de la parole et ainsi de suite, instituant pour Jean-Claude Rolland une « onirisation du discours » : c'est œuvre du *travail de l'image*, silencieux, hors les « mois » de l'analyste et de l'analysant, entièrement régi par le processus primaire, et qui, activant une « fabrique du visible », participe au changement du régime de la cure et de l'économie psychique. Ainsi l'auteur accorde-t-il une portée thérapeutique majeure au rapport que le sujet entretient avec ses rêves. À partir de sa pratique clinique, mais aussi de la littérature, il montre comment il travaille à la saisie de ces *métamorphoses*, sources de toute créativité.

Cette étude du travail de l'image ouvre sur une hypothèse originale : l'image en tant que matériau de l'esprit serait liée à la découverte de la différence des sexes, ayant initié un travail de pensée, visant à restaurer l'idéal ébranlé, corriger la perception du manque par la représentation, qui attribue à la femme le phallus et la rehausse dans sa gloire. Ce fut la tâche des premières activités esthétiques, créatrices de toute une série d'objets se substituant à cet objet premier du désir. L'image primordiale est la première qui a satisfait cette nécessité.

La transformation de l'image en langue est pour Jean-Claude Rolland *conversion*. Destins de l'image et destins de l'objet sont ici intimement mêlés, creuset de la fonction thérapeutique de la cure. Sa recherche se focalise ici sur la façon dont la parole s'emploie à s'emparer des « figures de l'ombre », des vivants et des morts conservés dans et par l'image : la langue y est *geste*, parce qu'elle est « ce qui, dans la vie de l'âme, intériorise l'objet du désir et le conserve – ou l'expulse », « fondant ou appelant l'objet ». Ainsi des poèmes anciens, des prières qui cachent le nom de dieu ou du mort aimé dans des anagrammes (Saussure, Starobinski). La parole *travaille* à l'identifier et le nommer, tâche placée du côté d'une réflexivité ou auto-réflexivité. C'est la libido qui anime cette « langue-geste », qui navigue entre fonction défensive contre-investissant les forces pulsionnelles et fonction énonciatrice au service d'une quête de vérité qui gouverne parole poétique et parole associative. Dans le transfert, l'adresse à l'autre de la parole, « qui ne vaut que d'être entendue », relève aussi du geste ; l'hypothèse nouvelle est avancée qu'elle soit mue comme « réponse à une attente première » : parler à la douleur, à la détresse, au désir de l'autre.

Jean-Claude Rolland, dans des pages denses, poursuit une métapsychologie de la langue, à partir de la linguistique et des travaux de Freud sur le mot d'esprit. Telle la vésicule d'« Au-delà du principe de plaisir », avec une face étanche qui est celle de la langue « classique » transmise, enseignée, et une autre plongeant dans l'inconscient qui est infiltrée par le processus primaire : elle peut alors user de ses techniques créatrices de jeu avec les mots. La langue qui en émane « admet l'abolition de sa grammaire et l'errance de ses mots vers de nouvelles appartenances signifiantes ». Les signifiants épars qui y courent sont comme ses antennes permettant à la parole associative de discerner les formations refoulées et de s'enquérir de ce dont elle parle. Son

« activité lectrice » – qui fut l'objet du premier écrit de Jean-Claude Rolland – sert *in fine* sa fonction « énonciatrice », contraignant au jugement de réalité : elle œuvre à « désencrypter » l'objet, et en éroder la valeur œdipienne.

L'assujettissement aux mouvements de la langue est partagé par la parole associative et l'interprétation : plus aisé à l'analyste que l'analysant, il ouvre à l'accueil de la polysémie des mots, et du transfert. Ce qui le détermine est l'affranchissement de la tutelle du moi.

« PHYSIQUE DE L'ÂME »

Le dessaisissement du moi préside alors à l'intitulé du troisième essai, « Physique de l'âme », qui plonge au cœur des opérations communes au rêve et à la cure qui meuvent langue et image : déplacement et condensation. L'investigation métapsychologique, qui est « une pensée du ça », s'oriente vers la façon dont le principe de plaisir-déplaisir y préside. Une de ses tâches est de transformer la langue imprononçable de l'inconscient en une langue parlée. Ce principe est une construction métapsychologique, nécessaire au moi de l'analyste pour surmonter ses résistances et accueillir les productions du ça, ainsi organise-t-il son écoute. Si Jean-Claude Rolland le place au centre du fonctionnement psychique, c'est parce que l'évitement du déplaisir est *mission* pour l'appareil de l'âme : non seulement pour éviter l'inconfort mais parce que *sa fonction est de sauvegarder la vie.* On comprend ici qu'il s'agit de la préserver de ce qui la menace, la tendance au sacrifice originaire de la sexualité infantile, obligeant donc au renoncement. Celui-ci s'accomplit par l'œuvre de la langue, dont la fonction essentielle est de refouler : travail structurel qui a conduit l'auteur tout près de lui accorder le statut d'une instance, « être de frontière entre l'individu et le groupe d'appartenance », et chez l'individu, « passeur » entre son monde interne et son monde externe. La langue, ses mouvements, *organise* la vie psychique, véhiculant l'affect. En le faisant circuler, comme passager clandestin[2] pourrait-on dire, de signifiant en signifiant. Une part du fantasme originaire ne trouvera pas, au cours de la vie, à se satisfaire le long de la chaîne des objets substitutifs, et sera condamnée au refoulement, immédiat, sans reste, conservant entièrement, où l'auteur retrouve le refoulement originaire freudien. C'est ici « langue des origines », langue des commencements, nommé « état inchoatif », qui a contribué à l'instauration de l'inconscient.

2. Comme le sexuel infantile inconscient navigue et compromet le message de l'adulte à l'*infans*.

La langue dans la cure travaille elle-même à refouler, et ce refoulement-là est thérapeutique car la conversion en langue, par la désexualisation qu'elle opère, est remède de l'affect œdipien dont l'homme est malade. L'essai se tient ici sur le fil d'une des hypothèses novatrices majeures de Jean-Claude Rolland, qui attribue à la parole dans la cure la fonction essentielle de se déprendre des objets œdipiens, énoncée dans « Avant d'être celui qui parle » par la formule qui elle-même condense et déplace, « parler c'est renoncer ». Parce que la saisie des motions inconscientes se fait sous commande du principe de plaisir-déplaisir, « automatiquement », la langue se tait lorsqu'elle fait encourir le risque de dévoiler la nature secrète de l'objet. Cette conception d'une langue-renoncement est inséparable de ce qui est entré dans la pensée psychanalytique comme l'invention de l'auteur, l'interprétation analogique, qui est de la sorte un *produit du transfert*. À partir d'illustrations cliniques issues de sa pratique d'analyste et de supervision, on peut continuer d'en pénétrer la physique, ce qui l'étaye, la justifie, son éthique et sa *raison*. À sa base, le déplacement, qui est la « physique de l'interprétation » et la déprise de l'écoute de l'analyste de l'intelligence de la signification du discours.

Cette centration sur l'horizontalité des signifiants et leur combinaison, en-deçà de la signification des mots et de leur contexte, que Jean-Claude Rolland désigne par « chose langagière », est le gouvernail de l'écoute et de l'interprétation. La langue peut alors devenir dans la cure « au service de la création de voies de frayage pour la circulation des affects et les déplacements des représentations ». L'interprétation analogique est issue de l'écoute de ces déplacements, en même temps qu'elle y œuvre. Fondée sur une autre des pensées de l'auteur, dont la fulgurance a pénétré la pensée psychanalytique contemporaine, « la parole parle à l'objet dont elle parle » (le rêve aussi), l'interprétation analogique vise à disjoindre objet de mémoire et imago analytique ; en d'autres termes, il s'agit de « délier l'objet dont l'analysant parle de l'objet à qui il parle », ce dernier devenant à nouveau vierge pour d'autres transferts. Lorsque la viscosité de la libido est trop grande, ce qui caractérise pour l'auteur les analyses dites difficiles, la parole se crispe sur l'adresse à la *personne* de l'analyste, elle est signe d'une « tendance compulsive à la conservation » s'opposant à l'« exhumation » des objets originaires.

Quant à la projection, autre opération du processus primaire, c'est au travail de l'image qu'elle participe. Il y a, pour Jean-Claude Rolland, rupture et affrontement, et non pas continuité, entre penser en images et penser en mots : les deux régimes s'excluent mutuellement dans la cure, se heurtent, se substituent l'un à l'autre. C'est en cet endroit que l'on pourrait dire d'« étincelles » que l'énergie psychique est la plus forte, c'est donc sur leur alternance que l'écoute gagne à se centrer. Là se dégage le plus fortement l'acuité de la notion d'« appareil de l'âme », et son efficience, où l'effacement des « mois » de l'analyste et l'analysant, en favorisant l'impersonnalité du transfert, les réduit en leurs *appareils*, actualise l'affrontement et libère l'énergie psychique jusque-là inhibée.

La mission du principe de plaisir-déplaisir qui ordonne cette *physique de l'âme* se tient entre satisfaction spontanée du désir érotique et exigence de « vérité », désir de connaissance, qui infléchit le destin de l'objet.

L'OBJET

Ainsi le dernier essai rejoint-il l'objet, véhicule de l'affect pulsionnel qui avait ouvert l'ouvrage. Mais, le « retrouvant », c'est pour découvrir que le premier objet est lui-même copie d'un objet « mythique, virtuel, non identifiable, mais qu'il faut inférer parce qu'il témoigne d'un déterminisme de la pulsion », dont la lignée des substituts ne seront jamais que succédanés insatisfaisants de l'original, susceptible lui-même de n'avoir « jamais existé, ou seulement à l'état d'idée ». Car le projet de Jean-Claude Rolland est ici de disséquer le concept d'objet *dans la théorie analytique*, le désincarner et le séparer de la « chose » figurée par les poètes, pour révéler ce qui fait sa force d'attraction (Pontalis), qui est pour l'auteur, d'être « le répondant de la pulsion ». Le premier objet est déjà représentation qui a rassemblé et contenu tous les états informes et tempêtes de l'âme nés du désaide originaire. On comprend ici que l'affect primordial œdipien, passionnel fut le point de départ de l'ouvrage parce que c'est lui qui ainsi, produisit l'objet, et continue *pour la vie* de le découvrir et l'inventer, dans la série des substituts qui d'une façon ou d'une autre le représentent. Et pour la vie, pour son projet, le renoncement à ces attachements premiers passionnels doit gagner sur la tendance sacrificielle.

La compréhension de la mise en représentation de l'objet, sa figuration est pour Jean-Claude Rolland l'une des avancées les plus significatives de la pratique analytique actuelle. Il en arrive *in fine*, avec douleur, à l'hypothèse que « le discours ne dit pas mais fait » : il crée la représentation, produit conjoint de la trace mémorielle inconsciente, du désir qui lui donne son énergie et du percept qui l'occasionne. Le transfert sert là le passage de représentation en représentation, substituant un objet de la réalité extérieure à l'objet interne, au service de l'« excrétion » de l'objet œdipien. Par définition, celle-ci est évacuation, hors de la structure qui les a élaborés, de sécrétions ou de déchets nocifs ou inutilisables ; la dévotion souterraine à l'objet est la source de cette nocivité. Ce qui nous amène au cœur d'un des sillons majeurs que l'auteur a creusés depuis plusieurs années, celui du destin de l'objet dans la mélancolie. Son introjection, silencieuse, à la différence du refoulement opéré par la langue, le dissout, l'abolit et le défigure. Ainsi se refuse-t-il au travail de figuration, qui, en tant que dévoilement, lui ferait perdre de son éclat et de sa force d'attraction. L'interprétation analogique est accompagnement, ou parachèvement de ce travail de figuration. Le refusement de l'analyste trouve ici sa justification la plus aiguë : en s'attachant à repérer exclusivement dans le discours les signifiants épars de la parole, il participe à « défouir » l'objet interne. Si la parole associative sur le rêve ne peut qu'en figurer des images substitutives, la langue du poète aurait, elle, accès à cet « au-delà » originaire fait d'affects informes et d'objets sans figure : *via* une mémoire qui serait comme la « couche phréatique du langage ». Une lecture de l' « Hérodiade » de Mallarmé tente d'en approcher au plus près.

Le passage du langage d'images, qui conserve, au langage verbal, qui excrète puis refoule, de même que l'interprétation, n'est pas traduction (du sens inconscient du symptôme, du rêve, de leur contenu idéique) mais *transposition*, qui partage avec le travail poétique la part d'invention et de créativité.

EXIGENCE MÉTAPSYCHOLOGIQUE ET CRÉATION POÉTIQUE

Au lecteur averti la tâche de pénétrer dans la densité métapsychologique des quatre essais, de les surplomber et, à sa manière, de s'en « déprendre ». Pour lors, notre projet fut d'en mettre l'eau à la bouche, en en « prélevant » quelques morceaux, que l'on aurait pu dire « choisis » s'ils n'avaient été eux-mêmes attirés par le chant de leurs divinités intérieures. Naviguant entre plusieurs écueils, celui de la « traduction » et la tentation infinie de la citation, au risque, chacune à leur manière, d'en « assécher » les objets… Leur écriture par Jean-Claude Rolland, entre exigence métapsychologique et création poétique, est elle-même geste qui fabrique images et langue. Et c'est aussi gestualité que l'adresse à l'autre d'abondantes illustrations cliniques qui visent à donner visibilité à cette fabrication en séance, et à la fonction perceptive de l'inconscient qu'elles partagent. Ces fragments cliniques sont comme les témoins « vivants » des forces qui animent l'écoute : combat contre les vagues successives du refoulement, engagement personnel consenti à l'analysant, reconnaissance (acceptation et dévoilement) des émotions douloureuses que la mémoire infantile continue de distiller, déprise du premier temps d'identification mélancolique à l'objet, et du pur savoir théorique. L'écoute clinique et littéraire, et l'interprétation, ne s'exposent donc pas là pour faire « méthode », qui serait négation de leur principe même, le déplacement, et la création qu'il autorise : lorsqu'elle consent à se laisser prendre à ses voix originaires et à leur sensorialité, *via* l'aide de la construction métapsychologique, luttant contre le moi *pusillanime*. Peut-être le dernier essai rend-il encore plus sensible la « prime de plaisir », gagnée tout au long de l'ouvrage, quand l'accueil de ces voix par le lecteur, doublé de l'effort de connaissance, en « retrouvant l'objet », en dévoile dans le même temps l'essence mythique, religieuse et fantastique. Comme si ce dernier chapitre faisait lui-même accomplir au lecteur le renoncement. L'affect dans toutes ses variations, qui infiltre et colore ces pages et inspire l'écriture, dédommage le désenchantement. De la servitude et l'aliénation à l'objet au firmament, à l'amour « ordinaire » qui fait le sel et la vie de l'âme, la langue-renoncement de la cure est aussi une langue-douleur, à laquelle l'homme avançant dans la culture a dû consentir, ce qui est aussi défi. « Écrire, lire, c'est aller contre cet interdit-là » dit Jean-Claude Rolland.

Dans un entretien à propos de la diction poétique, Julien Gracq dit[3] :

> « Je n'imagine pas pour ma part, qu'on puisse jamais lire un poème comme on lit un essai ou un récit historique, c'est-à-dire comme une suite de signes abstraits qui se résoudraient intégralement dans l'intelligibilité. La lecture solitaire d'un poème correspond toujours pour moi à une diction intérieure, à une épreuve continue – à bouche fermée – de sa sonorité, de son ton, de son rythme. […] Il se peut même que la *personnalité* d'une voix étrangère – si séduisante qu'elle puisse être – l'appauvrisse, le particularise trop, retranche, pour moi, du poème dit, quelque chose de son rayonnement égal et indifférent – oui, indifférent – d'étoile. Comme la fleur essentielle était, pour Mallarmé, "l'absente de tous bouquets", je suis porté à croire que la voix par laquelle méritent seuls d'être dits tous les plus beaux poèmes est l'absente de toutes bouches de chair – la voix pure – disons celle qui sortirait de la bouche d'ombre, si elle consentait une fois matériellement à s'entrouvrir. »

Disons alors que tout l'œuvre et l'écoute de Jean-Claude Rolland vise, *via* sa « diction intérieure », à en faire expirer et se dessiner les multiples ombres, pour en convertir une part en langue, entre ciel et chair.

Solange Carton
54 impasse La Fondue
34090 Montpellier
solange.carton@univ-montp3.fr

3. Gracq J., *Enquête sur la diction poétique*, Paris, Gallimard, « Bibliothèque de La Pléiade », 1989, pp. 1041-1045.

L'Inquiétude permanente de Michel de M'Uzan. Suivi de *Glossaire des principales notions élaborées par l'auteur* de Murielle Gagnebin[1]

Marie-Françoise LAVAL-HYGONENQ*

> Quand on est monté sur un tigre on ne s'arrête pas comme on veut.
>
> Proverbe tamul cité par Michel de M'Uzan

Michel de M'Uzan poursuit ici sa recherche sur « les confins de l'identité » (M'Uzan, 2005). Le fil rouge de ce quatrième volume publié chez Gallimard porte sur les « Reconsidérations et nouveaux développements en psychanalyse », dernier chapitre de cet ouvrage. Ces développements ont été exposés et débattus, avec de nombreux exemples cliniques à l'appui, au colloque organisé à l'initiative de Clarisse Baruch en mars 2009 à l'université de Nanterre par le Laboratoire de psychologie psychanalytique des atteintes somatiques et identitaires, dirigé par Dominique Cupa, (2011*a*) et récemment critiqués (Laval-Hygonenq, 2014). Une présentation préalable (M'Uzan, 2008*c*), remaniée, fait l'objet du chapitre intitulé « Une perspective nouvelle en psychanalyse » ; elle prolonge le dernier chapitre de son troisième volume « Le développement identitaire : accomplissements et achoppements » (M'Uzan, 2005*a*) où, dans l'esprit de synthèse et de cohérence qui soutient sa conception d'un nouvel édifice *théorico-doctrinal,* il présentait deux tableaux nosographiques. Le premier dessinait la qualité de la *mentalisation* en reliant sur la *ligne du sens* hystérie d'angoisse et dépersonnalisation, le deuxième retraçait les étapes du développement sur le référent *identitaire autoconservatif.*

1. M'Uzan (de) M., *L'Inquiétude permanente.* Suivi de *Glossaire des principales notions élaborées par l'auteur*, Paris, Gallimard, 2015.

* Marie-Françoise Laval-Hygonenq est psychananalyste, membre de la SPP.

Ces nouveaux développements amènent aujourd'hui Michel de M'Uzan à redéployer et remanier l'ensemble de son œuvre à la lumière de la *problématique identitaire* introduite en 1999 dans « Le jumeau paraphrénique ou aux confins de l'identité » (M'Uzan, 2005*b*). Cette problématique doit être pour lui *nécessairement* prise en compte dans sa *négociation permanente* avec la *problématique sexuelle.* L'intérêt de reprendre avec lui ce parcours est de découvrir le déterminisme latent qui conduisait son évolution théorique originale, de reconnaître après-coup les germes dans le passé des développements futurs qui à un moment se sont *imposés* à lui et lui ont imposé d'abandonner ce qui jusque-là semblait aller de soi quand la psychanalyse privilégiait l'ordre du pulsionnel sexuel.

La rigueur, l'exigence non dépourvue de radicalité, caractérisent la pensée inventive et intransigeante de Michel de M'Uzan. Nécessité, contrainte, déterminisme, destin, des termes qui reviennent souvent sous sa plume. Il pourrait reprendre à son compte ces paroles du héros de Fritz Lang dans *M. le Maudit* qu'il aime citer : « Je ne pouvais faire autrement. »

Ce livre se compose de deux parties écrites par Michel de M'Uzan suivies d'un important glossaire écrit par Murielle Gagnebin.

L'ARTISTE ET SON ENFER

Dans la première partie, intitulée « L'artiste et son enfer », Michel de M'Uzan poursuit les interrogations qui ouvraient son premier volume (M'Uzan, 1977*a*) et ont alimenté son dialogue avec J.-B Pontalis (M'Uzan, 1977*d*). Des fragments de cet échange sur la compatibilité ou l'incompatibilité entre l'écriture de fiction et la pratique analytique introduisent les deux chapitres suivants aux titres évocateurs, « L'enfer de la créativité » et « Le saisissement créateur » (M'Uzan, 2008*a* et 2012, remaniés pour cette publication).

Qu'est-ce qui rend l'acte d'écrire nécessaire ? « Pourquoi et comment devient-il pour certains un besoin, voire une exigence vitale, alors que tant d'autres se contentent de leurs rêveries, sans chercher à en offrir aux autres le produit ? » se demandait Michel de M'Uzan en 1964 (M'Uzan, 1977*a*). Il déterre aujourd'hui les racines de *l'exigence de l'être* en deçà du libidinal, narcissique ou objectal, dans le terreau du non sexuel, d'abord appelé *auto-conservatif* en référence au premier dualisme freudien, puis *identitaire auto-conservatif* pour les besoins de la communication, puis *filière identitaire*, puis *être organique* ou *vital-identital.*

Il s'appuie sur le premier dualisme freudien : « Ainsi, en dégageant la spécificité d'un ordre identitaire, non pulsionnel sexuel, et de surcroît non narcissique, je soutiens la validité dans la pérennité de ce qu'on nomme le premier dualisme pulsionnel » (M'Uzan, 2008*b*, p. 90).

Freud avait d'abord songé à ranger les pulsions d'autoconservation dans les pulsions de mort ; en optant pour les ranger avec les pulsions sexuelles dans les pulsions de vie, l'interrogation sur l'autoconservation passait au second plan en 1920. Pour Michel de M'Uzan, il n'y a de *pulsion* que *sexuelle*, et ses caractéristiques sont celles introduites en 1915. La pulsion est une *invention* de l'appareil psychique, et son énergie, sexuelle, une qualification de l'énergie première, sans qualité. L'autoconservation devient une fonction d'un programme d'essence génétique de développement, de conservation et de finitude, sur lequel est prévu le *moment-clé* de la séduction qui participe à l'engendrement des zones érogènes et au dégagement du pulsionnel sexuel, « tout comme la serrure cellulaire attend la clé virale ». Cette étape serait la quatrième étape du programme mis en place avec la rencontre des gamètes mâle et femelle ; la naissance serait le deuxième temps, le troisième temps étant celui du clivage primordial, facteur du dégagement identitaire où le sujet se distingue d'avec lui-même grâce à la création d'un double, nommé *le jumeau paraphrénique*. (M'Uzan, 2005*b*). Les termes de registre identitaire, vital-identital, être organique, viennent désigner ce programme. M. de M'Uzan ne parlera plus d'étayage, mais de *négociation* entre ces deux registres, identitaire et sexuel. En reprenant à son compte le terme de *sexual* introduit par Jean Laplanche, il forge le couple homophonique *vital- identital/sexual.*

C'est au niveau de l'identitaire non pulsionnel qu'il situe aujourd'hui le temps nodal premier d'une activité créatrice. Il est ainsi amené à distinguer *activité créatrice* et *sublimation* puisque la sublimation reste le destin des pulsions sexuelles partielles alors que « les processus engagés dans "l'activité créatrice" ne se développent pas au sein de la seule psychosexualité ». L'artiste « authentique » serait ainsi une « victime » d'un destin originellement fixé, soutenu par le quantitatif sous forme de contrainte.

L'accès à ce temps nodal résulte d'une aggravation de la régression libidinale qui crée un *désordre identitaire* qui aggrave d'autant la régression et menace la création du double, instrument du premier dégagement identitaire. Les mesures *vitales* du dégagement de ce nouveau désordre répètent celles de la création du double et sont la base non pulsionnelle de l'engagement créatif dont le processus se poursuit dans le champ du pulsionnel sexuel en empruntant les voies de la sublimation. L'ancrage de l'ébranlement dans l'identitaire, aux assises de l'être, est pour Michel de M'Uzan un gage *d'authenticité* d'où peuvent surgir des fulgurances poétiques ; il serait « le degré zéro du saisissement », l'essence non pulsionnelle du saisissement créateur qu'il avait au départ situé dans le seul champ d'un désordre libidinal. Le « personnage intérieur » introduit dans le texte de 1964 (1977*a*) comme *alter ego* peut se transformer en adversaire de son créateur. Michel de M'Uzan emprunte à Murielle Gagnebin la notion *d'ego alter* dont l'artiste sera la victime. Ce chemin « au bord du gouffre » n'est pas sans risque ; l'assumer demande souvent à l'artiste un recours à divers artifices.

M. de M'Uzan distingue la créativité de l'enfant qui regarde vers l'avenir et participe à la construction de sa psychosexualité de celle de l'adulte qui commémore le dégagement identitaire de la confusion primordiale. Le saisissement créateur au sein du désordre identitaire doit disposer d'une capacité évolutive vers la sublimation et c'est dans la liaison saisissement – vécu d'inquiétante étrangeté que s'édifie une entité constitutive d'un *moment-clé* créatif. Il donne ici des exemples cliniques de vécus de perte corporelle, d'indistinction d'avec l'autre, d'avec le corps ou la pensée de l'autre, qui témoignent du rapport incertain entre le sujet et le monde ; en citant Antonin Artaud il repère deux niveaux d'un langage qu'il appelle *idiome identitaire*, proféré d'abord par le double paraphrénique, au sein d'un désordre identitaire profond mais assumé, « *0-dedi/ A-dada orzoura/ O dou zoura…* » puis, accédant au niveau d'inquiétante étrangeté où les mots reprennent leur droit, « *de cet os sarclé que je dis/ dans la crasse…d'un paradis/…* » (2012, p. 47).

Le récit littéraire qu'il nous offre ensuite « La corrida… et en deça » (M'Uzan, 2011*b*) pourrait surgir de ce *moment-clé* où s'articulent désordre identitaire et inquiétante étrangeté, où les temps se mélangent, où les images, les bruits et les gestes éclatent à la conscience comme des bombes perceptives, où, de l'insoutenable mélange du vécu actuel et du souvenir, surgit un grondement, « au fond de l'homme cela ». Le *ça* de Groddeck vient rejoindre *l'être organique* et le dégagement du soi-même archaïque engrange un fonctionnement opératoire pour supporter le choc traumatique, mais l'écriture du texte relance l'évolution vers le fonctionnement psychosexuel et la sublimation.

Venons-en maintenant à la deuxième partie « Sur les frontières », qui regroupes six textes, trois sont remaniés, un inédit.

SUR LES FRONTIÈRES

Michel de M'Uzan conçoit aujourd'hui le vrai but de l'analyse comme une confrontation nécessaire avec l'étrange, l'inquiétant, qu'il nomme « scandale identitaire ». Il développe l'idée qu'au-delà de son projet thérapeutique, la psychanalyse devrait permettre au sujet de parvenir à « l'inquiétude permanente ». Rappelons ici son inversion du *wo es war, soll ich werden* freudien en *wo ich ist, soll es werden* ; l'acceptation de ce *dérangement* où *ich* et *es* sont entrelacés représente pour lui la condition d'un changement. Il maintient l'accent sur la prégnance du vital-identital, et sur cette étape essentielle de la création du « jumeau paraphrénique » dont les traces perdurent tout au long de la vie de l'individu.

Sur les frontières du vital-identital, une nouvelle écoute analytique de ces traces dans la cure et dans des créations littéraires et artistiques contemporaines ? Il part de l'impression que lui a faite une interview de Bob Wilson à propos « *d'Einstein on the beach* ». Il relève l'impassibilité de son visage, la froideur descriptive du propos qu'il retrouve dans la pièce filmée *Le Regard du sourd*, et nous en donne à son tour une description froide et minutieuse où le *perceptif* est au premier plan. Il relève la lenteur des gestes, leur répétition angoissante, l'amplification des bruits, le caractère glacial des images d'où le sexual semble absent, et s'interroge : fonctionnement opératoire ? Défense opératoire contre un débordement psychotique ? Projection d'un monde interne ? Délire contrôlé ? C'est aussi l'impassibilité et la dégradation progressive du sexual vers le vital-identital qui retiennent son attention dans le film de Martin Scorsese *The Big Shave (1967) :* une légère coupure de rasoir évolue vers un visage tailladé qui se transforme en plaie ; l'homme devant le miroir reste impavide face au flot de sang qui remplit le lavabo et devant l'écoulement qui se poursuit le long de son corps jusqu'à ses pieds, puis il pose tranquillement son rasoir sur le rebord du lavabo. Que traduit cette impassibilité ? Défense contre l'atteinte destructrice du vivant ? « L'hémorragie, l'écoulement sanglant qui s'amplifie, se *substitue* à l'homme que son sang exprime. Et je ne suis pas loin de penser que l'être pourrait ne plus être que la bonde d'un lavabo. Un en-deçà de l'inerte que seule l'horreur, une vertu, pourrait contenir » (p. 63).

Voyons maintenant les trois textes centrés sur la clinique analytique.

INTRODUCTION À LA THÉORIE DE L'ENTRETIEN PRÉLIMINAIRE (M'UZAN, 2010)

Notons le singulier. M. de M'Uzan prône un seul entretien, deux au plus. L'entretien préliminaire est un moment privilégié pour le patient confronté au silence de l'analyste qui l'écoute, où transfert et contre-transfert sont de la partie ; rencontre spécifique visant à instaurer un discours associatif chez le patient. Cette situation relationnelle nouvelle tend à favoriser un climat d'inquiétante étrangeté où la séduction a sa place, mais où la problématique identitaire est aussi engagée, ce qui lui fait écrire que ce premier entretien « restera inscrit dans la mémoire du patient comme une rencontre étrange, ineffable et nostalgique », et préciser : « Dès la première rencontre avec le patient, l'analyste, idéalement, devrait être en mesure de reconnaître l'état de la négociation entre le sexual et le vital-identital, car l'avenir de la cure en dépend » (p. 81). L'emprise du vital-identital sur le sexual est un risque à mesurer afin d'éviter des décompensations somatiques. La relation d'objet et l'espace transitionnel entre les protagonistes peuvent s'infléchir vers cet « *every man's land* » de la problématique identitaire dans lequel les frontières se dissolvent. Je retiendrai ici l'exemple de cette patiente qui arrive en séance en murmurant «*je suis un trou.* » Fût un temps où entendant le propos dans le registre libidinal, Michel de M'Uzan aurait renvoyé «*j'ai un trou* », mais, en l'entendant aujourd'hui, dans le registre identitaire, sa réponse a été « *un trou a des bords* », permettant ainsi une récupération des frontières entendues comme perdues, ou en passe de l'être.

La relation d'objet

Entre qui, entre quoi ? Pour qui, pour quoi ? (M'Uzan, 2008*b*)

Ce titre nous en rappelle un autre (M'Uzan, 1994*a*). C'est bien la formulation de l'interprétation qui est ici reposée en référence à la prise en compte d'une sévère souffrance identitaire. Ce chapitre, émaillé de séquences cliniques passionnantes, constitue le cœur de l'ouvrage.

« Qu'en est-il de la relation d'objet lorsque le statut identitaire des protagonistes, et en particulier celui de l'autre, le patient, est incertain, ou vague...? » (p. 84). Michel de M'Uzan cite plusieurs analystes, d'horizons différents, qui se sont intéressés à cette question, Bouvet, Winnicot, Anzieu, Fédida… et rappelle son propre cheminement : le surgissement d'une pensée insolite dans un moment de dépersonnalisation vécu en face d'un proche : « *Si j'étais mort.... et que je continue à l'ignorer* » (M'Uzan, 1977*b*), puis, la substitution de la notion de *spectre d'identité* à celle d'identité « définie par les diverses positions que peut occuper la libido narcissique depuis un pôle interne jusqu'à un pôle externe qui coïncide avec l'image de l'autre » (1977*c*, p. 177). Ces considérations sur l'envahissement du psychisme de l'analyste par celui du patient, de l'imbrication des inconscients des protagonistes, ont conduit à l'établissement de la notion de *chimère psychologique* (M'Uzan, 1994*b*), qui a fait fortune en donnant lieu à beaucoup d'approximations.

Murielle Gagnebin dans son glossaire précise bien l'historique et la fonction de cette notion.

Dans l'après-coup de ces découvertes essentielles sur le flottement identitaire des protagonistes à même de favoriser les capacités introjectives du moi, mais entendu alors dans l'ordre du seul pulsionnel sexuel, l'ombre de *l'ordre du besoin*, de l'identitaire non sexuel, vient affecter l'activité interprétative. Il faut accepter une certaine cocasserie inhérente au dialogue prenant en compte ce registre, quand les pensées des protagonistes n'existent qu'en vertu de leur énonciation. Je relève ici un exemple en citant Michel de M'Uzan :

> L'analyse de la patiente est engagée depuis plusieurs années. C'est le tout début de la séance.
> L'analysante s'étonne : « Je pense… je ne sais plus de quelle couleur sont vos cheveux.
> – Moi (adhérent à sa perplexité et me fondant sur l'affectation du perceptif pour introduire le corps dans l'identitaire) : Quels cheveux ?
> – Elle : Les cheveux sur votre tête.
> – Moi : J'ai donc des cheveux sur la tête.
> – Elle : Comment ?... Mais vous n'êtes pas chauve, n'est-ce pas ?
> – Moi : Qu'en pensez-vous ? »
> Castration et dépersonnalisation s'entremêlant, n'est-ce pas dans la prédominance de ce rapport que les capacités introjectives trouvent une voie essentielle pour leur accomplissement ? » (p. 95).

Je ne peux qu'engager le lecteur à découvrir la suite.

Comme Artaud le poète, l'analyste, « au cœur de l'étrange appareil de pensée » qu'il forme avec son patient quand il assume une régression qui peut affecter l'identitaire, devra accueillir le surgissement d'affects extrêmes et d'énonciations bizarres qui viendraient prolonger les ébauches langagières des premiers temps. Ainsi, la poursuite de la réflexion sur la relation d'objet le conduit à porter son attention sur la première étape du dégagement identitaire, ce clivage organisateur primordial, nécessaire à l'investissement de l'autre.

Michel de M'Uzan scande tout au long de cet ouvrage que l'invention/création d'un double comme préalable à la découverte de l'objet et à l'instauration de relations avec lui est d'une portée essentielle.

Quand le clivage d'abord au service de la survie de l'être gagne en qualité, la haine est son héritière ; mais avant la haine de l'autre, la haine de soi. Énonçant la précession de la haine sur l'amour, Freud parlait d'une haine autoconservatrice. C'est avec une proposition lapidaire que Michel de M'Uzan conclue ce chapitre : « Le drame premier est là, car c'est bien à la haine d'opérer au beau milieu de ce qui n'est encore guère qu'un espace, à même de se défaire dans l'instant et de partir, lui aussi, en lambeaux. Le corps hurle d'être, on se construit à la découpe. »

L'inquiétante étrangeté ou « Je ne suis pas celle que vous croyez » (M'Uzan, 2009)

L'inquiétante étrangeté est située au carrefour des deux ordres, identitaire et sexuel ; elle permet de repérer le statut de leur négociation, repérage essentiel pour le choix interprétatif.

J'ai largement rendu compte de la place donnée par M. de M'Uzan à ces phénomènes étranges qui se produisent dans la vie et dans la cure. Freud aussi était sensible à ses phénomènes. Le plus connu est l'ébranlement vécu sur l'Acropole (Freud, 1936*a*) qu'il a dévoilé trente-deux ans plus tard dans une lettre à son ami Romain Rolland qu'il savait sensible au sentiment de perte des limites du moi. Ce sentiment « comme de quelque chose de sans frontière, sans borne, pour ainsi dire *océanique* » (Freud, 1930*a*, p. 249) avait provoqué chez Freud un mouvement défensif : « Je ne puis découvrir en moi ce sentiment "océanique" et pourtant... sur l'Acropole ? » Cette dénégation annonçait-elle une première levée de refoulement ? Une compréhension de ce qu'il avait alors vécu avec ce double trouble, de la réalité et du moi ? Ce que je vois ? Est-ce bien réel ? Est-ce moi qui suis là ? Qui suis-je ? Comment suis-je arrivé là ? Partir de Trieste pour Athènes avait été plus inimaginable qu'il ne croyait... C'était un chemin inimaginable pour son père qui n'avait pas eu accès à la culture grecque et s'était courbé en silence pour ramasser son chapeau jeté sur le trottoir... Un passé toujours actuel qui l'avait hanté des années durant, et qui participait de cet état de dépersonnalisation. Grâce à cette relation transférentielle à l'ami, il pouvait enfin mettre cet ébranlement identitaire au service d'une intégration nouvelle ; il pouvait reconnaître sa dette envers son père, et le restaurer dans sa fonction paternelle. Ce sont ces moments-clé dans l'analyse que Michel de M'Uzan a cherché à repérer et à favoriser ; il en a fait les ressorts des changements profonds dans l'économie psychique de l'être : « Déranger le sujet, le troubler profondément pour établir en lui telle capacité de vivre ce que j'appelle une *inquiétude permanente*, une disposition de l'esprit qui, seule peut-être permet d'inventer ce qui n'a jamais existé » (M'Uzan, 2006, p. 15)

« La psychanalyse ne serait pas celle que vous croyez » énonce M. de M'Uzan, si la visée interprétative de l'analyste cherche à déclencher ce désordre économique, aussi appelé *scandale identitaire*. Michel de M'Uzan voudrait-il prendre la relève de Freud en nous apportant une nouvelle peste ? L'inquiétant ne serait plus la découverte du pulsionnel sexuel mais celle de son en-deçà ou de son au-delà avec l'exploration nouvelle du non pulsionnel, nommé vital-identital ? Cette clinique analytique difficile, exigeante et même intransigeante vient élargir le champ de la psychanalyse. Elle pourrait nous permettre de sortir d'un certain flou nosographique. Elle nous ouvre des voies interprétatives nouvelles, qui étonnent et dérangent l'analyste autant que le patient. Elle nous engage à une méditation profonde. Venons-en maintenant au glossaire établi par Murielle Gagnebin.

UN PRÉCIEUX DOCUMENT D'ÉTUDE ET DE CLARIFICATION

Il constitue un précieux document d'étude et de clarification de la pensée de Michel de M'Uzan. Murielle Gagnebin répertorie, référencie et argumente, par ordre alphabétique cinquante notions qui constituent autant de voies d'entrée dans cette nouvelle métapsychologie. Certaines sont spécifiques à la recherche de Michel de M'Uzan, d'autres appartiennent au corpus freudien, mais réexaminées avec la prise en compte de ce pôle non sexuel auto-conservatif, d'abord revendiqué par Freud comme essentiel dans son débat avec Jung, devant s'opposer au pôle sexuel, puis laissé en retrait avec l'introduction du deuxième dualisme.

Tout en inscrivant ces découvertes dans la filiation freudienne, Murielle Gagnebin en souligne les différences et les apports originaux. Chaque notion est ici présentée dans sa genèse et son évolution théorique, à l'épreuve de la clinique ; une clinique toujours généreuse pour nous initier à la prise en compte des désordres identitaires. Elle nous rend sensibles aux après-coup de la réflexion théorique et clinique, aux après-coup des formulations interprétatives qui cherchent à atteindre ce moment-clé de dérangement identitaire pour engager le sujet vers une trajectoire libidinale perdue.

Nous avons là un précieux document pour assurer un usage plus rigoureux de ces notions nouvelles, aux dénominations rien moins qu'évidentes, comme la chimère, le jumeau paraphrénique, le tonus identitaire, le moi du moi, le vital-identital, pour ne donner que quelques exemples. Ce glossaire s'imposait en fin de ce quatrième volume pour prendre la mesure architecturale de l'œuvre de Michel de M'Uzan.

Marie-Françoise Laval-Hygonenq
117 bd Richard Lenoir
75011 Paris
mf.lavalhygonenq@wanadoo.fr

RÉFÉRENCES BIBLIOGRAPHIQUES

Freud S. (1930*a* [1929]), Le malaise dans la culture, *OCF.P*, XVIII, Paris, Puf, 1994.
Freud S. (1936*a*), Lettre à Romain Rolland : un trouble du souvenir sur l'Acropole, *OCF.P*, XIX, Paris, Puf, 1995.

Laval-Hygonenq M.-F., Note de lecture : Nouveaux développements en psychanalyse : autour de la pensée de Michel de M'Uzan, *Revue française de psychanalyse*, t. LXXVIII, n° 4, 2014.
M'Uzan (de) M. (1964), Aperçus sur le processus de la création littéraire, *De l'art à la mort : itinéraire psychanalytique*, Paris, Gallimard, 1977*a*.
M'Uzan (de) M., S.j.e.m, *De l'art à la mort : itinéraire psychanalytique*, Paris, Gallimard, 1977*b*.
M'Uzan (de) M. (1976), Contre transfert et système paradoxal, *De l'art à la mort : itinéraire psychanalytique*, Paris, Gallimard, 1977*c*.
M'Uzan (de) M., Interpréter : pour qui, pourquoi ?, *La Bouche de l'inconscient*, Paris, Gallimard, 1994, *Revue française de psychanalyse*, t. XLVII, n° 3, 1991*a*.
M'Uzan (de) M., Du dérangement au changement, *La Bouche de l'inconscient*, Paris, Gallimard, 1994, *Revue française de psychanalyse*, t. LV, n° 2, 1991*b*.
M'Uzan (de) M. (1978), La bouche de l'inconscient, *La Bouche de l'inconscient*, Paris, Gallimard, 1994.
M'Uzan (de) M., Les yeux de Chimène, *Revue française de psychanalyse*, t. LXI, n° 4, 1997.
M'Uzan (de) M., Le jumeau paraphrénique ou aux confins de l'identité, *Revue française de psychanalyse*, t. LXIII, n° 4, 1999.
M'Uzan (de) M., Le développement identitaire : accomplissements et achoppements, *Aux confins de l'identité*, Paris, Gallimard, 2005.
M'Uzan (de) M., Invite à la fréquentation des ombres, *Bulletin de la Fédération européenne de psychanalyse*, n° 60, 2006.
M'Uzan (de) M., L'enfer de la créativité, *L'Artiste et le Psychanalyste* (J. McDougall dir.), Paris, Puf, 2008*a*.
M'Uzan (de) M., La relation d'objet : entre qui, entre quoi ? Pour qui, pour quoi ?, *L'Objet, la Réalité : la règle et le tact*, Paris, Puf, « Annuel de l'APF », 2008*b*.
M'Uzan (de) M., Une perspective nouvelle en psychanalyse, *Bulletin du groupe méditerranéen*, n° 17, 2008*c*.
M'Uzan (de) M., L'Inquiétante étrangeté ou « je ne suis pas celle que vous croyez », *Inquiétante Étrangeté*, Paris, Puf, « Monographies et Débats de psychanalyse », 2009.
M'Uzan (de) M., Reconsidérations et nouveaux développements en psychanalyse, *Nouveaux développements en psychanalyse : autour de la pensée de Michel de M'Uzan*, Paris, EDK, 2011*a*.
M'Uzan (de) M., La corrida… et en deçà, *Revue française de psychanalyse*, t. LXXV, n° 1, 2011*b*.
M'Uzan (de) M., Le saisissement créateur, *Le Saisissement créateur*, Seyssel, Champ Vallon, 2012.
M'Uzan (de) M., Sur les frontières…, *Revue française de psychosomatique*, n° 43, 2013.
M'Uzan (de) M., Pontalis J.-B., Écrire, psychanalyser, écrire : échange de vues avec Michel de M'Uzan, *Nouvelle Revue de psychanalyse*, n° 16, 1977.

Revue des revues

Affect et pulsions
Revue française de psychosomatique
n° 45, 2014

Elise Jonchères-Weinmann*

Ce numéro, qui prolonge la recherche débutée précédemment sur l'affect, est passionnant du point de vue de la recherche théorique et clinique à partir du concept de pulsion. Alors que Pierre Marty et les premiers psychosomaticiens proposaient de nouveaux concepts et posaient les bases d'une méthode adaptée à leur clinique en s'éloignant de la méthode classique, le mouvement actuel semble s'inverser et ce sont les psychanalystes « classiques » qui voient dans la pensée de Marty un élargissement de la psychanalyse.

Claude Smadja

Ainsi, Claude Smadja fait œuvre délibérée de réintégrer pleinement la somatisation dans le cadre classique de la métapsychologie, dans une conception unitaire de l'organisation individuelle. Il qualifie de « phénoménologique » la différenciation entre les expressions somatiques et les expressions psychiques, et pose la pulsion comme socle commun au soma et à la psyché. Il en découle sa profession de foi : « le corps de la psychosomatique est un corps pulsionnel et non le corps de la physiologie ». Il prend pour point de départ la perspective évolutive de Michel Fain, celle d'un trajet de la pulsion allant du plus élémentaire, c'est-à-dire de l'instinctuel à la complexification intégrant l'érotique. Il conçoit un « modèle pulsionnel de la psychosomatique » de manière magistrale qui, une fois la première proposition acceptée, nous entraîne dans un raisonnement déductif poussé à l'extrême. S'appuyant sur

* Elise Jonchères-Weinmann est psychologue et psychanalyste. Elle est membre de la SPP.

Freud (1932) qualifiant le moi avant tout comme corporel et le ça « ouvert à son extrémité sur le somatique », il va donc nous décrire la place du corps psychosomatique selon les trois instances psychiques, le corps du moi, le corps du ça et le corps du surmoi.

Dans cet article, Smadja reprend de manière plus affirmée, on pourrait même dire militante ce qui avait été avancé de manière plus nuancée dans le numéro précédent où il comparait les destins de l'affect dans le deuil, la mélancolie et la somatisation, comme des modalités différentes de traiter la douleur. Mais il soulignait alors les différences de qualité des processus en cours. Dans la mélancolie, il y a une possibilité pour le moi de surinvestissement libidinal, et les mouvements sadiques destructeurs s'adressent à un objet. *A contrario*, dans la somatisation « le Moi essaie d'éviter la douleur en effaçant l'appareil à éprouver la douleur », il s'agit d'une désorganisation plus profonde, œuvre de la pulsion de mort menant à la désobjectalisation. Maintenant l'auteur pousse l'analogie jusqu'à parler de création d'un néo objet. La somatisation résulterait d'un mouvement de projection des pulsions de destruction sur l'organe perçu comme extérieur, qui revêtirait alors les qualités d'un surmoi sadique. Il n'y a plus qu'un pas, que Smadja franchit, pour penser le corps et la maladie comme un équivalent de délire. Un néo-objet qui peut stopper la désorganisation psychique en offrant de nouvelles possibilités de réobjectalisation, « l'organe malade comme porteur de réintrication érotique ».

C'est ce trajet que Smadja nomme « travail de somatisation » là où la somatisation n'était jusqu'à présent abordée que dans ses aspects négatifs et déficitaires. Ce renversement de perspective est certes dynamisant dans la pratique du psychosomaticien, confronté à une extinctivité des processus psychiques, mais soulève un certain nombre d'objections que d'ailleurs l'auteur anticipe lui-même, qui ont trait à la notion même de travail psychique qui est au cœur de l'œuvre de Freud. Le préalable nécessaire est posé à partir du moment où Smadja envisage la somatisation comme une maladie du moi.

Marilia Aisentein

Dans sa brève discussion, Marilia Aisentein reprend à la suite, les points essentiels de la démonstration, en soulignant l'aspect révolutionnaire de la pensée de Smadja, allant jusqu'à la qualifier de rupture épistémologique. Elle-même se situe dans cette ligne de pensée et rappelle que dans un article précédemment publié, elle avait envisagé la somatisation de « l'homme de Birmanie » comme une « solution somatique ». Elle rappelle que les développements d'André Green sur le travail du négatif, qui n'est pas cité par Claude

Smadja, sur la notion de désubjectivation, n'est pas étrangère à la conception de la pulsion de mort dans ses effets pare-excitants. De même, voir la somatisation comme un analogon du délire est en continuité avec l'idée d'un tronc commun psychose/somatose, à partir de la psychose blanche ou la psychose actuelle de Michel de M'Uzan.

Christian Delourmel

Christian Delourmel réexamine les théories médicales de l'infarctus à la lumière de la psychosomatique, du point de vue d'une excitation externe qui ne peut être élaborée. La saveur de sa démarche vient de la qualité de ses observations cliniques, qui sont pour certaines de l'ordre du témoignage, tirées de sa pratique antérieure de médecin généraliste. Il nous fait le récit de morts inopinées et de guérisons miraculeuses, abordant ainsi les notions de placebo/nocebo et les mécanismes de transfert sur le médecin qui sont en jeu.

Il nous offre une élaboration en après coup, après sa rencontre avec la psychanalyse qui fournit alors un appareil conceptuel permettant de penser ces types de phénomènes consignés avec précision mais laissés en latence. Dans ses « Questions épistémologiques », Delourmel discute l'idéologie positiviste et rationaliste qui sous-tend la médecine, mais souhaite ouvrir un dialogue.

Bernard Chervet

Bernard Chervet dans son article au titre énigmatique et prometteur « Pulsions avez-vous une vie ? » pose une question inattendue. L'article est animé d'un souffle épique et campe dans un premier temps sur l'horizon vaste des grandes controverses qui ont agité la pensée humaine, parce que « toutes les pensées du monde sont en même temps, de façon dissimulée, des théories des pulsions » en lien avec les théories infantiles. Dans l'histoire des sciences, la théorie freudienne avec l'affirmation d'un inconscient échappant au moi d'un sujet « est une des trois grandes vexations fondamentales du décentrement ».

Restant au plus près de l'esprit et du texte de Freud, Bernard Chervet rappelle et maintient la radicalité primitive de la notion de pulsion, dans ce qu'elle a d'insaisissable à penser, hétérogène à toute représentance et hors langage. Il insiste à plusieurs reprises sur le fait que la pulsion est à déduire de ses multiples manifestations phénoménologiques, et que l'on ne peut l'appréhender autrement que par la conceptualisation. « La disruptivité de nature » du couple pulsion-représentance, conduit alors à poser la question d'une inscription nécessaire à la naissance de la vie psychique. Pour sortir de la dualité manichéenne de deux pulsions qui visent chacune à leur manière une « régressivité extinctive », il reprend l'impératif d'un facteur tiers de retenue et d'inscription de la pulsion que Freud a placé du côté du surmoi. Benno Rosenberg a également longuement exploré dans son travail cet impératif de retenue autour de la fonction d'intrication que réalise le masochisme primaire.

César Botella

La démarche de César Botella dans « De l'attention flottante » de Freud à l' « expression associative » de Marty, est de reprendre les avancées conceptuelles de Pierre Marty en les situant dans une cohérence avec le *corpus* théorique freudien, enrichi des apports d'autres auteurs comme Maurice Bouvet qui est peu cité dans la littérature actuelle. Il nous permet de reprendre les définitions des notions de réduplication, projection et identification réduplicatoire, distance et relation. Mais sa préoccupation centrale concerne la question de la méthode elle-même. C. Botella est travaillé et met au travail cette question d'une psychanalyse devenue « orpheline » d'une méthode après 1923 et l'avènement du ça, rendant inadéquate, déclare-t-il, la méthode de l'attention flottante. Dans sa recherche « de trouver une méthode appropriée », qui serait bien utile dans la clinique des patients limites, il place la pratique analytique avec l'enfant et la méthode d'investigation psychosomatique comme étant les deux autres références pouvant nous offrir des repères techniques. La réflexion de C. Botella porte essentiellement sur le travail mental du psychanalyste et il relève un point important qui peut relier ces cliniques, qui concerne « l'immersion du psychanalyste dans le perceptif » ce qui pose la question de comment préserver les capacités flottantes de l'analyste. Dans l'effort de maintenir la référence à la régression, C. Botella élargit celle-ci à « une attention flottante perceptive » dans un mouvement d'identification très étroite au patient allant jusqu'à une réceptivité sensorielle. Toutes ces manifestations perceptives entrent dans « les expressions associatives », au cœur de la méthode de Marty concourant à l'impératif d'intelligibilité, à une mise en sens. Cet objectif est primordial lorsque le langage n'offre pas de véritable recours. Marty, lui-même reconnaissait cette « attitude de pensée » comme opposée à la psychanalyse classique, il est d'actualité de la considérer maintenant comme un élargissement de celle-ci, riche d'enseignement et porteuse d'évolutions futures, ce que fait C. Botella.

Sára Botella

Dans son bref article qui précède celui-ci, Sára Botella s'attache également à ce procédé d'investigation de Marty et à l'expression associative qui en représente la spécificité. Même si la valeur psychanalytique du procédé est réaffirmée, S. Botella semble laisser ouvert un espace de questionnement sur les processus en jeu, comme si les références habituelles, du travail du rêve, de sens latent ou de régression achoppaient à saisir la singularité de ce travail. Comme les analystes qui ont vu P. Marty au travail, elle témoigne de son « impressionnante capacité psychique » à ressaisir dans un vaste mouvement tous les éléments perceptifs du moment, comme « la captation perceptive d'un prédateur face à sa proie ». S. Botella écrit bien que ce travail de mise en convergence de tous les éléments se faisait pour P. Marty, sans retrait du contact, « ni régression repérable » de sa pensée. Elle suggère ainsi qu'un autre modèle de compréhension serait à penser.

Savvas Savvopoulos

Savvas Savvopoulos, en illustrant la question de la négativité des affects dans la clinique psychosomatique par sa pratique avec des patients cancéreux, apporte justement cette dimension incarnée dans un numéro qui est presque entièrement versé dans la théorisation. Sa réflexion sur les troubles de la perception de la maladie par le médecin, qui ne diagnostique pas le cancer dans le cas d'Hélène, est un biais original pour traiter de l'identification projective. Aveuglement qui peut également concerner le psychanalyste.

Stefano Bolognini

Même si on ne comprend pas bien la place qu'occupe ici l'article de Stefano Bolognini, sa lecture est rafraîchissante. Dans « Interpsychique, intersubjectif, interpersonnel », il nous convie à une petite scénette dans les autobus de Bologne et aux chatières des portes d'entrée en bois des demeures médiévales, qui se révèlent être directement en lien avec un travail en séance qu'il nous rapporte. Il y a une dimension ludique et enlevée dans son travail, qu'il nous transmet avec les qualités didactiques qu'on lui connaît. La séance est ce lieu d'un dialogue partagé des mondes internes, et lorsque la confiance est installée peut donner lieu à « une utilisation technique intentionnelle et spécifique de l'interpsychique ».

Le numéro se termine sur deux articles historiques qui portent sur l'affect. Celui d'André Green, nous livre ses « Réflexions libres sur la représentation de l'affect » à savoir si on peut attribuer à l'affect une fonction de représentation et comment elle peut fonctionner. Green se livre à un raisonnement savant et argumenté sur les différents destins de l'affect chez Freud, et du différentiel des caractéristiques respectives de l'affect et de la représentation, de leur évolution après 1915. Si on parle toujours de l'affect comme un complément de la représentation, Green envisage de penser le contraire, que « la nature profonde de l'affect est d'être un évènement psychique lié à un mouvement en attente de forme ». Il reprend le concept de pulsion, qui ne peut venir à l'existence et à une manifestation pensable que par l'intervention d'une médiation que sont les représentations. Le point où il dit vouloir en venir est que le représentant affect est lié à l'identification, par « une induction affective de l'autre ».

René Diatkine

Dans le dernier article, René Diatkine, en 1986, observe un écart entre ce qui est figuré dans le jeu et le dessin en séance, et les affects qui semblent vécus par un jeune garçon de sept ans et demi. Il parle d'« affects disparus, affects inattendus ». L'auteur prend cette piste pour rediscuter le concept d'affect dans ses rapports avec une théorie des instincts. Au décours de son développement, il s'interroge sur la valeur organisatrice des sources extérieures d'excitation, telles qu'elles se trouvent expérimentalement reproduites en séance en tant que répétition d'une expérience de séduction.

On pourrait dire que la question de la pulsion est un concept autour duquel psychosomaticiens et psychanalystes peuvent converger. Ces articles témoignent de l'intérêt actuel de notre société pour la recherche en psychosomatique comme venant nourrir ou revitaliser notre pensée et notre méthode.

Elise Joncheres-Weinmann
20 rue du château d'Eau
75010 Paris
elise.joncheres@free.fr

Psychose, perversion, perversité
Psychanalyse et psychose
n° 15, 2015

Benoît Servant*

Réfléchir sur les liens entre psychose, perversion et perversité, comme se le propose ce numéro de la revue *Psychanalyse et psychose*, est une nouvelle manière d'approfondir notre compréhension de la psychose, et donc notre capacité à la traiter. C'est en effet l'occasion de s'interroger sur les formes de passage entre ces différents fonctionnements pathologiques, considérés dès lors comme des modalités défensives diverses face à des menaces psychiques communes ; cette mobilité en elle-même ouvre des perspectives thérapeutiques (quitte à discuter de l' « avantage » respectif de ces différentes modalités). Face à la massivité des processus pathologiques à l'œuvre, le point de vue différentialiste est toujours précieux : nous l'avons régulièrement souligné pour des numéros précédents de la revue, à propos de l'intérêt incomparable du dialogue psychiatrie/psychanalyse ; il se redouble ici en raison de la publication d'interventions inédites lors de journées du Centre Kestemberg sur le même sujet en 1988.

« Le chiasme : solution psychotique et/ou solution perverse ? », Alain Gibeault

Alain Gibeault, directeur du Centre jusqu'en 2014, présente, dans son article introductif, « Le chiasme : solution psychotique et/ou solution perverse ? » l'argument du numéro, et la totalité des contributions. Il y souligne l'une des questions centrales soulevées par la comparaison : le clivage est volontiers

* Benoît Servant est psychiatre et psychanalyste. Il est membre de la SPP.

considéré comme moins étanche dans la psychose que dans la perversion et la perversité, ce qui rendrait compte de l'angoisse plus importante dans la première, mais de la moindre accessibilité des secondes aux traitements.

« La perversité en tant que défense », Evelyne Kestemberg

En regard, l'intervention introductive d'Evelyne Kestemberg en 1988, « La perversité en tant que défense », met également en exergue les caractères spécifiques de celle-ci : dimension maîtrisée et consciente ; implication nécessaire de l'autre ; neutralisation affective ; tendance à la contamination.

Ainsi nous sont déjà donnés les traits pertinents essentiels, qui vont nous permettre d'ordonner notre présentation des différents articles :

- tout d'abord la question des formes de passage entre psychose, perversion, perversité : de très nombreux textes s'y intéressent, qui sont autant d'occasion de proposer des hypothèses psychopathologiques et thérapeutiques.
- certains textes approfondissent les situations d'échec, ce qui permet de s'intéresser aux « vertus » particulières de la « solution » perverse, au point que les patients semblent souvent la préférer résolument malgré les efforts soutenus des analystes.
- une série de textes enfin est remarquable car rapportant trois cures analytiques successives d'une même patiente, qui ont permis une transformation spectaculairement positive, donnant ainsi une note optimiste à une question qui en donne peu l'occasion.

PASSAGE ENTRE PSYCHOSE, PERVERSION, PERVERSITÉ

« La perversion à l'adolescence comme moyen de maîtrise de la relation », Philippe Jeammet

Le texte de Philippe Jeammet, qui correspond à l'une des interventions de 1988, « La perversion à l'adolescence comme moyen de maîtrise de la relation », évoque ainsi le cas clinique d'un jeune homme de seize ans qui présentait des conduites de cruauté envers les animaux, et qui aura une évolution schizophrénique. L'auteur parle ici de « tentative perverse de maintenir une liaison psychique qui n'a pu réussir ». À l'inverse, il rapporte deux vignettes cliniques de jeunes patientes, chez lesquelles la prise en charge, en les sécurisant « par la relation et le cadre », va leur permettre de passer de conduites perverses « opératoires », délibidinalisées, désobjectalisées, à une certaine érotisation, sensualisation, et réobjectalisation, qui donnera sa chance à la thérapie. Philippe Jeammet peut alors souligner ce qui lui paraît central dans ces conduites : elles seraient une tentative de résoudre le conflit narcissico-objectal particulièrement menaçant pour ces sujets ; soit en raison de traumatismes précoces, soit en raison d'un empiètement maternel. La violence, l'hostilité de la conduite perverse, répond alors à la violence que représente cette menace sur son territoire pour le patient, et c'est ce qui marque en même temps les limites de cette tentative de maîtrise de la distance. Mais de cette compréhension découlent les voies thérapeutiques possibles, en particulier vis à vis des équipes de soins institutionnels (ce qui permet de répondre à l'écueil de la contamination) : « Si l'on arrive à faire passer l'idée que les manipulation dites perverses constituent une tentative de maintenir un lien relationnel qui autrement serait ressenti comme un envahissement désorganisateur de soi [...] on peut parvenir à atténuer considérablement les contre-attitudes rejetantes. Mais aussi les excès contraires : cet angle de vue permet aussi de comprendre pourquoi des mesures de séparation peuvent être nécessaires, pourquoi on recourt aux "contrats"... Puisqu'il faut bien réutiliser les défenses mêmes dont se servent ces patients, il est évident qu'une relation trop proche, trop "fusionnelle", trop "maternelle" est ce que nous pouvons faire de pire, car elle est à la fois la plus désirée et la plus intolérable. [...] Car la limite, dans toutes ces pathologies, est une sauvegarde du territoire de l'adolescent et va permettre, si elle est fermement exprimée, une réintroduction progressive d'investissements tolérables. » Et il ajoute : « Une fois ce cadre posé, il importe de favoriser la maîtrise et la "renarcissisation". » Si possible, il serait même important « de retrouver une dimension de jeu », d'humour, ce qui introduirait « ce qui est finalement, sauf clivage réussi, le plus antinomique de la perversion, à savoir une dimension de tendresse ».

Nous avons choisi de commenter et citer longuement cet article car il nous semble particulièrement remarquable et éclairant pour un abord psychanalytique de ces conjonctures cliniques : déstigmatisant, compréhensif sur le plan psychopathologique, et du coup porteur d'espoir sur le plan thérapeutique. Cette compréhension permet en particulier de prendre en compte la valeur fonctionnelle de ces conduites, sans s'y résigner pour autant compte tenu de leur coût, mais en tentant de les assouplir en agissant sur ce qui les sous-tend. Ainsi, leur dimension transféro-contre-transférentielle, qui constitue souvent l'écueil principal de leur traitement, peut devenir au contraire le levier de leur remise en cause.

« Sur le paranoïaque et l'opératoire », César Botella

Cette place de la relation transférentielle est également présente dans le texte de César Botella, « Sur le paranoïaque et l'opératoire ». Il y rapporte l'évolution d'une patiente d'une symptomatologie paranoïaque vers un exhibitionnisme. Cette évolution est mise en rapport avec la cure analytique, passée elle-même d'un face-à-face au divan. Alors que le premier cadre avait été marqué par l'intensité de la projection persécutive, la deuxième, au prix d'un « aménagement » imposé par la patiente (la possibilité de se retourner pour regarder l'analyste régulièrement), permet un retournement de la projection, qui devient au contraire admirative. Dans un troisième temps, la patiente adopte des conduites exhibitionnistes dans la recherche explicite d'un regard admiratif sur son corps. Cette évolution témoigne de différentes manières de faire face à l'angoisse suscitée par le regard de l'autre : insupportable dans la thérapie en face à face, elle donne lieu à un véritable « tir de barrage » d'hostilité envers l'analyste (en quoi on pourrait reconnaître la fonction de la perversité) ; sur le divan « aménagé », la patiente peut davantage projeter une image de l'analyste qui lui soit favorable, mais totalement imaginaire ; dans ses conduites agies enfin, elle tente de s'assurer la maîtrise du regard de l'autre par une attitude crûment séductrice. L'auteur conclut : « L'exhibition opère comme antidote de la paranoïa » (formule dans laquelle nous noterons qu'il a la prudence de ne pas parler de « traitement »).

« *Self-evident…* », d'Eléana Mylona

L'article d'Eléana Mylona, « *Self-evident* : les mots qui "habillent" les idées. La fétichisation de la langue », présente une vignette clinique dans laquelle la défense perverse (la fétichisation de la langue) s'avère impuissante à endiguer la menace psychotique. En effet, la langue, chez le patient, a perdu sa valeur de partage pour devenir fétiche identitaire, et cela lui interdit tout accès à l'altérité.

« Psychose ou troubles de la personnalité ?... », Carole Minne

Carole Minne, dans « Psychose ou troubles de la personnalité ? Pour une compréhension psychanalytique d'une entité diagnostique unique », rapporte la cure particulièrement difficile d'une patiente infanticide oscillant entre périodes auto et hétéro destructrices et moments délirants, difficultés renforcées par les aléas institutionnels interférant avec la thérapie.

« Emprise, psychose et perversion », Paul Denis

Paul Denis, dans son texte « Emprise, psychose et perversion », relie les deux pathologies autour de la question de la dépersonnalisation, et souligne la place de l'emprise dans les réactions des patients à cette menace.

MISE EN ÉCHEC

« Perversion, perversité et réaction thérapeutique négative », Clarisse Baruch

Cette occurrence, malheureusement fréquente avec les fonctionnements pervers, est particulièrement mise en avant dans certains textes : celui de Carole Minne, rapporté plus haut, et celui de Clarisse Baruch, « Perversion, perversité et réaction thérapeutique négative », où elle constitue l'interrogation centrale. Elle y présente deux vignettes, dans lesquelles, après des débuts difficiles, une évolution favorable est interrompue, dans un premier cas par décision unilatérale de la patiente d'arrêter la cure, dans le second en raison d'une dévitalisation de celle-ci, malgré les efforts de l'analyste pour relancer le processus. L'auteur interprète ces évolutions défavorables dans les deux cas comme une réaction défensive de la patiente face à la résurgence d'une crainte d'une nouvelle déception de la part de l'objet, pourtant un temps réinvesti, et comme une reprise des mesures de contrôle antérieures. C'est ce qui oblige à prendre en compte les bénéfices de la « solution » perverse, et permet de comprendre les déconvenues si fréquentes dans ces conjonctures. Cela rend d'autant plus remarquable le cas clinique qui fait l'objet de trois textes.

ÉVOLUTION FAVORABLE

« Mme C. », Brigitte Reed-Duvaille ; Monique Gibeault ; Brigitte Reed-Duvaille

« Mme C., survol d'une histoire thérapeutique au long cours » de Brigitte Reed-Duvaille, « Mme C., une analyse presque ordinaire, le silence des traumatismes » de Monique Gibeault, « Mme C., plaidoyer pour un certain sadisme, prémices ou issue du combat mélancolique » de Brigitte Reed-Duvaille à nouveau, sont en effet tous les trois consacrés à l'histoire clinique d'une même patiente qui a bénéficié de trois cures analytiques successives. La première, avec Monique Gibeault, était apparue à celle-ci comme une cure presque classique. La seconde, avec Colette Guedeney (récemment disparue, et c'est l'occasion ici de rendre hommage à ses grandes qualités cliniques, et à son apport incomparable à l'activité du Centre Kestemberg), sera au contraire particulièrement difficile, émaillée de nombreuses hospitalisations pour états mélancoliques, et marquée par l'intensité du sadisme que la patiente y déploie envers l'analyste. La troisième, avec Brigitte Reed-Duvaille, engagée sur ces prémices, va évoluer de manière spectaculairement favorable. On peut toutefois comprendre celle-ci comme résultant du travail permis à la troisième analyste par les deux premiers temps, si l'on prend en compte par ailleurs le rôle des facteurs traumatiques dans la réalité passée et présente de la patiente. Le sadisme, subi par celle-ci de la part de sa mère et de sa grand-mère maternelle, a d'abord été occulté (dans la première analyse) avant d'être « rejoué » par identification à l'agresseur lors de la deuxième, et de pouvoir enfin être pensé et attribué à ses auteurs véritables, y compris dans une compréhension de ce qui pouvait en rendre compte chez ceux-ci. Le sadisme chez la patiente put ainsi lui-même se transformer : d'inclusion mortifère en provenance de la mère et de la grand-mère dans la deuxième analyse, il est devenu « fonctionnel » dans la troisième, permettant à la patiente de se dégager de ces imagos toutes puissantes et tyranniques en osant les reconnaître telles quelles avec l'aide de l'analyste. Les états mélancoliques, qui témoignaient précisément jusque-là de l'incapacité de la patiente à accéder à un sadisme « fonctionnel », vont alors disparaître complètement. Ainsi, cette histoire clinique vient confirmer les indications de Philippe Jeammet sur les conditions d'un traitement de ces patients : que l'analyste puisse n'être ni sidéré, ni séduit, ni rejetant, ni aveugle, pour rester bienveillant sans être trop proche et suffisamment lucide. Ceci n'est possible qu'en s'appuyant sur une tiercéisation suffisante, permise par le travail à plusieurs, mais aussi la prise en compte des facteurs de réalité externe. Et c'est ainsi que la relation transférentielle, qui est précisément ce qui menace le plus ces sujets, peut devenir pour eux le moyen de trouver d'autres réponses, dans la mesure où au lieu de répéter la relation d'empiètement et d'emprise, elle offre l'occasion de vivre une relation respectueuse de l'espace de chacun.

Nous espérons avoir permis au lecteur de mesurer le grand intérêt théorique et clinique de ce numéro[4] qui tient, comme toujours dans cette revue, au caractère très approfondi de la réflexion et de l'engagement thérapeutique des auteurs.

Benoît Servant
53 bd Henri Sellier
92150 Suresnes
benoit.y.servant@wanadoo.fr

4. Ce numéro propose également des articles de Marina Loukomskaia (« Emprises : trauma et solution sado-masochiste »), Serge Lebovici, René Diatkine, John Steiner (« Perversion et position *border-line* »), ces trois derniers correspondant aux journées de 1988, dont malheureusement, faute de place, nous ne pouvons rendre compte.

La conviction ;
Jean Laplanche ou le primat de l'autre,
L'Annuel de l'APF, 2015

Bertrand COLIN*

Pour la neuvième année consécutive, l'APF publie son volume annuel, désormais intégré dans la « collection APF ». Cet *APF 2015* constitue le recueil et l'archive de deux journées de travail. L'une est consacrée au thème de « la conviction ». L'autre est un hommage critique intitulé « Jean Laplanche ou le primat de l'autre ». Pour nous lecteurs, voici un précieux document de travail, comme le furent ceux des huit années précédentes.

LA CONVICTION

Claude Barazer, dans une introduction, nous dit que « selon une tradition bien inscrite dans la culture de l'APF », le choix du thème de la conviction est la proposition d'un « détour », quand bien même la « conviction [...] n'appartient pas à proprement parler au lexique psychanalytique ». Un détour grâce auquel « nous pourrons nous saisir de questions essentielles posées à la psychanalyse ». Détour par qui ? Détour par quoi ? Rien que les titres des articles nous en donnent une idée. Trois contributions d'abord : « Croire au transfert » de Catherine Chabert, « Un accomplissement dans la pensée » d'André Beetschen, « L'inconscient existe-t-il ? » de Philippe Valon. Chacune respectivement discutée par Leopoldo Bleger, Michael Parsons et Claude Barazer. Puis un « document », réédition d'un article de Daniel Widlöcher publié dans la *Nouvelle Revue de psychanalyse* en 1993 : « Croire en l'inconscient ».

* Bertrand Colin est psychiatre et psychanalyste. Il est membre de la SPP.

Tous ces titres suggèrent, ce que le corps des textes confirmera amplement, un triple détour : par la religion, par l'anthropologie, par l'épistémologie. Il s'agirait d'y croire ou pas. Il est rappelé, dans l'accomplissement qu'est la pensée, son voisinage bien connu avec la magie. Et s'y montre, en creux, une part de renoncement à la « démonstration » selon les exigences épistémologiques contemporaines des sciences dites « dures ». Le tour de force de toutes ces contributions, assez admirable et fort différent dans chacune d'elle, est de trouver à se frayer un chemin psychanalytiquement convaincant entre ces trois détours.

« Croire en l'inconscient », Daniel Widlöcher

Pour travailler à ces questions, l'étude de l'article de Daniel Widlöcher sera un bon départ. D'abord, le lecteur y retrouvera la thèse centrale de l'auteur, patiemment construite et défendue dans l'ensemble de son œuvre : l'inconscient comme production d'actes mentaux ne requérant aucune médiation pour se produire ; le fantasme inconscient comme expérience hallucinatoire « présente » et non « représentée » : une « présentation d'action ». Le rappel de ces thèses s'articule à une démarche épistémologique rigoureuse : les questions et les débats résultent du fait que l'inconscient n'est pas tant « l'objet » dont l'étude serait possible, ou la méditation praticable, à partir des qualités divines/humaines qu'on lui reconnait (maintien immortalisant de ses « objets internes », négation du temps et de la mort...) que « l'expérience » à partir de laquelle un désillusionnement est possible. Mais pour autant qu'on reconnaisse, fût-ce par hypothèse, un inconscient générateur d'illusions. Ainsi la croyance en l'inconscient y devient-elle une croyance « irréligieuse » au service du désillusionnement. Et la vertu d'une telle croyance, conclut Widlöcher, ne relèverait pas tant d'une éthique, soucieuse de vérité et de lucidité, que d'une « esthétique », ouverte à la prime de plaisir procurée par l'expérience de désillusionnement de l'activité « illusionnante »/inconsciente. Pourvu que ce résumé, ou plutôt ces raccourcis, invite le lecteur à la lecture des « débats » sous-jacents, voulus et dépliés par l'auteur.

« Croire au transfert », Catherine Chabert

Si l'activité inconsciente ne requiert, pour se faire, aucune médiation – et le rêve en témoigne – elle requiert, pour se révéler, un « transfert » sur celui/celle/cela, fût-ce d'ailleurs soi-même, à qui l'on raconte : par exemple un rêve. Faut-il donc croire aussi au transfert ? Question que Catherine Chabert traite avec un humour tendre vis-à-vis d'elle-même et une gravité non moins tendre vis-à-vis des patients qu'elle engage dans l'aventure transférentielle. On y retrouvera, là aussi, les thèmes dont l'auteure creuse le sillon depuis longtemps : la mélancolie, la seconde topique. Mais on y trouvera encore, beau cadeau de l'auteure, une phrase sans doute destinée à devenir un aphorisme compte-tenu de l'heureuse déroute qu'elle provoque : « en doutant de l'amour ([...] indécision [...] scandaleuse, car rien ne saurait être plus assuré que l'amour...), on doute de la mort ! » Façon d'avancer l'idée que le désillusionnement du transfert ne va pas sans danger : peut-être pas un danger de mort, mais un risque toujours « qu'avec le renoncement à l'objet, une part [puisse] s'éteindre, une part d'enfance, vivante au cœur du transfert ».

« Un accomplissement dans la pensée », André Beetschen

André Beetschen explore les nuances et les subtilités des régimes topiques et économiques de la conviction : la pire et la meilleure des choses, selon qu'une juste construction l'emporte, qu'une interprétation bien sentie la déroute à bon escient, qu'une trop forte rationalisation la stérilise, qu'un agir la prive de conscience suffisante, qu'un moi envahissant lui en réclame trop, qu'un ça exigeant lui en impose aveuglément... Il est plaisant de goûter à la « finesse » métapsychologique de Beetschen à partir de la discussion aussi humoristique que « géométrique » qu'en donne son discutant, Michael Parsons : être convaincu que le prochain célibataire rencontré sera marié ; être convaincu que le soleil se lèvera demain ; être convaincu que Matisse est meilleur peintre que Picasso ; être convaincu que les racines de ma dépression sont liées aux séparations de ma petite enfance ; comment opèrent, repérage épistémologique oblige, chacune de ces quatre convictions ?

« L'inconscient existe-t-il ? », Philippe Valon

Croire en l'inconscient, c'est démontrer ou convaincre qu'il existe. C'est la question à laquelle Ph. Valon s'est prêté. Croire que l'inconscient existe, afin d'en comprendre le fonctionnement ou d'en saisir les fruits : voilà une tâche qui pourrait bien ressembler à celle de l'audacieux Saint Anselme de Cantorbéry, cité par l'auteur, affirmant : « Ce n'est pas pour croire que je cherche à comprendre, c'est pour comprendre que je crois. » L'analogie est forte, tant dans les deux cas, celui du théologien et celui du psychanalyste, on a en effet à faire à une « traduction » dont on n'aura jamais l'original.

Ph. Valon, avec beaucoup de sérieux, mais d'humour aussi, au gré de la clinique « importune » qu'il convoque, joue le jeu de cette exploration analogique dans laquelle, suivant le projet de Freud, il s'agit tout autant de tenter une construction de l'hypothèse de l'inconscient (précisément dans son texte métapsychologique de 1915) que d'en appeler à l'expérience accomplie de l'analyse personnelle quand s'y trouve ainsi apportée « la ferme conviction de l'existence de l'inconscient » (Freud, *L'Analyse avec fin, l'analyse sans fin*). Dans cette tension bien repérée par Barazer, discutant Valon, entre la conviction (assurée que viendra ce qu'on n'attend pas) et l'attention en égal suspens (heureuse de retrouver ce qu'on attendait), se déploient et se construisent, dans le témoignage généreux que nous en donne l'auteur, les effets de transfert et de contretransfert propres à la découverte.

JEAN LAPLANCHE OU LE PRIMAT DE L'AUTRE

La seconde partie de cet *Annuel*, « Jean Laplanche ou le primat de l'autre », rassemble sept contributions.

« Laplanche et Lacan… », Patrick Guyomard

Patrick Guyomard, dans « Laplanche et Lacan, quelques questions suivies de la réponse de Jean Laplanche », met en perspective la « séduction » selon Laplanche et le « désir » selon Lacan. Dans l'un et l'autre cas, il s'agit de penser ensemble « altérité » et inconscient. Mais quand la « séduction » fait du « sexuel » la raison et la force de « l'altérité », le « désir » se réfère plutôt à « l'altérité » constitutive du langage. Laplanche dans sa réponse à Guyomard, non sans humour, l'entend fort bien : « Si j'étais un peu mégalomane, je dirais que Lacan introduit le désir pour que Laplanche ne gagne pas la partie, ou plutôt qu'il introduit le désir pour que la séduction n'envahisse pas tout. » Salutaire message de castration : on peut bien choisir l'un ou l'autre, la séduction ou le désir ; reste surtout à penser en quoi ils se contrarient.

« Actualité de la séduction », Dominique Scarfone

Dominique Scarfone, dans « Actualité de la séduction », nous donne à « relire » Laplanche, et Freud à travers Laplanche, pour concevoir, de son propre cru, « l'actuel » : produit d'un passage à vide de la parole dans la rencontre avec l'autre, panne relative du processus de transformation, de symbolisation, de sublimation... D'où une dialectique de « l'actuel » et de son pendant inverse, le « symbolisé », selon que le message symbolisé trouve à contenir « l'actuel sexuel » (séduction originaire) ou que « l'actuel sexuel » prédomine, gardant malgré tout un « reste », un « indice de message » (séduction perverse).

« Genre et théorie sexuelle », Christophe Dejours

Christophe Dejours, dans « Genre et théorie sexuelle », expose l'un des nombreux renversements conceptuels dont Laplanche avait l'art : les théories sexuelles infantiles témoignent d'une précession de la différence des genres sur la différence des sexes. L'argument est implacable : la négation de la différence des sexes entre le petit garçon et la petite fille supposent que le petit théoricien différencie bien celui qui l'a déjà et celle qui ne l'a encore qu'un peu. Mais ce qui importe, c'est l'ouverture et le dialogue dont Laplanche fut un initiateur fécond, entre ce qu'il appelle l'anthropologie psychanalytique et les autres anthropologies (sociologique, philosophique, féministe). Dejours en donne des illustrations bien choisies et des prolongements au-delà de ce que Laplanche avait pu en prévoir.

Laplanche, maître d'œuvre de la traduction en français des OCF.P

Au « Laplanche » maître d'œuvre de la traduction en français des OCF.P de Freud, deux articles sont consacrés. Celui de François Robert, apologue de la traduction dont il est l'un des acteurs importants – traduction voulue tout à la fois régrédiente et progrédiente : accès à la racine concrète du mot (régrédience), gain métapsychologique (progrédience). Celui de Laurence Kahn, critique du risque « essentialiste », quand le traducteur croit montrer que le passage par l'autre, langue de l'étranger, le conduirait au « propre » de sa langue inaccessible autrement. Deux approches qui toutes deux, à mon sens, fera du lecteur, même s'il n'est pas germaniste, un apprenti philologue au service de l'apprivoisement de ces mots par lesquels il nous faut désormais parler : désaide, refusement...

« Jean Laplanche et la pulsion de mort », Denys Ribas

Denys Ribas, dans « Jean Laplanche et la pulsion de mort », propose, dans une exploration fouillée, nuancée et reconnaissante vis-à-vis de l'apport de

Laplanche, une hypothèse que je prends le risque de simplifier : en récusant le concept de « pulsion de mort », répondant à des exigences rationnelles dans sa critique du corpus freudien, les pulsions sexuelles étant alors de mort et de vie, Laplanche néglige l'opérateur qu'est la « désintrication » au sein de la seconde topique. La désintrication étant alors à la pulsion, ce que le refoulement était déjà à l'inconscient : un mécanisme. Au regard de la rationalité soutenue par Laplanche dans ses avancées et constructions, Ribas exhume le terreau de la seconde topique, où le jeu des catégories (moi/ça/surmoi) s'y fait moins clair qu'en première topique, mais non sans bénéficier alors de tout son poids de réalité : la mélancolie, la compulsion de répétition, la destruction, la désobjectalisation, le meurtre de la représentation, la crainte de l'effondrement...

« L'inconciliable : déliaison et destructivité », André Beetschen

André Beetschen, dans « L'inconciliable : déliaison et destructivité », nous montre alors avec toute la virtuosité requise par un sujet aussi complexe, comment Laplanche parvient à se passer, mais dans une certaine mesure seulement, de la « désintrication » (ou « démixtion »), grâce à une conception de la « déliaison », qui n'est donc pas la « désintrication », et dont le principe restera jusqu'au bout attaché à la théorisation d'un inconscient « traductif ». Le délié, la nature même du sexuel, relevant toujours de ce qui de « l'autre » échappe à la « traduction ». Mais, grâce à Beetschen, il est passionnant de voir apparaître dans les derniers travaux de Laplanche, malgré l'effort maintenu jusqu'au bout pour défendre sa construction théorique de l'inconscient traductif, une conception dans laquelle le moi devient « clivable » et l'origine du surmoi plus problématique. Déliaison et désintrication : inconciliables ? Oui, jusqu'à un certain point – portant « haut l'exigence métapsychologique », tout comme notre dette vis-à-vis de Laplanche, conclut Beetschen.

Bertrand Colin
66 avenue des Gobelins
75013 Paris
bcolin002@gmail.com

RÉSUMÉS

Résumés

Denys Ribas – *Pourquoi la paix ?*

Résumé – Sommes-nous à la veille d'un retour de la barbarie ? La paix et la guerre s'articulent dans de nouvelles relations depuis la Seconde Guerre mondiale. Les raisons du fanatisme suicidaire nous interrogent, convoquant Moi-Idéal et désintrication pulsionnelle. La guerre est si naturelle à l'homme pour projeter sa destructivité que l'on interroge ce qui est en faveur de la paix, suivant en cela le recours freudien au dualisme pulsionnel.

Mots-clés – Guerre. Paix. Attentats suicides. Radicalisation. Moi-Idéal. Désintrication pulsionnelle. Pulsion de mort.

Catherine Chabert – *La guerre des frères*

Résumé – À partir de sa lecture des *Disparus* de Daniel Mendelsohn, l'auteure propose de penser la guerre au regard de la jalousie et de la haine fraternelle. Dans les croisements de l'individuel et du collectif sont pris en compte l'intimité et la jalousie, d'une part, le danger du mélange, d'autre part, les deux thèmes s'accordant par leurs implications mutuelles. Le deux s'étayent sur des récits bibliques, respectivement l'histoire d'Abel et de Caïn et l'histoire du Déluge.

Mots-clés – Shoah. Amour. Haine. Mélancolie. Jalousie.

Vassilis Kapsambelis – *Guerre et paix en territoires psychotiques*

Résumé – L'étude des états psychotiques montre que la question de la guerre et de la paix n'épouse pas toujours les contours habituels : la violence et la destructivité peuvent se situer du côté de l'Éros, alors que l'apaisement de la parole, à l'exclusion de toute activité réelle, semble se soutenir d'une pulsion mortifère. Deux exemples cliniques extrêmes permettent d'étudier les rapports entre représentation de mot et pulsion de mort, et de formuler certaines hypothèses relatives à la résistance et à la répétition dans leurs rapports à la parole.

Mots-clés – Psychoses. Pulsions de mort. Destructivité. Guerre. Paix. Représentations de mot.

Gilbert Diatkine – *La dictature de la raison*

Résumé – Contre la fatalité de la guerre, Freud ne peut opposer que la dictature de la raison. L'emploi du terme de « dictature » choque dans le contexte de montée du nazisme, qui est celui dans lequel Freud répond à la demande de la Société des Nations. Il peut s'expliquer de plusieurs manières : la dictature de la raison peut décrire le résultat asymptotique d'une analyse parfaitement achevée. Il se peut que Freud ne l'ait employé que parce qu'il sous-estimait en 1932 le danger du nazisme. On peut y voir aussi le reflet de la peur qu'avait Freud des masses. Enfin, on peut le comprendre comme décrivant la résolution prise par Freud de dévoiler la vérité historique contenue dans le délire de la religion, et de lutter contre l'interdit de penser que la religion édicte.

Mots-clés – Dictature. Fin de l'analyse. Religion. Surmoi culturel.

Laurence Kahn – *La lutte à mort*

Résumé – Entre 1928 et 1939, les textes portant sur « Psychanalyse et *Weltanschauung* » se multiplient sous la plume des analystes allemands et autrichiens qui, à cette date, sont directement confrontés à la montée et au triomphe du nazisme. Entre arguments scientifiques et questions éthiques, entre détournement de la langue allemande et « purification de la psychanalyse », entre marxisme et Institut Göring, entre *Mein Kampf* et dictature de la raison, on voit peu à peu émerger les prémisses de l'Ego Psychology – théorie qui, par la voix de Hartmann, cherche à donner la préséance au moi et à ses facultés de juger le réel, contre le « délire de masse ».

Mots-clés – Nazisme. *Ego Psychology*. Réalité. Conception du monde. Raison. Délire. Langue. Politique.

Laurence Bertrand Dorléac – *« Pourquoi nous n'aimons plus la guerre. »*

Résumé – Comment la guerre est-elle représentée par les artistes ? Comment cette représentation se modifie-t-elle à travers le temps, et notamment à l'époque moderne, marquée par le désenchantement de la guerre et la circulation des images ? Quelle fonction accorder à l'art face aux désastres de la guerre ? L'objet de l'entretien avec l'historienne de l'art moderne et contemporain Laurence Bertrand Dorléac, qui a été commissaire de plusieurs expositions autour de la guerre, est de tenter de répondre à ces questions.

Mots-clés – Guerre. Images. Représentations. Artiste. Histoire.

Marion M. Oliner – *À l'origine de la guerre : la peur*

Résumé – L'auteure traite de l'impact que son enfance en tant que juive dans l'Allemagne nazie et les pays occupés a eu dans sa vie et le compare à sa réaction à l'attentat contre le World Trade Center à New York. Elle examine de près la mentalité des coupables qui ont justifié la Seconde Guerre mondiale et le génocide en faisant appel à une idéologie phallocentrique et puritaine. Du fait de la destruction (autodestruction) à laquelle cette guerre a mené, elle la voit comme une guerre « stupide », de même que l'attaque américaine en Irak. Elle est convaincue que les guerres sont inévitables et que les psychanalystes doivent connaître la réorganisation de la personnalité que la guerre et l'autoconservation exigent afin d'approfondir leur compréhension du réajustement nécessaire en temps de paix.

Mots-clés – Guerre. Génocide. Crimes de guerre. Coupables. Désorientation. Narcissisme. Autoconservation.

MARIELLE SŒUR – *La chute du mur*

Résumé – À partir de quatre témoignages, l'auteure montre que la chute du mur de Berlin fut traumatique pour le peuple allemand car elle le confronta à une crise existentielle difficile au vu de son passé nazi dont l'empreinte rythme et influence l'arrière-plan de la vie politique, culturelle et sociale. La mémoire est retrouvée mais rien ne peut plus être refoulé, dénié, rejeté de l'autre côté du mur gardien de la censure et du clivage, dans l'histoire collective, comme dans les histoires individuelles. L'issue individuelle est la décompensation ou l'élaboration. L'issue collective nécessite de créer un lien social de masse qui s'appuie d'abord sur la culpabilité plus accessible que la honte, puis sur un lien de masse plus insolite, le football, qui participe au passage de la culpabilité à la honte, et au travail de civilisation selon une voie régrédiente. Enfin, l'auteure montre comment l'Allemagne s'est dotée d'une constitution, et maintient parfois une certaine tension pour tenir en éveil les forces vives de chacun et son devoir de penser, pour son travail de civilisation et les exigences qu'il impose.

Mots-clés – Chute du mur. Traumatisme. Travail de culpabilité. Travail de honte. Travail de civilisation.

RICHARD RECHTMAN – *Faire mourir et ne pas laisser vivre. Remarques sur l'administration génocidaire de la mort*

Résumé – Entre avril 1975 et en janvier 1979, plus du tiers de la population cambodgienne, soit près de deux millions de personnes, est décédé sous le régime des Khmers rouges. Après avoir décrit et analyser l'administration de la mort comme organisation politique du régime génocidaire de Pol Pot, cet article se propose de revenir sur l'ordinaire d'un génocidaire pour souligner que ni la soumission à l'autorité, ni l'invocation de la pulsion de mort ne suffisent à expliquer pourquoi les hommes tuent et torturent si facilement. Il s'agira de mettre en perspective le texte de Freud Pourquoi la guerre avec les propos que les bourreaux eux-mêmes tiennent sur leur acte.

Mots-clés – Génocide, crime de masse, Khmers rouges, pulsion de mort, bourreaux ordinaires, banalité du mal

JEAN-FRANÇOIS CHIANTARETTO – *L'impossible question de la possibilité du pardon*

Résumé – Primo Levi incarne de façon emblématique la figure du témoin survivant : celui qui témoigne d'une expérience traumatique confrontant à la négation de l'appartenance humaine. Son œuvre testimoniale est ici revisitée pour ce qu'elle donne à penser des *enjeux psychiques de la possibilité du pardon,* dans cette configuration traumatique bien spécifique de la Shoah, associant meurtre de masse et meurtre d'âme.

Mots-clés – Affect. Autre secourable. Écriture de soi. Meurtre d'âme. Survivance. Témoin interne.

Jean-Yves Tamet – *Garder confiance en Éros*

Résumé – La réalité de la guerre en sa répétition déconcertante oblige à un détour vers le plaisir présent en elle : celui-ci prend ses racines dans la préhistoire de l'individu et suit tant pour l'homme que pour la femme des voies qui s'appuient sur la perception de la différence anatomique des sexes.

Mots-clés – Guerre. Différence entre les sexes. Lou Andreas-Salomé. Altérité.

Dominique Tabone-Weil – *Guerre amoureuse, guerre destructrice ?*

Résumé – Dans une réflexion à partir de deux patients (une femme et un homme) pris dans une guerre de couple, l'auteur s'interroge sur le rôle pacificateur de la cure analytique et cherche à apporter des éléments de réponse à la question « Pourquoi la guerre ? » En permettant au sujet d'accepter ce qu'il considère comme « mauvais » en lui et de le transformer, la cure diminue la souffrance narcissique et le recours aux défenses projectives et est de ce fait pacificatrice. L'Autre, n'étant plus le réceptacle d'aspects haïssables de soi clivés déniés et projetés, n'est plus le persécuteur à abattre. Par ailleurs si la haine se cache souvent derrière l'amour, l'amour se cache aussi derrière la haine, ce qu'il ne faut pas oublier.

Mots-clés – Guerre. Couple. Narcissisme. Envie. Projection.

Viviane Chétrit-Vatine – *Aspiration à la paix*

Résumé – Tout en apportant des illustrations cliniques ou des éléments en lien avec le contexte socio-politique israélien dans lequel elle pratique, l'auteure se centre sur la tension entre la réalité des guerres et l'aspiration à la paix. Alternant la reprise des propositions de Freud avec sa propre hypothèse d'un tiers matriciel, féminin /maternel à l'origine de l'éthique, elle se réfère à Levinas s'interrogeant sur le phénomène de la guerre. Elle fait en particulier allusion à l'introduction de *Totalité et Infini,* à des passages de *Difficile liberté* ainsi qu'à son ouvrage plus tardif intitulé, en résonance intéressante avec les violences contemporaines : *Du sacré au saint.*

Mots-clés – Éthique. Guerre. Mort. Paix. Responsabilité. Sacré. Tiers. Vie.

Jacques Dufour – *Croyez-vous pouvoir effacer le mal fait à un enfant ?*

Résumé – Dans ce texte, l'auteur reprend la différenciation de Freud de deux courants de la sexualité infantile dont l'un porte le développement tandis que l'autre le perturbe mais en est le préalable. Il mettra en évidence l'articulation de deux processus de changement au sein du travail analytique : le processus de symbolisation source d'un changement interprétatif par substitution sur fonds d'objet perdu et le processus de transformation source d'un changement catastrophique par intervention de l'analyste en identification à une détresse du patient créent un lien primaire de parole.

Mots-clés – Transformation. Symbolisation. Changement catastrophique. Changement par substitution. Sexualité infantile.

Annette Fréjaville – *Le sexuel infantile et la constitution de l'objet*

Résumé – La découverte de la *permanence de l'objet* bouscule le *sexuel infantile* précoce, contrecarre les satisfactions autoérotiques de la sexualité perverse polymorphe qui ne tenait pas compte de l'objet. L'apparition du « *souci pour l'objet* » (Winnicott) marque cette césure entre le *sexuel infantile* égoïste et sauvage, et la *sexualité infantile* qui implique un investissement objectal. Les réorganisations liées à la prise en compte de l'altérité de l'objet permanent inaugurent la *sexualité infantile* de la période œdipienne. La *sexualité infantile* se constitue en *après-coup* de l'avant-coup du *sexuel infantile* précoce, archaïque.

Mots-clés – Sexuel infantile. Sexualité infantile. Permanence de l'objet. Souci pour l'objet.

Hélène Parat – *Aime-moi comme moi m'aime. L'amour et son faire : apogée du sexuel infantile*

Résumé – « La passion amoureuse consiste en un débordement de la libido du moi sur l'objet. Elle a la force de supprimer les refoulements et de rétablir les perversions ». Cette affirmation freudienne ne vient-elle pas désigner le sexuel infantile et la permanence du désir-plaisir, la perversion polymorphe infantile qui est son cœur même, ne convoque-elle pas tous les auto-érotismes qui trouvent paradoxalement à se déployer et à se décliner dans la rencontre érotique entre deux amants ? Mais dans la rencontre amoureuse, un des destins du sexuel infantile est à lier à la pulsion inhibée quant au but, dont l'instauration est sous la dépendance de l'érotique maternelle.

Mots-clés – Pulsions partielles. Rencontre érotique. Pulsion inhibée quant au but. Organisations libidinales.

François Richard – *Douleur et poésie dans le sexuel infantile*

Résumé – Cette contribution discute en détail les rapports de C. Seulin et D. Suchet pour dégager une intrication du plaisir, de la douleur, et d'une dimension poétique dans le sexuel infantile, à proximité de l'expérience sensorielle, laquelle peut basculer vers la perversion, ou, du moins, vers un « sexuel en état-limite ». Un exemple clinique de la tension douloureuse subjectivante du sexuel infantile est donné.

Mots-clés – Douleur. État-limite. Perversion. Poésie. Sexuel infantile. Subjectivation.

Laurence Aubry – *Le sexuel infantile a-t-il une langue ?*

Résumé – Privilégiant la dramatisation et le jeu de mot, c'est dans la poésie que se manifeste le mieux, en littérature, le travail du sexuel infantile. Le langage poétique offre ainsi la trace du lien entre la sexualité de l'enfant et la sexualité infantile. La familiarité de l'analyste avec la langue littéraire, exhaussée dans la poésie, participe de l'écoute de l'analyste aux prises avec l'informulable, ou saisi par la chimère.

Mots clés – Sexuel infantile. Sexualité infantile. Langage poétique. Littérature. Image.

ANNE BRUN – *Sexuel infantile et processus créateur*

Résumé – À l'appui d'une brève approche historique des théories relatives au processus créateur en lien avec le sexuel infantile, chez Freud et ses successeurs, cette communication proposera d'abord une discussion relative au concept freudien de sublimation du sexuel infantile dans la création artistique, puis s'articulera autour de différentes figures d'une approche psychanalytique du processus créateur à partir du sexuel infantile : l'énigme de la scène originaire, le fantasme de matricide, la séduction véhiculée par les soins corporels précoces, et la transformation en œuvre d'art de traces perceptives d'expériences sensori-affectivo-motrices archaïques.

Mots-clés – Archaïque. Création artistique. Séduction. Sensori-motricité. Sublimation. Traumatisme.

ELISABETH CIALDELLA-RAVET – *Destins de la nuit sexuelle*

Résumé – La « *Sehnsucht* » ou « nostalgie-désirance » liée à la perte des objets primaires, et qui se trouve attisée par la scène primitive, ouvre la voie aux identifications narcissiques à partir desquelles le moi se construit.

Mots-clés – *Sehnsucht.* Scène primitive. Identifications.

Summaries

Denys Ribas – *Why peace?*

Summary – Are we on the eve of a return to barbarity? Peace and war have been framed in new relationships since the Second World War. The causes of suicidal fanaticism raise questions for us, invoking ideal ego and drive diffusion. War is so natural to man as a means of projecting his destructivity that one wonders what the advantage of peace is, following thereby the Freudian recourse to drive dualism.

Key words – War. Peace. Suicide attacks. Radicalisation. Ideal ego. Drive diffusion. Death drive.

Catherine Chabert – *War between brothers*

Summary – Based on her reading of Daniel Mendelsohn's *Disparus*, the author proposes to consider war in the light of jealousy and fraternal hatred. At the meeting points between the individual and the collective, she takes account of intimacy and jealousy on the one hand, and the danger of mixtures on the other, the two themes coming together through their shared implications. The two themes are supported by biblical stories, the story of Cain and Abel and of the Flood respectively .

Key Words – Shoah. Love. Hatred. Melancholy. Jealousy.

Vassilis Kapsambelis – *War and Peace in a psychotic landscape*

Summary – The study of psychotic states shows that the question of war and peace does not always follow the customary twists and turns: violence and destuctivity can be found on the side of Eros, whilst the calming gestures of peace, allied to the exclusion of any real action, seem to sustain deadly impulses. Two extreme clinical examples allow us to study the links between word-presentation and the death drive, and to formulate certain hypotheses relating to resistance and repetition in their links to speech.

Key Words – Psychoses. Death drives. Destuctivity. War. Peace. Word-presentations.

Gilbert Diatkine – *The dictatorship of reason*

Summary – Faced with the inevitability of war, Freud could only oppose it with the dictatorship of reason. The use of the term "dictatorship" shocks us in the context of the rise of nazism, which is the context in which Freud replies to the demands of the League of

Nations. This may be explained in several ways: the dictatorship of reason can describe the asymptomatic results of a perfectly completed analysis. It could be that Freud only employed it because in 1932 he underestimated the danger of nazism. One can also see it as a reflection of Freud's fear of the masses. Finally, one can understand it as a description of Freud's determination to unveil the historic truth contained in the delirium of religion, and to battle against the religious ban on thinking for oneself.

Key Words – Dictatorship. The end of analysis. Religion. Cultural superego.

LAURENCE KAHN – *The fight to the death*

Summary – Between 1928 and 1939, papers concerning "Psychanalysis and *Weltanschauung*" became more frequent under the authorship of Germans and Austrians who, at that time, were being directly confronted by the rise and triumph of Nazism. Between scientific arguments and ethical questions, between misuses of the German language and "cleansing of psychoanalysis", between Marxism and the Goering Institute, between *Mein Kampf* and the dictatorship of reason, the gradual emergence of the premises of " Ego Psychology" can be seen – the theory which, through the voice of Hartmann, sought to give precedence to the Ego and to its abilities to distinguish between reality as opposed to the "delirium of the masses".

Key Words – *Nazism. Ego psychology. Reality. Conception of the world. Reason. Delirium. Language. Politics.*

LAURENCE BERTRAND DORLÉAC – "*Why we no longer like war.*"

Summary – How is war portrayed by artists? How does this portrayal change over a period of time, and especially in the modern era, marked as it is by disenchantment with war and the widespread publication of images of war. What function should we accord to art in view of the disasters of war? The aim of the interview with the historian of modern and contemporary art, Laurence Bertrand Dorléac, who has been a committee member for several exhibitions on the subject of war, is to try and answer these questions.

Key Words – War. Pictures. Portrayals. Artists. History.

MARION M. OLINER – *The origin of war: fear*

Summary – The author discusses the impact of her childhood as a Jew in Nazi Germany and the occupied countries and compares it to her reaction to the attack on the World Trade Center in New York. She probes the mentality of the perpetrators who justified the Second World War and genocide by appealing to a phallocentric and puritanical ideology. Because of the destruction (self-destruction) this war led to, she considers it "dumb", much like the American attack on Iraq. She is convinced that wars are inevitable and that psychoanalysts must be familiar with the reorganization of the personality demanded by war and self-preservation in order to deepen their understanding of the readjustments necessary when peace is restored.

Key words – War. Genocide. War crimes. Perpetrators. Disorientation. Narcissism. Self-preservation.

MARIELLE SŒUR – *The fall of the Wall*

Summary – Based on four testimonies, the author shows that the fall of the Berlin Wall was traumatic for the German people because they were faced with a difficult existential crisis in the light of their Nazi past, whose imprint regulates and influences the background of political, cultural and social life. Memory has been refound, but nothing any longer can be repressed, denied or rejected on the other side of the wall, which had been the guardian of censorship and splitting, in their collective history as well as in individual histories. The individual solution is either decompensation or elaboration. The collective solution requires the creation of mass bonds which at first relies more on guilt, which is more accessible than shame, and then on a more unusual mass bonding, football, which plays a part in the transition from guilt to shame and to the work of civilisation along a retrogressive path. Finally, the author shows how Germany acquired a constitution, and now sometimes requires a certain tension to keep awake the fierce force within each person, including his duty to think, for the work of civilization and the demands imposed by that work.

Key words – Fall of the wall. Traumatism. Work of guilt. Work of shame. Work of civilization.

RICHARD RECHTMAN – *Put them to death and do not let them live. Comments on the genocidal administration of death*

Summary – Between April 1975 and January 1979, more than a third of the Cambodian population, almost two million people, died under the Kmer Rouge régime. After having described and analysed the administration of death as a political department of the genocidal régime of Pol Pot, this article looks again at the ordinariness of someone involved in the genocide to underline the fact that neither submission to authority nor invoking the death drive are sufficient to explain why men kill and torture so readily. It aims to compare Freud's text, "Why War ?" with the comments that the executioners themselves make about their deeds.

Key words – Genocide. Mass crime. Kmer Rouge. Death drive. Ordinary executioners. Banality of evil.

JEAN-FRANÇOIS CHIANTARETTO – *The impossible question of the possibility of pardon*

Summary – Primo Levi is an emblematic figure of the surviving witness: one who bears witness to a traumatic experience in the face of the negation of human affiliation. His work of testimony is here revisited for its considerations on the *psychic issues at stake in the possibility of pardon,* in this traumatic configuration specific to Shoah, linking mass murder and soul murder.

Key words – Affect. Helping Other. Writing about oneself. Soul murder. Survival. Internal witness.

JEAN-YVES TAMET – *Keeping faith in Eros*

Summary –The reality of war with its disconcerting repetitions demands a detour towards the pleasure it contains: this takes its roots in the prehistory of the individual and follows, for men and women alike, paths that rely on the perception of the anatomical differences between the sexes.

Key words – War. Difference between the sexes. Lou Andreas-Salomé. Alterity.

DOMINIQUE TABONE-WEIL – *Loving war, destructive war?*

Summary – Reflecting on two patients (a woman and a man) caught up in a warring relationship, the author reflects on the pacifying rôle of analytic treatment and seeks to furnish some replies to the question "Why war?". By allowing the subject to accept what he considers "bad" in himself and to transform it, ananlytic treatment diminishes narcissistic suffering and recourse to projective defences and thereby has a pacifying effect. The Other, no longer being the receptacle for hateful aspects of oneself that are split-off, denied and projected, is no longer the persecutor to be defeated. In addition, if hatred often conceals itself behind love, love also conceals itself behind hatred, something we must not forget.

Key words – War. Couples. Narcissism. Envy. Projection.

VIVIANE CHÉTRIT-VATINE – *Aspiration for peace*

Summary – Whilst drawing on clinical illustrations or elements linked to the socio-political context of Israel where she has her practice, the author concentrates on the tension between the reality of wars and the aspiration for peace. Moving between Freud's propositions and her own hypothesis of a feminine/maternal matrix third at the origins of ethics, she refers to Levinas Levinas' reflections on the phenomenon of war. She refers in particular to the introduction of *Totality and Infinity,* to passages in *Difficult Freedom* as well as to his later work, entitled, with its interesting resonances with contempoary violence, *From the Sacred to the Holy.*

Key words – Ethics. War. Death. Peace. Responsibility. Sacred. Third. Life.

JACQUES DUFOUR – *Do you believe it is possible to erase the harm done to a child?*

Summary – In this paper, the author takes up Freud's differentiation between two currents of infant sexuality, one of which supports development, whilst the other disturbs it, even though it is its precondition. He highlights the connection between two processes of change at the heart of analytic work: the process of symbolization, which is the source of an interpretive change by substitution against the background of the lost object; and the process of transformation, which is the source of a catastrophic change as a result of the intervention by the analyst in identification with the patient's distress, create a primary link of speech.

Key words – Transformation. Symbolization. Catastrophic change. Change by substitution. Infant sexuality.

ANNETTE FRÉJAVILLE – The *infantile sexual and the constitution of the object*

Summary –The discovery of *object-permanence* impacts on the early *infantile sexual,* and counteracts the autoerotic satisfactions of polymorphous perverse sexuality which do not take the object into account. The appearance of *"concern for the object"* (Winnicott) marks this caesura between the self-centered and primitive *infantile sexual*, and *infantile sexuality* which implies an object cathexis. The reorganisations linked to taking account of the alterity of the permanent object inaugurate the *infantile sexuality* of the Oedipus period. *Infantile sexuality* is constituted *retroactively* in relation to the earlier and archaic *infantile sexual.*

Key words – Infantile sexual. Infantile Sexuality. Object-permanence. Concern for the object.

HÉLÈNE PARAT – *Love me as I love myself. Love and its doings: the peak of the infantile sexual*

Summary – "The passion of love consists of an overflowing of ego-libido on to the object. It has the strength to suppress repression and to re-establish perversions". This Freudian affirmation evokes, does it not, the infantile sexual and the permanence of desire/pleasure, the polymorphic infantile perversion which is at its very heart? And it also summons up, does it not, all the auto-eroticisms which paradoxically find ways of deploying themselves in a variety of forms during the erotic encounters between two lovers? But in the loving encounter, one of the vicissitudes of the infantile sexual is to be linked to the aim-inhibited drive, whose establishment is dependent on the the maternal erotic dimension.

Key words – Part drives. Erotic encounter. Aim-inhibited drive. Libidinal organisations.

FRANÇOIS RICHARD – *Pain and poetry in the infantile sexual*

Summary – This contribution discusses in detail the links between C. Selin and D. Suchet in order to identify an imbrication of pleasure, pain, and a poetic dimension in the *infantile sexual*, very close to sensorial experience, which can tip over into perversion, or, at least, towards a " borderline sexual functioning". A clinical example of the painful subjectivizing tension of the *infantile sexual* is provided.

Key words – Pain. Borderline. Perversion. Poetry. *Infantile sexual.* Subjectivation.

LAURENCE AUBRY – *Does the infantile sexual have a language?*

Summary – Favouring dramatisation and word-plays, in literature the work of the *infantile sexual* manifests itself best in poetry. Poetic language also offers the trace of the link between a child's sexuality and infantile sexuality. The analyst's familiarity with literary language, raised further in poetry, contributes to the analyst's listening to struggles with that which cannot be formulated or grasped by the chimera.

Key words – *Infantile sexual.* Infantile sexuality. Poetic language. Literature. Image.

ANNE BRUN – *The infantile sexual and the creative process*

Summary – With the support of a brief historical approach to theories related to the creative processes linked to the infantile sexual, according to Freud and his successors, this paper offers first of all a discussion based on Freud's concept of the sublimation of the infantile sexual in creative art, then looks at different forms of an analytical approach to the creative process based on the infantile sexual: The enigma of the original scene, the fantasy of matricide, seduction conveyed by early bodily care, and the transformation in works of art of perceptual traces of archaic sensory/affective/motor experiences.

Key words – Archaic. Artistic creation. Seduction. Sensory motricity. Sublimation. Traumatism.

ELISABETH CIALDELLE-RAVET – *Vicissitudes of the sexual night*

Summary – "*Sehnsucht*" or "*yearning*" linked to the loss of *primary objects*, which finds itself stirred by the primitive scene, opens the way to narcissistic identifications on which the Ego is formed.

Key words – *Sehnsucht*. Primal scene. Identifications.

(Traduction Andrew Weller)

Zusammenfassungen

Denys Ribas – *Warum Frieden ?*

Zusammenfassung – Stehen wir kurz vor einer Rückkehr der Barbarei? Krieg und Frieden treten seit dem zweiten Weltkrieg in neuen Beziehungen auf. Die Gründe des selbstmörderischen Fanatismus werfen für uns Fragen auf und rufen das Ideal-Ich und die Triebentmischung auf den Plan. Der Krieg ist für den Menschen so selbstverständlich, um seine Destruktivität zu projizieren, dass der Autor sich die Frage stellt, was für den Frieden spricht, wobei er dem freudschen Bezug auf den Triebdualismus folgt.

Schlüsselwörter – Krieg. Frieden. Selbstmordattentate. Radikalisierung. Ideal-Ich. Triebentmischung. Todestrieb.

Catherine Chabert – *Der Bruderkrieg*

Zusammenfassung – Ausgehend von ihrer Lektüre *Die Verlorenen* von Daniel Mendelsohn schlägt die Autorin vor, den Krieg im Hinblick auf die Eifersucht und den Bruderhass zu reflektieren. In den Überschneidungen des Individuellen und des Kollektiven werden einerseits die Intimität und die Eifersucht in Rechnung gestellt und andererseits die Gefahr einer Vermischung, wobei beide Themen aufgrund ihrer wechselseitigen Implikationen zusammenpassen. Beide stützen sich auf biblische Geschichten, beziehungsweise auf die Geschichte von Kain und Abel und die Geschichte der Sintflut.

Schlüsselwörter – Shoah. Liebe. Hass. Melancholie. Eifersucht.

Vassilis Kapsambelis – *Krieg und Frieden auf dem psychotischen Territorium*

Zusammenfassung – Das Studium der psychotischen Zustände zeigt, dass die Frage von Krieg und Frieden nicht immer die gewohnten Konturen annimmt: Die Gewalt und die Destruktivität können sich auf der Seite des Eros befinden, wohingegen die Beruhigung einer Rede – unter Ausschluss jeder realen Aktivität- sich von einem tödlichen Trieb her zu speisen scheint. Zwei extreme klinische Beispiele ermöglichen es, die Beziehungen zwischen Wortvorstellung und Todestrieb zu untersuchen und gewisse Hypothesen in Bezug auf den Widerstand und die Wiederholung in ihrer Verbindung mit der Rede aufzustellen.

Schlüsselwörter – Psychosen. Todestrieb. Destruktivität. Krieg. Frieden. Wortvorstellungen.

Gilbert Diatkine – *Die Diktatur der Vernunft*

Zusammenfassung – Der Fatalität des Krieges kann Freud nur die Diktatur der Vernunft entgegensetzen. Die Anwendung des Begriffs „Diktatur" wirkt schockierend im Kontext des Aufstiegs des Nationalsozialismus, in dem sich Freud befand, als er auf die Anfrage des Völkerbunds antwortete. Es gibt verschiedene Erklärungen für seine Verwendung: Die Diktatur der Vernunft kann das asymptotische Resultat einer vollkommen abgeschlossenen Analyse sein. Man kann vermuten, dass Freud den Begriff nur deshalb benutzt hat, weil er 1932 die Gefahr des Nationalsozialismus unterschätzte. Man kann darin aber auch einen Ausdruck der Angst erkennen, die Freud den Massen gegenüber empfand. Schließlich kann man ihn auch so verstehen, das er den von Freud getroffenen Vorsatz ausdrückt, die im religiösen Wahn enthaltene historische Wahrheit zu enthüllen und das von der Religion auferlegte Denkverbot zu bekämpfen.

Schlüsselwörter – Diktatur. Analyseende. Religion. Kulturelles Überich.

Laurence Kahn – *Der Kampf auf den Tod*

Zusammenfassung – Zwischen 1928 und 1939 häufen sich die Texte zum Thema Psychoanalyse und Weltanschauung von deutschen und österreichischen Analytikern, die in dieser Zeit direkt mit dem Aufstieg und dem Triumpf des Nationalsozialismus konfrontiert sind. Zwischen wissenschaftlichen und ethischen Fragen, zwischen dem Missbrauch der deutschen Sprache und der „Reinigung der Psychoanalyse", zwischen Marxismus und „Göring-Institut", zwischen *Mein Kampf* und der Diktatur der Vernunft, sieht man nach und nach die Vorläufer der Ich–Psychologie in Erscheinung treten, eine Theorie, die in der Stimme von Hartmann versucht, dem Ich und seiner Fähigkeit, die Wirklichkeit zu beurteilen, einen Vorrang gegenüber dem „Massenwahn" einzuräumen.

Schlüsselwörter – Nationalsozialismus. Ich-Psychologie. Realität. Weltanschauung. Vernunft. Wahn. Sprache. Politik.

Laurence Bertrand Dorléac – « *Warum lieben wir den Krieg nicht mehr.* »

Zusammenfassung – Wie wird der Krieg von Künstlern repräsentiert? Wie verändern sich diese Repräsentationen im Laufe der Zeit und besonders in der Epoche der Moderne, die sich durch die Desillusionierung des Krieges und die Zirkulation von Bildern auszeichnet. Welche Funktion kann man der Kunst angesichts der Kriegskatastrophen zuschreiben? Das Gespräch mit der Historikerin der modernen und zeitgenössischen Kunst Laurence Bertrand Dorléac, die Kommissarin mehrerer Ausstellungen über den Krieg war, dient dem Versuch, auf diese Fragen eine Antwort zu finden.

Schlüsselwörter – Krieg. Bilder. Repräsentationen/Vorstellungen. Künstler. Geschichte.

Marion M. Oliner – *Am Ursprung des Krieges: die Angst*

Zusammenfassung – Die Autorin behandelt den Einfluss, den ihre Kindheit als Jüdin im Nazideutschland und den besetzten Ländern auf ihr Leben hatte, und sie vergleicht ihn mit ihrer Reaktion auf das Attentat auf das World Trade Center in New York. Sie untersucht im

Einzelnen die Mentalität der Schuldigen, die den zweiten Weltkrieg und den Völkermord, unter Berufung auf eine phalluszentrische und puritanische Ideologie, gerechtfertigt haben. Aufgrund der Destruktion (Selbstdestruktion), zu der dieser Krieg geführt hat, hält sie ihn, genauso wie den amerikanischen Angriff im Irak, für einen „dummen" Krieg. Sie ist davon überzeugt, dass Kriege unvermeidlich sind und sich die Psychoanalytiker mit der Restrukturierung der Persönlichkeit, die der Krieg und die Selbsterhaltung abverlangen, vertraut machen müssen, um so zu einem tieferen Verständnis der notwendigen Wiederanpassung in Friedenszeiten zu gelangen.

Schlüsselwörter – Krieg. Völkermord. Kriegsverbrechen. Schuldige. Desorientierung. Narzissmus. Selbsterhaltung.

Marielle Soeur – *Der Mauerfall*

Zusammenfassung – Ausgehend von vier Zeugenberichten zeigt die Autorin, dass für das deutsche Volk der Fall der Mauer von Berlin traumatisch war, denn er konfrontierte es mit einer schweren existentiellen Krise angesichts seiner Nazivergangenheit, deren Einfluss im Hintergrund weiterhin den Rhythmus des politischen, kulturellen und sozialen Lebens mitbestimmt. Das Gedächtnis ist wiedergefunden, aber nichts kann mehr verdrängt, verleugnet, auf die andere Seite der Mauer verbannt werden, die sowohl in der kollektiven Geschichte als auch in den individuellen Lebensgeschichten als Hüter der Zensur und Spaltung fungierte. Die individuelle Lösung besteht in der Dekompensation oder in der Verarbeitung. Die kollektive Lösung bedarf der Schaffung eines sozialen Massenbandes, das sich zuerst auf ein leichter als die Scham erreichbares Schuldgefühl stützt, dann auf ein außergewöhnlicheres, den Fußball, ein Massenband, das die Passage vom Schuldgefühl zur Scham und zu einer Kulturarbeit auf einem regredienten Weg bewirkt. Die Autorin zeigt schließlich, wie Deutschland sich eine Konstitution gab und manchmal eine gewisse Spannung aufrechterhält, um so die Lebensenergien eines Jeden und seine Denkpflicht für seine Kulturarbeit und die von ihr auferlegten Anforderungen wach zu halten.

Schlüsselwörter – Mauerfall. Trauma. Schuldarbeit. Schamarbeit. Kulturarbeit.

Richard Rechtman – *Töten und nicht leben lassen. Bemerkungen über die völkermörderische Verwaltung des Todes*

Zusammenfassung – Zwischen April 1975 und Januar 1979 sind mehr als ein Drittel der kambodschanischen Bevölkerung, d.h. fast zwei Millionen Menschen unter dem Regime der Roten Khmer gestorben. Nach der Beschreibung und Analyse dieses Todesunternehmens als politischer Organisation des völkermörderischen Regimes von Pol Pot, kommt dieser Artikel auf das gewöhnliche eines Völkermörders zu sprechen, um zu unterstreichen, dass weder die Unterwerfung unter die Autorität, noch der Verweis auf den Todestrieb hinreichen, um zu erklären, warum Menschen so leicht misshandeln und töten. Es geht darum, Freuds Text Warum Krieg? mit den Aussagen der Täter selbst über ihre Taten in Beziehung zu setzen.

Schlüsselwörter – Völkermord. Massenverbrechen. Rote Khmer. Todestrieb. Gewöhnliche Täter. Banalität des Bösen.

Jean-François Chiantaretto – *Die unmögliche Frage nach der Möglichkeit des Verzeihens*

Zusammenfassung – Primo Levi verkörpert auf beispielhafte Weise die Figur des überlebenden Zeugen: derjenige, der Zeugnis über eine traumatische Erfahrung, nämlich der Konfrontation mit der Negation der Zugehörigkeit zur Menschheit, ablegt. Der Autor greift hier Primo Levis testamentarisches Werk auf, um zu erkunden, was es an Denkanstößen für die Frage nach den psychischen Möglichkeiten des Verzeihens enthält, und zwar in der ganz spezifischen traumatischen Konfiguration des Holocaust, wo der Massenmord mit einem Seelenmord verbunden war.

Schlüsselwörter – Affekt. Der Andere Hilfreiche. Schreiben über sich. Seelenmord. Überleben. Innerer Zeuge.

Jean-Yves Tamet – *Vertrauen in Eros aufrechterhalten*

Zusammenfassung – Die Realität des Krieges in seiner beunruhigenden Wiederholung macht es notwendig, sich mit der Lust zu beschäftigen, die mit ihm einhergeht. Diese hat ihre Wurzeln in der Frühgeschichte des Individuums und folgt, für den Mann genauso wie für die Frau, Wegen, die sich auf die Wahrnehmung des Geschlechtsunterschiedes stützen.

Schlüsselwörter – Krieg. Geschlechtsunterschied. Lou Andreas-Salomé. Anderssein.

Dominique Tabone-Weil – *Liebeskrieg, ein destruktiver Krieg?*

Zusammenfassung – In seinen Überlegungen, die von zwei Patienten, einer Frau und einem Mann, ausgehen, die in einen Paarkrieg verwickelt waren, untersucht der Autor die friedenstiftende Rolle der analytischen Behandlung und bemüht sich um einen Beitrag zur Beantwortung der Frage „Warum Krieg?“. Dadurch, dass sie es dem Subjekt ermöglicht, das, was es in ihm für „schlecht“ hält zu akzeptieren und zu verändern, verringert die Behandlung das narzisstische Leiden und den Rückgriff auf projektive Abwehrmechanismen und ist deshalb friedenschaffend. Da der Andere nicht mehr der Behälter hassenswerter Aspekte des abgespaltenen, verleugneten und projizierten Selbst ist, ist er nicht mehr der niederzumachende Verfolger. Wenn sich im Übrigen der Hass hinter der Liebe versteckt, so versteckt sich die Liebe auch hinter dem Hass, was man nicht vergessen darf.

Schlüsselwörter – Krieg. Paar. Narzissmus. Neid/Lust. Projektion.

Viviane Chétrit-Vatine – *Verlangen nach Frieden*

Zusammenfassung – Die Autorin legt den Schwerpunkt auf die Spannung zwischen der Realität der Kriege und dem Verlangen nach Frieden, wobei sie klinische Beispiele oder Momente heranzieht, die mit dem israelitischen sozio-politischen Kontext zusammenhängen, in dem sie praktiziert. Alternierend zwischen Freuds Thesen und ihrer eigenen Hypothese eines Dritten, weiblich-mütterlichen Matriziellen am Ursprung der Ethik, untersucht sie mit Bezug auf Levinas das Phänomen des Krieges. Sie kommt dabei insbesondere auf die Einleitung von *Totalität und Unendlichkeit* und auf Passagen von

Schwierige Freiheit zu sprechen sowie auf sein späteres Werk mit dem Titel *Vom Sakralen zum Heiligen*, das in einer interessanten Resonanz zur gegenwärtigen Gewalt steht.

Schlüsselwörter – Ethik. Krieg. Tod. Frieden. Verantwortung. Sakrales. Drittes/Dritter. Leben.

JACQUES DUFOUR – *Glauben Sie, Sie können das Schlechte, was einem Kind angetan wurde, auslöschen?*

Zusammenfassung – Der Autor kommt in diesem Artikel auf Freuds Unterscheidung von zwei Strömungen der kindlichen Sexualität zurück, von denen eine der Entwicklung zu Gute kommt, wohingegen die Andere sie stört, aber ihr Vorgänger ist. Er stellt die Verbindung von zwei Veränderungsprozessen innerhalb der analytischen Arbeit heraus: der Symbolisierungsprozess, Quelle einer deutenden Veränderung durch Substitution vor dem Hintergrund von Objektverlust, und der Transformationsprozess, Quelle einer katastrophalen Veränderung, durch Intervention des sich mit der Hilflosigkeit des Patienten identifizierenden Analytikers. Diese Prozesse schaffen eine primäre Sprachverbindung.

Schlüsselwörter – Transformation. Symbolisierung. Katastrophale Veränderung. Veränderung durch Substitution. Infantile Sexualität.

ANNETTE FREAVILLE – *Das infantile Sexuelle und die Konstitution des Objekts*

Zusammenfassung –Die Entdeckung der Objektpermanenz bringt das frühe *infantile Sexuelle* ins Schleudern, sie kommt den autoerotischen Befriedigungen der polymorph-perversen Sexualität in die Quere, welche das Objekt nicht berücksichtigte. Das Erscheinen der « *Sorge um das Objekt* » (Winnicott) kennzeichnet diese Zäsur zwischen dem egoistischen, wilden *infantilen Sexuellen* und der *infantilen Sexualität*, welche die Objektbesetzung einschließt. Die mit der Berücksichtigung des Andersseins des permanenten Objekts verbundenen Umstrukturierungen leiten die *infantile Sexualität* der ödipalen Phase ein. Die *infantile Sexualität* konstituiert sich im Nachhinein des ihr vorausgehenden frühen, archaischen *infantilen Sexuellen.*

Schlüsselwörter – Infantiles Sexuelle. Infantile Sexualität. Objektpermanenz. Sorge um das Subjekt.

HÉLÈNE PARAT – *Liebe mich wie ich mich liebe. Die Liebe und ihr Verfahren: Höhepunkt des infantilen Sexuellen*

Zusammenfassung – „Die Verliebtheit besteht in einem Überströmen der Ichlibido auf das Objekt. Sie hat die Kraft, die Verdrängungen aufzuheben und die Perversionen wieder einzusetzen". Ist diese Freudsche Behauptung nicht eine Bezeichnung für das infantile Sexuelle und die Permanenz von Wunsch und Lust? Ruft die infantile polymorphe Perversion, die seinen Kern ausmacht, nicht die Autoerotik auf den Plan, die sich paradoxerweise gerade in der erotischen Begegnung zweier Liebenden entfaltet und abspielt? In der Begegnung der Verliebten hängt allerdings eines der Schicksale des infantilen Sexuellen mit einer Hemmung des Triebziels zusammen, die in der Abhängigkeit von dem mütterlichen Erotischen entsteht.

Schlüsselwörter – Partialtriebe. Erotische Begegnung. Hemmung des Triebziels. Libidinöse Strukturen.

François Richard – *Schmerz und Poesie im infantilen Sexuellen*

Zusammenfassung – Dieser Beitrag geht im Einzelnen auf die Arbeitsberichte von C.Seulin und D.Suchet ein, mit dem Ziel, die Verknüpfung von Lust, Schmerz und einer poetischen Dimension im infantilen Sexuellen herauszuarbeiten, welche in der Nähe der sinnlichen Erfahrung liegt, die in Richtung Perversion oder zumindest in einen „sexuellen Grenzzustand" umschlagen kann. Ein klinisches Bespiel von einer subjektivierenden schmerzlichen Spannung des infantilen Sexuellen wird dargestellt.

Schlüsselwörter – Schmerz. Grenzzustand/Borderline. Perversion. Poesie. Infantiles Sexuelles. Subjektivierung.

Laurence Aubry – *Hat das infantile Sexuelle eine Sprache?*

Zusammenfassung – Da sie die Dramatisierung und das Wortspiel vorzieht, äußert sich die Arbeit des infantilen Sexuellen am besten in der Poesie, der Literatur. Die poetische Sprache zeigt also, was die Sexualität des Kindes und die infantile Sexualität verbindet. Die Vertrautheit des Analytikers mit der literarischen -in der Poesie überhöhten- Sprache spielt eine Rolle beim Zuhören des Analytikers, wenn er es mit nicht formulierbarem oder der Schimäre zu tun hat.

Schlüsselwörter – Infantiles Sexuelle. Infantile Sexualität. Poetische Sprache. Literatur. Bild.

Anne Brun – *Das infantile Sexuelle und der Schaffensprozess*

Zusammenfassung – Anhand einer kurzen historischen Darstellung der Theorien, die sich bei Freud und seinen Nachfolgern auf den Schaffensprozess in Verbindung mit dem infantilen Sexuellen beziehen, legt die Autorin in diesem Beitrag zunächst eine Diskussion bezüglich des freudschen Begriffs der Sublimation des infantilen Sexuellen in der künstlerischen Schöpfung vor. Danach behandelt sie verschiedene psychoanalytische Annäherungen an den Schaffensprozess, ausgehend vom infantilen Sexuellen: das Rätsel der Urszene, die Phantasie des Muttermords, die Verführung, die von den frühen Pflegeleistungen ausgeht und die Transformation der archaischen Wahrnehmungsspuren von affektiven, sensorisch- affektiv-motorischen Erfahrungen in ein Kunstwerk.

Schlüsselwörter – Archaisch. Künstlerische Schöpfung. Verführung. Sensomotorisch. Sublimation. Trauma.

Elisabeth Cialdella-Ravet – *Schicksale der sexuellen Nacht*

Zusammenfassung – Die „Sehnsucht" oder das „nostalgische Wünschen", das mit dem Verlust früher Objekte zusammenhängt und von der Urszene geschürt wird, ebnet den Weg für die narzisstischen Identifikationen, auf denen die Konstruktion des Ich basiert.

Schlüsselwörter – Sehnsucht. Urszene. Identifikationen.

(Traduction Vera Renz)

Resúmenes

Denys Ribas – *¿Por qué la paz?*

Resumen – ¿Estamos en víspera de una vuelta a la barbarie? La paz y la guerra se articulan en nuevas relaciones después de la Segunda Guerra mundial. Las causas del fanatismo suicida nos interpela al convocar yo ideal y defusión pulsional. La guerra es tan natural al hombre para proyectar su destructividad que nos interrogamos sobre lo que está a favor de la paz, siguiendo en esto el recurso freudiano del dualismo pulsional.

Palabras claves – Guerra. Paz. Atentados suicidas. Radicalización. Yo-ideal. Defunsión pulsional. Pulsión de muerte.

Catherine Chabert – *La guerra de los hermanos*

Resumen – Partiendo de la lectura de Desaparecidos de Daniel Mendelsohn, la autora propone pensar la guerra bajo la óptica de los celos y del odio fraterno. En el cruce entre lo individual y lo colectivo se tienen en cuenta la intimidad y los celos, por un lado, y el peligro de la mezcla, por otro, relacionándose ambos temas por implicaciones mutuas. Los dos se apoyan en relatos bíblicos, la historia de Abel y de Caín y la historia del Diluvio respectivamente.

Palabras claves – Holocausto. Amor. Odio. Melancolía. Celos.

Vassilis Kapsambelis – *Guerra y paz en territorio psicótico*

Resumen – El estudio de los estados psicóticos muestra que el tema de la guerra y de la paz no toma siempre los mismos derroteros: la violencia y la destructividad pueden estar del lado de Eros, mientras que el sosiego del habla, excluida de toda actividad real, parece apoyarse en una pulsión mortífera. Dos ejemplos clínicos extremos facilitan el estudio entre las relaciones de representación de palabra y pulsión de muerte, y avanzar ciertas hipótesis relativas a la resistencia y a la repetición en relación con el habla.

Palabras claves – Psicosis. Pulsiones de muerte. Destructividad. Guerra. Paz. Representaciones de palabra.

Gilbert Diatkine – *La dictadura de la razón*

Resumen – A la fatalidad de la guerra, Freud solo puede oponer la dictadura de la razón. El uso del término "dictadura" choca en pleno ascenso del nazismo, cuando Freud responde a petición de la Sociedad de Naciones. Esto puede explicarse de varias maneras: la dictadura de la razón puede describir el resultado asintótico de un análisis claramente acabado. Puede suceder que Freud solo lo emplease porque en 1932 subestimaba el peligro nazi. También se puede ver el reflejo del miedo a las masas que Freud experimentaba. Por último, se puede entenderlo como la descripción de la resolución de Freud por desvelar la verdad histórica presente en el delirio de la religión, y el combate contra la prohibición de pensar que la religión determina.

Palabras claves – Dictadura. Fin del análisis. Religión. Superyó cultural.

Laurence Kahn – *La lucha a muerte*

Resumen – Entre 1928 y 1939, los textos que tratan "Psicoanálisis y *Weltanschauung*" se multiplican en la pluma de analistas alemanes y austriacos que, en esas fechas, están directamente confrontados al ascenso y triunfo del nazismo. Entre argumentos científicos y cuestiones éticas, entre desviaciones de la lengua alemana y "purificación del psicoanálisis", entre marxismo e Instituto Göring, entre *Mein Kampf* y dictadura de la razón, van emergiendo las premisas del Ego Psychology- teoría que a través de la voz de Hartmann, intenta otorgar preeminencia al yo y a sus aptitudes para juzgar lo real, en contra del "delirio de masa".

Palabras claves – Nazismo. *Ego Psychology*. Realidad. Concepción del mundo. Razón. Delirio. Lengua. Política.

Laurence Bertrand Dorléac – *"Porqué ya no nos gusta la guerra."*

Resumen – ¿Cómo los artistas representan la guerra? ¿Cómo se va modificando tal representación a través del tiempo, y específicamente en la época moderna, marcada por el desencanto de la guerra y la circulación de imágenes? ¿Qué función asignar al arte ante los desastres de la guerra? El objetivo de la entrevista a la historiadora de arte moderno y contemporáneo Laurence Bertrand Dorléac, quien ha sido curadora de varias exposiciones sobre la guerra, es la de intentar responder a dichos interrogantes.

Palabras claves – Guerra. Imágenes. Representaciones. Artista. Historia.

Marion M. Oliner – *En el origen de la guerra : el miedo*

Resumen – La autora analiza el impacto que su niñez, en tanto que judía en la Alemania nazi y en los países ocupados ha tenido en su vida y la compara con su reacción al atentado contra el Word Trade Center de Nueva York. Atentamente examina la mentalidad de los culpables que justificaron la Segunda Guerra mundial y el genocidio y que sostenían una ideología falocéntrica y puritana. Al ver el resultado destructor (autodestrucción) al que llevo la guerra, ella la valora como una guerra "estúpida", de la misma manera que el ataque americano en Iraq. La autora está convencida de que las guerras son inevitables y que los psicoanalistas tienen que conocer la reorganización de la personalidad que la guerra y la autoconservación exigen para poder profundizar la comprensión de la transformación necesaria en tiempos de paz.

Palabras claves – Guerra. Genocidio. Crímenes de guerra. Culpables. Desorientación. Narcisismo. Autoconservación.

Marielle Sœur – *La caída del muro*

Resumen – A partir de cuatro testimonios, la autora muestra que la caída del muro de Berlín fue traumática para el pueblo alemán puesto que estuvo confrontado a una crisis existencial difícil, teniendo en cuenta su pasado nazi, cuya huella rima e influencia el trasfondo de la vida política, cultural y social. La memoria es reencontrada pero ya nada puede ser reprimido, denegado, expulsado al otro lado del muro guardián de la censura y de la separación, tanto en la historia colectiva como en las historias individuales. La salida individual es la descompensación o la elaboración. La salida colectiva necesita crear un vínculo social de masa que primero halle su apoyo en la culpabilidad, más accesible que la vergüenza y luego en un vínculo de masa más insólito, el fútbol, que participa en el paso de la culpabilidad a la vergüenza y al trabajo de civilización de acuerdo con una vía regrediente. Por último la autora muestra cómo Alemania se ha dotado de una constitución, y pulsa a veces cierta tensión para mantener despiertas las fuerzas vivas de uno y el deber de pensar, su trabajo de civilización y las exigencias que se imponen.

Palabras claves – Caída del muro. Traumatismo. Trabajo de culpabilidad. Trabajo de vergüenza. Trabajo de civilización.

Richard Rechtman – *Llevar a la muerte y no dejar vivir. Apuntes sobre la administración genocida de la muerte*

Resumen – Entre abril de 1975 y enero de 1979, más de un tercio de la población camboyana, o sea más de dos millones de personas, murieron durante el régimen de los Jemeres rojos. Luego de describir y analizar la administración de la muerte como organización política del régimen genocida de Pol Pot, el artículo se propone retornar a lo cotidiano de un genocidio para subrayar que ni la sumisión a la autoridad, ni la invocación de la pulsión de muerte bastan para explicar porqué los hombres mataban y torturaban tan fácilmente. Se tratará pues de dar perspectiva al texto de Freud, Por qué la guerra en relación con los propósitos que expresan los torturadores sobre sus actos.

Palabras claves – Genocidio. Crimen de masa. Jemeres rojos. Pulsión de muerte. Verdugos ordinarios. Banalización del mal.

Jean-François Chiantaretto – *El tema imposible de la posibilidad del perdón*

Resumen – Primo Levi encarna de manera emblemática la figura del testigo sobreviviente: aquél que da testimonio de una experiencia traumática que confronta a la negación de la pertenencia humana. Su obra testimonial es revisitada en relación a lo que la misma deja pensar sobre los retos psíquicos de la posibilidad del perdón, en la configuración traumática específica del genocidio judío, que asocia asesinato masivo y asesinato de alma.

Palabras claves – Afecto. Otro caritativo. Escritura de sí mismo. Asesinato de alma. Sobreviviente. Testigo interno.

Jean-Yves Tamet – *Tener confianza en Eros*

Resumen – La realidad de la guerra y su repetición desconcertante obliga a merodear el placer presente en ella : éste echa raíces en la prehistoria del individuo y toma tanto para el hombre como para la mujer vías que se apoyan en la percepción de la diferencia anatómica de los sexos.

Palabras claves – Guerra. Diferencia entre los sexos. Lou Andreas-Salomé. Alteridad.

Dominique Tabone-Weil – *¿Guerra amorosa, guerra destructora?*

Resumen – En una reflexión a partir de dos pacientes (una mujer y un hombre) inmersos en una guerra de pareja, el autor se interroga sobre el papel pacificador de la cura analítica e intenta aportar elementos que respondan al interrogante de ¿Por qué la guerra? Al permitir al individuo aceptar lo que él considera como "malo" en él y de transformarlo, la cura disminuye el sufrimiento narcisista y el recurrir a las defensas proyectivas y por ello pacificadoras. El Otro, al no ser ya receptáculo de aspectos odiables de sí escindidos denegados y proyectados, ya no es el perseguidor que hay que abatir. Por otro lado si el odio se oculta bastante a menudo en el amor, el amor también se oculta en el odio, y esto no hay que olvidarlo.

Palabras claves – Guerra. Pareja. Narcisismo. Envidia. Proyección.

Viviane Chétrit-Vatine – *Aspirar a la paz*

Resumen – Aportando ilustraciones clínicas o elementos relacionados al contexto socio-político israelí en donde ella ejerce, la autora se centra en la tensión entre la realidad de las guerras y la aspiración de paz. Retomando proposiciones de Freud y esbozando su hipótesis personal de un tercero matricial, femenino/materno al origen de la ética, ella se refiere a Levinas y se interroga sobre el fenómeno de la guerra. Específicamente alude a la introducción de *Totalidad e Infinito*, a pasajes de *Difícil libertad* como así también a la obra más tardía titulada, en resonancia con las violencias contemporáneas: *De lo sagrado a lo santo.*

Palabras claves – Ética. Guerra. Muerte. Paz. Responsabilidad. Sagrado. Tercero. Vida

Jacques Dufour – *¿Piensa usted que se puede borrar el mal hecho a un niño?*

Resumen – En este texto, el autor retoma la diferenciación de Freud entre dos corrientes de la sexualidad infantil, una marcada por el desarrollo y la otra que lo perturba pero que oficia de condición previa. El pondrá en evidencia la articulación de los dos procesos de cambio en el seno del trabajo analítico: el proceso de simbolización fuente de un cambio interpretativo a través de la substitución en contexto de la pérdida de objeto y el proceso de transformación fuente de un cambio catastrófico por la intervención del analista identificado con el desamparo del paciente que crea un vínculo primario de habla.

Palabras claves – Transformación. Simbolización. Cambio catastrófico. Cambio por substitución. Sexualidad infantil.

Annette Fréjaville – *Lo sexual infantil y la constitución del objeto*

Resumen – El descubrimiento de la permanencia del objeto altera sustancialmente lo sexual infantil precoz, se opone a las satisfacciones autoeróticas de la sexualidad perversa polimorfa que ignoraba al objeto. La aparición de la "preocupación por el objeto" (Winnicott) marca la cesura de lo sexual infantil egoísta y salvaje, y la sexualidad infantil que implica carga objetal. Las reorganizaciones relacionadas con la aceptación de la alteridad del objeto permanente inauguran la sexualidad infantil del período edípico. La sexualidad infantil funciona como posterioridad de la anterioridad de lo sexual infantil precoz, arcaico.

Palabras claves – Sexual infantil. Sexualidad infantil. Permanencia del objeto. Preocupación por el objeto.

Hélène Parat – *Ámame como yo me amo. El amor y su realización: el apogeo de los sexual infantil*

Resumen – "La pasión amorosa consiste en un desbordamiento de la libido del yo en el objeto. "Contiene la fuerza de suprimir las represiones y restablecer las perversiones". Esta afirmación freudiana ¿No designa acaso lo sexual infantil y la permanencia del deseo-placer, la perversión polimorfa infantil que es su propio corazón, no convoca acaso los autoerotismos que paradójicamente hallan su apertura y declive con el encuentro erótico entre dos amantes? Ahora bien, en el encuentro amoroso, a uno de los destinos de lo sexual infantil hay que vincularlo con la pulsión inhibida relacionada con la meta, cuya instauración depende de lo erótico materno.

Palabras claves – Pulsiones parciales. Encuentro erótico. Pulsión inhibida en cuanto al objetivo. Organizaciones libidinales.

François Richard – *Dolor y poesía en lo sexual infantil*

Resumen – La presente contribución discute pormenorizadamente los informes de C. Seulin y D. Suchet, de los que extrae una fusión del placer, del dolor, y de la dimensión poética en lo sexual infantil, rayana a la experiencia sensorial, la cual puede transformarse en perversión, o al menos, en un "sexual en estado-límite". Un ejemplo clínico de la tensión dolorosa subjetivante de lo sexual infantil es ilustrado.

Palabras claves – Dolor. Estado-límite. Perversión. Poesía. Sexual infantil. Subjetivación.

Laurence Aubry – *¿Lo sexual infantil posee una lengua?*

Resumen – Al privilegiar dramatización y juego de palabras es en la poesía en donde se manifiesta mejor, dentro de la literatura, el trabajo de lo sexual infantil. El lenguaje poético muestra así la huella del lazo entre la sexualidad del niño y la sexualidad infantil. La familiaridad del analista con la lengua literaria, elevada en la poesía, participa de la escucha del analista confrontada a lo informulable, o marcado por lo quimera.

Palabras claves – Sexual infantil. Sexualidad infantil. Lenguaje poético. Literatura. Imagen.

Anne Brun – *Sexual infantil y proceso creador*

Resumen – Apoyándose en un breve enfoque histórico sobre las teorías relativas al proceso creador relacionado con lo sexual infantil, en Freud y sus sucesores, esta comunicación propone ante todo una discusión relativa al concepto freudiano de sublimación de lo sexual infantil en la creación artística, luego se articula con diferentes figuras en un enfoque psicoanalítico del proceso creador a partir de lo sexual infantil: el enigma de la escena originaria, la fantasía de matricidio, la seducción vehiculizada por los cuidados corporales precoces y la transformación en obra de arte de huellas perceptivas de experiencias senso-afecto-motrices arcaicas.

Palabras claves – Arcaico. Creación artística. Seducción. Senso-motriz. Sublimación. Traumatismo.

Elisabeth Cialdella-Ravet – *Destinos de la noche sexual*

Resumen – La "Sehnsucht" o "nostalgia-deseante" relacionada con la pérdida de los objetos primarios y que se halla atizada por la escena primitiva, abre la vía de las identificaciones narcisistas a partir de las cuales el yo se va construyendo.

Palabras claves – Sehnsucht. Escena primitiva. Identificaciones.

(Traduction Mario Gioia)

Riassunti

Denys Ribas – *Perchè la pace ?*

Riassunto – Siamo forse alla vigilia di una nuova barbarie ? La pace e la guerra si articolano in modi nuovi dalla Seconda Guerra mondiale. Le ragioni del fanatismo suicida suscitano interrogativi legati all'Io-ideale e al disimpasto pulsionale. La guerra è talmente naturale per l'uomo, per proiettare la sua distruttività, che viene da chiedersi che cosa sia a favore della pace, seguendo Freud nel fare appello al dualismo pulsionale.

Parole-chiave – Guerra. Pace. Attentati suicidi. Radicalizzazione. Io-ideale. Disimpasto pulsionale. Pulsione di morte.

Catherine Chabert – *La guerra dei fratelli*

Riassunto – Partendo dalla lettura di *Disparus* di Daniel Mendelsohn, l'autrice propone di pensare la guerra rispetto alla gelosia e all'odio fraterno. Nell'incrocio tra l'individuale e il collettivo verranno esaminate l'intimità e la gelosia da un lato, e il pericolo del miscuglio dall'altro. I due temi si accordano per le loro reciproche implicazioni. Entrambi si appoggiano su racconti biblici, rispettivamente la storia di Abele e Caino e la storia del Diluvio.

Parole-chiave – Shoah. Amore. Odio. Melanconia. Gelosia.

Vassilis Kapsambelis – *Guerra e pace in territorio psicotico*

Riassunto – Lo studio degli stati psicotici mostra che la questione della guerra e della pace non riveste sempre i contorni abituali : la violenza e la distruttività possono collocarsi dalla parte dell'Eros, mentre la pacificazione della parola, ad esclusione di ogni attività reale, sembra essere sostenuta da una pulsione mortifera. Due esempi clinici estremi permettono di studiare i rapporti tra rappresentazione di parola e pulsione di morte, e di formulare certe ipotesi relative alla resistenza e alla ripetizione nei loro rapporti con la parola.

Parole-chiave – Psicosi. Pulsione di morte. Distruttività. Guerra. Pace. Rappresentazioni di parola.

Gilbert Diatkine – *La dittatura della ragione*

Riassunto – Contro la fatalità della guerra, Freud puo' opporre soltanto la dittatura della ragione. L'uso del termine "dittatura" colpisce nel contesto dell'avanzata del nazismo, che è quello in cui Freud risponde alla richiesta della Società delle Nazioni. Si puo' spiegare in diversi modi: la dittatura della ragione puo' descrivere il risultato asintotico di un'analisi perfettamente conclusa. Puo' essere che Freud l'abbia usata solo perchè sottovalutava nel 1932 il pericolo del nazismo. Vi si puo' vedere inoltre il riflesso della paura che aveva Freud delle masse. Infine lo si puo' capire nel senso di una risoluzione presa da Freud di svelare la verità storica contenuta nel delirio della religione, e di lottare contro il divieto di pensare dettato dalla religione.

Parole-chiave – Dittatura. Fine dell'analisi. Religione. Super-io culturale.

LAURENCE KAHN – *La lotta a morte*

Riassunto – Tra il 1928 e il 1939, i testi che parlano di « Psicoanalisi e *Weltanschauung* » si moltiplicano sotto la penna degli analisti tedeschi e austriaci che, in quella data, sono direttamente confrontati all'avanzata e al trionfo del nazismo. Tra argomenti scientifici e questioni etiche, tra dirottamento della lingua tedesca e « purificazione della psicoanalisi », tra Marxismo e Istituto Göring, tra *Mein Kampf* e dittatura della ragione, si vedono poco a poco emergere le premesse dell' Ego Psychology, teoria che, attraverso la voce di Hartmann, cerca di dare il primo posto all'Io e alle sue facoltà di giudicare il reale, contro il "delirio di massa".

Parole-chiave – Nazismo. *Ego Psychology*. Realtà. Concezione del mondo. Ragione. Delirio. Lingua. Politica.

LAURENCE BERTRAND DORLÉAC – *« Perchè non amiamo più la guerra »*

Riassunto – Come viene rappresentata la guerra dagli artisti? Come si modifica questa rappresentazione nel tempo, e in particolare in epoca moderna, segnata dal disincanto della guerra e dalla circolazione delle immagini? Che funzione dare all'arte di fronte ai disastri della guerra? L'oggetto del colloquio con Laurence Bertrand Dorléac, storica dell'arte moderna e contemporanea, che è stata commissaria di diverse mostre dedicate alla guerra, è di tentare di rispondere a queste domande.

Parole-chiave – Guerra. Immagini. Rappresentazioni. Artista. Storia.

MARION M. OLINER – *All'origine della guerra: la paura*

Riassunto – L'autrice parla dell'impatto che la sua infanzia di bambina ebrea nella Germania nazista e nei paesi occupati ha avuto sulla sua vita, e lo paragona alla sua reazione all'attentato contro il World Trade Center a New York. Esamina da vicino la mentalità dei colpevoli che hanno giustificato la Seconda Guerra Mondiale e il genocidio, ricorrendo ad un'ideologia fallocentrista e puritana. Per via della distruzione (autodistruzione) alla quale questa guerra ha portato, la vede come una guerra "stupida", cosi' come l'attacco americano in Irak. E' convinta che le guerre siano inevitabili e che gli psicoanalisti debbano conoscere la riorganizzazione della personalità che la guerra e l'autoconservazione esigono al fine di approfondire la loro comprensione del riassetto necessario in tempo di pace.

Parole-chiave – Guerra. Genocidio. Crimini di guerra. Colpevoli. Disorientamento. Narcisismo. Autoconservazione.

Marielle Sœur – *La caduta del muro*

Riassunto – Partendo da quattro testimonianze l'autrice mostra che la caduta del muro di Berlino fu traumatica per il popolo tedesco perchè lo ha confrontato ad una difficile crisi esistenziale rispetto al suo passato nazista, la cui impronta ritma e influenza lo sfondo della vita politica, culturale e sociale. La memoria è ritrovata ma nulla puo' essere rimosso, denegato, gettato dall'altra parte del muro guardiano della censura e della scissione, nella storia collettiva, cosi' come nelle storie individuali. La via d'uscita individuale è lo scompenso o l'elaborazione. La via d'uscita collettiva ha bisogno di creare un legame sociale di massa che si appoggi innanzitutto sul senso di colpa, più accessibile della vergogna, poi su un legame di massa più insolito, il football, che partecipa al passaggio dalla colpa alla vergogna, e al lavoro di civilizzazione secondo una via regrediente. Infine l'autrice mostra come la Germania si è dotata di una costituzione, e mantiene a volte una certa tensione per tenere sveglie le forze vive di ciascuno e il suo dovere di pensare, per il suo lavoro di civilizzazione e le esigenze che esso impone.

Parole-chiave – Caduta del muro. Trauma. Lavoro di colpa. Lavoro di vergogna. Lavoro di civilizzazione.

Richard Rechtman – *Far morire e non lasciar vivere: osservazioni sulla somministrazione genocidaria della morte*

Riassunto – Tra l'aprile del 1975 e il gennaio del 1979, più di un terzo della popolazione cambogiana, cioè circa due milioni di persone, è morta sotto il regime dei khmer rossi. Dopo aver descritto e analizzato la somministrazione della morte come organizzazione politica del regime di Pol Pot basata sul genocidio, questo articolo si propone di ritornare sugli aspetti quotidiani di un genocidio per sottolineare che né la sottomissione all'autorità né l'invocazione della pulsione di morte bastano a spiegare perchè gli uomini uccidono e torturano cosi' facilmente. Si tratterà di mettere in prospettiva il testo di Freud *Perchè la guerra* con le parole che i boia stessi usano per parlare dei loro atti.

Parole-chiave – Genocidio. Crimine di massa. Khmer rossi. Pulsione di morte. Boia ordinari. Banalità del male.

Jean-François Chiantaretto – *L'impossibile questione della possibilità del perdono*

Riassunto – Primo Levi incarna in modo emblematico la figura del testimone superstite: colui che dà testimonianza di un'esperienza traumatica che mette il soggetto a confronto con la negazione dell'appartenenza umana.
La sua testimonianza viene qui rivisitata per cio' che consente di pensare riguardo al divenire psichico della possibilità di perdono, in questa configurazione traumatica ben specifica della Shoah, che associa l'assassinio di massa e l'assassinio dell'anima.

Parole-chiave – Affetto. Altro soccorrevole. Scrittura di sé. Assassinio dell'anima. Sopravvivenza. Testimone interno.

Jean-Yves Tamet – *Mantenere la fiducia in Eros*

Riassunto – La realtà della guerra nella sua sconcertante ripetizione obbliga a pensare al piacere in essa presente : questo ha le sue radici nella preistoria dell'individuo e segue delle vie, sia per l'uomo che per la donna, che si appoggiano sulla percezione della differenza anatomica dei sessi.

Parole-chiave – Guerra. Differenza dei sessi. Lou Andreas-Salomé. Alterità.

Dominique Tabone-Weil – *Guerra d'amore, guerra distruttrice ?*

Riassunto – In una riflessione a partire da due pazienti (una donna e un uomo) alle prese con una guerra di coppia, l'autrice si interroga sul ruolo pacificatore della cura analitica e cerca di proporre degli elementi di risposta alla domanda « Perchè la guerra? ». Permettendo al soggetto di accettare cio' che considera come "il male" dentro di sé e di trasformarlo, la cura diminuisce la sofferenza narcisistica e il ricorso alle difese proiettive ed è per questo pacificatrice. L'Altro cessa di essere il ricettacolo di aspetti detestabili di sé scissi, denegati e proiettati, non è più il persecutore da abbattere. Per altro se l'odio si nasconde spesso dietro l'amore, va ricordato che l'amore si nasconde anch'esso dietro l'odio.

Parole-chiave – Guerra. Coppia. Narcisismo. Invidia. Proiezione.

Viviane Chétrit-Vatine – *Aspirazione alla pace*

Riassunto – Attraverso illustrazioni cliniche o elementi legati al contesto socio-politico israeliano nel quale lavora, l'autrice si concentra sulla tensione tra la realtà delle guerre e l'aspirazione alla pace. Alternando la ripresa delle proposte di Freud con la sua propria ipotesi di un terzo-matrice, femminile/materno, all'origine dell'etica, l'autrice si riferisce a Levinas che si interroga sul fenomeno della guerra. Allude in particolare all'introduzione di *Totalità e Infinito*, ad alcuni passaggi di *Difficile libertà*, nonchè alla sua opera più tardiva intitolata, in risonanza interessante con le violenze contemporanee: *Dal sacro al santo.*

Parole-chiave – Etica. Guerra. Morte. Pace. Responsabilità. Sacro. Terzo. Vita.

Jacques Dufour – *Credete di poter cancellare il male fatto a un bambino ?*

Riassunto – In questo testo l'autore riprende la differenziazione di Freud fra due correnti della sessualità infantile uno dei quali porta allo sviluppo mentre l'altro lo perturba ma ne è anche la premessa. Viene messa in evidenza l'articolazione di due processi di cambiamento in seno al lavoro analitico: il processo di simbolizzazione (fonte di un cambiamento interpretativo per sostituzione su sfondo di perdita oggettuale) e il processo di trasformazione (fonte di un cambiamento catastrofico per intervento dell'analista identificato alla sofferenza del paziente) che creano un legame primario di parola.

Parole-chiave – Trasformazione. Simbolizzazione. Cambiamento catastrofico. Cambiamento per sostituzione. Sessualità infantile.

Annette Fréjaville – *Il sessuale infantile e la costituzione dell'oggetto*

Riassunto – La scoperta della *permanenza dell'oggetto* viene a sconvolgere il *sessuale infantile* precoce, e ostacola le soddisfazioni autoerotiche della sessualità perversa polimorfa che non teneva conto dell'oggetto. L'apparizione della "*preoccupazione per l'oggetto*" (Winnicott) segna questa cesura tra il *sessuale infantile* egoista e selvaggio, e la *sessualità infantile* che implica un investimento oggettuale. Le riorganizzazioni legate alla presa in considerazione dell'alterità dell'oggetto permanente inaugurano la *sessualità infantile* del periodo edipico. La *sessualità infantile* si costituisce in *après-coup* dell' « avant-coup » del *sessuale infantile* precoce, arcaico.

Parole-chiave – Sessuale infantile. Sessualità infantile. Permanenza dell'oggetto. Preoccupazione per l'oggetto.

Hélène Parat – *Amami come io mi amo. L'amore e il suo fare: apogeo del sessuale infantile*

Riassunto – " La passione amorosa consiste in uno straripamento della libido dell'Io sull'oggetto. Essa ha la forza di sopprimere le rimozioni e di ristabilire le perversioni". Questa affermazione freudiana non designa forse il sessuale infantile e la permanenza del desiderio-piacere, la perversione polimorfa infantile che vi sta al centro, non convoca forse tutti gli autoerotismi che si dispiegano paradossalmente e si declinano nell'incontro erotico tra due amanti? Ma nell'incontro amoroso, uno dei destini del sessuale infantile va collegato alla pulsione inibita nello scopo, la cui instaurazione avviene sotto la dipendenza dell'erotica materna.

Parole-chiave – Pulsioni parziali. Incontro erotico. Pulsione inibita nello scopo. Organizzazioni libidinali.

François Richard – *Dolore e poesia nel sessuale infantile*

Riassunto – Questo contributo discute in modo dettagliato le relazioni congressuali di C. Seulin e D. Suchet per far emergere un'intricazione del piacere, del dolore, e di una dimensione poetica nel sessuale infantile, a prossimità dell'esperienza sensoriale, che puo' far oscillare verso la perversione o quanto meno verso un "sessuale in stato-limite". Viene dato un esempio clinico della tensione dolorosa soggettivante del sessuale infantile.

Parole-chiave – Dolore. Stato-limite. Perversione. Poesia. Sessuale infantile. Soggettivazione.

Laurence Aubry – *Il sessuale infantile ha una lingua ?*

Riassunto – Privilegiando la drammatizzazione e il gioco di parole è nella poesia che si manifesta al meglio, in letteratura, il lavoro del sessuale infantile. Il linguaggio poetico offre cosi' la traccia del legame tra la sessualità del bambino e la sessualità infantile. La familiarità dell'analista con la lingua letteraria, elevata nella poesia, fa parte dell'ascolto dell'analista alle prese con l'informulabile, o captato dalla chimera.

Parole-chiave – Sessuale infantile. Sessualità infantile. Linguaggio poetico. Letteratura. Immagine.

Anne Brun – *Sessuale infantile e processo di creazione*

Riassunto – Basandosi su un breve cenno storico delle teorie relative al processo di creazione connesso al sessuale infantile, in Freud e nei suoi successori, questa comunicazione proporrà innanzitutto una discussione relativa al concetto freudiano di sublimazione del sessuale infantile nella creazione artistica, poi si articolerà intorno alle differenti figure di un approccio psicoanalitico del processo di creazione a partire dal sessuale infantile: l'enigma della scena primaria, la fantasia di matricidio, la seduzione veicolata dalle cure corporee precoci, e la trasformazione in opera d'arte di tracce percettive di esperienze sensori-affettivo-motorie arcaiche.

Parole-chiave – Arcaico. Creazione artistica. Seduzione. Sensori-motricità. Sublimazione. Trauma.

Elisabeth Cialdella-Ravet – *Destini della notte sessuale*

Riassunto – La « *Sehnsucht* » o « nostalgia-desiderio » legata alla perdita degli oggetti primari, che è alimentata dalla scena primaria, apre la via alle identificazioni narcisistiche a partire dalle quali si costruisce l'Io.

Parole-chiave – *Sehnsucht*. Scena primaria. Identificazioni.

(Traduction Daniela Avakian)

Cet ouvrage a été mis en pages par Jouve

Imprimé en France par Normandie Roto Impression s.a.s., 61250 Lonrai
N° d'impression : 1600613
ISBN 978-2-13-073431-4 — ISSN n° 0035-2942
CPPAP n° 0219 T 81218
Dépôt légal : mars 2016